반야심경과 선 공부

법상 지음

반야심경과
선 공부

법상 지음

처음 『반야심경과 마음공부』라는 책을 집필한 지가 벌써 20여 년이 지났습니다. 그 책은 대학교 때 초고를 시작하여, 대학원 시절 절에서 새벽기도를 하면서 잠깐씩 짬을 내어 신도님들께 강의한 것을 원고로 만들었던 것입니다. 처음에는 책으로 나온 것이 아니고, 제본을 하여 사용하다가 무한 출판사에서 2004년에 정식으로 출판을 하게 되었지요. 그 이후 '2005년 올해의 불서10'에 뽑히기도 했고, 오랫동안 독자들로부터 많은 사랑을 받은 참으로 감사하고도 감회가 깊은 책이 아닐 수 없습니다.

그러나 20년도 넘은 원고이기도 하고, 대학 대학원 시절의 졸고이다 보니 제 스스로 그 책을 접할 때마다 부끄럽고 손을 보고 싶은 부분이 한두 곳이 아니었습니다. 오랜 세월 시간이 없다는 핑계로 손을 보지 못하고 있다가, 작년부터 오래 묵혀왔던 원고를 조금씩 쓸 수 있게 되었습니다. 쓰다 보니 조금 손볼 수 있는 것이 아니었고, 어쩔 수 없이 전면적으로 새로 쓸 수밖에 없었습니다.

『반야심경과 마음공부』라는 책은 이 책이 나오면서 절판을 하려고 했었는데, 많은 독자분들과 출판사에서 초심자들에게는 쉽고 체계적이어서 처음 불교를 접하는 분들을 위해서라도 그냥 두었으면 좋겠다는 의견이 많았습니다. 그래서 이 책은 별도로『반야심경과 선 공부』라는 이름으로 새롭게 출간을 하게 되었습니다. 이 책은『반야심경과 마음공부』의 '심화과정' 혹은 '선수행 과정' 정도로 이해해 주시면 될 것 같습니다.

『반야심경과 마음공부』는 처음 불교를 접하는 분들께서 쉽게 읽을 수 있고, 교과서 같은 느낌으로 기본 불교교리와 경전의 가르침을 공부하는데 기본적인 도움이 될 수 있을 것입니다. 반면에 이 책『반야심경과 선 공부』는 보다 깊이 있는 불교의 이해와 선(禪)이라는 실천 수행, 그리고 깨달음에 관심이 있으신 분들께서 공부하기에 좋은 책이 될 것 같네요.

사실 어릴 적부터 불교를 공부해 오고, 나름의 수행에 매진해 오면서부터 불교를 공부하면 할수록 제 안에는 끊임없는 의문점들이 줄기차게 있어 왔습니다. 하나의 의문이 풀리면 또 다른 하나의 의문이 이어졌지요. 그러면서 제 공부도 나름대로 많이 익어가는구나 하고 느끼면서 이 공부에 자신감을 느낀 적도 있었습니다. 불교는 이것이구나 하고 나름대로 대소승의 불교 교학을 확실하게 정리를 하면서 불법공부에 즐거움을 느끼곤 했었지요.

물론 교학 공부와 함께 우리나라 절들에서 많이 행하는 온갖 기도며, 수행이며, 명상이며, 불교 역사 속에 등장하거나, 현대의 온갖 내외전의 마음공부들도 거의 다 기웃거리며 닦아가기도 했습니다. 그러면서 마음에 중심이 잡히고, 어지간한 외부 경계에도 흔들리지 않을 수 있을 것만 같은 때도 있었습니다. 그뿐 아니라, 불교 이외의 온갖 수행법들, 역사 속의 수많은 성자와 현인들의 가르침, 그러한 가르침을 담고 있는 수많은 영성 서적들, 서양의 수많은 깨달았다는 분들의 가르침, 심지어 심리학이나 심리치유, 상담 분야에 이르기까지 정말 수없이도 많이 공부를 해왔습니다.

그런데 교학도 수행도 거기까지가 다였습니다. 제가 늘 마음속에 발원해 오던 깨달음은 언제까지고 너무나도 요원한 길인 것만 같았습니다. 특히 선방을 오래 다니시던 몇몇 스님들과 대화를 나누어 보면서 그렇게 오랜 세월 선방에 앉아 있어도 확연하게 깨달음을 얻으신 스님들이 거의 없다는 말씀을 듣고 절망감을 느끼기도 하였습니다. 물론 불교를 공부하면서 마음은 많이 편안해졌고, 시쳇말로 힐링이라면 어지간히 전문가의 포스를 뽐내며 자랑스러워하던 때도 있었지요. 그런데 제가 정말 발심하던 것은 그런 것이 아니었습니다. 이건 뭔가 잘못되어도 한참 잘못된 것 같았지요.

우리나라의 불교계에서 할 수 있는 것은 거의 다 해 보았다고 해도 거짓말은 아닐 겁니다. 물론 저의 부족함도 있겠지만, 저로서는 거기에서 끝장을 보지를 못했습니다. 처음에는 저 또한 이 모든 것을 제가 부족한 탓으로만 여겼습니다. 제가 근기가 낮거나, 수행력이 부족했기 때문이라고 생각했지요. 그런데 어느 날, 그것이 아닐 수도 있겠다는 생각이 강하게 뇌리를 스쳤습니다. 특히 초기경전 『앙굿따라 니까야』의 '깔라마경'을 보면서 무언가 한 대 얻어 맞은 것처럼 충격이 스쳤습니다.

소문으로 들었다고 해서, 대대로 전승되어져 내려온다고 해서, '그렇다 하더라'라고 해서, 성전이나 경전에 쓰여 있다고 해서, 논리적이라고 해서, 추론에 의해서, 이유가 적절하다고 해서, 우리가 사색하여 얻은 견해와 일치한다고 해서, 유력한 사람이 한 말이라고 해서, 혹은 이 분은 우리 스승이기 때문에 그대로 따르지는 말라.

이 경구를 접하면서 그동안 불교계 안에서 전통처럼 내려오는 기도와 수행법이라고 해서 그것에 한 번도 의심을 품어 본 적이 없었음을 알았습니다. 온갖 기도수행과 위빠사나, 간화선 등의 온갖 수행법이 정말 올바른 수행법이 맞다면, 그 수행을 통해 누구나 깨달음을 얻을 수 있어야 하지 않을까? 누구나 깨달음을 얻지는 못할지라도 최소한 그 수행을 행하는 많은 수행자들 중에는 깨달음을 얻고 바른 보임(保任)을 이어가신 분들이 분명히 많이 계셨어야 하는 것이 아닌가 하는 의문이 일었습니다. 그런데 부처님 당시와 선의 황금기이던 당송시대의 불교계를 살펴보면, 수없이 많은 출재가의 많은 공부인들이 아라한과를 증득하고, 견성성불을 어렵지 않게 하고 있었습니다. 부처님 당시에만 해도 수백, 수천 명 그 이상이 부처님의 법문을 듣고 아라한과를 증득하였으며, 선의 황금기 때에도 수많은 선승들이 견성성불과 보임을 이루었고, 한 스승 아래에 수십에서 많게는 백 명이 넘는 견성인이 나오기도 하였습니다. 그렇다면 지금 우리 불교계에서 행하고 있는 공부가 무언가 잘못된 것이 아닐까 하는 의문이 드는 것은 당연한 것이었겠지요.

불법은 무위법(無爲法)이며, 불이중도(不二中道)입니다. 연기(緣起)이며, 중도이고, 사성제(四聖諦)이며, 무자성의 공(空)사상입니다. 여기에는 어디에도 지금의 불교계에서 주장하고 있는 것처럼 '열심히 수행하고 갈고 닦으라'는 내용이 없습니다. 오히려 유위적인 수행을 통해서는 안 된다는 것이 불법의 본뜻입니다. 참된 불법은 무위법, 즉 애써서 갈고 닦는 것이 아닙니다. 불이중도라는 것은 '이 방법이 최고'라고 할 만한 특정한 수행법을 지칭할 수가 없습니다. 특정한 수행법을 갈고 닦으면 특정한 결과를 얻을 수 있다고 하는 것은 유위법이며 인과법일 뿐, 무위법이 아니고, 불이법이 아닙니다.

이 텍스트 반야심경에서도 마찬가지입니다. 수행하라는 말은 없고, 반야바라밀다를 행하라고만 설합니다. 조계종의 대표적인 경전인 금강경과 육조단경도 마찬가지입니다. 그럼에도 한국 불교에서는 끊임없이 기도하라고, 장좌불와의 수행, 고난의 좌선을 이어가도록 유위의 수행만 강조하고 있는 듯 보입니다.

이 즈음에 이르니, 석가모니 부처님 재세시의 초기 불교와 초기 선의 황금기 당시의 활활발발했던 살아있는 진짜 선이 더욱 궁금해졌습니다. 더 깊이 공부를 해나가다 보니, 초기불교의 부처님뿐 아니라 달마, 육조, 백장, 황벽, 임제, 조주 등 선의 황금기를 이끌었던 모든 선의 스승들은 하나같이 무위법과 불이법만을 오롯이 설하고 있었습니다.

이것이야말로 참된 불법이었습니다. 그러면서 오랜 의문과 고민들이 단숨에 해소될 수 있었습니다. 물론 이 불이중도와 무위법은 '이것이다'라고 내세울 만한 그 어떤 실체가 전혀 없는 법입니다. 말 그대로 무아(無我)이고, 비실체이며, 무주(無住), 무상(無常), 공(空), 본래무

일물(本來無一物)인 것이지요. 이렇게 다양한 말로 표현하고 있지만 이 참된 진실은 결코 말로 표현될 수 없습니다.

이 『반야심경과 선 공부』 책은 이와 같이 그동안 제가 해왔던 오랜 의문과, 선 공부를 통해 바른 법(法)을 찾아가는 과정을 담고 있으며, 저를 비롯한 많은 불교계에서 부처님 가르침과 수행을 잘못 이해하던 것을 바로잡고 바른 정견을 세우는데 작은 도움이 될 수 있을까 하는 마음을 담고자 노력했습니다.

『반야심경』은 짧지만 그 속에 대소승의 모든 불교교리를 충분히 다 담아내고 있습니다. 오래 불교 강의를 해오던 도반스님께서도 다른 경전은 오히려 강의할 수 있겠는데, 반야심경은 아직도 버겁다고 말씀하신 것을 들은 적이 있었는데요, 그만큼 반야심경 속에는 불법의 모든 것이 다 담겨 있습니다. 이 반야심경 공부를 통해 불법의 참맛이 무엇인지를 공부하고, 석가모니 부처님께서 초기불교의 교리에서 어떤 가르침을 펴셨는지를 살펴보며, 대승의 참뜻, 나아가 선의 종지가 무엇인지를 아울러 공부해 갈 수 있을 것입니다.

또한 이 책이 그동안 갈피를 못 잡고 헤매던 교학적인 정리와, 바른 수행, 바른 중도가 무엇인지에 대한 마음공부에 대한 지견 정립, 그리고 앞으로 내가 어떻게 마음공부 해 나가야 하며 어떻게 살아가야 하는가에 대한 작은 도움이 될 수 있기를 바랍니다.

선은 경절문(徑截門)이라고 하여 돌고 돌아 오랜 세월 진리를 찾아 헤메지 않게 해주는 지름길과도 같습니다. 이 책이 어쩌면 여러분의 지난한 여정을 단축시켜줄 지도 모르고, 오랜 추구와 갈증에 종지부를 찍을 인연을 선물해줄 지도 모릅니다.

반야심경 공부를 통해 이 짧은 경전 속에 얼마나 드넓은 인류 역사 최고의 정신적 자산이 담겨 있는지를 깨닫게 될 것입니다. 진실로, 반야심경을 마주한 당신은 참 운이 좋은 사람입니다. 참 공부복이 있는 사람이지요. 이 놀라운 가르침 앞에 겸허한 마음으로 다가갈 준비를 하시고, 천천히 이 공부를 시작하시기 바랍니다. 당신이 이생에서 깨닫고 공부할 수 있는 모든 것, 인류의 모든 영성 그 이상이 이 짧은 경전 안에 고스란히 담겨 있습니다. 단 한 번도 가 보지 않은 출세간의 길, 반야바라밀의 세계에 오신 것을 환영합니다.

서울 용산 원광사에서

법 상

목차

I

경의 제목

마하반야바라밀다심경

위대한 지혜로 저 깨달음의 언덕에
이르는 길을 설한 핵심 경전

1장
마하(摩訶)

비교와 분별의 상대적 인식

'마하'는 범어로 'mahā'라고 하며, 그 발음만을 그대로 따온 것일 뿐, 한자로는 특별한 뜻이 없습니다. '마하'는 '크다, 많다, 뛰어나다'는 의미로써, 우리들이 일상에서 사용하는 의미의 크고 많다는 상대 개념을 넘어서는 절대적인 개념입니다.

예를 들어 보죠. 누군가를 보고 '키가 크다'고 했을 때, 그것은 어느 정도의 키를 말하는 것일까요? 170이나, 180 아니면 190cm 정도를 크다고 하는 것일까요? 결론부터 말하면 딱히 어느 정도를 큰 키라고 정할 수는 없습니다.

옛날에 못 먹고 배고플 때 큰 키의 기준과 요즘 큰 키의 기준은 엄연히 차이가 나겠지요. 정년퇴임하신 한 교수님께서는 키가 164cm인데 당신이 젊었을 때는 그 정도가 보통이었기에 키에 대한 콤플렉스는 전혀 없으셨다고 하시더군요. 그런데 지금 그 키 정도의 성인 남자라면 콤플렉스에 시달릴 만할 겁니다.

그뿐 아니죠. 일반인들이라면 180cm 정도면 키가 큰 편에 속하지만 농구선수들 사이에서 그 정도는 작은 키라고 하더군요. 이처럼 우리가 '크다 · 작다'라고 했을 때 이것은 단지 상대적인 분별일 뿐입니다. 키가 175cm인 사람은 180cm가 넘는 사람들과 함께 있으면 작은 키이고, 170cm도 안 되는 작은 사람들과 함께 있으면 큰 사람이 되겠지요.

이처럼 키가 크다고 했을 때 그 기준은 시대와 장소에 따라, 또 인연 따라 늘 다르게 마련입니다. 그런데 키만 그런 것이 아니라, '크다 · 작다', 혹은 '많다 · 적다', '능력이 있다 · 없다', '지혜롭다 · 어리석다'라고 느끼는 등의 모든 분별은 상대적인 개념이기 때문에 고정된 것이 없습니다. 즉 어떤 것을 가지고 잘났다거나 못났다거나, 크다거나 작다거나 하는 등의 분별심을 내는 것은 무명(無明) 때문에 일어나는 어리석음의 결과일 뿐이라는 것입니다.

비슷한 다른 예로 젓가락을 길다고 할 수 있을까요? 이 또한 전봇대와 비교한다면 짧은 것이 되고, 성냥개비와 비교하면 길다고 할 수 있을 것입니다. 그러니 젓가락 그 자체만을 가지고 길다거나 짧다고 한다면 그것은 허망한 우리의 분별일 뿐, 본연에서는 그 어떤 차별도 없습니다.

이처럼 세상 모든 것은 인연 따라 짧을 수도 길 수도 있고, 잘날 수도 못날 수도 있고, 능력이 있거나 없을 수도 있을 뿐 고정된 실체로써 정해져 있는 것은 어디에도 없습니다. 잘생겼다거나 못생겼다, 똑똑하다거나 어리석다, 뚱뚱하다거나 말랐다는 등의 일체 모든 둘로 나누는 분별이 사실은 정해져 있는 것은 아닙니다. 다만 우리가 다른 것과 비교 분별함으로써 인연 따라 이렇다거나 저렇다고 고정 지어 놓고는, 스스로 그렇게 만들어 놓은 관념에 빠져 괴로워하고 답답해하는 것입니다.

그러니 무엇을 보고 크다고 할 것이며, 무엇을 보고 작다고 하겠습니까? 이처럼 고정된 것이 없기에, '크다, 작다'라고 하는 인식의 극단을 벗어나라고 가르치는 것이 바로 중도(中道)의 가르침입니다. 이러한 모든 분별은 단지 주위의 환경[인연]이 어떠한가에 따라 달라지는 상대적인 개념일 뿐인 것입니다.

태어나면서부터 나 혼자 무인도에 살았다면 내가 큰지 작은지, 능력이 있는지 없는지, 성격이 좋은지 나쁜지를 전혀 알 수 없었을 것입니다. 상대적으로 비교할 비교 대상이 없기 때문이지요.

이처럼 우리가 대상을 이렇다거나 저렇다고 파악하고 인식할 때는 언제나 비교 대상이 있어야만 가능합니다. 상대적으로만 파악이 가능할 뿐이라는 것이지요. 즉, 남들과의 비교 속에서만 인식할 수 있을 뿐, 그것 자체가 본래 어떠한지에 대해서는 그 어떤 말로도 규정할 수 없습니다. 절대세계에서는 말문이 콱 막히고, 생각이 갈 길을 잃는 것이지요.

이처럼 우리가 인식하고 있는 세계는 둘로 나누어 놓고 그중에 하나는 크고 하나는 작다고 인식하는 상대적인 분별의 세계입니다. 이런 상대세계는 인연 따라 모든 것이 규정되고, 인식되고, 성립될 수 있을 뿐입니다. 나 홀로 존재하는 것이 아니라 수많은 다른 것들과의 관계성 속에서만 존재할 수 있는 것이지요. 존재하는 모든 것이 상의상관적으로 서로 연관관계 속에서 존재하는 이런 세계의 이치를 '연기법(緣起法)'이라고 합니다.

연기, 중도, 무아, 공, 법계

이 말을 이해한다면 중도, 연기의 가르침을 무아(無我), 무분별(無分別), 무자성(無自性), 공(空)이라고 말하는 이유도 이해할 수 있을 것입니다.

앞에서 설명한 것처럼 만물이 본래 크고 작은 것이 아니라 다른 것과의 관계성 속에서 인연 따라 우리의 마음이 크다거나 작다고 분별한 것일 뿐입니다. 다른 것과 둘로 나누어 놓고 분별해서 인식하지 않을 수 있다면 그것은 큰 것일까요? 작은 것일까요? 아무런 판단도 분별도 할 수 없습니다. 이것이 바로 세상 만물의 본래의 적정(寂靜)한 모습이요, 제법(諸法)의 실상(實相)입니다. 즉 무분별이야말로 대상을 있는 그대로 보는 것입니다. 분별없이 세상을 보면 세상은 텅 비어 있습니다. 옳다 그르다, 크다 작다, 좋다 나쁘다, 있다 없다 등의 모든 분별이 사라지고 다만 모든 것은 그저 있는 그대로 있을 뿐, 거기에 그 어떤 해석이나 분별이나 판단도 붙일 수가 없는 것이지요.

이처럼 세상은 본래 무분별이지만, 사람들이 다른 것과 비교 판단함으로써 분별한 것일 뿐입니다. 그래서 불법에서는 분별만 여의면 곧장 진리가 드러난다고 했습니다. 분별하지 않으면 세상은 있는 그대로 여여(如如)하다고 했고, 지금 이대로가 그대로 부처 아님이 없다고도 했습니다. 이처럼 본래 자리에서는 분별할 것이 없습니다.

이렇게 고정된 것이 없는 세상에서 무엇을 붙들어 '나다' 하고 내세울 수 있겠습니까? 큰 것이 나인가요, 작은 것이 나인가요? 착한 것이 나입니까, 악한 것이 나입니까? 그러므로 '나다' 하고 내세울 것이 없는 것이고, 그렇기에 부처님께서 무아(無我)를 설하신 것입니다. 지금까지 나는 키가 크고, 잘생겼고, 똑똑하고 하는 등의 분별을 짓고 살았지만 이 모두가 인연 따라 잠시 이름 지어진 것일 뿐 딱히 고정 지어 이러저러하다고 할 만한 '나'는 없다는 말입니다. 그렇기에 『금강경』을 비롯한 대승경전에서는 아상타파를 설하는 것입니다. 무아이니, 나라는 상을 내세우지 말라는 것이지요. 이렇게 '나다' 하고 내세울 것이 없으므로 나 이외의 다른 무엇도 딱히 내세울 수가 없으며, 그런 까닭에 일체제법(一切諸法)엔 자성(自性)이 없다고 하는 것입니다. 즉 무자성(無自性)이라고 하는 것이 지요. 이렇게 무자성이며, 무아이고, 일체가 연기되어 함께 어울려 돌아가는 이 세계의 모습을 바로 공성(空性)이라고 합니다. 일체가 공(空)하다는 것이지요. 실체적인 것은 아무것도 없다는 것입니다. 분별할 수 없고, 내세울 수 없고, 실체적 존재인 나도 없고, 자성 있는 것은 아무것도 없으니 그 텅 비어 적멸한 것을 방편으로 공이라고 한 것입니다. 이것이 바로 대승불교의 근본이 되는 공사상이며, 불교의 근본 사상인 연기법인 것입니다.

이런 연기의 세계, 공성의 세계인 이 세계를 법계(法界)라고 부릅니다. 진리의 세계라는 것이지요. 이 세계는 이처럼 진리가 고스란히 드러나 있는 고요한 적멸의 세계, 법계이지만, 우리들 분별하는 중생들에게는 법계가 법계가 아닌 분별심이라는 속진의 때가 잔뜩 묻은 세계일뿐입니다. 진리는 언제나 드러나 있지만, 우리 스스로가 분별심에 갇혀 있기 때문에 진리의 법계를 보지 못하고, 괴롭고 혼란스럽고 힘겨운 생존경쟁의 장인 허망한 착각의 세계를 살아가고 있는 것입니다.

이후 인도불교 사상사에서 용수가 반야 공 사상을 체계적으로 재정립한 중관(中觀) 사상의 핵심 논서인 『중론(中論)』 관사제품에서는 이것을 다음과 같이 표현하고 있기도 합니다.

여러 인연으로 인해 생한 법을 나는 공이라고 말한다. 이것은 임의로 만들어진 가짜의 이름이며, 또한 중도의 의미이다. 일찍이 한 법도 인연으로 좇아 생하지 아니함이 없으니, 이런 연고로 일체법은 공 아님이 없다.

이와 같이 우리가 사는 이 세계는 바로 상대적인 세계, 연기의 세계입니다. 이처럼 일체가 상대적으로 돌아가는 상대의 세계에서, 이 경의 제목에는 재미있게도 '마하'라는 절대 개념이 붙어 있습니다. 앞에서도 말했듯이, '마하'는 '절대적으로 크고 많고 뛰어남'을 의미합니다. 다시 말해 어떤 것에 비해 상대적으로 큰 것이 아니고, 절대적으로 큰 것, 즉 일체를 초월하는 절대적으로 큰 것입니다. 이것은 시간적으로 영원하고, 공간적으로 무한한 의미를 함축하고 있기도 합니다.

마하는 곧 '이것'

그러면 절대적으로 크고 많고 뛰어나다는 것은 무엇을 표현하고 있는 것일까요? 이것은 상대적인 개념이 아니기에 일체의 모든 상대 개념을 초월합니다. 이를 다르게 표현하면, 일체의 모든 상대적인 것과 둘이 아니라는 말입니다. 둘이 아니므로 대비할 상대가 없는 것입니다. 상대가 바로 나이고, 내가 바로 상대이기 때문에 절대일 수 있는 것입니다. 너와 내가 따로따로 있게 되면 상대적으로 크고 상대적으로 작아질 수밖에 없지만, 일체가 둘이 아닌 하나의 자리에서는 내세울 상대가 없어지기 때문에 절대일 수 있는 것입니다.

그러므로 이 '마하'라는 수식어가 경의 앞에 붙어 있는 것은 단순한 문자의 표현이 아니라, '최고의 경지, 부처님의 깨달음, 불성, 자성, 법신, 주인공, 본래면목, 마음, 법'을 표현하는 것입니다. 일체가 둘이 아닌 법신 부처님의 법계 편만하고, 원융(圓融)한 모습을 담고 있는 것입니다. 그 무엇과도 상대할 수 없고, 비교할 수 없는, 절대적으로 큰 것, '마하'는 바로 우리의 본래면목, 자성, 불성을 말합니다. 이것은 온갖 이름을 붙일 수는 있지만 그 어떤 이름으로도 담을 수 없습니다. 어떤 이름을 붙이려면 이름에 걸맞은 '대상'이나 모양 혹은 그 어떤 '무엇'이 있어야 하는데 이것은 그 무엇도 아닌 것이기 때문입니다. 우리가 인식할 수 있는 인식의 대상경계가 아닌 것입니다. 왜 그럴까요?

이것은 어떤 특정한 부분이 아니라 전체이기 때문입니다. 둘이 아닌 하나이기 때문입니다. 100 가운데 1이나 2일 때는 그것에 걸맞은 이름을 붙여서 다른 것과 나누어 구분할 수 있겠지만, 그저 100 자체밖에 없고 그것과 다른 무엇이 전혀 없다면, 이것도 100이고 저것도 100이어서 전혀 나뉠 것이 없다면 따로 이름 붙일 것도 없게 되는 것입니다.

그래서 선에서는 이것에 주인공, 본래면목, 자성, 법성, 불성, 마음, 법 등 다양한 이름을 붙였지만 그 말로 표현할 수 없고, 담아낼 수 없는 무엇이다 보니 그런 이름으로 부르기보다는 그저 '이것'이라고 부르곤 합니다. '이뭣고?'라는 화두는 '이것이 무엇인가'라는 뜻인데, 여기서 말하는 '이것'을 찾으라는 것이지요. '이것', 혹은 '이 자리'에 계합하는 것이야말로 불교에서 말하는 깨달음입니다. 여기서의 '마하'도 '이것'의 특성을 설명하고 있는 것에 다름 아닙니다.

앞으로 우리는 『반야심경』이라는 가르침을 통해 '이것'이 무엇인지를 찾는 여행을 떠날 것입니다. 마하라는 특성을 가진 이것, 이것이 무엇인지를 함께 찾아보는 것, 아니, 이것에 계합하고 이것에 통하여 본래 이것이었음을 확인하는 것, 그것이 바로 우리가 『반야심경』을 공부하는 이유이자 목적입니다. 이처럼 반야심경의 첫 글자에서부터 '진리, 법, 마음, 본래면목, 불성, 열반, 해탈, 주인공, 자성, 법신, 공, 무아, 본래무일물' 등등으로 불리고 있는 '무엇'에 대해 설명하고 있습니다. 사실 불교의 모든 가르침, 경전의 모든 가르침은 전부 다 '이것', 즉 이 '무엇'을 가리키고 있습니다. 불법은 오로지 '이것' 하나만을 고구정녕하게 끊임없이 설할 뿐입니다. 이 세상에는 오로지 이 하나의 진실만이 있을 뿐이기 때문이지요. 앞으로 반야심경을 통해 우리는 '이것'과 끊임없이 마주하게 될 것입니다.

마하의 세 가지 의미

'마하'라는 말이 불교에서 쓰일 때는 주로 다음 세 가지 의미로 쓰입니다.

첫째는 '크다(大)'의 의미로 이는 우주, 허공, 삼천 대천 세계, 수미산 등을 부를 때 쓰이는 공간적인 개념이라 할 수 있습니다.

둘째는 '많다(多)'로 팔만사천, 항하사(恒河沙), 미진수(微塵數) 등 불교 용어에서 지극히 많음을 표현하는 수식어처럼 양적인 개념으로 쓰이고 있습니다. 쉽게 말해 불교 경전에서 '팔만사천' 혹은 '항하사' 등의 비유가 나오면 그 말의 의미는 실제로 팔만사천 개를 의미하는 것이 아니라 절대적으로 많다는 개념, 즉 마하를 의미하는 것으로 이해할 수 있습니다.

셋째는 '초월하다, 뛰어나다, 탁월하다'의 뜻으로 불변, 진실, 수승(殊勝)의 의미로 사용됩니다.

이처럼 '마하'의 의미는, 감히 우리 범부의 눈으로 분별해 알 수 있는 개념이 아닙니다. 처음 중국에 불경이 전해질 때, 그 뜻을 번역할 단어가 마땅하지 않았기 때문에 다른 단어로 번역하면 의미가 변질될 것을 우려해 '마하'라는 말을 발음 그대로 옮기게 된 것입니다. 괜히 기존에 있던 상대적인 단어로 사용했다가는 그 단어가 가지고 있는 고정된 관념으로 인해 의미가 한정되어질 수 있음을 경계한 까닭입니다.

2장
반야(般若)

분별지와 무분별지

'반야(般若)'는 범어로 '프라즈냐(prajñā)', 팔리어로 '판냐(pan-na)'입니다. 반야는 바로 팔리어 '판냐'의 음역어로써, 마하와 같이 그 발음만 따서 옮긴 또 다른 예입니다. 이 또한 '마하'에서와 같이 반야라는 의미를 중국말로 옮기기에 적당한 단어가 없었으므로, 그 의미가 퇴색됨을 우려해 따로 번역하지 않고 '반야'라고 쓰고 있는 것입니다. 그렇다면 '반야' 또한 우리 범부의 사량(思量)으로는 이해하기가 쉽지 않은 단어일 것입니다.

반야를 굳이 번역한다면 '지혜(智慧)'라고 옮길 수 있습니다. 그러나 우리가 생각하는 단순한 지혜가 아니라, '최고의 지혜', 즉 부처님의 지혜를 의미합니다. 그러니 부처가 아닌 범부중생으로서 어찌 쉽게 생각할 수 있는 단어겠습니까?

'지혜'와 비슷한 단어로 '지식'이라는 말이 있습니다. 그러나 '지식'은 '지혜'와는 근본적으로 큰 차이가 있습니다. 우리들이 계산하고, 암기하고, 생각하고, 분별하는 능력이 극대화된 것이 '지식'이라 한다면, '지혜'는 이러한 범부중생의 사량분별(思量分別)을 초월하는 것입니다. 오히려 판단 분별이 완전히 멈추었을 때 드러나는 무분별의 관찰이 바로 반야지혜인 것입니다.

지식이나 사량분별은 분별이라는 말 그대로 둘로 나누어 놓은 뒤 그 두 가지를 서로 구분하고 비교하는 능력입니다. 우리가 대상을 인식한다는 것은 곧 둘로 나누어 놓은 뒤에 그 둘 이상의 대상들을 서로 비교해서 아는 능력을 말합니다. '마하'에서 보았듯이 크다, 작다는 것도 비교 속에서만 상대적으로 크고 작을 수 있는 것이지요. 이러한 상대세계를 잘 아는 것을 지식이라고 하고, 그것은 분별에 의해서 가능한 것입니다.

그러나 반야지혜는 분별이 아닌, 무분별의 지혜입니다. 둘로 나누지 않고, 서로 비교하지 않고 그저 있는 그대로를 있는 그대로 보는 것이 바로 반야지혜입니다. 둘로 나누지 않으니까 이것보다 저것이 더 크다거나 하는 생각이 없습니다. 그러니 크다, 작다 하는 분별이 사라지지요. 마하가 바로 그러한 분별이 사라진, 상대세계의 차별을 넘어선 것이기 때문에 참으로 크다고 할 수 있다고 했는데, 바로 이러한 마하라는 개념을 참으로 체득하기 위해서는 반야지혜가 있어야만 합니다.

그래서 마하가 바로 반야고, 반야가 곧 마하이기도 합니다.

반야, 불이중도의 이해

반야는 곧 무분별지라고 했는데요, 이것은 앞으로 나올 『반야심경』을 이해하는 아주 중요한 개념이며, 불교의 핵심이 되는 개념이기 때문에 조금 더 짚어보도록 하겠습니다. 불교에서 가장 중요한 가르침 중 하나가 중도(中道), 불이법(不二法), 불이중도(不二中道)입니다. 즉 반야지혜가 곧 중도적으로 세상을 바라보는 지혜이며, 불이법으로 세상을 바라보는 지혜이기 때문입니다.

먼저 불이법은 둘로 나누지 않는다는 의미입니다. 우리 중생들은 세상을 바라볼 때 언제나 대상을 둘로 나누어 놓고 그 두 가지를 비교해야만 인식할 수 있습니다. 자식이 학교에서 성적을 90점을 받아왔다면 그것만을 가지고 부모님은 자식이 공부를 잘하는지 못하는지를 알 수 없습니다. 학급 평균은 몇 점인지, 다른 친구들이 몇 점을 맞았는지, 자식이 몇 등인지를 알아야만 내 자식이 공부를 잘하는지 못하는지를 선명하게 알 수 있는 것이지요. 이처럼 우리가 안다고 하는 것은 그것 자체만을 가지고는 알 수 없고, 다른 것과의 비교를 통해서만 알 수 있는 것입니다. 이러한 알음알이를 불교에서는 둘로 나누어서 안다고 해서 '분별심'이라고 합니다. 경전에서는 '식(識)'이라고 하지요.

그런데 불교에서는 바로 이러한 분별심 때문에 우리가 있는 그대로의 대상을 있는 그대로 바라보지 못한 채 대상을 차별적으로 인식하게 되었고, 그럼으로 인해 괴로움이 생기게 되었다고 봅니다.

둘로 나눠 놓고 좋거나 나쁜 것, 옳거나 그른 것, 잘나고 못난 것, 적과 아군 등으로 나누어 놓게 되면 좋은 것, 옳은 것, 잘난 것은 더 많이 가지고 싶어 집착하게 되고, 반대인 것은 싫어서 거부하게 됩니다. 좋고 싫은 것이 있으면 좋은 것에는 집착하고 탐심(貪心)을 일으켜 붙잡으려 하지만, 싫은 것은 거부하고 밀쳐 내려고 하며 화나 짜증 등의 진심(嗔心)을 일으킵니다. 탐심과 진심이 일어나는 것이지요. 치심(癡心)은 바로 이렇게 둘로 나누어 놓는 마음입니다. 이게 바로 초기 경전에서 해탈 열반을 탐진치 삼독의 소멸이라고 하셨던 바로 그 탐진치 삼독(三毒)입니다. 즉 삼독의 소멸이 곧 열반이라고 할 때, 이 말은 곧 분별심 즉 이법(二法)으로 나누어 놓는 마음만 없으면 곧 깨달음이라는 말과 같습니다.

분별해서 둘로 나누어 놓는다는 것 자체가 어떤 대상에 대해 좋다거나 나쁘다거나, 크다거나 작다거나 하는 등의 상(相)을 부여하는 일이기도 합니다. 분별하는 모든 대상은 상이 만들어지는 것이지요. 그래서 『금강경』에서는 '약견제상비상 즉견여래(若見諸相非相 卽見如來)'라고 하여 모든 상이 상이 아님을 보면 바로 여래를 본다고 한 것입니다.

결국, 바로 이 둘로 나누는 분별심이 우리의 깨달음을 막는 유일한 장애물인 것입니다. 바로 이 둘로 나누는 분별망상만 없으면 바로 지금 이 자리에 언제나 드러나 있는 실상반야, 법의 성품을 볼 수 있는 것이지요.

그래서 승찬스님은 『신심명』에서 "지극한 도는 어렵지 않으니 오직 둘로 나누어 선택하지만 않으면 된다. 미워하고 사랑하지만 않으면 통연히 명백해진다."라고 했습니다.

우리는 그동안 내 머릿속의 해석과 판단과 분별 속의 삶만을 살아오느라 이 눈앞에 드러나 있는 생생한 진짜 삶을 살지 못했던 것입니다. 어떤 한 사람을 보더라도 있는 그대로 보는 것이 아니고, 내 생각으로 해석하고 분별한 생각 속의 한 사람을 보고 있었던 것이지요.

그래서 불법을 바로 실천하기 위해서는 분별하지 말고, 극단에 치우치지 말고, 중도적으로 보라고 하는 것입니다. 중도는 둘로 나누어 놓고 그중 어느 하나를 선택하는 그런 극단을 버리고, 대상을 비교, 차별, 분별로 보는 것이 아니라 있는 그대로 볼 것을 주문합니다.

그래서 지공화상은 『대승찬』에서 "큰 도는 항상 눈앞에 있지만, 보기는 어렵다. 애써 분별하여 모양을 취하지 않으면 잠깐 사이에 저절로 도를 얻는다."고 했습니다. 분별하여 분별상을 취하지만 않으면 곧장 도를 보게 된다는 것이지요.

좋거나 나쁘게 바라보는 것이 아니라 다만 있는 그대로 보는 것, 그것이 바로 중도이고, 불이법이며, 불이중도의 지견입니다. 그것이 바로 반야라는 무분별지이지요.

좋은지 나쁜지 알 수 없다

우리는 어떤 일이 일어났을 때, 그것이 나에게 좋은 일인지 나쁜 일인지, 이득이 되는 것인지 손해가 되는 것인지를 자동적으로 인식하곤 합니다. 그래서 좋거나 득 되는 것은 애착하면서 어떻게든 더 붙잡아 내 것으로 만들려고 하고, 반대로 싫거나 손해가 되는 일이라고 여기면 어떻게든 거부하고 밀쳐 내려고 애쓰며 화를 내고 짜증을 내기도 합니다.

그런데 그 일에 대해 우리가 판단하고 분별한 것처럼 좋거나 나쁜 것인지를 분명히 알 수 있는 것일까요? 아닙니다. 사실은 우리의 판단이 좋거나 나쁘다고는 했지만, 그것이 근원적으로 나에게 정말 좋은 일인지 나쁜 일인지 알 수 없습니다.

예를 들어 보지요. 어떤 사람이 초기 암 진단을 받았습니다. 이 사람은 우연히 정기 검진에서 암 진단을 받고는 '왜 나에게 이런 일이 있을 수 있는가' 하고 괴로워하겠지요. 그러나 결과적으로 초기에 암 진단을 받음으로써 성공적으로 수술을 끝내고, 그 이후에 몸에 대해 더 많이 관심을 가지고, 운동도 하고, 술과 담배도 끊고, 건강을 잘 지킴으로써 남은 인생을 건강하게 보낼 수 있었다면 오히려 암 진단이 이 사람을 도운 것일 수도 있습니다. 이것은 최악의 사건이 아니라, 오히려 감사하고도 고마운 사건일 수도 있는 것이지요. 이처럼 우리는 어떤 한 사건을 가지고 좋은 일인지 나쁜 일인지를 알 수는 없습니다. 새옹지마란 말처럼 삶에서 일어나는 모든 일들은 어떻게 변하게 될지 우리는 결코 알 수 없기 때문입니다.

그런데 이 초기 암 진단을 받은 사람이 둘로 나누는 분별심을 내지 않았다면 어떻게 될까요? 즉 암 진단을 최악의 괴로운 상황으로 보면서 세상을 원망하거나, 다행히 초기에 발견할 수 있어서 감사하다고 보는 이 두 가지의 관점 모두를 선택하지 않고 다만 무분별로 바라보는 것을 선택할 수는 없었을까요? 사실 초기 암 진단이라는 것은 좋거나 나쁘다는 그 어떤 실체도 없는 중립적인 상황에 불과합니다. 다만 사람들이 저마다의 판단분별로 좋거나 나쁜 쪽으로 분별심을 몰아감으로써 스스로를 괴롭히기도 하고, 감사해하기도 하는 것일 뿐입니다.

이와 같은 방식으로 우리는 자기 자신을 얽어매고 있습니다. 자신을 기쁘게 하는 것도 자기 자신이며, 괴롭게 만드는 것도 자기 자신일 뿐입니다.

둘로 나누지 않고, 있는 그대로 바라보게 된다면 어떻게 될까요? 이것이 바로 깨달은 자의 삶의 방식일 텐데요, 깨달은 사람이라고 암 진단을 받지 않는 것은 아닐 것입니다. 다만 깨달은 자는 암 진단을 받고도 다른 사람들처럼 둘 중 하나의 상황으로 생각을 몰아가지 않는 것입니다. 분별심을 일으켜 어느 한쪽으로 현 상황을 해석하지 않는 것이지요. 몸속에 암은 있었지만 암 진단을 받지 않았을 때는 암으로 인해 괴롭지 않겠지요? 그와 같이 몸속에 암이 있느냐 없느냐가 나를 기쁘게 하거나 괴롭히는 것은 아닙니다. 실제로 죽을 때까지 자신이 암인 줄 모르면서 잘 살다가 가는 경우도 많다고 하더군요.

사실 상황 그 자체는 우리를 괴롭힐 필요충분조건이 되지 못합니다. 언제나 그것은 나의 선택일 뿐입니다. 생각으로 허망한 착각과 괴로움을 스스로 만들어내 그 속에 빠져드는 무승자박(無繩自縛)의 삶을 살 것인지, 아니면 아무런 해석이나 분별을 하지 않은 채 있는 그대로의 생생한 삶을 그저 살 것인지 스스로 선택할 수 있는 것입니다.

불법은 자신이 만든 분별의 세계 속에 갇혀 사는 것이 아닌, 지금 이대로 해석되지 않은 날것의 불이중도로, 반야지혜라는 정견으로 자유롭게 걸림 없이 사는 삶입니다.

이처럼 반야지혜라는 불이중도로 세상을 바라보게 되면 곧장 참된 본성을 확인하게 됩니다. 사실 우리는 지금 이대로 부처이지만 분별심에 가로막혀 스스로 만든 분별의 세계만을 보며 살고 있는 것이지요. 그렇기 때문에 투명한 자기의 본래 성품을 보지 못하고, 생각으로 만들어낸 환상의 세계 속을 살고 있는 것입니다. 불이중도와 반야지혜로 바라보게 된다는 것은 곧 있는 그대로의 현실을 있는 그대로 정견한다는 것이고, 그것이 곧 견성(見性)입니다. '이것'을 바로 보게 해주는 지혜가 바로 반야지혜인 것이지요.

세 가지 반야

일반적으로 '반야지혜'라고 하면, 크게 세 가지로 나누어 볼 수 있습니다.

첫째, '관조반야(觀照般若)'입니다.

이것은 일체의 현상계를 있는 그대로 정견(正見)하는 지혜를 말하는 것으로써 제법(諸法)의 실상, 즉 있는 그대로의 실체를 있는 그대로 편견 없이 비춰 보는 지혜를 말합니다. 2500년 전 고타마 싯다르타라는 젊은 청년이 성취한 깨달음의 지혜가 바로 관조반야인 것입니다. 싯다르타는 어떤 신(神)과도 같은 절대적 존재에게서 깨달음을 받은 것이 아니며, 누군가의 도움으로 깨닫게 된 것도 아닙니다. 오직 현실 세계를 있는 그대로 비추어 보아 현실 세계의 모습을 여실히 깨달은 것이니 이 지혜를 관조반야라 하는 것입니다.

　부처는 있는 그대로의 세계를 있는 그대로 바라보는 분, 즉 관조반야로 보는 분이며, 중생은 있는 그대로를 있는 그대로 보지 못하고 분별심으로 걸러서 색안경을 끼고 바라보는 사람인 것입니다. 즉 중생과 부처는 둘로 나누어져 있지 않아서, 있는 그대로의 실상을 관조해 보면 지금 이대로의 현실이 그대로 진실입니다. 이대로가 바로 부처이며 참된 진실의 세계입니다. 관조반야는 그저 현실을 있는 그대로 바라보는 것입니다. 그러나 중생들은 어리석게도 있는 그대로의 현실을 자기 식대로 분별해서 바라보기 때문에 어리석은 무명에 가려 중생의 삶을 스스로 만들고 그 속에 빠져 살아갈 수밖에 없는 존재인 것입니다.

　둘째, '실상반야(實相般若)'입니다.

　실상반야는 제법의 실상 그 자체를 말합니다. 『법화경』의 제법실상이 곧 이를 설하고 있습니다. 즉 우리가 살고 있는 이 현실 세계의 모습 그 자체를 말하는 것입니다. 지금 이대로의 현실 세계에서 더하고 뺄 것도 없이 그저 이대로가 참된 진여법계요, 완전한 깨달음의 세계라는 뜻입니다. 즉 실상반야가 존재의 실상이지만 중생들이 분별심에 갇혀 왜곡된 시선으로 비뚤어지게 보기 때문에 실상반야로 보지 못하고 어리석은 무명의 시선으로 보는 것일 뿐입니다. 그러나 무명의 왜곡된 관찰을 있는 그대로의 참된 관찰로 돌이켜 보는 것이 바로 앞서 설명한 관조반야인 것입니다.

실상반야는 분별의 세계가 아닌 분별할 수 없는 불이법(不二法)의 세계입니다. 즉 참된 진실의 세계는 둘로 나뉘어져 있지 않은 세계입니다. 여기에는 보는 자와 보이는 세계가 따로 존재하지 않습니다. 보는 자가 보이는 대상과 하나가 되어 버릴 때 이것이 바로 실상반야인 것입니다. 우리가 흔히 일체의 모든 존재에 불성(佛性)이 있고, 법신 부처님이 두루 편만(遍滿)해 계신다고 할 때, 실상반야의 모습을 이야기하고 있는 것입니다.

셋째, '방편반야(方便般若)'입니다.

이것은 문자반야(文字般若)라고도 불리는 것으로써, 이상의 실상반야와 관조반야의 내용을 담고 있는 일체의 모든 경전을 의미합니다. 이것은 직접적으로 반야는 아니지만, 반야지혜를 이끌어 내는데 없어서는 안 될 '방편'이 되는 것이므로 반야라고 합니다. 이러한 문자반야, 즉 경전과 가르침이라는 방편이 없었다면 우리는 결코 깨달음의 세계, 실상반야의 세계를 관조할 수 없었을 것입니다. 불법을 공부하는 모든 이에게 달을 가리키는 손가락과 같고, 강을 건너는 뗏목과 같은 중요한 방편이 되기 때문에 이를 방편반야라고 합니다.

이상의 세 가지 반야는 서로 다른 것이 아닙니다. 진리는 여러 가지가 있는 것이 아니기 때문입니다. 하나의 실상을 다른 측면에서 설한 것일 뿐입니다. 체상용(體相用)의 관점에서 본다면 실상반야가 체요, 관조반야가 용이며, 문자반야를 상이라고 할 수 있을 것입니다. 실상반야는 우리가 살고 있는 이 현실이 그대로 참된 부처의 세계임을 설하고 있고, 관조반야는 중생들이 그러한 참된 실상의 세계를 보지 못하고 비뚤어진 분별의 색안경을 끼고 보다가 실상을 바로 볼 수 있는 무분별의 관찰, 관조가 생기게 되는 것입니다. 그러한 '실상'을 올바로 '관조'하기 위해서는 경전과 부처님 말씀이라는 '문자'라는 '방편'에 의지해야 합니다. 그러니 경전이라는 문자반야에 의지해 실상반야를 바로 관조반야하는 것이야말로 반야지혜의 세 가지 측면인 것입니다.

반야와 신해행증

이 세 가지 반야는 불교의 깨달음에 이르는 길인 신해행증(信解行證)의 길과 비슷합니다. 다른 점이 있다면, '신(信)'이 추가되었다는 점이라고 할까요. 믿는다는 것은 모든 불교 수행의 기본이 되는 밑거름입니다. 부처님에 대한 믿음, 부처님의 가르침에 대한 믿음, 그리고 그 불법을 수행하여 진리에 이르고자 정진하는 승가와 스님들에 대한 믿음, 이 불법승 삼보에 대한 믿음이야말로 이 마음공부에서 가장 중요한 주춧돌입니다.

믿음이 밑바탕이 되면 이제 부처님의 가르침을 힘써 배워야 할 차례입니다. 이것이 바로 '해(解)', 즉 올바른 이해입니다. 이것을 바른 지견(知見) 혹은 불지견이라고도 합니다. 경전과 어록 등 바른 부처님의 가르침을 접하고, 바른 스승의 법문을 들음으로써 지혜에 대한 바른 안목이 생기고, 바른 지견이 서게 되는 것입니다.

그러나 이 지견이나 이해는 알음알이, 분별심으로 이해하는 것이 아닙니다. 물론 처음에 불법을 공부할 때는 누구나 그동안 세상에서 배워온 방식대로 머리로 이해하고, 지식으로 불교교리를 배울 수밖에 없을 것입니다. 그러나 조금 더 불법 공부를 하다 보면 결국 '이 공부는 머리로 할 수 있는 것이 아니구나' 하는 자각이 옵니다. 그때부터 참된 불법 공부는 시작되는 것이지요. 바로 이러한 견해가 바른 불지견입니다. 바른 지견은 머리로 이해하는 것이 아니라 머리로는 안 된다는 자각이며, 노력해서 얻는 것이 아니라 함이 없이 오는 것이라는 무위의 자각, 둘로 나누는 분별심이 아닌 무분별이라는 자각입니다. 이처럼 세속에서 말하는 올바른 이해와는 조금 다른 지견을 말합니다.

바른 지견을 갖추게 되면 바른 행을 실천하게 되니 이것이 바로 '행

(行)'입니다. 지견이 바르게 열리지 않았을 때는 삿된 법을 따르거나, 아주 기초적인 방편에만 치우쳐 있거나, 원하는 것을 이루기 위해 기도하는 등의 기복적인 방식으로 불교를 믿는 어리석은 무지의 행이 있을 수밖에 없습니다. 그러나 바른 지견이 열리면, 바른 법을 보는 안목이 생기게 되고, 바른 스승을 알아볼 수 있는 안목이 열리면 바른 법을 계속 가까이하게 되고, 무분별의 함이 없는 행을 하게 되어 이 법을 통해 반드시 참된 실상반야에 계합하겠노라고 하는 굳은 발심수행을 하게 됩니다.

그렇게 바른 믿음과 굳건한 발심을 가지고 바른 지견을 얻은 뒤에 바른 법과 바른 스승을 가까이하면서 마음공부를 하면 머지않아 참된 실상반야를 증득하게 됩니다. 이것이 바로 신해행증의 '증(證)'인 것입니다.

바른 믿음이라는 기본적인 자세와 굳건한 발심 위에서 '해·행·증'의 단계를 바로 실천하게 된다면 그것이 곧 방편반야[解], 관조반야[行], 실상반야[證]가 됩니다.

3장
바라밀다(波羅蜜多)

이 언덕과 저 언덕, 차안과 피안

바라밀다는 범어 '파라미타(Pāramitā)'의 음역으로 '도피안(到彼岸)', '도무극(到無極)', '사구경(事究竟)' 등으로 번역되며, 자세하게는 '바라'가 '저 언덕[피안]', '밀다'가 '건넌다'는 의미입니다. 그 뜻을 풀이하면 '저 언덕으로 건너간다'이지요. 이를 앞의 '마하반야'와 함께 번역하면, '크나큰 지혜로 저 깨달음의 언덕으로 건너간다'는 뜻이 됩니다.

다시 말해 '저 언덕'이란, 피안(彼岸)으로 정토(淨土), 불국토(佛國土), 부처님의 세계, 깨달음의 세계를 의미합니다. '이 언덕'이라 함은 차안(此岸)으로 우리가 사는 이곳 사바세계를 말하며 다른 말로 예토[穢土-더러운 땅]라고도 부릅니다.

그러나 사실 방편으로 그렇게 나누어 놓았을 뿐 근원에서는 이 언덕과 저 언덕이 전혀 나뉘어져 있지 않습니다. 다만 이 언덕은 분별하는 어리석은 중생의 꿈과 같은 허망한 삶을 말하는 것이고, 저 언덕은 분별없는 깨달음의 세계입니다. 그러니 바라밀다의 뜻은 방편으로 본다면 '이 사바세계에서 저 부처님의 세계로 가는 것'을 의미하지만 사실은 '어리석음에서 지혜로움'으로, '분별의 삶에서 무분별의 삶'으로의 전환을 의미합니다. 이는 다시 말해 '나'의 삶에서 '나 없음'의 삶을 깨닫는 것이라고도 할 수 있을 것입니다.

그러니 본질에서 본다면 이쪽 언덕이 있고 저쪽 언덕이 있는 것은 아니지만, 중생들이 알아듣기 쉽게 방편으로 설하다보니 이쪽저쪽이라는 알기 쉬운 분별의 용어를 쓴 것입니다.

근원에서는 '이 언덕'이 바로 '저 언덕'입니다. 이곳이 바로 그곳입니다. 지금 이 자리가 바로 깨달음의 자리이기에, 사실 우리는 깨달음의 저 언덕으로 건너갈 필요가 없습니다. 깨달음, 마음, 본래면목은 이미 드러나 있습니다. 우리 모두가 지금 이대로 부처입니다. 그래서 달마스님은 『혈맥론』에서 '본래 마음은 늘 앞에 드러나 있지만, 그대 스스로가 보지 못할 뿐이다.'라고 하셨습니다. 지공화상도 『대승찬』에서 '대도상재목전(大道常在目前) 수재목전난도(雖在目前難覩)'라고 하여 '큰 도는 항상 눈앞에 있지만 보기는 어렵다.'고 하셨습니다. 스스로 보지 못하던 허망한 분별망상이 깨어지는 순간이 바로 '저 언덕'에 도달한 순간입니다.

바라밀다라는 방편

그러면 바라밀다라는 방편에 대해 조금 더 자세하게 알아보죠. '예토(穢土)'라고 하면, 흔히 우리가 사는 이 세계를 말하는데 모든 것이 혼탁하고 오염되어 있는 탁한 세계를 말합니다. 우리는 육신[身]으로 살생을 하고, 도둑질을 하고, 청정하지 못한 음행을 하는 등의 온갖 악행을 저지르며, 입[口]으로는 온갖 거짓말과 이간질을 일삼고, 삿된 분별심에 빠져 진실치 못하여 꾸미는 말을 하며, 거친 욕설 등을 일삼고 살아갑니다. 또 생각[意]으로는 탐욕에 빠져 오욕락을 즐기기 위하여 과다한 욕심을 부리고, 조그만 일에도 불끈 화를 내며, 어리석은 삿된 사량심으로 온갖 악한 행위를 하게 됩니다. 이처럼 신구의(身口意) 삼업을 짓고, 탐진치(貪瞋痴) 삼독심으로 세상을 살아가는 사람들이 모여 사는 오염된 이 땅을 '사바세계' 즉 예토라 하며, 『반야심경』에서는 '이 언덕[차안(此岸)]'이라고 표현하고 있는 것입니다.

그렇다면 저 언덕[피안(彼岸)], 즉 정토(淨土)란 어떤 세계를 말하는 것일까요? 정토란 우리의 신구의(身口意) 삼업이 청정하여 모든 괴로움으로부터 벗어난 열반의 세계를 의미합니다. 한마디로 부처님의 세계, 열반 해탈의 경지를 상징한다고 할 수 있습니다.

우리들이 부처님을 믿고 따르는 이유는 부처님께 우리의 힘들고 어려운 점을 이야기하여 잘되게 해달라고 빌기 위함이 아닙니다. 중생 세간인 이 언덕에서 더 잘되기를 바라는 것이 아니라, 아예 저쪽 열반의 언덕으로 건너가기 위함입니다. 보통 이 언덕인 우리가 사는 세상을 꿈에 비유하기도 하는데요, 이 언덕은 꿈속의 삶이고 저 언덕은 꿈에서 깨어난 삶입니다. 즉 이 불법공부는 꿈속에서 더 좋은 꿈을 꾸는 것이 아니라 꿈 자체에서 깨어나는 것입니다. 바라밀다! 즉 이 사바예토에서 저 언덕 즉 부처님의 땅으로 가기 위함입니다.

그렇다면 저 언덕으로 가야 하는데 어떻게 가야 하는 것일까요? 바로 마하반야의 배를 타고 가야 합니다. 다시 말해 큰 지혜의 배를 타야만 건너갈 수 있습니다. 그 배를 불가에서는 '반야용선(般若龍船)'으로 상징화하고 있습니다. 사십구재를 지낼 때, 오색기가 달린 작은 배를 들고 봉송하는 이유도 여기에 있습니다. 그 배가 바로 반야용선, 즉 큰 지혜로 부처님의 세계에 영가를 데려다 줄 수 있는 배인 것입니다. 이 반야용선의 뱃머리에는 인로왕보살(引路王菩薩)이 타고 계십니다. 우리가 가야 할 부처님의 세계까지 길을 인도해 주시므로, '길을 인도하는 왕'이 라는 의미의 '인로왕'이라는 이름이 붙게 된 것입니다.

이처럼 반야용선은 수많은 무명 중생을 모두 태워 부처님의 세계로 인도합니다. 그래서 대승(大乘), 즉 '큰 탈것'이란 말이 나온 것입니다. 그러나 소승[작은 탈것]의 배에는 많은 사람이 함께 탈 수 없고, 오직 나 홀로 타고 갈 수밖에 없습니다.

세계에는 열 가지의 종류가 있으니 이를 십법계(十法界)라 합니다. 십법계는 우리들이 사는 인간계를 포함해 윤회하는 세계인 차안예토[차안-생사윤회의 경지]인 지옥, 아귀, 축생, 아수라, 인간, 천상의 여섯 세계[6]와, 피안정토[피안-해탈열반의 경지]의 세계인 부처님의 세계[1]가 있으며, 차안인 이 언덕에서 피안인 저 언덕에 이르기 위하여 수행하고, 반야용선을 타고 가는 수행 과정에 있는 세계, 즉 성문승, 연각승, 보살승의 세계[3]가 있습니다. 여기에서 성문, 연각, 보살에 승(乘)을 붙인 이유는 반야용선을 타고[乘] 간다는 의미에서입니다. 성문이나 연각승은 소승의 수행이며, 보살승은 일체중생을 함께 배에 태워 부처님의 세계로 인도해 주는 대승의 수행자상인 것입니다.

저 언덕으로 건너가는 방법

이상에서처럼 육도 윤회의 중생세간에서 부처님의 세계로 이르는 방법은 어떻게 건너갈 것인가 하는 관점에서 '성문, 연각, 보살' 세 가지가 있는데, 불교의 역사를 이어오며 수많은 다양한 방편의 수행법, 즉 바라밀다 하는 여러 가지 방법들이 생겨났습니다.

예컨대 참선(參禪)[조사선, 간화선, 묵조선 등], 염불(念佛)[아미타불, 관세음보살, 지장보살 등], 간경(看經)[금강경, 반야심경, 법화경, 화엄경 등], 주력(呪力)[관세음보살본심미묘진언, 수능엄신주, 신묘장구대다라니 등], 불사(佛事)[경전불사, 은전불사, 비전불사 등], 절[108배, 삼천배 등], 기도[관음기도, 지장기도, 미타기도, 산신기도, 용왕 기도 등], 지관(止觀)법[사마타, 위빠사나] 등 숫자로 헤아리기도 힘들 만큼의 많은 수행법이 있습니다.

이러한 다양한 수행법들은 결국 '바라밀다' 하기 위한 목적 하나로 귀일합니다. 서로 다 다른 수행방법 같지만, 결국에는 저 피안에 도착하기 위한, 완전한 깨달음에 이르기 위한 다양한 방편인 것입니다.

이런 다양한 방편이 필요한 이유는 사람들은 저마다 다양한 수많은 근기가 있기 때문입니다. 어떤 사람들은 기복적인 기도에만 매달리기도 하고, 또 어떤 사람은 원하는 것을 이루는 것에만 관심을 가지고, 또 어떤 사람들은 점을 보고 사주팔자를 보는 것에 관심을 두기도 합니다. 그런가 하면 어떤 이들은 삶의 근본적인 의미가 무엇일까, 생노병사라는 괴로운 인생을 벗어나는 방법은 없을까, 나는 누구인가와 같은 삶의 근원적인 질문을 던지기도 합니다. 이처럼 다양한 근기의 중생들이 있다 보니 부처님의 수행 방편 또한 그 수많은 근기의 중생들에게 일일이 적절한 가르침을 펴기 위해 다양한 방편이 시설된 것입니다. 열반의 저 언덕에 도달하기 위해서는 근기에 따라 수준에 맞는 적절한 방편 수행이 필요한 것입니다. 그러다보니 오랜 불교 역사 속에서 온갖 다양한 근기의 중생들을 위해 온갖 다양한 자비방편의 수행법들이 고안되게 된 것입니다.

그러나 중요한 것은 이 모든 수행법들이 다양한 근기의 중생들을 위한 방편이었을 뿐, 그 수행법 자체가 목적이 되어서는 안 된다는 점입니다. 그 수행법 자체에 사로잡히거나 집착하여 그 수행법만이 최고라고 집착하거나, 그 수행이 아닌 다른 수행을 폄하해서도 안 되겠지요.

수행 아닌 수행, 중도

그럼에도 요즘 불교계를 보면, 한마디로 '수행불교'가 아닌가 합니다.

수행이 불교에서 가장 중요한 것이라고 여기며, 수행하지 않으면 불자가 아니라고까지 말하기도 합니다. 사실 불교에는 수행이 필요 없습니다. 모든 수행은 잠깐 저 언덕에 이르기 위한 방편일 뿐, 결국에는 버려야 할 것일 뿐입니다.

왜 수행이 필요가 없다고 할까요? 수행은 수행이라는 방법을 통해 이쪽에서 저쪽으로 가는 수단이기 때문입니다. 수행은 고통받는 중생이 고통 없는 열반으로 향해 간다는 것을 전제로 하고 있습니다. 그러나 바라밀다에서도 말했듯이, 이 언덕에서 저 언덕으로 간다는 것은 하나의 방편일 뿐입니다. 사실은 '이 언덕'이 그대로 '저 언덕'입니다.

참된 수행이란 어디로도 갈 필요가 없다는 사실에 눈뜨는 것입니다. 지금 이대로 모든 것은 완성되어 있다는 사실에 눈뜨는 것입니다. 지금 이대로의 내가 그대로 부처라는 사실을 확인하는 것일 뿐이지, 또 다른 부처라는 세상으로 옮겨가는 것이 아닙니다.

그렇기에 사실은 수행이 필요한 것이 아니라, 본래 부처라는 자각, 눈뜸, 확인이 필요할 뿐입니다. 그것은 수행을 통해 하는 것이 아니라, 오히려 수행을 놓아버렸을 때 드러납니다.

부처님 또한 출가 이후 알라라 카라마(Alara Kalama)와 웃다카 라마풋타(Uddaka Ramaputta)라는 선정주의(禪定主義)의 두 스승을 찾아가 온갖 요가와 명상 수행을 통해 최고 단계의 삼매와 선정에 이르셨지만 그것이 참된 깨달음이 아님을 알고는 떠나셨습니다. 그 뒤에 고행주의(苦行主義)를 6년간 닦았지만 결국 그것 또한 참된 공부가 아님을 알고는 단호히 떠나셨습니다. 그 당시에 온갖 수행법을 다 닦아 보았지만 그 수행법들을 통해서는 깨달음에 이를 수 없음을 아셨습니다.

결국 수행법을 전부 내려놓고 '이쪽 길'도 아니고, '저쪽 길'도 아닌, 중도의 길을 통해 깨달음에 이르셨습니다. 모든 수행법을 내려놓고 이러지도 저러지도 못하며, 허탈하게 모든 것을 내려놓게 되었을 때 비로소 깨달음이 찾아왔던 것입니다.

중도의 길이란 길 없는 길입니다. 불법의 수행법은 오로지 중도일 뿐입니다. 그런데 그 중도라는 것은 특정한 방법이 없습니다. 특정한 수행법만이 깨달음에 이르게 할 수 있다고 주장한다면 그것은 전혀 중도가 아닙니다.

참된 중도는 수행하지만 수행할 바가 없음을 깨닫는 것입니다. 수행할 바가 없지만 그럼에도 수행이라는 방편을 잠시 빌리는 것입니다. 수행한다거나 수행하지 않는다거나 하는 양 극단에 치우치지 않는 것이 바로 중도의 길입니다.

그래서 달마스님은 어떻게 수행을 할 것인지를 묻는 질문에 '다만 모든 일 위에서 마음 없음을 깨달으면 될 뿐, 다시 다른 수행은 필요 없다.'고 하셨고, 지공화상은 '큰 도는 수행으로 말미암아 얻는 것이 아닌데, 수행을 말하는 것은 방편으로 어리석은 범부를 위해서다.'라고 하셨습니다. 또한 황벽희운 선사는 『전심법요』에서 다음과 같이 설하셨습니다.

육도만행(六度滿行)과 갠지스 강의 모래알 같은 온갖 공덕을 본래 스스로 구족하고 있으니 수행에 의지하여 무언가를 더 할 것이 없다. 그저 인연을 만나면 베풀고, 인연이 없으면 고요히 쉴 뿐. 만약에 이것이 바로 부처임을 확실히 믿지 못하고 모습에 집착하여 수행함으로써 공덕과 효과를 바란다면 전부 망상일 뿐, 도(道)와는 서로 어긋난다.

참된 수행은 수행에 의지해 무언가를 더 할 것이 없음을 아는 것입니다. 수행함으로써 공덕과 효과를 바란다면 전부 망상일 뿐 도와는 어긋납니다. 수행이란 하나의 방편일 뿐, 사로잡히거나 집착할 것이 못 됩니다. 수행을 통해 깨닫는 것이 아니기 때문입니다.

참된 수행은 발심

결국 중요한 본질은 수행법 자체에 있는 것이 아니라, 그 수행을 통해 바라밀다 하겠노라는, 즉 깨달음에 이르겠노라는 간절한 발심이 바탕이 되어 있는가 하는 점입니다. 모든 수행법이 있는 이유는 바로 우리에게 바라밀다를 할 수 있도록 이끌어 주기 위함이기 때문입니다. 이 어리석은 중생의 잠에서 깨어나 깨닫는 것이야말로 모든 방편 수행의 목적입니다. 이 점이 아주 중요합니다. 불법을 공부하는 이들이라면 바로 이 점, 즉 '바라밀다' 하겠노라는 발심을 더욱 굳건히 세울 수 있어야 합니다. 다만 기복적으로 무언가를 이루려 애쓰거나, 돈을 많이 벌게 해달라고 빌거나, 대학 입시합격을 기원하거나, 남편 진급을 기원하는 것 등은 모두가 '이 언덕' 안에서 조금 더 좋은 조건으로 살겠다는 것에 불과합니다. 본질적인 수행자의 발원은 '이 언덕' 안에서 더 나은 삶을 살고, 더 부자로 살고, 더 오래 살고, 더 성공적인 삶을 사는 것이 아니라, '이 언덕'을 너머 '저 언덕'으로, 깨달음의 저 언덕으로 건너가기 위함이어야 할 것입니다. 꿈속에서 더 좋은 꿈을 꾸는 것이 아니라, 깨어나는 것이 목적이어야 하는 것이지요.

바라밀다에 대한 발심

이러한 바라밀다의 발심을 대승불교에서는 '발아뇩다라삼먁삼보리심(發阿耨多羅三藐三菩提心)' 혹은 '발보리심(發菩提心)', '발심'이라고 합니다. 바라밀다 하고야 말겠노라 하고 굳게 발심하여 마음을 내는 것이 바로 발보리심이고, 이러한 바라밀다의 발심이야말로 우리를 깨달음에 이르게 하는 어쩌면 유일한 방법 아닌 방법입니다.

많은 이들이 깨달음에 이르는 방법을 궁금해합니다. 그러다보니 앞에서 살펴보았듯이 다양한 수행의 방편들이 생겨났지요. 그러나 그 수많은 수행법들은 사실 본질적인 것이 아닙니다. 다만 달을 가리키는 손가락일 뿐입니다. 정작 중요한 것은 수행법이 아니라, 발심입니다. 간절한 바라밀다의 발심이 있는 이에게는 이 우주법계가 그 수행자의 간절한 발심에 반응합니다. 그 발보리심의 마음과 공명하여 깨달음을 얻을 수 있도록 바른 법을 드러내 보여주고, 바른 스승을 볼 수 있는 안목을 열어 주고, 스승과의 만남을 주선해 줄 것입니다. 이처럼 이 우주법계는 바라밀다라는 깨달음에 발심한 수행자를 위해 깨달음을 얻을 수 있도록 모든 것을 가져다줍니다. 바로 그 사람이 발심했기 때문입니다. 바라밀다를 간절히 원했기 때문입니다. 『화엄경』에서도 일체유심조(一切唯心造)라는 가르침이 있듯, 이 우주는 간절히 마음을 내면 그것이 이루어지도록 이 우주법계의 모든 것을 작동시키기 때문입니다. 물론 이 말도 하나의 방편일 뿐, 그러한 어떤 원리가 있다고 여겨서는 안 되겠지요.

그래서 이 불법 공부에서 가장 중요한 것은 마음을 내는 것입니다. 마음을 일으키는 것입니다. 어디에 마음을 낼까요? 바로 깨달음에 마음을 내는 것입니다. 바라밀다에 마음을 내는 것입니다. 마음을 내는 것이야말로 이 공부의 전부입니다. 그래서 이 공부를 '마음공부'라고 부릅니다. 마음으로 하는 공부이기 때문이지요.

그래서 『반야경』에서는 다음과 같이 설합니다.

반야바라밀은 모든 법의 근본이므로 여래와 다를 것이 없다. 사리자여, 반야바라밀을 수행하여 모든 번뇌를 떠나고 바른 깨달음을 열어 한량없는 중생들을 깨우쳐 주리라고 원을 세우지 않으면 안 된다.

반야바라밀이 곧 법이며, 여래입니다. 수행자는 반야바라밀을 통해 번뇌를 떠나고 바른 깨달음을 열어야 하며, 나아가 한량없는 중생을 깨우침으로 이끌어 주리라는 발심, 서원을 발해야 하는 것입니다.

이것이 바로『반야심경』이 제목에서부터 우리에게 심어주고자 하는 마음공부의 목적이며, 불교의 목표이고, 수행자가 해야 할 일이 무엇인지를 알려주고 있습니다.『반야심경』이라는 지혜의 가르침을 통해 저 깨달음의 언덕에 이르겠노라는 간절하고도 굳건한 발심을 세우셨다면 이제 본격적으로『반야심경』공부를 시작할 준비가 된 것입니다.

반야바라밀다

앞에서 배운 '반야'와 이 '바라밀다'를 합하여 해석하면, 저 깨달음의 언덕에 이르는 지혜를 의미합니다. 최상의 지혜를 뜻하지요. 반야바라밀다 혹은 반야바라밀이라고 말합니다. 그렇다면 무엇이 최상의 지혜일까요? 무엇이 반야바라밀일까요?

『반야경』에서는 다음과 같이 설합니다.

> "세존이시여, 보살마하살이 어떻게 반야바라밀(般若波羅蜜)을 닦아야 합니까?"
> "일체의 정신적, 육체적인 것을 전부 공이라고 관하면 그것이 반야바라밀을 닦는 것이다."

정신적, 물질적인 일체 모든 것을 전부 공(空)이라고 관하는 것이 곧 반야바라밀입니다. 최상의 지혜는 곧 일체를 공이라고 관하는 것입니다. 공하여 텅 비었으니, 어떤 것도 붙잡을 수 없고, 집착할 수 없고, 얻을 수 없습니다. 무집착, 무소득(無所得), 무아(無我)인 것이지요. 이것이 바로 반야바라밀이라는 공관(空觀)입니다.

그래서 『반야경』에서는 다시 "사리자여, 모든 것은 얻을 수 없다. 이렇다고도 저렇다고도 할 수 없는 것임을 알아 반야바라밀을 행하라."라고 말합니다. 반야바라밀을 통해 일체법이 전부 다 공한 것임을 알기에 그 어떤 것도 얻을 수 없음을 아는 것입니다.

그러나 반야바라밀을 행하면서도 스스로 반야바라밀을 행한다는 생각조차 없는 것이 반야바라밀을 닦는 것입니다. 『반야경』에서는 "보살이 반야바라밀을 수행할 때 '나는 반야바라밀을 행한다.'고 생각한다면 그는 모양에 집착하여 반야바라밀을 잃어버릴 것이다."라고 하며 다시 "보살은 반야바라밀을 수행하지만 반야바라밀이라는 모양을 취하지 않는다. 취하지 않는다는 생각도 집착하지 않는다... 왜냐하면 반야바라밀은 그 자성이 없어 찾아볼 수 없기 때문이다."라고 하고 있습니다.

그야말로 반야바라밀은 완전히 텅 비어 공하기 때문에 반야바라밀이라는 것 자체에도 특정한 자성이 정해져 있지 않다는 것입니다. 반야바라밀은 반야바라밀이라고 할 만한 어떤 것이 없습니다. 반야바라밀이라는 특정한 모양이 없기에, 그 어떤 모양을 취하지 않습니다. 반야심경에서 반야바라밀을 닦으라고 하니, 반야바라밀이라는 모양을 정해서 그 모양에 집착하여 반야바라밀을 행하고자 한다면 그는 오히려 반야바라밀을 잃어버리게 될 것입니다. 이처럼 철저하게 공한 것이 바로 반야바라밀입니다.

　반야바라밀을 어떤 모양으로 알아서는 안 됩니다. 반야바라밀을 특정한 수행법으로 알아서는 안 됩니다. 반야바라밀은 '이런 것이다'라고 할 만한 정해진 것이 없어야 참된 반야바라밀입니다. 차차 반야바라밀에 대해 계속해서 공부하게 될 것이니 여기에서는 이 정도로만 설명하겠습니다.

4장
심경(心經)

심경의 의미

마지막으로 '심경'은 '핵심이 되는 경전' 혹은 '마음의 경'이란 뜻입니다. 범어로 '흐릿다야 수트라(hṛdaya-sūtra)'라고 하는데, 그 뜻은 '마음의 경', '진수(眞髓)의 경', '심장(心臟)의 경'이라고 풀이할 수 있습니다.

즉 마음에 대한 첫 번째 해석으로는 '진수(眞髓)'라는 의미, 즉 모든 경 중에서 일체의 요의(要意)를 모은 것, 다시 말해 핵심이 된다는 의미로 볼 수가 있습니다. 앞에서도 잠시 언급했지만, 『반야심경』은 600권이나 되는 방대한 반야부 경전에 속하는 하나의 경전입니다. 그러나 『반야심경』은 단순히 반야부 경전의 하나이기보다는, 반야부 경전 중에서 가장 핵심이 되는 가르침만을 모아 간결하게 정리해 놓은 경이라고 할 수 있습니다. 그러므로 '심경'이라 하는 것입니다.

또 다른 의미로 살펴본다면 말 그대로 '마음의 경' 혹은 '마음을 가리키는 경', '마음을 드러내는 경'이라는 의미로도 볼 수 있습니다.

마음, '이것'

선에서는 우리가 깨달아야 할 진리에 온갖 다양한 이름을 붙입니다. '불성', '자성', '법성', '본래면목', '본지풍광', '반야', '해탈', '열반', '참나', '주인공', '대아', '법' 등 온갖 이름을 가져다 붙이는 것이지요. 바로 이러한 이름 중에 선(禪)에서 주로 잘 쓰는 이름이 있으니 그것이 바로 '마음'입니다. 불성이라고 하면 내 밖에 어떤 부처의 성품이 따로 있나 하고 헤아릴 수 있기 때문에, 내 바깥에서 찾는 무언가가 아니라는 의미로 '마음'이라는 가장 친근하고 가까운 이름을 붙이는 것입니다. 이것을 따로 우리의 헤아려 분별하는 중생심으로써의 마음과 구분하여 참마음, 본심, 본래마음 이렇게 쓰는 경우도 있습니다.

어쨌든 마음이라고 하든, 불성이라고 하든, 법이라고 하든 방편으로 설명을 하려고 하다보니 어쩔 수 없이 이름을 수없이 붙여 놓았지만 이것은 사실 이름이 없다고 했습니다. 이름으로 규정할 수 있는 무언가가 아니라고 했습니다. 중요한 것은 이름이 아니라, 그 이름으로 가리켜 보이고자 한 '이것'인 것이지요. 그래서 그저 '이것'이라고 부르기도 한다고 했지요.

바로 『반야심경』은 이 참마음, 마음, 법, 즉 '이것'을 드러내고 가리키는 경전인 것입니다. 즉 『반야심경』이 우리에게 드러내 주고자 가리키는 것은 오로지 '이것', '마음'인 것입니다. 당장 앞에서 제목을 설명할 때 '마하'도 '불성', '마음'의 제한될 수 없는 광대무변한 크나큼을 의미하는 용어라고 했습니다. '반야'도 당연히 '마음'을 밝히는 지혜를 의미합니다. '바라밀다'라는 용어도 하나의 방편으로써 중생의 마음을 '이 언덕'이라고 했고, 마음을 밝혀 깨달음을 얻은 부처의 마음을 '저 언덕'이라고 했습니다. 즉 바라밀다도 중생의 분별심이 있는 마음이 아닌 본래의 마음인 '불성', '마음', '이것'을 깨닫는 것을 의미하는 용어입니다.

또한 여기에 나온 '심'경의 '마음'이라는 용어 또한 직접적으로 '마음'을 뜻하는 용어지요. 그 뒤에 경이란 부처님의 가르침을 담고 있는 가르침, 즉 경전을 말합니다. 즉 경전이란 우리의 마음을 밝히기 위한 가르침을 적어 놓은 것이지요. 이 또한 '마음'을 뜻하는 용어인 것입니다.

이처럼 제목만 그런 것이 아니라, 『반야심경』은 처음부터 끝까지 전부 다 이 '참마음', '마음', '불성', '자성', '법', 즉 '이것'을 가리키고 드러내기 위한 것 이외에 다름이 아닙니다. 『반야심경』이라는 '마음'을 깨닫는 경전을 통해 우리 모두 자기의 참마음이 무엇인지, 내가 누구인지를 공부해 나가 보는 것, 그것이 『반야심경』을 통해 우리가 할 일이겠지요.

마하반야바라밀다심경

그러면 여기서 『마하반야바라밀다심경』의 전체 제목이 가지고 있는 의미를 정리해볼까 합니다. '위대한 지혜로 저 깨달음의 언덕에 이르는 길을 설한 마음의 경전'이라는 뜻입니다. 이것을 한마디로 요약하면, '지혜의 완성', '지혜로 마음 밝히는 경전'이라고도 할 수 있습니다. 경의 제목에서 가장 중심 되는 말은 바로 '반야'입니다. 지혜! 마음을 밝히기 위해서는 지혜가 필요하기 때문이지요.

이것이야말로 괴로움 속에서 생사 윤회하는 우리들을 피안의 저 언덕에 이르게 할 수 있는 것입니다. 그래서 다만 '지혜, 반야'라고 하지 않고, '위대하고 크나큰 지혜'라는 것을 강조하기 위하여 '마하반야'라고 하는 것입니다.

2500여 년 전(前) 저 인도의 부다가야 네란자라 강변의 보리수 아래에서 부처님께서 정각(正覺)을 이루신 것도 바로 '마하반야'라는 대지혜를 통해서 가능했던 것이며, 우리들 무명 중생들이 부처가 될 수 있다는 희망의 메시지도 바로 이 '마하반야'라는 열쇠가 있기 때문인 것입니다. 바로 이 '마하반야'를 통해서 일체 괴로움의 문제가 해결된 상태가 바로 '바라밀다'입니다. 요컨대 마하반야를 통해 바라밀다에 이르게 하는, 그래서 우리의 본마음을 곧바로 깨닫도록 해주는 경전이 바로 『마하반야바라밀다심경』인 것입니다.

II 경의 실천적 해설

제1품. 입의분(立義分)

觀自在菩薩

行深般若波羅蜜多時

照見五蘊皆空 度一切苦厄

1장
관자재보살 행심반야바라밀다시
조견오온개공 도일체고액

일반적인 글이 보통 서론, 본론, 결론으로 나뉘어 있는 것처럼 경전 도 서분(序分), 정종분(正宗分), 유통분(流通分)으로 나뉩니다.

서분이라고 하면 보통 '육성취(六成就)'라고 하여, 이 경이 설하여 지게 된 연유를 여섯 가지로 나타낸 서론 부분입니다. 육성취는 신성 취(信成就)[여시], 문성취(聞成就)[아문], 시성취(時成就)[일시], 주 성취(主成就)[불], 처성취(處成就)[재사위국기수급고독원 등], 중성 취(衆成就)[여대비구중천이백오십인 등]로 구성되어 있습니다. 이것 은 요즘 사용하는 말로 육하원칙(六何原則), 즉 언제[When], 어디서 [Where], 누가[Who], 무엇을[What], 어떻게[How], 왜[Why]라고 하 는, 소위 글쓰는 5W-1H원칙과도 흡사하다고 할 수 있겠습니다. 이를 테면『금강경』제1분의 법회인유분이 여기에 해당합니다.

다음 '정종분'은 본론에 해당하는 부분으로, 모든 부처님의 교설이 전개되고 있습니다.

마지막인 '유통분'은 결론에 해당하는 부분으로, 정종분에서 설하신 교법을 제자에게 부촉하여 후세에 널리 유전(流轉)되도록 하고 있습니다. 그러나 『반야심경』은 이러한 다른 경전과는 그 구조가 약간 다릅니다. 『반야심경』은 앞뒤 서분과 유통분을 생략하고 바로 본론인 정종분부터 시작됩니다. 600권이나 되는 방대한 분량의 경을 260자로 핵심만을 간추린 경전이기 때문입니다. 이처럼 『반야심경』은 대승불교 '반야'의 진수만을 뽑아놓은 경전이라고 할 수 있습니다.

『반야심경』은 경전의 첫 시작 부분이 중요합니다. 정종분, 본문의 첫 문장에 『반야심경』의 핵심을 드러내고 있기 때문입니다. 『반야심경』의 대의가 경의 제목인 『마하반야바라밀다심경』에서 드러난다면, 그 구체적인 수행법과 깨달음에 이르는 과정을 상세히 드러낸 부분이 바로 '관자재보살 행심반야바라밀다시 조견오온개공 도일체고액'인 것입니다. 앞에서 이 부분을 입의분이라 하였습니다. 자세히 살펴보기에 앞서 입의분의 의미를 풀어본다면 다음과 같습니다.

觀自在菩薩 行心般若波羅蜜多時 照見五蘊皆空 度一切苦厄
관자재보살이 깊은 반야바라밀다를 행하실 때 오온이 모두 공함을 비추어 보고 일체의 고액을 건너셨다.

1. 관자재(觀自在)

'관세음보살', 명호에 담긴 의미

불교를 잘 모르는 이들도 '관세음보살'이라는 명호는 모르는 사람이 없겠지요. 예로부터 불교를 믿지 않는 사람이라고 할지라도 어렵고 힘들 때면 의례히 '관세음보살 관세음보살' 하고 명호(名號)를 부르는 것이 우리 민족의 보편적인 신앙이었습니다.

'관세음보살'이라는 명호의 의미는 '세간의 음성을 관하는 보살'이라는 뜻으로, 사바세계의 중생이 괴로움에 처해 있을 때 '관세음보살'의 명호를 일심으로 부르면 그 음성을 듣고 곧 구제해 주신다고 하여 붙여진 이름입니다. 『법화경』 관세음보살보문품에서는 '관세음보살'이라 부르게 된 연유를 다음과 같이 설하고 있습니다.

"세존이시여, 관세음보살은 어떠한 인연으로 이름을 관세음보살이라 하십니까?"
부처님께서는 무진의 보살에게 말씀하셨다.
"선남자야, 만약 무량백천만억 중생들이 여러 가지 괴로움을 받게 될 때 관세음보살의 이름을 듣고, 일심으로 그 명호를 부르면, 관세음보살이 곧 그 음성을 관하고, 모두 괴로움에서 해탈케 하시느니라."

그렇다면 관세음보살이 과연 어떤 분이기에 그렇게 많은 이들이 부르고 신앙하고 있는 것일까요? 관세음보살의 다른 이름이 바로 '관자재보살(觀自在菩薩)'입니다. 『천수경(千手經)』의 관세음보살이 바로 『반야심경』의 관자재보살입니다. 이 두 이름 모두 범어 '아바로키테스바라 보디사트바(avalokite´svara bodhisattva)'를 번역한 것인데 이것이 번역되면서 처음에는 관세음보살로 불리었으나, 이후에 관자재보살로 바꿔 일컬어졌다고 합니다.

원어를 살펴보면 '아바'는 지킨다는 뜻이고, '로키테'는 본다, 관조한다는 의미로, 이는 '지켜본다'는 의미를 가집니다. '스바라'는 '자재하다, 자유롭다'는 의미이므로 이름 그대로 뜻을 새기면 '자유자재하게 지켜본다'는 뜻이 됩니다. 즉 '중생들의 온갖 괴로움과 액난에 대해 자유자재하게 지켜보고 살펴서 그들의 괴로움을 소멸시켜 주신다'는 의미입니다. 마치 부모님께서 자식을 늘 따뜻하고 자비한 마음으로 지켜보듯이 그렇게 중생들을 지켜보시는 분이라는 의미인 것입니다.

그럼 관세음보살의 어원에 담긴 속뜻을 조금 더 살펴보죠.

'세간의 음성을 관한다(관세음)'는 의미는 나라는 주관과 객관이라는 일체의 경계를 왜곡됨 없이 있는 그대로 본다는 것을 뜻하며, '보살'이라고 함은 우리 내면의 본래 자리, 깨달음이라는 보살자리를 말하는 것입니다.

사실 이 세상은 있는 그대로 완전한 진리의 세계입니다. 보살의 세계요, 깨달음의 세계이지요. 그러나 중생들은 내면에서 끊임없이 생각과 분별망상을 만들어 냅니다. 그리고 그 수많은 생각과 분별망상들이 바깥으로 튀어나오면 음성과 행위로 나타나는 것이지요. 바로 그러한 중생들의 수많은 세간적인 생각과 말과 행위들을 있는 그대로 관찰하는 분이라는 뜻입니다. 이 세계를 편견과 선입견 없이, 분별과 해석 없이, 왜곡 없이 있는 그대로 바라본다면 어떻게 보일까요? 바로 진리의 세계로 보입니다. 중생들은 이 진리의 세계를 다만 자신의 분별망상으로 걸러서 해석해 바라보기 때문에, 자기 생각이라는 분별심의 필터로 왜곡된 세상만을 보게 될 뿐이지요. 관세음이란 바로 그처럼 있는 그대로의 진여법계를 있는 그대로 바라보는 것을 뜻합니다. 그렇게 있는 그대로 바라보면 곧 보살의 세계, 진리의 세계가 드러나는 것이지요. 그래서 관세음보살입니다.

이처럼 관세음보살은 어떤 한 보살님이라는 대승불교의 이상적인 수행자상을 뜻하는 것이기도 하지만, 그 명호 속에는 이 우주의 실상이 고스란히 드러나 있는 것입니다. 우리들 또한 이 세상을 있는 그대로 관찰하면, 즉 관세음하면 혼탁하고 괴로운 중생세계가 드러나는 것이 아니라, 진리의 실상이라는 온전한 세계가 드러나게 됩니다.

우리가 해야 할 일은 다른 것이 아니라, 바로 관세음보살의 명호 속에 담긴 의미처럼 세상을 바라볼 때 편견과 차별, 분별망상으로 걸러서 바라보지 않고 있는 그대로의 세상을 있는 그대로 바라보는 것밖에 없습니다. 그것이 바로 불교에서 말하는 참된 정견(正見)이며, 지관(止觀)입니다. 분별을 멈추고(止) 있는 그대로 바라보는 것(觀), 그것이 바로 바르게 세상을 보는 것, 정견인 것이지요.

우리가 관세음보살이라는 명호를 염불하는 이유도 바로 여기에 있습니다. 세간의 수없이 많은 온갖 경계들, 괴로움, 상처, 아픔들에 대해 내 식대로 좋으니 나쁘니 하고 해석하지 말고, 분별없이 있는 그대로 관찰함으로써 본래부처인 내면의 마음자리에 계합할 수 있어야 한다는 것입니다.

염불(念佛)이라고 할 때, 염(念)이란 우리 마음속에서 경계 따라 일어나는 갖가지 생각, 망상, 분별심 등을 말하며 불(佛)이란 우리 마음속에 저마다 갖추고 있는 본래부처, 근본 성품을 의미하는 것이라 할 수 있습니다. 다시 말해 염불은 우리 중생의 마음인 '염'과 부처님 마음인 '불'이 둘이 아닌 하나임을 깨닫게 하는 수행인 것입니다.

변화신으로 중생을 돕는다

관세음보살은 관자재보살 말고도 그 명호가 다양합니다. 몇 가지만 살펴본다면 중생에게 일체의 두려움이 없는 무외시를 베푼다고 하여 '시무외자(施無畏者)'라 하고, 대자대비를 근본 서원으로 하는 보살이라 하여 '대비성자(大悲聖者)'라 하며, 세상의 온갖 어려움을 구제하므로 '구세대사(救世大士)'라고도 합니다.

또한 이 보살은 세상을 교화함에 중생의 근기에 맞게 여러 가지 형태로 몸을 드러내 이를 '보문시현(普門示現)'이라 하는데, 이러한 모습을 『법화경』 보문품(法華經 普門品)에서는 삼십삼화신(化神)이라고 표현하였으며, 『능엄경(楞嚴經)』에서는 삼십이응신(應身)이라고 합니다. 이는 모두 관세음보살이 중생을 제도하기 위하여 나타내는 변화신(變化身)입니다. 이러한 변화신에는 부처님, 성문, 연각 등을 비롯하여 범천, 제석, 장자, 거사, 스님, 신도, 동자, 아수라 등이 포함되어 있으니, 관세음보살은 중생을 구제하기 위해서라면 어떠한 모습으로도 우리 곁에 기꺼이 다가오신다는 것입니다.

어떻게 관세음보살은 이러한 수없이 많은 변화신으로 우리 앞에 몸을 나투시는 것일까요? 그것은 바로 관세음보살이 나와 둘이 아니기 때문입니다. 그뿐 아니라, 진리의 본질이 둘로 나뉘지 않는 참된 하나이기 때문입니다. 저 범천, 제석천, 장자, 거사, 스님, 신도, 아수라 등 일체 모든 존재가 그대로 관세음보살 아님이 없습니다. 사실 깨닫고 보면 이 우주에는 둘로 나뉘어져 있는 존재는 어디에도 없습니다. 네가 곧 나이며, 내가 곧 우주와 둘이 아닌 것이지요.

그러니 관세음보살은 수없이 많은 중생들에게 수없이 많은 다양한 모습으로 변화신을 나투셔서 그들을 도울 수 있는 것입니다. 둘이 아니기에 내가 나를 돕듯이 우리가 힘들 때면 언제나 나와 둘이 아닌 관세음보살이 도움을 줄 수 있는 것입니다. 이처럼 이 우주는 따로따로 떨어진 존재들이 모여 사는 곳이 아니라, 둘이 아닌 하나가 마치 꿈을 꾸듯 수없이 많은 존재인 것처럼 보이는 것일 뿐입니다. 꿈을 꿀 때 꿈속에 수많은 사람들이 있지만 사실 그 모든 꿈속 등장인물들은 다 제각기 다른 사람들이 아니라 꿈꾸는 자의 허망한 의식에서 만들어 낸 환영일 뿐이듯, 우리의 삶 또한 마찬가지인 것입니다.

이처럼 너와 내가 둘이 아닌 참된 하나요, 한 몸이라면 내가 다른 사람을 도울 때도 '내가' '너를' 돕는다고 여기는 것이 아니라, 그저 내가 나를 돕는 것이 되겠지요. 바로 관세음보살의 자비는 그러한 둘이 아닌 한 몸이라는 지혜로운 자각이 바탕 되어 있는 자비심입니다. 그래서 이를 동체대비(同體大悲)라고 합니다. 동체, 즉 이 우주는 한 몸이기 때문에 누가 누구를 따로 돕는 것이 아니라, 당연히 내가 나를 돕듯 이 우주를 돕는 것일 뿐이지요. 그것이 바로 관세음보살님이 무수히 많은 변화신, 응신, 화신을 나투어서 일체중생을 돕는 이유입니다.

관세음보살님은 너와 나를 둘로 나누지 않고, 한 몸으로 보기 때문에 중생들을 돕지만 내가 너를 도왔다는 상에 사로잡히지 않습니다. 상 없이 베푸는 것이지요. 그것이 바로 무주상보시(無住相布施)입니다. 끊임없이 베풀지만 베풀었다는 생각이 전혀 없이 베푸는 것입니다. 이처럼 관세음보살은 '자비'를 그 근본행으로 하고 있습니다.

또한 관세음보살은 서방정토 극락세계 아미타 부처님의 좌우 보처 보살(補處菩薩) 중 한 분으로 잘 알려져 있기도 합니다. 우보처보살이 대세지보살이시고, 좌보처가 바로 관세음보살이시지요. 또한 수많은 부처님을 출현시키는 역할을 한다고 하여 '모든 부처님의 어머니[불모(佛母)]'라고도 알려져 있습니다.

2. 보살(菩薩)

보살의 의미

보살은 '보리살타(菩提薩唾)'의 줄임말인데, 범어로 '보디사트바 (Bodhisattva)'라고 합니다. '보디사트바'는 깨달음을 나타내는 '보리' 와, 중생을 뜻하는 '사트바'를 합한 단어로 대승불교의 이상적인 수행 자를 상징하는 말입니다. 즉 깨달음을 완성한 부처와 미혹한 중생의 두 가지 속성을 갖춘 자가 바로 보살인 것입니다.

이는 보살의 서원인 '상구보리 하화중생(上求菩提 下化衆生)'을 보 면 잘 알 수가 있습니다. 위로는 깨달음을 구하고, 아래로는 중생을 제 도하고자 하는 것이 바로 모든 보살의 한결같은 서원인 것입니다. 물 론 아래다, 위다 하는 구분은 우리가 생각하고 있는 선후(先後), 고하 (高下)의 상대 개념이 아닌, 분별이 끊어진 개념입니다. 다시 말해 무 엇이 먼저이며, 무엇이 나중이라고 할 것 없이 두 가지가 사실은 서로 다르지 않은 것입니다.

왜 그럴까요? 내가 깨달음을 얻으면 사실은 일체중생이 함께 깨달 음을 얻게 됩니다. 나와 이 우주 일체만법이 근원에서는 둘이 아니기 때문입니다. 깨달음을 얻는다는 것은 곧 너와 내가 둘이 아니라는 불 이법에 계합하는 것입니다. 꿈을 깨고 보면 꿈속의 일체 모든 등장인 물들이 동시에 한꺼번에 꿈에서 깨어나는 것과 같은 이치입니다. 그 렇기에 가장 본질적인 하화중생은 곧 상구보리에 있습니다. 즉 일체 중생을 교화하기 위해서는 내가 먼저 깨달음을 얻는 것이 가장 중요합니다. 내가 깨닫는 것이 곧 일체중생이 깨닫는 것이기 때문입니다. 그렇기에 보살의 행을 흔히 자리이타(自利利他)라고 하는데, 이것은 스스로를 이익 되게 함이 곧 타인을 이익 되게 함과 다르지 않기 때문입니다.

잠시 『대지도론』의 보살에 대한 해석을 살펴보겠습니다.

처음으로 깨달음을 얻으려고 하는 마음을 일으켰을 때, 그는 '나는 부처가 되어서 모든 중생을 구하겠다'고 서원했다. 그는 이때부터 보리살타라고 일컬어진다.

다시 말해, 초발심을 일으킨 자가 바로 보살이라는 말입니다. 『의상조사법성게』의 '초발심시변정각(初發心是便正覺)'과 『화엄경』의 '처음 발심할 때에 곧 정각을 얻을 것이며, 일체의 법이 곧 마음의 성품임을 알 것이다'라는 가르침처럼, 처음 발심한 이의 순수하고 지극한 마음이 바로 보살입니다.

어떤 발심일까요? 바로 깨달음을 얻겠다는 발심입니다. 상구보리에 대한 발심입니다. 상구보리에 대한 발심은 곧 하화중생에 대한 발심과 다르지 않기 때문에 상구보리 하화중생을 발심한 이가 곧 보살인 것입니다.

우리는 그동안 깨달음을 얻은 분이 보살이라고만 여겨 왔습니다. 그러나 그렇지 않습니다. 깨달음을 얻겠노라고 그래서 일체중생을 구제하겠노라고 처음 발심을 일으켰다면 바로 그 사람이 보살인 것입니다. 그래서 흔히 절에서도 '보살님'이라는 칭호를 자주 쓰는 것이 겠지요.

보살의 발심

왜 발심한 자가 보살일까요? 사실 우리는 모두 깨달아 있기 때문입니다. 지금 이대로 우리는 완전한 부처입니다. 다만 중생들은 있는 그대로의 여여한 진여법계를 보는 것이 아니라 분별망상을 일으켜 그 망상에 걸러진 자기만의 혼란스러운 세계를 보고 있을 뿐입니다.

그러니 우리에게 가장 중요한 것은 없는 깨달음을 있도록 만드는 것이 아닙니다. 깨달음은 조작해서 만들어내는 것이 아닙니다. 그래서 무위법(無爲法)이라고 하지요. 이미 드러나 있는 깨달음을 다만 확인하는 것일 뿐입니다. 없는 깨달음을 만들어내려면 그것을 만들기 위해 유위의 노력을 해야 하고, 갈고 닦으면서 애써야 할 것입니다. 그러나 이 진리는 이미 있는 것이기 때문에 만들려고 노력할 필요도 없고, 애쓸 필요도 없는 것입니다.

다만 초발심을 일으켜 반드시 깨달음을 얻고야 말겠노라는 간절한 발심만 내면 그가 바로 보살인 것입니다. 그래서 불교 공부에서는 언제나 발심하는 것을 가장 중요한 수행으로 여깁니다. 발심만 하면 그가 바로 보살인 이유도 여기에 있습니다.

사실 위에서 말한, 상구보리가 곧 하화중생인 이유도 여기에 있습니다. 깨달음, 보리는 이미 이루어진 것이기 때문입니다. 사실은 일체중생이 전부 다 깨달아 있습니다. 다만 중생이 어리석은 분별망상과 무명에 사로잡혀 그러한 사실을 바로 보지 못하고 있을 뿐입니다. 그러니 내가 상구보리하여 깨닫게 되면 곧바로 일체중생 전부가 다 부처임이 드러나는 것입니다. 깨달음을 얻는다는 것은 '내'가 깨달음을 얻는 것이 아니라, 이 우주 전체가 동시에 깨달음을 얻는 것이기 때문이지요.

그러니 깨달음을 얻고 나면 중생들을 부처로 만들려고 애쓸 필요가 없어집니다. 전부 다 부처이기 때문에 부처로 만들 것이 아니라 다만 중생들의 허망한 분별망상이라는 어리석음만 없애주면 되는 것입니다. 그것이 바로 부처님께서 우리에게 반야지혜를 설하는 이유이지요. 부처님은 우리에게 없는 깨달음을 만들어주시는 분이 아니라, 다만 망상분별이라는 어리석음을 없애줌으로써 본래 있던 부처를 확인하도록 이끌어 주시는 분일뿐입니다. 그러니 이 공부는 깨달음을 만들어내는 공부가 아니라, 이미 있는 깨달음을 무명이라는 어리석음에 가려 그동안은 보지 못하고 있던 이들에게 반야지혜라는 빛을 쏘여 줌으로써 어둠을 사라지게 하는 공부입니다.

부처님께서는 언제나 반야지혜를 드러내고 계십니다. 우주법계의 진리는 언제나 눈앞에 당장에 드러나 있습니다. 이렇게 늘 드러나 있는 진리를 어떻게 하면 중생이 확인할 수 있을까요? 바로 그 진리를 보겠노라고 스스로 마음을 내는 사람에게만 확인될 수 있습니다. 그것이 바로 발심입니다. 그러니 우리에게 가장 중요한 수행은 바로 발심을 하는 것입니다.

『화엄경』에서도 발심, 발보리심의 중요성을 다음과 같이 강조하고 있습니다.

온갖 불법을 알고자 하면 마땅히 빨리 보리심을 낼지니 이 마음은 공덕 중에 최고 수승하여 반드시 부처님의 지혜 얻으리.

보리심(菩提心)은 마치 종자(種子)와 같아 능히 모든 불법을 내며, 기름진 논밭과 같아 깨끗한 법을 자라게 하고, 대지와 같아 모든 세간을 유지하며, 청정수와 같아 모든 번뇌의 더러움을 씻고, 태풍과 같아 세간에 두루해 막힘없으며, 타는 불과 같아 온갖 소견의 땔나무를 불사르고, 밝은 해와 같아 세간을 널리 비추며, 동산과 같아 그 가운데 노닐면서 법의 즐거움을 받는다.

보리심은 이처럼 무한 공덕이니, 일체 불법의 공덕과 같다. 보리심으로 인해 온갖 보살행이 나오며, 삼세 부처님도 보리심으로부터 나타나신다.

처음 보리심을 낸 보살의 공덕은 삼세의 모든 부처님과 동등하니, 삼세 부처님 경지와 같고, 삼세 부처님 공덕과 같으며, 한 부처님 몸과 무한한 몸이 궁극적으로 같아, 진실한 지혜를 얻을 것이요, 처음 발심할 때 시방의 부처님께서 함께 칭찬하실 것이며, 내지 온갖 세계를 진동하고 성불하심을 나타내 보일 것이다.

우리의 발심

그러나 애석하게도 발심한 불자들이 그리 많지 않은 것 같습니다. 지금까지 가장 큰 장애물 중 하나가 바로 '깨닫는 것은 어렵다', '부처는 아무나 되는 것이 아니다', 세세생생 수행해도 깨달을까 말까 한데 내가 해서 되겠느냐, 나는 다만 복이나 짓고, 교리공부나 하면서 씨앗을 심어 놓기만 해도 잘하는 일이다, 그러다보면 어느 생엔가 성불인연도 있지 않겠느냐 하고 미리부터 깨달음을 포기하고 있다는 점입니다.

깨달음은 어려운 것이라는 이 생각이야말로 가장 큰 왜곡이며 착각이고, 우리가 깨닫는 것을 방해하는 주범입니다. 사실 우리들이 발심하지 못하는 이유도 여기에 있어 보입니다. 10년 장좌불와를 한다거나, 수십 번 안거를 했는데도 깨닫지 못했다거나, 철야정진을 하고, 가행정진을 하고, 삼천배, 일만배도 하고, 몇 십 년 이상 좌선수행을 했다거나, 매일 『금강경』을 7독씩 몇 년간 했다거나 하는 등의 엄청난 노력과 수행을 우러러보는 우리의 수행풍토에도 그 원인이 있어 보입니다.

그렇게 엄청난 노력과 목숨 걸고 수행하는 수행력, 피나는 정진 등이 있어야만 깨닫는다고 믿기 때문입니다. 그러다보니 우리 같은 평범한 사람들은 그러한 엄청난 수행 이야기를 들으며 지레 포기를 하고 맙니다.

사실 수행은 그런 것이 아닙니다. 고행이 곧 수행인 것은 아닙니다. 이 길은 수행 잘하는 영적인 슈퍼맨들만 갈 수 있는 길이 아닙니다. 부처님께서도 고행주의와 선정주의라는 당시의 두 가지 수행의 길을 섭

렵하셨지만 결국 그것은 참된 중도의 길이 아님을 깨닫고 그 길을 내려놓으셨습니다. 그럼에도 2500년이 지난 지금까지 그런 고행주의적인 수행이 참된 수행이라고 여긴다면 좀 이상하지 않습니까.

피나는 고행을 통해 깨닫는 것이 아닙니다. 삼천배, 만배를 잘 해야 하거나, 결가부좌를 하고 오랫동안 꼼짝없이 앉아 있는 능력이 있어야 하는 것도 아닙니다. 이 공부는 몸으로 하는 공부가 아니기 때문이지요. 다만 마음으로 하는 것입니다. 발심으로 하는 것입니다.

가장 중요한 첫걸음이 '내가 반드시 깨달아 봐야겠다', '부처님께서 깨달으신 진리라는 것을 나도 한 번 알아봐야겠다', '내가 누구인지를 꼭 알아야겠다' 하고 강하게 발심하는 것이야말로 우리를 공부시켜주는 가장 큰 원동력입니다. 이렇게 말하니 발심이 너무 어렵게 느껴질 수도 있겠지만 그렇지 않습니다. 깨닫는다는 것, 부처가 된다는 것은 그렇게 대단한 무엇이 아닙니다. 사성제에서 설하고 있듯, 깨달음이라는 것은 단순히 괴로움의 소멸일 뿐입니다. 부처가 되리라 발심하라고 하면 너무 엄청난 이야기일 것 같지만, 사실은 나에게 처한 괴로움을 모두 소멸시키고 괴로움 없는 삶을 살겠노라는 당연한 마음을 내는 것, 그것이 참된 발심입니다. 이처럼 발심은 대단한 사람들만 하는 것이거나, 스님들 혹은 특별한 사람들의 전유물이라고 여기지 마십시오. 당장에 내가 이 생애에서 가야 할 올바른 삶의 방향을 잡아 나가는 것, 그것이 바로 발심입니다.

그렇게 발심만 투철하게 하고 나면, 그 다음의 공부는 사실 이 우주법계가 저절로 시켜주는 경향이 있습니다.

일체유심조라고 하듯, 발심하여 깨달음에 마음 내게 되면, 당연히 내가 마음 낸 것을 이 우주법계는 공명하며 도와주기 때문입니다. 발심이 강한 사람은 참된 법에 목이 마르게 되어 바른 법을 찾게 되고, 발견하게 됩니다. 참된 스승에 대한 목마름이 강해지니 당연히 우주법계에서는 참된 스승을 보내줍니다. 아니 발견하게 됩니다. 사실 스승이 없고, 법이 없어서 못 깨닫는 것이 아니라, 내가 발심이 안 되어 있기 때문에 눈앞에 스승이 있어도, 바른 진리가 있어도 보지 못하는 것일 뿐입니다.

반드시 깨닫겠노라는 발심이 되고 나면 그 이후부터는 법이 저절로 자라나기 시작합니다. 그 발심이라는 지혜의 씨앗이 저절로 발아하게 될 것입니다. 그 이유는 나의 본래면목이 바로 법이요, 진리이며, 본성이기 때문입니다. 내가 바로 부처이기 때문에 부처가 부처를 확인하는 것이 전혀 어려울 것이 없습니다. 발심만 한다면 저절로 법이 법을 보고, 부처가 부처를 확인하며, 마음이 마음에 계합하게 될 것입니다.

그러니 우리 불자들에게 가장 중요한 첫걸음은 발심하여 보살이 되는 것입니다. 발심자가 곧 보살이며, 초발심이 곧 변정각입니다.

3. 행심반야바라밀다시(行深般若波羅蜜多時)

반야바라밀다의 의미

'관자재보살[이후 관세음보살]이 깊은 반야바라밀다를 행할 때, 오온이 모두 공함을 보고 일체의 고액에서 벗어났다'는 이것이야말로 『반야심경』의 핵심입니다. 나머지 뒷부분은 이 가르침에 대한 부연설명이라고 해도 과언이 아닐 것입니다. 다시 말해, 이 부분은 관세음보살이 어떻게 일체의 고통과 액난에서 벗어나 깨달음에 이르렀는지에 대해 자세하게 보여주고 있습니다.

관세음보살은 깊은 반야바라밀다를 실천함으로써 오온이 모두 공(空)한 것임을 보았고, 그로 인해 일체의 고액에서 벗어나 깨달음에 이르렀습니다. 즉 반야바라밀다를 통해 관세음보살님께서 오온개공을 깨달아 모든 고통에서 벗어나는 깨달음에 이르게 된 것입니다.

반야바라밀다를 실천함에 있어 단순한 실천이 아니라 완벽하고도 치우침 없이, 그리고 중도적으로 실천하는 것이 바로 '깊은'이라는 단어가 가지는 의미입니다.

반야바라밀다란, 말 그대로 해석한다면 '깨달음의 저 언덕에 이르는 깊고도 수승한 지혜'를 의미합니다. 이는 다시 말하면 공의 도리, 연기의 이치, 무아, 무자성, 중도의 이치를 올바로 조견(照見)할 수 있는 지혜를 의미하는 것입니다. 쉽게 말하면 진리를 밝게 깨칠 수 있는 지혜로써 '공을 관하는 지혜'라고도 할 수 있습니다. 앞에서 공은 곧 연기이며, 중도의 가르침이라고 말한 바 있습니다. 또한 연기이기에 무자성이고, 무아라는 사실도 살펴보았습니다.

반야바라밀다란 말 그대로 연기하기에 일체법은 전부 다 자성이 없어 완전히 다 공하며, 공하다는 것마저도 다 공해 한 티끌도 붙을 것이 없는 자리입니다.

그렇다면 공, 연기, 무아, 중도, 무자성이라는 말이 가지고 있는 실천적인 의미는 과연 무엇일까요? 앞에서도 잠시 언급했던 것처럼 공이고, 연기된 존재이어서 어떤 것에도 집착할 바가 없으므로 무집착(無執着)이며, 어떤 대상에 대해 '이렇다, 저렇다'라고 하는 분별을 지을 필요가 없으므로 무분별(無分別)이고, 그러므로 공의 세계에서는 어떤 것도 얻을 것이 없는 무소득(無所得)이며, 무소유(無所有)의 가르침이 여실히 녹아 있음을 바로 보아야 합니다.

'무집착, 무분별, 무소득, 무소유'야말로 우리가 나아가야 할 바가 무엇인지를 알려줍니다. 그러나 현실에서 우리의 삶은 온갖 대상에 '집착'하고, 머릿속으로 사량(思量)하고 '분별'하며, 보다 많이 얻으려는 '소유'의 관념에 노예가 되어 있습니다. 이는 바로 공의 이치, 연기의 도리를 모르는 데에서 오는 어리석음의 결과입니다. 그러므로 공, 연기의 이치를 올바로 비추어 봄[조견]으로써 우리는 밝은 지혜[반야]를 얻을 수 있고, 그로 인해 생사의 괴로움에서 벗어나 생사가 없는 열반의 저 언덕에 오를 수 있게 되는 것[바라밀다]입니다. 이것이 바로 반야바라밀다의 수행 아닌 수행입니다.

일체를 공으로 관하는 것이 곧 반야바라밀다라고 했습니다. 공으로 관하기에 텅 비어 그 어떤 것도 내세우지 않고, 정하지 않으며, 분별하지 않고, 집착하지 않고, 얻고자 하지 않고, 소유하려고 하지 않는 것입니다.

반야바라밀, 길 없는 길

그러면 깊은 반야바라밀다를 행한다는 것은 무엇을 말하는 것일까요? 집착하지 않고, 분별하지 않는 삶이 곧 반야바라밀이라고 여길 것입니다. 그러나 집착하지 않고 분별하지 않는 것이 곧 반야바라밀이라고 정해 놓으면 그것은 반야바라밀이 아닙니다. 반야바라밀은 특정한 수행방식도 아니고, 특정한 삶의 방식도 아닙니다. '이것이다'라고 정할 만한 것이 없는 것이 바로 참된 반야바라밀입니다.

반야바라밀은 말 그대로 반야공관(般若空觀)이라고도 하듯이, 일체법을 공하게 보는 것입니다. 일체 모든 것을 공하게 보는 것이기에, 특정한 방식으로 보는 것은 반야바라밀이 아닙니다.

이 길도 아니고 저 길도 아닌 것이 반야바라밀이며, 불이중도입니다. 반야바라밀이 곧 불이중도입니다. 『육조단경』에서 "불법은 불이법(不二法)이다."라고 했듯이 참된 불법은 곧 반야바라밀이며, 이는 곧 불이법, 불이중도를 말합니다.

『반야심경』과 『금강경』, 『반야경』 등을 보면, 반야바라밀을 행하라는 말은 끊임없이 나오면서도 정작 우리가 기다리는 답변, 즉 '이것이 바로 반야바라밀이다.', '이렇게만 행하면 그것이 바로 반야바라밀 수행이다.'라고 이해하기 쉽게, 딱 정해주는 법이 없습니다.

그러니 반야바라밀을 행하는 것을 우리는 명확히 알 수가 없습니다. 머리로 헤아려서 '이것이다'라고 정의를 내릴 수가 없습니다. 만약에 반야바라밀은 이것이라고 정의를 내릴 수 있다면 그것은 곧바로 반야바라밀이 아니게 됩니다. 그러니 '모를 뿐'입니다. 반야바라밀이 무엇인지를 우리는 도저히 알 수 없습니다. 아는 것은 식(識)의 작용이니, 식으로는 반야바라밀을 분별할 수 없기 때문입니다.

그래서 이 법을 출세간법이라고 합니다. 세간의 의식으로는 출세간의 반야바라밀에 접근할 수 없기 때문입니다. 그래서 반야바라밀의 공부는 그저 꽉 막히는 공부이고, '오직 모를 뿐'의 공부입니다. '이것이다'라고 정하거나, 정의를 내리거나, '그 길'을 따라갈 수 있는 것이 없습니다. 어디에도 의지할 곳이 없고, 머물 곳이 없습니다. 의식이 도무지 어디로도 갈 수 없어서 의식으로는 아무것도 할 수가 없어져야 하는 것이지요. 분별의 길이 끊어져야 합니다.

분별과 의식은 바로 중생들이 '내 마음'이라고 여기는 것들입니다. 아상의 길입니다. 그래서 이 길은 곧 '내가 없는' 길입니다. 내가 무언가를 열심히 갈고 닦아서 반야바라밀을 이루겠다고 하면 벌써 반야바라밀에서 어긋납니다. 반야바라밀은 나 없는 길, 무아(無我)의 길이기 때문입니다.

그래서 이 마음공부는 '내가 하는' 공부가 아닙니다. 즉 '내가'라는 아상이 사라져야 하고, '한다'는 유위법이 소멸해야 합니다. 이 공부는 무위법이며, 무아의 길입니다. 분별이 끊어지고, 의식이 끊어져서 내가 어떻게 해볼 도리가 없구나 하는 절망감이 와서 완전히 손을 놓고 허탈해져야 합니다. 의식으로 어떻게 해보려는 마음이 완전히 녹아 없어져야 합니다. 완전히 내가 사라져야 하고, 내가 어떤 방법을 써서 열심히 갈고 닦아야겠다는 생각조차 모조리 사라져야 합니다.

그래서 『육조단경』에서는 다음과 같이 설합니다.

> "만약 본성을 보지 않더라도, 염불하고 독경하고 보시하고 계
> 를 지키고 정진하고 널리 이로운 일을 한다면 성불할 수 있습
> 니까?"
> "성불할 수 없다."
> "어찌하여 성불할 수 없습니까?"
> "얻을 수 있는 조그마한 법이라도 있다면, 그것은 유위법이고
> 인과법으로써 과보를 받는 것이니 곧 윤회하는 법이다. 생사를
> 벗어나지 못하고서 어느 때 불도를 이루겠는가?... 부처는 업을
> 짓는 사람이 아니니, 부처에게는 인과가 없다."

물론 방편으로 염불하고 독경하고 계를 지키고 보시하는 것이 아주
낮은 수준의 근기 중생에게는 일정 부분 도움이 될 수 있고, 분별심을
다소 누그러뜨리는데 도움이 될 수도 있겠지만, 그것으로 깨달음을
얻어 성불할 수는 없다는 것입니다. 이런 다양한 수행법이 만들어진
이유는 그것이 본질적인 수행법이기 때문에 행하라는 것이 아니라,
그런 수행법을 통해 참된 법에 조금 더 가까이 다가갈 수 있는 동기를
부여해주기 위함입니다. 결국에는 뗏목을 버려야 하고, 손가락을 버
리고 곧장 달을 보아야 하듯, 유위법적인 모든 방편의 수행은 버려야
합니다.

닦아서 얻어야 할 작은 법이라도 있다면 그것은 유위법일 뿐입니다. 열심히 노력하고 수행하는 데에 따른 결과를 얻을 수는 있겠지만, 그것은 결국 노력한다는 원인을 통해 삼매를 얻는 등의 결과를 받는 것이니 인과법이 될 뿐이고, 인과로 인한 결과는 결국 생사윤회하는 것일 뿐입니다. 그것은 참된 불생불멸(不生不滅)의 법이 아닙니다. 이처럼 반야바라밀은 무분별의 길이고, 무아의 길이며, 무의(無依), 무주(無住), 무유정법(無有定法)의 길이고, 참된 불이중도의 길입니다.

이것이 바로 불법의 공부 방법입니다. 방법이 없는 방법이고, 길이 없는 길이지요. 손을 쓸 도리가 없어서 의식이 힘을 잃어야 하는 것입니다. 그러려면 그저 간절히 이 법을 그리워하고, 이 진리를 깨닫겠노라고 발심할 뿐, 다른 것은 할 수 있는 게 아무것도 없습니다. 내가 할 수 있는 게 없다는 사실에 절망해야만 아상이 녹아내리고, 분별이 녹아내려 저절로 몰록 깨닫게 되는 날이 오는 것입니다. 몰록 본래 있는 반야바라밀이라는 텅 빈 공을 깨닫게 되는 것입니다.

4. 조견(照見)

조견(照見)이란 '비추어 본다'는 의미입니다. 있는 그대로의 현실을 있는 그대로 비추어 보는 것을 말합니다. 있는 그대로라고 하면 고정관념, 편견, 선입견이나 어떤 상(相)을 짓지 않고 바라보는 것을 의미합니다. 나와 남을 둘로 나누고, 좋고 나쁜쪽으로 둘로 나누는 등의 둘로 셋으로 쪼개어 대상을 파악하는 분별심으로 바라보는 것이 아니라 무분별로 바라보는 것이 조건입니다. 그렇기에 어느 한쪽 극단에도 치우치지 않는 중도(中道)의 관찰이기도 합니다. 부처님께서도 바로 이 현실의 조건, 즉 있는 그대로를 다만 있는 그대로 보셨기 때문에 깨달음을 얻을 수 있었던 것입니다. 이것이 팔정도의 정견(正見)이기도 합니다.

요즘 위빠사나라는 수행법이 많이 실천되고 있는데요, 이 위빠사나라는 것 또한 있는 그대로를 왜곡이나 판단분별, 망상과 생각 없이 있는 그대로 바라보는 조건과 다르지 않습니다. 있는 그대로를 있는 그대로 바라보는 이 조건이야말로 불법 수행에서 가장 중요한 실천입니다.

그렇다고 해서 조건이라는 중도적인 관찰, 분별없는 관찰을 별도의 수행법처럼 억지로 힘들여 갈고 닦아야 한다거나, 특정한 자세를 취하고, 특정한 고요한 곳을 찾아가 방석 위에 앉아 수행법을 실천하듯 닦아야 하는 것은 아닙니다. 조건은 하나의 유위적인 수행법이라기보다는 무위의 함이 없는 실천행입니다.

왜 그럴까요? 조건은 쉽게 말하면 '봄'입니다. '보는 것'입니다. 보되, 왜곡 없이, 분별없이, 판단이나 망상을 개입시키지 않고 그저 있는 그대로 보는 것입니다. 그저 보기만 하는 것은 전혀 힘이 들지 않습니다. 애써서 노력해야 하는 일이 아닙니다. 가장 자연스러운 존재의 상태입니다.

아무것도 하지 않고 멍하니 누워서 쉬고 있을 때라도 하늘로 새가 한 마리 지나가면 저절로 비추어 봅니다. 힘들여서 보는 것이 아니라 그냥 살아있는 모든 이들이라면 그저 자연스럽게 보는 것이지요. 이것이 바로 조견입니다.

그런데 우리는 그렇게 있는 그대로를 있는 그대로 보지 못하고, 거기에 생각을 개입시킵니다. 무슨 무슨 새 하고 이름을 짓거나, 크다거나 작다거나, 까치가 울면 반가운 손님이 찾아온다거나 까마귀가 울면 재수가 없다는 등의 분별을 시작합니다. 이것을 명상(名相)이라고 하는데요, 대상을 있는 그대로 보지 않고 이름을 붙여서 보거나, 모양을 짓는다는 것입니다. 이처럼 우리에게 인식된 대상은 이것과 저것을 분별해서 상을 짓고, 대상마다의 특정한 이름을 지어 인식함으로써 우리에게 대상이 분별되는 것입니다. 우리가 대상을 안다고 할 때는 이런 방식으로 대상을 분별해서 인식합니다. 그러면서 생각은 무한한 상상력으로 과거와 미래를 오고 가면서 끊임없이 생각과 분별망상을 만들어 냅니다. 이렇게 되면 이것은 더 이상 조견이 아닙니다.

있는 그대로를 있는 그대로 보는 것이 아니라, 모양과 이름을 붙여서 인식하고, 분별해서 바라보고, 나에게 득이 되는지 해가 되는지를 판단하는 등 무수한 생각과 분별망상을 대상에 덮어씌워 버립니다. 그렇게 되면 나에게 도움 되는 대상은 좋다고 하면서 집착해서 더 가지려고 애쓰고, 도움이 안 된다 싶으면 싫다고 하면서 거부하려고 애쓰는 버거운 일들이 시작됩니다. 집착하는 것을 갖지 못하면 괴롭고, 싫은 것과 함께해야 하면 그 또한 괴롭습니다.

이처럼 대상을 있는 그대로 조견해서 바라보면 아무런 문제가 없는

데, 분별하고 이름 짓고, 상을 지으면서부터 대상은 더 이상 있는 그대로의 대상이 아닌 하나의 문제로 바뀌어 버리는 것입니다.

그렇게 대상을 바라보면 언제나 힘이 듭니다. 좋은 대상은 집착해야하니 힘들고, 싫은 대상은 밀쳐내야 하니 괴롭습니다. 나에게 도움이되는지 안 되는지를 머리로 굴려서 생각해내야 하니까 더욱 괴로워집니다. 사실은 그것이 진정 도움이 될지 안 될지를 전혀 알 수 없음에도 우리 머리와 생각은 어떻게든 도움 될지 안 될지를 비좁은 자기의 생각 한계 내에서만 해석하는 것입니다. 그래서 그 생각대로 되면 즐겁고, 그 생각대로 안 되면 괴롭다고 여깁니다. 이런 방식으로 생각과 분별심은 끊임없이 있는 그대로의 현재를 대상으로 끊임없이 숱한 문제를 만들어냅니다. 이것이 바로 우리가 중생인 이유입니다.

중생이 부처가 되는 것은 아주 단순합니다. 지금 벌여왔던 이 모든 과정을 그저 하지 않으면 됩니다. 끊임없이 둘로 나누어 놓고 분별하고 생각하고 판단하고 해석하던 머리를 그저 쉬고, 있는 그대로를 있는 그대로 보기만 하면 됩니다. 조견하면 되는 것이지요.

5. 오온(五蘊)

오온은 일체 현실의 세계를 다섯 가지로 나눈 것입니다. 또한 인간 존재를 다섯 가지 요소로 나눈 것이기도 합니다.

오온의 '蘊(Skandha)'은 '모임', '쌓임'이라는 뜻으로, 때로는 음(陰)으로 번역되기도 합니다. 일체만법, 현상세계는 색수상행식(色受

想行識)의 다섯 가지 모임으로 이루어졌음을 뜻합니다. 이처럼 오온은 좁은 의미로 볼 때 인간 존재를 나타내는 것이며, 넓은 의미로 쓰일 때는 일체의 존재를 가리킵니다. 일체만유의 구조를 다섯 가지로 나눌 수 있다는 말인데, 색은 현상계의 물질 전체를 포괄하는 것이며, 수상행식은 정신세계 전부를 네 가지로 나눈 것입니다. 우리가 '존재한다'거나 '있다'라고 여기는 모든 것들은 크게 물질적인 것과 정신적인 것으로 나눌 수 있는데, 그중 물질적인 것을 색이라고 하고, 정신적인 것을 수상행식으로 나눈 것입니다.

이러한 분류법은 물질보다는 정신에 중점을 두고 있는 분류법입니다. '오온설'은 물질은 끊임없이 변하는 것으로써 무상한 것으로 이해하지만, 정신은 실체적이며, 영원하다고 믿고 그에 집착하는 사람들을 대상으로 설법한 교설이라고 합니다. 그래서 물질보다 정신을 수상행식으로 더 자세하게 분류하고 있는 것입니다.

인간과 일체만유는 물질적인 요소인 색(色)과, 정신적인 요소인 수상행식(受想行識) 등 다섯 가지의 요소로 이루어져 있습니다.

특별히 인간 존재만을 구별해서 사용할 때는 오취온(五趣蘊)이라는 표현을 쓰기도 합니다. 오온으로 이루어져 있는 인간에 대하여 고정적인 자아가 있다고 생각하고, 그것에 집착[취]하기 때문에 붙여진 이름입니다.

그러면 오온을 하나하나 살펴보도록 하겠습니다.

(1) 색온(色蘊)

색이란 빛깔과 모양을 가진 물질을 의미하며, 인간에게 있어서는 육체를 가리킵니다. 이러한 색은 다시 지수화풍(地水火風)이라는 네 가지의 요소로 구분되며 이를 사대(四大)라고 부릅니다. 쉽게 말해 땅, 물, 불, 바람이라는 네 가지 요소를 말합니다.

먼저 땅의 요소인 '지대(地大)'는 딱딱한 성질의 물질적 구성요소를 뜻하며, 몸에서 뼈, 손톱, 머리카락, 피부, 내장기관 등 딱딱한 부분을 말합니다. 이것들은 우리가 죽을 때 모두 땅[地]으로 돌아가기 때문에 그렇게 명한 것입니다. 우리가 수억 겁을 윤회한 이 땅의 이 모든 자연, 흙, 나무 등이 모두 과거, 또 그전 과거에는 나의 몸이었을 수 있는 것이며, 지금 나의 몸 또한 백 년 내지 이백 년 후면 다시 처음 나왔던 그 자리로 돌아갈 것입니다.

다시 말해, 육신인 지(地)는 일체 세간의 지가 인연을 만나 우리의 몸을 잠시 이루고 있을 뿐인 것입니다. 내 앞에 떨어진 흙 한 줌, 나무 한 토막이 과거나 미래의 어느 순간 나의 몸을 이루어 내가 되어 있을지 모르는 일입니다. 이러한 사실을 올바로 보지 못하기에 우리는 이 육신에 집착합니다. 그런 까닭에, 자신의 몸은 그렇게 아끼며 집착하지만, 자연에 대해서는 내 몸처럼 아끼고 잘 가꾸지 않는 것이 마음인 것입니다. 우리의 몸을 이루는 색(色)이 항상 하는 것이 아님을 안다면 이 몸뚱이에 그렇게 집착하지 않을 수 있을 것입니다.

우리의 몸뿐 아니라 대지 위에 있는 나무, 돌, 광석들도 모두 항상 하지 않습니다. 현대 과학에서는 모든 물질이 우리의 눈으로 보기에는 고정되어 있는 것처럼 보이지만, 실은 하나하나가 모두 플러스, 마이너스의 스핀 운동을 끊임없이 반복하고 있다고 설명하고 있습니다. 우리의 몸도 세포 하나하나가 죽고 새로 생기기를 끊임없이 반복하여 몸이 전혀 새로운 세포로 변화되는데 그다지 긴 시간이 걸리지 않는다고 합니다.

다음으로 물의 요소인 '수대(水大)'는 흐르는 성질과 무언가를 적시는 성질을 가진 액체 부분으로 모든 액체들, 비, 강물, 나무의 수액, 바다 등을 말하며 우리 몸에서는 피, 오줌, 침, 땀 등을 말합니다. 이러한 물의 성질 또한 항상 하지 않고 끊임없이 변화하며 인연 따라 다양한 모습으로 변화합니다. 대표적으로 하늘에서 내리는 비는 인연 따라 눈이나 우박으로도 변화했다가 땅 위를 흐르는 빗물이 되고 개울이 되며 호수와 강과 바다를 이룹니다. 그러다가 숲과 나무로 흘러들어 수액이 되기도 하고, 사람이 마시면 우리 몸의 70%를 이루는 역할을 하기도 합니다. 그러다가 다시 수증기가 되어 공기 중으로 올라가고 구름이 되기도 하지요. 이처럼 수의 요소도 고정되어 있는 것이 아니라 끊임없이 변화하며 인연 따라 흐르는 것입니다.

다음으로 불의 요소인 '화대(火大)'는 뜨거운 열의 기운을 말하는 것으로 여름과 겨울의 온도차를 느끼는 것도 이 화대에 의해서입니다. 우리 몸에서는 체온을 말합니다. 사람의 체온은 항상 36~37℃를 유지하고 있지만, 이 또한 나이에 따라서 조금씩 정상체온 범위가 달라지기도 하고, 몸 상태에 따라서 체온이 달라지기도 합니다. 내 몸의 화대든 세계의 화대든 온도나 열 또한 고정된 실체가 아니라 지역이나 계절 등 다양한 인연에 따라 끊임없이 변화하는 요소인 것입니다. 체온이야말로 몸이 건강한지 아닌지를 판단하는 아주 중요한 요소인 것처럼 이 불의 요소인 화대 또한 우리 몸과 이 세계를 이루는 아주 중요한 색온의 요소인 것입니다.

끝으로 바람의 요소인 '풍대(風大)'는 움직이는 성질의 것으로 불어오는 바람 등을 의미하며 우리 몸에서는 호흡, 혈액의 움직임, 가스 등을 말합니다. 조금 더 넓게 보면 우리가 몸을 움직이는 것이 전부 풍대의 요소이고, 고기압에서 저기압으로 공기가 흐르면서 바람이 불어오는 자연현상 등 끊임없는 자연의 변화가 전부 풍대를 뜻한다고 볼 수 있습니다. 인연 따라 끊임없이 불어오는 바람처럼 당연히 이 풍대 또한 고정되어 있는 것이 아니라 끊임없이 변화하는 것입니다.

이처럼 지수화풍의 요소로 이루어진 색온은 무상한 것이며, 항상 하지 않는 것입니다. 우리는 물질적인 요소가 딱딱한 지대로 이루어진 것이 눈에 많이 띄다 보니 색온을 고정된 실체로 보는 경향이 많이 있습니다. 그러나 그렇지 않습니다.

현대과학에서도 물질을 쪼개고 또 쪼개면 결국 소립자가 남는데 이 소립자는 무게를 가지다가도 어떤 상태에서는 무게 없이 사라지고 만다고 합니다. 인연 따라 있기도 하고 없기도 하다는 것이지요. 또한 관찰자의 마음에 따라 입자가 되었다가 파동이 되기도 한다고 합니다. 결국 물질 또한 실체적으로 존재하는 것이 아니라 우리의 마음에서 연기하여 나타난 것임을 의미합니다.

이처럼 이 우주의 모든 물질과 우리 몸이라는 육체는 전부 텅 비어 고정된 실체가 아닙니다. 다만 인연 따라 잠시 일어났다가 사라지는 허망한 존재일 뿐이지요. 그럼에도 우리는 물질적인 소유물에 집착하고, 나의 육신에도 집착합니다. '나'와 '내 것'을 실체적인 나라고 생각하기 때문이지요. 그러다보니 나와 내 것이 사라질 때 괴로워합니다. 그러나 이 몸 또한 결국에는 인연 따라 온 것처럼 인연이 다하면 사라지고 만다는 사실을 조견해 보게 된다면 이 육신에도 그리 집착할 필요가 없음을 깨닫게 될 것입니다. '내 것'이라는 소유물 또한 인연 따라 잠시 왔다가 가는 것임을 알게 된다면 소유물이라는 색온에 과도하게 사로잡혀 집착하지도 않을 것입니다. 당연히 괴로움도 사라지게 되겠지요. 색온도 결국은 무아인 것이고, 공한 것이기 때문입니다.

현대과학에서도 이를 뒷받침하고 있습니다. 하나의 나무, 돌, 아니 그보다 더 단단한 고철덩이가 있다고 해봅니다. 이것은 꽉 차 있는 것처럼 보입니다. 그러나 미세한 전자현미경으로 살펴보면, 이것은 모두가 분자와 분자의 결합이며, 그 분자도 자세히 쪼개 보면 원자와 원자의 결합으로 이루어져 있음을 볼 수 있습니다. 손가락만한 물체도 사실은 10의 24제곱 개, 즉 억(億)의 억의 억 개 정도의 원자들로 구성되어 있다고 합니다.

원자 또한 원자핵과 전자라는 것으로 쪼개집니다. 원자핵은 다시 양성자와 중성자가 결합되어 양의 전하를 띄게 되며, 전자는 음전하를 가지고 있습니다. 모든 물질은 바로 이처럼 분자, 전자, 그리고 더 미세하게는 원자핵과 전자라는 극히 작은 입자들이 모여 잠시 잠깐도 머무르지 않고 움직이며 변화하고 있습니다.

또한 이 양성자와 중성자들은 다시 수많은 미립자로 이루어져 있는데, 이 미립자의 생명은 10^{-23}초라고 합니다. 쉽게 말하면 '미립자의 생명과 1초'와의 비율은 '1초와 약 300조 년'의 비율과 같다고 합니다. 300조 년은 지구 역사의 60만 배나 되는 긴 시간입니다. 그야말로 찰나지간에 미립자들은 생성과 소멸을 반복하며 끊임없이 변화해 가는 것입니다.

양자역학에서는 이 세상 자체가 진동하는 에너지이며 파동일 뿐이고, 끊임없이 변화하는 것일 뿐, 실체적인 것은 아무것도 없다고 증명하고 있습니다. 이처럼 현대과학도, 불교의 무상(無常)과 무아(無我), 공(空) 사상을 뒷받침해주고 있습니다.

이처럼 색온이 무아이며, 색온이 개공임을 깨닫게 된다면 물질적인 것에 과도하게 집착하지 않게 될 것입니다. 집착하지 않으니, 괴로움도 사라지게 됩니다. 오온개공 도일체고액이라는 말처럼 색온이 공하다는 사실에 눈뜨게 되면 일체의 고통과 액난에서 벗어날 수 있습니다.

(2) 수온(受蘊)

수란 감수작용(感受作用)으로 '느낌'이나, '감정' 등의 심리적인 요소를 말합니다. 눈으로 무언가를 볼 때나 귀로 소리를 들을 때, 코로 냄새 맡고, 혀로 맛보고, 몸으로 감촉을 느낄 때 혹은 생각으로 무언가를 떠올릴 때도 우리는 그 대상에 따라 다양한 느낌과 감정을 일으키는 것이지요.

이 느낌이라는 수온에는 세 가지가 있으니, 고수(苦受)와 낙수(樂受), 그리고 불고불락수(不苦不樂受)입니다. 좋은 느낌과 싫은 느낌 그리고 좋지도 싫지도 않은 느낌을 말합니다. 뒤에 조금 더 자세히 살펴보겠지만, 우리의 주관적 감각기관인 육근(六根)과 그것에 상응하는 외적인 대상인 육경(六境)이 서로 만날 때, 이러한 세 가지의 감정이 생기는 것입니다.

안근(眼根)[눈-모양]으로 색을 바라볼 때, 예컨대 우리가 아름다운 경치를 볼 때 좋다는 감정 낙수가 생기며, 공포영화나 징그러운 해골을 볼 때나 자신이 싫어하는 사람을 볼 때는 싫다는 감정 고수가 생깁니다. 그러나 무심코 지나다니는 사람을 멍하니 지켜볼 때처럼 불고불락수의 아무런 감정도 생기지 않을 때도 있는 것입니다.

이근(耳根)[귀-소리]으로 무언가를 들을 때도 마찬가지입니다. 욕을 듣던가 꾸지람을 들으면 싫은 감정이 생길 것이고, 칭찬을 들으면 좋다는 감정이 생기겠지요. 이와 유사하게 비근(鼻根)[코-냄새], 설근(舌根)[혀-맛], 신근(身根)[몸-접촉], 의근(意根)[뜻-생각]들도 서로 접촉하게 되면 이러한 세 가지의 감정을 나타내기 마련인 것입니다.

이러한 수온(受蘊)의 감정은, 그때그때 인연이 생함에 의해 잠시 나타났다가 그 인연이 다하면 사라지게 마련입니다. 비근[코]으로 나쁜 냄새를 맡고 나서도 잠시 후, 혹은 다른 장소로 이동함으로써 다시 좋은 냄새를 맡을 수 있는 것과 같습니다. 의근에서도 마찬가지입니다. 좋은 생각이 들다가도 과거의 좋지 않았던 일을 회상하며 순간 기분이 나빠질 수 있는 것입니다. 이처럼 수온의 세 가지 감정도 색온(色蘊)의 그것과 같이, 영원한 것이 아니고 순간순간 변해가는 것들입니다.

또한 동일한 대상을 보고서도 좋은 감정을 느끼는 사람도 있고, 싫은 감정을 느끼는 사람도 있습니다. 시대나 나라 혹은 문화적인 배경에 따라서도 다르게 느껴집니다. 청국장 냄새를 예로 들면 한국 사람이라면 좋은 느낌을 받겠지만, 외국 사람들 중에는 아주 나쁜 느낌을 받는 사람도 있을 것입니다.

나라나 시대에 따라 미(美)의 기준도 다르지요. 아프리카와 서태평양의 어떤 부족은 뚱뚱할수록 미인이고, 동남아의 카렌족, 파다웅족 등 많은 부족은 목이 길수록 미인이며, 또 에티오피아의 무르시족은 아랫입술을 뚫어 '접시'를 끼우는데 큰 접시를 다는 사람일수록 미인이라고 합니다. 보통은 10~20cm 직경의 접시를 끼우는데 최고로 아름다운 여인은 30cm 직경의 입술접시를 달고 있는데, 접시가 클수록 결혼 예물로 많은 소를 받을 수 있다고 합니다. 그런데 그 나라, 그 전통의 남자들은 그런 여인을 보면 실제로 사랑하게 된다고 합니다.

만약에 수온이라는 것이 실체가 있다면, 우리나라 남자들도 그런 부족의 여인들을 보면 좋은 느낌이 일어나야 하겠지만 그렇지 않습니다. 같은 대상을 보더라도 사람에 따라, 환경에 따라 좋은 느낌을 일으키기도 하고 나쁜 느낌을 일으키기도 하는 것입니다. 또 같은 음식이라도 배고플 때는 맛있는 음식이 배가 터지도록 부를 때는 도저히 먹기 힘든 싫은 느낌으로 다가오기도 하겠지요.

한여름에 땀 흘리는 것도 찝찝하고 싫은 느낌이고, 뜨거운 햇살 아래에서 후덥지근한 무더위를 연상하면 누구나 싫은 느낌을 느끼겠지만, 일부러 사우나를 찾아들어가 그 엄청난 온도를 견뎌가며 '좋~다!'를 연발하며 감동하는 어르신들도 계시고, 일부러 썬텐을 한다고 햇볕 아래에서 몸을 태우는 사람도 있습니다. 군대에서 똑같이 아침 구보를 하면서도 몸도 건강해지고 좋다고 느끼는 사람도 있겠지만, 힘들고 괴로운 느낌을 느끼기도 할 것입니다.

실제 하버드 대학 랭거(Ellen Langer) 교수는 호텔 청소부들을 대상으로 84명 중 42명만 따로 불러 호텔 청소 활동이 가져오는 놀라운 운동 효과를 설명해 주었다고 합니다. 시트 가는데 40칼로리 소모, 청소기 돌리는데 50칼로리 소모, 방 하나 청소하는데 10분 운동효과, 하루

15개의 방 청소는 2시간 30분의 운동 효과가 있다는 등의 설명을 해 준 것이지요. 그랬더니 교육을 들은 42명은 한 달 후 건강검진에서 체중, 허리둘레, 지방, 혈압이 감소하는 등 몸이 건강해졌지만 교육을 받지 않은 사람들은 아무 변화가 없거나, 심지어 고역이라고 여기며 일을 한 사람들일수록 피로의 독소가 증가했다고 합니다.

교육을 듣고는 그동안 힘든 고역이라고 여기던 청소에 대한 느낌이 달라졌겠지요. 일을 하면서도 싫은 느낌이 아닌 좋은 느낌으로, 더 건강해진다는 마음으로 일에 임했을 뿐인데, 똑같이 일한 다른 동료들에 비해서 몸이 더 좋아진 것입니다. 이처럼 같은 일을 하면서도 어떤 느낌, 감정으로 일할 것인지를 스스로 선택할 수도 있고, 그 선택의 결과에 따라 우리의 삶은 완전히 달라지는 것입니다.

이상에서 살펴본 바와 같이 수온이라는 감정은 실체적인 것이 아닙니다. 인연 따라 변화하는 것이며, 더욱이 내가 어떤 마음으로 임하느냐에 따라 내 스스로 동일한 일이나 대상에서 좋은 느낌을 느끼도록 바꿀 수도 있습니다. 수온이 실체가 아니고, 고정된 것이 아니기 때문에 우리는 수온의 주인이 될 수 있는 것이지요.

그러니 싫은 느낌, 나쁜 느낌을 느끼는 어떤 대상이라고 할지라도 그 대상에게 늘 싫은 느낌을 느끼면서 괴로워할 필요는 없습니다. 우리에게는 느낌을 주도적으로 변화시킬 수 있는 가능성이 있기 때문이고, 그 대상에게는 실체적인 싫은 느낌이 없기 때문입니다.

이와 같이 수온무아, 수온개공을 깨닫게 된다면 느낌과 감정으로 인한 괴로움에서 벗어나게 될 것입니다. 그러니 『반야심경』에서도 '오온개공 도일체고액'이라고 했듯, 수온이 공한 줄 알면 일체의 고통과 액난에서 벗어날 수 있는 것입니다.

(3) 상온(想蘊)

상온은 개념, 또는 표상(表象)작용입니다. 표상작용이란 추상적인 사물이나 개념에 상대하여 그것을 연상시키는 구체적인 사물로 드러내 나타내는 작용을 말합니다. 다시 말해, 대상에 대하여 식별하기 위해 그 대상에 이름을 부여하는 작용을 말합니다.

옆집 사람을 보고 '영철이구나!' 하고 아는 마음이며, 법당의 부처님을 뵙고 '부처님이시구나!' 하고 개념을 만드는 작용을 말하는 것입니다. 이처럼 일체의 모든 것에 대하여 상을 짓는 것을 말합니다.

무언가를 보면, 이전에 이름 지어 놓은 것을 되살려 기억 속에 개념 지어 놓은 것을 떠올리게 마련입니다. 예컨대 머리를 깎고, 회색 먹물 옷을 입은 분은 스님이라는 개념을 가지고, '스님'이라고 이름 짓는 것을 말합니다.

표상작용을 일으키려면 수많은 정보와 지식, 개념들을 비교하고 총괄하여 현재 눈앞에 보이는 대상에 대해 표상 지어 드러낼 수 있어야 합니다. 그런 점에서 넓게 본다면 비교, 판단, 추리, 총괄, 개념화하는 일체 모든 이성적 사유나 생각들을 상온에 포함시킬 수 있습니다.

앞의 수온이 감각적이며 감성적이라면 이 상온은 지성적이고 이지적이라고 할 수 있습니다. 쉽게 표현하면 수온은 느낌, 상온은 생각이라고 단순화시켜서 이해할 수 있습니다.

그렇다면, 이러한 상온은 고정불변한 것일까요? 사람들은 고정된 것으로 생각하기 쉽습니다. 내 안에 '생각하는 나', '사유하는 나'가 있어서 대상을 판단하고 생각한다고 여기는 것이지요. 이처럼 이성적으로 생각하고 사유하고 개념 짓는 능력이 내 안에 실재한다고 여기는 것이 바로 상온입니다. 그러나 '생각하는 나'가 실체하는 것이 아니라, 육근과 육경이 접촉함으로써 인연 따라 표상작용이 일어난 것일 뿐입니다.

사람들은 상온이라는 생각과 사유를 심화시켜 철학하고 이념과 사상을 만들어 낸 뒤에, 스스로 그 사상에 사로잡히고 집착함으로써 실체화하곤 합니다. 내 생각과 다른 사람은 틀렸다고 생각하고 내 생각이 맞다고 여기는 것 또한 하나의 실체화입니다.

내 생각, 내 종교, 내 이념만이 절대적으로 옳다고 여기는 이들은 모두 상온무아인 줄 모르고, 상온을 실체로 생각함으로써 자기가 만들어낸 상온이라는 허상에 갇혀버리고 만 것입니다. 세상에는 이렇듯 생각, 사상, 철학, 종교 등을 맹목적으로 절대적 진실이라 여기며 수많은 갈등과 심지어 전쟁까지 일으키는 일들이 얼마나 많습니까? 그것이 바로 상온을 실체화하는데서 생기는 어리석음입니다.

상온무아, 상온개공을 바르게 조견할 수 있다면 '나만 옳다'고 여기는 수많은 편견과 갈등을 해소시키고 수많은 서로 다른 생각들을 열린 마음으로 수용하고 조화롭게 화합함으로써 평화로운 사회를 만들어갈 수 있을 것입니다. 상온개공을 통해 나의 고통은 물론 세상의 고통도 해결할 수 있는 것입니다. 즉, 도일체고액 할 수 있는 것이지요.

앞에서 육근과 육경의 접촉에 따라 수온도 일어난다고 했는데, 수온과 상온이 서로 피드백하며 이성적인 생각과 감성적인 느낌을 함께 만들어 냅니다. 싫은 느낌이 일어나는 대상에 대해서 뒤이어 생각은 싫은 생각들을 만들어 낼 것입니다.

사실은 '있는 그대로'의 대상에 대해 수온과 상온이 과거의 경험과 다른 것과의 비교 등을 통해 좋거나 나쁜 느낌, 좋거나 나쁜 생각이 느껴지는 대상으로 왜곡하는 것입니다. 사실 우리 앞에 있는 일체 모든 대상은 좋거나 나쁜 어떤 것이 아니라 있는 그대로의 분별없는 대상일 뿐입니다. 그러나 수온과 상온은 서로 피드백하면서 그 대상에 대해 이렇거나 저렇거니, 좋으니 나쁘니 하며 좋고 나쁜 생각과 감정을 일으키면서 대상에 개념을 입히게 됩니다.

이처럼 상온과 수온은 우리의 마음을 왜곡시키는 토대를 만들어주는 역할을 합니다. 수온과 상온이 실체가 있는 것이 아니기 때문에 인연 따라, 마음 따라 동일한 대상이 좋아지기도 하고 싫어지기도 하는 등의 자기만의 개념화 작업을 만들어내는 것이지요. 이것은 하나의 환상을 만들어내는 작용이기도 합니다.

이처럼 수온과 상온이라는 두 가지 감성적, 지성적인 마음은 대상을 자기 식대로 규정하고, 왜곡하며, 식온이 분별해서 최종적으로 인식하기 위한 중요한 기초 데이터베이스를 구축하게 됩니다. 바로 이러한 수온과 상온의 작용 때문에 식온이 대상을 분별해서 인식하는 것이지요. 그럼으로써 둘로 나누어 분별하는 우리들의 근본적인 괴로움의 토대가 완성되는 것입니다. 이것은 바로 수온과 상온이 고정된 실체도 아니고, 자기 식대로 거짓된 마음의 표상과 감정을 자유자재로 만들어 내기 때문입니다.

(4) 행온(行蘊)

행온은 '형성하는 힘'으로 의지 작용, 형성 작용을 말합니다. 무언가를 행하려는 의지나 의도, 의향, 욕구, 바람 등의 마음을 나타내는 것입니다. 이러한 인간의 의지 작용, 행위로 인해 업을 짓게 되는 것입니다. 그래서 업과 행(行)이라는 용어는 같은 의미로도 종종 쓰입니다. 쉽게 말하면 '의도적인 행위'로써 유위행(有爲行)을 일으키게 하는 원동력이 되는 마음입니다. 의도적으로 행하게 되면 그에 따른 업보를 받게 되고, 그렇기에 바로 이 행온이 업을 짓는 형성력이 되는 것입니다.

넓은 의미로 본다면 행은 수, 상, 식을 제외한 모든 정신 작용을 총괄한다고 합니다. 예를 들면 기억, 상상, 추리 등의 정신 작용을 말합니다. 이를 청정도론에서는 '50가지 심리현상'을 설명하고 있고, 구사론에서는 '46가지의 심리현상'이 있다고 설명하고 있는데, 거기에는 주의, 집중, 의욕, 성냄, 믿음, 양심, 수치심 등이 포함되는 포괄적인 개념입니다.

이처럼 행온은 넓은 의미로는 '의지, 의도를 필두로 하는 수많은 심리현상들'을 의미하는 복수의 의미로 쓰이기도 하지만, 그중에도 특히 의지, 의도가 가장 주요한 작용이다 보니 여기에서는 '의도적인 행위를 일으키는 마음', '의도하는 마음'을 행온이라고 단순화시켜 살펴보도록 하겠습니다.

눈, 귀, 코, 혀, 몸, 뜻이라는 육근이 빛과 소리, 냄새, 맛, 촉감, 법이라는 색성향미촉법인 육경을 만나면 수온과 상온과 행온이 나타납니다. 쉽게 말해 눈으로 대상을 볼 때 좋거나 나쁜 느낌인 수온이 일어나고, 상온은 그것이 무엇인지를 개념화하여 이름 짓고, 행온에서는 좋은 것은 더 가지고 싶어 하고, 싫은 것은 멀리하고 싶어 하는 의지를 발동시키는 것입니다.

배고플 때 맛있는 음식을 보면 수온은 좋은 느낌을 일으킬 것이고, 상온은 그 음식들이 밥과 김치찌개, 국과 반찬, 사과와 샐러드라는 등으로 이름을 지어 지각하고, 행온은 그 음식들을 먹고자 하는 의도를 일으켜서 먹는 행위를 하도록 만드는 것이지요. 그럼으로써 '먹는다'는 행위 즉 업을 짓게 되는 것입니다. 그래서 행온은 업을 짓는 형성력이라고도 합니다.

이를 교리적으로 보면 '유위를 조작'하는 것이 바로 행온입니다. 유위란 '만들어진 것', '조작된 것'을 의미하며, 유위법이라고 하면 '일체 모든 존재', '일체 만들어진 모든 것'을 의미합니다. 쉽게 말해 유위를 조작한다는 것은 의도를 일으켜 업을 짓고 삶을 형성시켜 나갑니다. 그래서 행온을 의지작용, 그리고 형성작용이라고 하는 것입니다.

행온 또한 수온, 상온과 마찬가지로 고정된 실체가 아닙니다. 그럼에도 사람들은 내 안에 '의도하는 나', '유위를 조작하는 나'가 있다고 여깁니다.

『상윳다니까야』에서는 '행온들을 자세히 관찰하고 조사해 보면 그것은 텅 비고 허망한 것으로 드러나며 실체가 없는 것으로 드러난다. 비구들이여, 이러한 행온에 무슨 실체가 있는가'라고 함으로써 행온 또한 비실체적인 것이며, 무아이고, 공한 것임을 설하고 있습니다.

예를 들어 보지요. 의도하는 마음은 변하지 않는 고정된 것일까요? 그렇지 않습니다. 우리는 끊임없이 의도와 바람을 변화시켜 나갑니다. 어릴 적에는 대통령, 장관, 과학자가 꿈이던 아이들이 나이가 들어가면서 끊임없이 되고 싶은 미래의 꿈이 바뀌는 것과 같습니다.

제가 아는 한 스님은 어릴 때부터 사업가가 되고, 부자가 되는 것이 꿈이었는데, 출가한 뒤에는 오히려 청빈하고 가난한 삶을 사는 법정스님을 동경하는 소박한 수행자로 바뀌었습니다. 행온이란 이처럼 끊임없이 바뀌어 가는 것일 뿐, 실체적인 것이 아닙니다.

특정한 사람이 언제까지고 특정한 의도와 바람만을 끝까지 고집하는 것은 아니라는 것이지요. 내 안에 특정한 의도라는 고정된 실체가 있는 것이 아니기 때문입니다. 의도와 바람은 끊임없이 변할 뿐입니다.

예전에는 절대 하지 않겠노라고 했던 것들을 시간이 지남에 따라 자연스럽게 적극적으로 나서서 하는 일들은 우리에게도 많이 있습니다. 이처럼 행온이란 내 안에 고정되게 존재하는 것이 아니라 다만 인연 따라 계속해서 변화해 가는 것일 뿐입니다.

그러니 행온무아, 행온개공이라는 사실을 바르게 조견하는 사람이라면 특정한 의지나 욕구에 대해 과도하게 집착하거나 고집할 필요는 없다는 사실을 알게 됩니다. 행온을 실체화함으로써 괴로워하는 일들이 우리 삶에는 얼마나 많습니까. 자기 생각, 자기 고집, 자기의 의지와 바람에 집착함으로써 주위 사람들을 힘들게 하거나, 스스로를 괴롭히는 일들은 참으로 많습니다. 그러나 행온무아를 깨닫게 된다면, 그 또한 잠시 왔다가 가는 것일 뿐임을 알기에 과도하게 집착하지 않을 것이고, 그럼으로써 괴로움은 사라지게 될 것입니다. 행온개공이므로 도일체고액이라는 사실을 깨닫게 되는 것입니다.

실제 『잡아함경』에서는 '업보(業報)는 있으나 작자(作者)는 없다'라고 하여 행위와 그에 따른 과보는 있지만 그 업을 짓는 실체적인 자아는 없음을 설하고 있습니다. 업을 짓고 업의 과보를 받지만 그 업을 짓고 받는 실체적인 '나'는 없다는 것입니다. 행온무아라는 것이지요.

도둑질이라는 행온의 행위를 하게 되면 도둑놈 소리를 들으면서 도둑질한 것에 대한 과보를 받게 됩니다. 도둑질의 행위와 도둑질에 대한 과보는 분명히 있지만, 그렇다고 해서 그 사람이 절대적인 실체로써 '도둑놈'인 것은 아닙니다. 그 사람은 도둑질을 했기 때문에 인연 따라 그 순간 도둑놈이 되는 것일 뿐, 영원히 도둑놈인 것은 아닙니다. 만약 도둑놈이라는 실체가 영원하다면 옛날에 도둑질을 한 번이라도 했던 사람은 영원히 도둑놈의 신세를 면치 못할 것입니다.

그러나 그 사람이 어릴 적 한 번의 도둑질한 실수를 참회하고 새롭게 태어나 훌륭한 사람이 되었다면 그 사람을 그때까지 도둑질로 몰아붙 이지는 않습니다. 오히려 그런 불우한 환경을 극복하고 훌륭한 사람이 되었기 때문에 더욱 칭송을 할 수도 있겠지요. 이처럼 업과 그 업에 따 른 과보는 있지만, 업을 짓는 자라는 실체적 자아는 없습니다. 행온무 아인 것이지요.

이처럼 행온무아이기 때문에, 업보는 있지만 작자는 없기 때문에, 누 군가가 잘못을 저질렀다고 할지라도 '죄는 미워하되 사람은 미워하지 말라'고 말하는 것입니다. 업보는 인정하되 그 사람을 죄인이라고 낙인 찍지는 말라는 것입니다. 이것이 바로 행온무아를 조견함으로써 실천 되어지는 지혜로운 행입니다.

(5) 식온(識蘊)

식온은 일반적으로 분별, 식별, 인식을 말하는데 쉽게 말하면 대상을 안다고 할 때 그 아는 마음을 말합니다. 보통 우리가 '마음'이라고 하면 주로 식온을 말한다고 할 수 있습니다. 그래서 부파불교에서는 이 식온을 마음의 왕이 되는 작용이라고 해서 '심왕(心王)'이라고 했고, 나머지 부수적인 마음작용을 '심소(心所)'라고 했습니다.

우리가 대상을 의식하고 알 때는 '있는 그대로'를 아는 것이 아니라, 자기 식대로 분별해서 알게 되기 때문에 이를 식온 혹은 분별심이라고 합니다. 식온은 앞에서 설명한 수온과 상온, 행온의 도움을 받아 분별해서 아는 작용입니다. 수온을 통해 '느껴서 알고', 상온을 통해 '개념화해서 알며', 행온을 통해 '의지를 일으켜 알게' 되기 때문입니다. 대상을 느끼고 생각하고 의도하는 것을 통해 그 대상을 다른 것들과 비교 분별하여 아는 작용입니다.

예를 들어 보겠습니다. 회사에서 신입사원이 들어왔는데 호감형으로 첫인상이 좋습니다. 수온이 곧장 좋은 느낌으로 받아들이겠지요. 그런데 일을 시켜 보았더니 똑똑하고 일도 잘 합니다. 상온은 곧장 일 잘하고 똑똑한 사람으로 개념화시킵니다. 아주 마음에 들다보니 욕심이 나서 이 사원을 꼭 우리 부서로 데리고 와야겠다는 의도를 일으킵니다. 이것이 행온입니다. 유위를 조작한 것이지요. 이렇게 수상행온이 좋은 느낌과 좋은 생각, 의도를 만들어내면 식온은 그 사람을 분별해서 알게 됩니다. 다른 사람보다 호감형이고, 다른 신입사원들보다 능력도 있다고 분별해서 아는 것이지요.

십이연기에서 보면 '무명-행-식-명색...'의 순서인데, 즉 식의 대상은 명색(名色)입니다. 쉽게 말해 식은 대상을 명과 색으로 인식하지요. 명이란 이름이고 색이란 모양입니다. 그 신입사원의 이름(명)을 마음은 각인해서 인식하게 되는 것이고, 그 사람의 모습(색)을 아울러 그 이름과 연결지어 생각해서 아는 것입니다. 이처럼 식온은 수온, 상온, 행온의 작용을 통해 종합적으로 대상을 분별하여 아는 마음입니다.

당연히 '분별해서 아는 마음'인 식온도 고정되게 실체적으로 존재하는 것이 아닌 인연 따라 변화하는 것입니다. 그 신입사원이 마음에 들어 우리 부서원으로 뽑았는데, 계속 함께 생활해 보니 생각했던 것보다 능력도 없고, 성격도 마음에 들지 않는다면 점점 더 그 사원에 대해 나쁜 느낌과 좋지 않은 생각, 밀쳐내려는 의도를 만들어내게 될 것이고, 식온은 결국 그를 '좋지 않은 사람'이라고 분별하게 될 것입니다. 이처럼 식온 또한 계속해서 인연 따라 변화하는 것일 뿐, 고정되어 있는 것이 아닙니다.

이처럼 식온은 끊임없이 변화하기도 하고, 새로운 분별심이 만들어지기도 합니다. 세상을 살아가면서 점점 더 많은 것을 경험하고 배우고 느끼고 알게 되기 때문에 우리가 대상을 분별하는 마음도 점점 더 확대되고, 증장하게 되겠지요. 이를 식의 증장(增長)이라고 합니다. 이처럼 분별심은 머물러 있는 것이 아니라 점점 더 자라고 성장하며 변화 발전합니다.

이처럼 식온 또한 고정된 실체가 아님에도 불구하고 사람들은 우리 안에 '의식하는 나', '대상을 아는 나'가 고정되게 존재한다고 여깁니다. 우리 안에 대상을 아는 '내 마음'이 있다고 여기는 것이지요. 그러나 살펴본 바와 같이 식온은 허망한 분별심일 뿐, 실체적인 마음이 아닙니다.

그래서 수많은 스님들의 법문이나 책에서 가장 많이 들어 본 말이 아마도 '분별심을 버려라', '분별망상을 일으키지 말라', '알음알이를 놓아버려라'라는 말일 것입니다. 식온이 무아이며 공하기에 실체가 없으니, 식온에 사로잡히지 말라는 것을 의미합니다.

사실 불교의 마음공부란 바로 이 분별심, 분별망상이라는 식온이 공함을 깨닫는 공부라고도 할 수 있습니다. 모든 번뇌와 괴로움, 고통과 문제의 주범이 바로 분별망상이기 때문입니다.

사실 이 세상은 있는 그대로 온전하게 펼쳐지고 있습니다. 삶은 언제나 완전합니다. 우리는 모두 깨달아 있는 존재들입니다. 다만 우리의 분별망상이라는 허망한 마음 즉 식온이 그 완전한 삶을 하나하나 걸고 넘어져서 좋으니 나쁘니, 옳으니 그르니 하며 판단 분별 평가하기 때문에 이 완전한 세상이 나에게 좋고 나쁘게 인식될 뿐입니다.

이를 유식(唯識)에서는 만법유식(萬法唯識)이라고 하는데요, 일체 만법은 오로지 내게 인식된 세계일뿐이라는 의미입니다. 실제 세계 자체는 아무 문제도 없지만, 내가 그 세계를 대상으로 좋고 나쁜 것으로 둘로 나누어 놓고 좋은 것은 집착하고 싫은 것을 버리려 하기 때문에 문제가 생겨났을 뿐입니다.

그래서 『반야심경』에서도 '조견오온개공 도일체고액'이라고 했듯이, 오온의 왕격인 심왕인 식온이 공함을 조견해 보면 일체의 고통과 액난에서 벗어난다고 했던 것입니다.

6. 개공(皆空)

오온무아와 오온개공

처음 이러한 오온이 대두된 것은 무아(無我)의 이론을 뒷받침하기 위해서였습니다. 다시 말해 오온에서 말하고자 하는 것은, 인간 존재란 5개의 요소로 이루어져 있고, 이 각 요소들은 모두 비실체적인 것이므로 이와 같은 요소들로 이루어진 인간 존재 역시 비실체적인 존재, 즉 무아(無我)라는 것입니다.

이러한 각각의 오온에는 고정되어 불변하는 것은 아무것도 없습니다. 그래서 경전에서 비유하기를 색은 거품덩이 같고, 수는 거품방울 같고, 상은 신기루 같고, 행은 바나나줄기 같고, 식은 허깨비 같은 것이라고 말하고 있습니다. 이렇듯 비실체적인 것들의 집합체인 '인간 존재' 또한 비실체적인 것임은 당연합니다.

이처럼 초기 경전에서는 오온무아를, 『반야심경』과 같은 대승경전에서는 오온개공(五蘊皆空)을 설하는 것이지요. 이 오온무아에 대해 초기경전인 『상윳따니까야』에서는 다음과 같이 설하고 있습니다.

"물질(색)은 영원한 것인가, 무상한 것인가?"

"무상한 것입니다."

"무상한 것은 괴로운가, 즐거운가?"

"괴롭습니다."

"무상하고 괴롭다면 그것은 행복인가?"

"고통입니다."

"무상하고 괴롭고 변화하는 것들에 대해 '이것은 나다, 나의 것이다'라고 생각한다면 그것은 옳은가?"

"옳지 않습니다."

"느낌(수)은, 생각(상)은, 의도(행)는, 의식(식)은 영원한 것인가 무상한 것인가?"

"무상한 것입니다."

"무상한 것은 괴로운가 즐거운가?"

"괴롭습니다."

"무상하고 괴롭고 변화하는 것들에 대해 '이것은 나다, 나의 것이다'라고 생각한다면 그것은 옳은가?"

"옳지 않습니다."

"이와 같이 무상한 줄 알기 때문에 잘 배운 거룩한 제자들은 물질에 집착하지 않고, 느낌에 집착하지 않으며, 생각, 의도, 의식에 집착하지 않는다. 집착하지 않기 때문에 욕망에서 벗어난다. 욕망에서 벗어남을 통하여 해탈을 얻는다."

부처님의 말씀처럼 색수상행식 오온은 무상한 것이고, 괴로운 것이며, 변화하는 것입니다. 오온으로 이루어진 모든 것은 제행무상(諸行無常)이고, 일체개고(一切皆苦)이고, 제법무아(諸法無我)인 것이지요. 즉 삼법인(三法印)의 특성을 지닙니다. 이렇게 무상하고 괴롭고

변화하는 오온을 가지고 '나다'라거나, '내 것'이라고 생각한다면 그
것은 옳지 못하다는 것입니다. 즉 오온무아, 오온개공이라는 것입니
다. 이처럼 오온의 교설은 무아 이론을 뒷받침하는 것이며, 이러한 오
온무아는 불교 가르침의 핵심인 고(苦)의 문제를 해결해 주는 해답이
되는 것입니다.

부처님께서는 괴로움은 집착과 욕망 때문에 생기고, 집착과 욕망은
'내가 존재한다는 생각' 때문에 발생한다고 하셨습니다. 즉 '내가 존
재한다는 생각', '나다'라고 하는 생각이 괴로움의 근본 원인이라고
하셨습니다. '나다'라는 생각도 없고, '나의 것'이라는 생각, '내가 옳
다'라는 생각이 없다는 것을 확실히 이해한다면 우리들은 무엇에 집
착할 것이며, 누구에게 화를 내고, 질투를 하고, 두려움을 느끼겠습니까.

'나'라고 했을 때, 이 '나'는 바로 다름 아닌 오온을 말하고 있는 것
입니다. 또한 이상에서처럼 오온의 하나하나는 모두 연기된 것으로서
무아이며, 공이라고 하였습니다. 그렇기에 오온개공(五蘊皆空)인 것입
니다. 앞에서 설명한 무아의 개념이 바로 공의 개념과 일치하는 것입
니다.

다시 한 번 거듭 강조하자면, '공'은 아무것도 없다는 개념이 아닙니
다. 유(有)와 무(無)를 초월한 존재의 실상을 있는 그대로 나타낸 개
념, 이것이 바로 공(空)입니다. 조견오온개공(照見五蘊皆空), 이것은
'일체를 모두 공한 것으로 비추어 본다'는 것으로, 현상적으로 본다면
'나'라고 하는 존재, '너'라는 존재, 그리고 이렇게 우주가 있는 것처

럼 보이지만, 실상을 조견해 보면 어느 것도 텅 비어 있어 공하다는 것
을 말하는 것입니다. 이렇게 일체가 공하다는 것을 비추어 볼 수 있는
지혜가 바로 반야인 것입니다.

오온개공의 실천

이처럼 오온이 모두 공하다면 어떤 실천을 해야 할까요? 우리는 지
금까지 오온이 나인 줄 알고 살아왔습니다. 몸이 나인 줄 알고 몸에 집
착해 왔고, 느낌, 생각, 의지, 의식이 나인 줄 알고 그런 것들을 중요시
여기며 따라다니고 살았습니다.

오온이 공한 줄 알았다면, 이제부터는 오온을 따라다니는 삶, 오온
에 종속되고 속박되는 삶을 살아서는 안 될 것입니다. 오온이 바로 나
라는 생각은 헛된 망상임을 직시해야 합니다.

색온(色蘊)을 먼저 살펴보지요. 먼저 이 몸이 '나'라는 생각 때문에
우리는 이 몸 하나에 얼마나 많이 종속되어 있는지 모릅니다. 물론 몸
을 쓰며 한 생을 살아야 하다 보니 적절하게 잘 관리는 해야겠지만, 과
도하게 육체에 얽매일 필요는 없습니다. 더욱이 이 몸을 '나'라고 규
정할 것은 없습니다. 사실 이 몸이 '나'라고 여기는 것도 하나의 관념
에 불과할 뿐입니다.

외모에 집착해 과도한 성형수술을 하거나, 심하게 다이어트를 하거
나, 그게 마음대로 되지 않을 때는 '나는 못생겼다'거나, '나는 뚱뚱하

다'고 자신을 규정합니다. 그러나 그 외모나 몸매는 내가 아닙니다. 색온개공입니다. 그것은 진짜 나가 아닙니다. 잠시 이 생에 필요에 의해 쓰고 있는 것일 뿐입니다. 이 몸을 나라고 여겨 동일시하게 되면, 몸이 뚱뚱하거나 외모에 자신이 없는 것을 가지고 '나'라는 존재까지 자존감을 상실하게 됩니다.

몸이 뚱뚱하거나 외모가 못난 사람일지라도 자존감을 가지고 아무 문제없이 살아가는 사람도 있지 않습니까? 만약 뚱뚱한 몸이나 못생긴 외모가 절대적으로 괴로운 것이고, 그것이 곧 나라면 그런 몸과 외모를 가진 사람은 모두 다 괴로워야 할 것입니다. 그러나 전혀 그렇지 않지요. 사실 뚱뚱하다거나 못생겼다는 것은 실상을 표현하는 것이 아니라, 내 안에서 일어나는 하나의 허망한 관념에 불과합니다. 지극히 주관적이고 상대적인 것일 뿐, 그것 자체에 실체가 있는 것은 아닙니다.

이처럼 '이 몸이 곧 나다'라는 생각에 빠져 있으면 우리는 몸에 종속되고 구속되는 삶을 살아가게 됩니다. 그러나 '몸이 나'라는 생각에서 놓여나면 그런 허망한 관념에 휘둘리며 살지 않을 수 있습니다.

다음은 수온(受蘊)입니다. 느낌이 일어나면 그동안은 그 느낌을 따라가기 바빴습니다. 좋은 느낌이 일어나면 계속해서 느끼려고 집착하고 붙잡으려 쫓아다녔습니다. 나에게 좋은 느낌을 주는 대상이나 소유물들을 더 많이 소유하려고 애써왔습니다. 이런 것을 느낌을 따라 다닌다고 표현합니다.

이제부터는 오온이 공하고, 느낌이 공함을 알기 때문에 더 이상 느낌을 따라다니지 않을 수 있겠지요. 느낌이나 감정에 사로잡혀 마음 상해 할 필요도 없고, 누가 나를 욕한다고 해서 감정적으로 상처를 받을 것도 없습니다. 좋은 느낌을 따라갈 필요도 없고, 싫은 느낌으로 인해 상처받을 필요도 없습니다. 느낌은 인연 따라 잠시 왔다가 가는 허망한 것일 뿐, 그것이 실체가 아니며, 더욱이 '나'가 아니기 때문입니다.

싫은 느낌, 찜찜한 느낌, 소외된 느낌, 혼자이고 외로운 느낌이 들 때 우리는 곧바로 '나는 외롭다'라고 말합니다. '나는 소외되었다'라고 여기지요. 그러나 그렇지 않습니다. 그것은 내가 외로운 것이 아니라, 다만 외롭다는 느낌이 인연 따라 잠깐 일어난 것일 뿐입니다. 그것을 나와 동일시하면 내가 괴롭게 되지만, 흘러가는 구름 같은 것으로 여겨 그저 무심히 바라볼 수 있다면 그 느낌에 사로잡히지 않을 것입니다.

상온(想蘊), 즉 생각을 따라가는 것도 마찬가지입니다. 하루에 5만 가지 이상의 생각이 일어난다고 하는데, 그 무수한 생각이 일어날 때마다 그 생각을 따라다니기 바쁩니다. 가만히 앉아 떠가는 구름을 바라보고 있다가도 문득 어떤 생각을 하나 떠올리고는 그 생각이 꼬리에 꼬리를 물고 수없이 많은 생각을 만들어내 나를 사로잡아 버립니다. 그 수많은 생각의 홍수라는 늪에 빠져 하루 종일 헤어 나오지 못하니 얼마나 힘들고 번잡한 삶을 사는 것입니까.

또한 우리는 그렇게 일어난 수없이 많은 생각을 나와 동일시합니다. 나쁜 생각을 일으키고는 깜짝 놀라서 자신을 '나쁜 사람'이라고 여깁니다. 그렇지 않습니다. 그저 여기 어딘가에서 어떤 생각이 하나 올라왔을 뿐이지, 내가 나쁜 생각을 하는 자인 것도 아니고 내가 나쁜 놈인 것도 아닙니다.

행온(行蘊)도 그렇습니다. 한 가지 의도를 일으키고는 그렇게 일으킨 의도가 바로 '나의 견해'라고 여깁니다. '내 의지'라고 여기지요. 자신이 일으킨 바람, 욕구, 의도, 의지를 따라가면서 그 의도에 맞는 삶을 살아야 한다고 자신을 채찍질합니다. 그 의도대로 살지 않으면 자기답지 못하다고 여깁니다. 특정한 의도대로 살아야 하는 사람이라고 자신을 틀에 가두어 버리는 것이지요. 그래놓고 그 틀대로, 그 의도대로 살지 않으면 못 사는 사람이라고 여기곤 합니다. 그러나 사실 그 어떤 의도도 실체적인 것은 없고, 그 의도를 일으켰다고 그것이 '나의 의도'인 것은 아닙니다. 그런 의지를 가진 사람이 나인 것은 아닙니다.

무엇보다도 식온(識蘊) 즉 분별심을 따라다닐 필요가 없습니다. 우리의 삶이란 곧 분별의 삶입니다. 내가 잘 사는지 못 사는지는 정해진 것이 아니라, 내가 그렇게 분별한 것일 뿐입니다. 내가 잘났는지 못났는지도 다만 내가 그렇게 분별한 것일 뿐이고, 내가 능력이 있는지 없는지도 다만 내가 그렇게 분별했을 뿐입니다. 분별이란 둘로 나누어 놓고 남들과 비교 판단 결과로 만들어지는 허망한 의식이라고 했습니다. 이처럼 내가 분별한 모든 것은 실체가 아니라 내가 그렇게 분별해서 의식한 것일 뿐입니다.

그럼에도 우리는 얼마나 의식의 노예가 되어 살아갑니까. '나'에 대한 모든 관념들, 모든 분별들이 전부 다 진짜 '나'를 대변하는 것이 아니라, 다만 허망하고 삿된 분별이었을 뿐입니다. 그런 줄 안다면 분별에 휘둘려 괴로워할 필요가 없겠지요.

내가 능력이 있다고 분별해 우쭐할 것도 없고, 내가 능력이 없다고 분별심을 내어 좌절할 것도 없습니다. 그것은 그저 분별심이라는 식온을 따라다니는 종속적인 삶일 뿐입니다.

분별하는 것은 전혀 '나'가 아닙니다. 다만 허망하게 분별된 것일 뿐입니다. 내가 부자인지 아닌지, 내가 성격이 좋은지 나쁜지, 내가 잘 살고 있는 것인지 아닌지는 전혀 분별될 수 없습니다. 언제나 있는 그대로의 삶을 살고 있지만, 우리의 분별심이 그러한 여여(如如)한 삶에 시비를 걸고, 판단분별을 덮어씌우고 있었을 뿐입니다. 분별심만 따라가지 않는다면 우리의 삶은 있는 그대로 여법해지고 평화로워질 것입니다.

이상에서처럼 오온이 개공이라는 사실에 눈뜨게 된다면, 그 오온을 '나'라고 여기면서 오온을 따라다닐 필요가 없게 됩니다. 오온의 하나하나에 휘둘리고 종속되면서 일희일비하며 살아갈 필요가 없습니다. 그것은 나라고 여기는 하나의 망상일 뿐 내가 아니기 때문입니다.

실체적인 '나'가 없다면 괴로울 내가 어디에 붙을 수 있겠습니까. 이처럼 오온개공의 가르침은 우리를 자유롭게 합니다. 나다 하는 허망한 아상에 속지 않게 만들어주고, 한결같이 여여한 삶을 살도록 이끌어 줍니다.

7. 도일체고액(度一切苦厄)

도일체고액(度一切苦厄)이란 일체의 고통과 액난을 건너 해탈, 열반에 이른다는 것을 의미합니다. 그러므로 조견오온개공 도일체고액이란 오온이 모두 공함을 비추어 봄으로써 깨달음에 이른다는 것입니다.

그러면 일체의 고액이 과연 무엇인가를 먼저 살펴보겠습니다. 경전에는 세 가지 괴로움(三苦), 그리고 사고(四苦)와 팔고(八苦)가 나옵니다.

삼고, 세 가지 괴로움

일반적으로 괴롭다는 것은 그 성격상 세 가지로 나눌 수 있습니다. 『상응부경전』에는 이 삼고(三苦)에 대해서 다음과 같이 설합니다.

"사리불이여, '고, 괴로움'이라고 하는데, 어떤 것을 고(苦)라고 합니까?"

"벗이여, 이와 같은 세 가지가 고이다. 그것은 고고(苦苦) · 행고(行苦) · 괴고(壞苦)이다."

첫째, 고고(苦苦)는 괴로움의 괴로움이란 의미로 '인간의 감각적인 괴로움'을 의미합니다. 즉 육체적 고통을 의미하는 것이라 할 수 있습니다. 내 육체가 직접적으로 괴로움을 느끼는 것으로 누군가에게 맞아서 아프다던가, 병으로 몸이 아프다던가, 배고파서 겪는 육신의 괴로움, 추워서 느끼는 괴로움 등입니다.

둘째, 행고(行苦)는 행의 괴로움이란 의미로 '변하기 때문에 겪는 괴로움'입니다. 다시 말해, 삼법인 중 제행무상의 진리 때문에 오는 괴로움으로, 모든 것이 항상 하지 않기 때문에 오는 괴로움을 의미합니다. 이 괴로움이 바로 불교의 고성제에서 말하는 괴로움과 가장 가까운 괴로움이라 할 수 있습니다.

즉, 불교에서 괴로움이라고 하면, 육체적 괴로움이나 혹은 다른 어떤 괴로움을 의미하기보다는, 일체 만유는 항상 하지 않고 반드시 변화한다는 무상에 따른 괴로움을 의미한다고 할 수 있습니다. 지나간 과거를 생각하며 행복했던 때를 떠올리고, 다시 그때로 돌아가고 싶지만 그렇게 할 수 없는 괴로움이며, 늙고 병들어 예전처럼 한 십 년 정도 젊어지고 싶지만 그러지 못하는 괴로움 등이 모두 행고에 속합니다. 또한 사랑하던 이와의 사랑이 늘 계속되길 바라지만 시간이 지남에 따라 사랑하는 감정이 사라짐에서 오는 괴로움, 돈, 명예, 지위, 계급이 항상 할 것 같고, 내 주위에 있는 사람이 항상 할 것 같지만 언젠가는 변화하게 마련이라는 데서 오는 괴로움 등이 모두 행고입니다. 우리가 흔히 괴로움이라고 말하는 생, 노, 병, 사의 인생 사고(四苦)가 여기에 포함되는 것입니다.

셋째, 괴고(壞苦)는 부서짐의 괴로움이라는 의미로 항상 하기를 바라지만 일체의 법은 항상 하지 못하고, 언젠가는 반드시 부서지게 되는 인간으로 말하면 '죽음의 괴로움'입니다. 우주는 성주괴공(性住壞空)하고, 모든 물질은 생주이멸(生住異滅)하며, 인간도 생노병사(生老病死)하여 일체 모든 존재는 결국 소멸하여 허공으로 돌아갑니다.

이뿐 아니라 현재에는 있는 것이지만 그것이 없어졌을 때 느끼는 괴로움도 괴고에 속합니다. 이는 우리가 재물, 지위, 혹은 명예 등을 상실했을 때 느끼는 괴로움입니다. 자세히 말해, 돈이나 나의 소유물 등이 인연이 다해 나에게서 멀어질 때 느끼는 괴로움도 괴고에 속합니다. 이러한 괴로움은 괴고이면서 동시에 행고이기도 한 것입니다. 항상 하지 않고 언젠가는 사라지게 되는 것이기 때문입니다.

사고팔고(四苦八苦)

위와 같이 경전에서는 괴로움의 성격상 세 가지로 나누고 있기도 하지만 그래도 불교에서 말하는 대표적인 고는 바로 사고와 팔고의 교설입니다. 『디가니까야』에서는 다음과 같이 사고와 팔고를 설합니다.

무엇이 '괴로움의 거룩한 진리'인가? 태어나는 것은 괴로움이다.

늙는 것은 괴로움이다. 병드는 것도 괴로움이며, 죽어야 하는 것 또한 괴로움이다. 사랑하는 것들과 헤어지는 것 또한 괴로움이다. 싫어하는 것들과 만나는 것 또한 괴로움이다. 원하는 것을 구하지만 얻어지지 않는 것도 괴로움이다. 집착의 대상이 되는 오온 자체는 괴로움이다. 이것이 바로 '괴로움의 거룩한 진리'이다.

생(生)은 태어나는 괴로움이며, 노(老)는 늙는 괴로움, 병(病)은 병드는 괴로움, 사(死)는 죽는 괴로움으로 이상 네 가지를 사고(四苦)라고 합니다. 여기에 다시 네 가지 괴로움을 더해서 팔고(八苦)라 합니다. 그 네 가지는 첫째, 원증회고(怨憎會苦)로 이는 미워하는 대상과 만나는 괴로움이고, 애별리고(愛別離苦)란 사랑하는 대상과 헤어져야 하는 괴로움, 구부득고(求不得苦)는 원하지만 얻지 못하는 괴로움이고, 오음성고(五陰盛苦)는 오음이 치성하는 데서 오는 괴로움입니다. 오음이란 앞에서 배웠던 오온(五蘊)을 말합니다. 다시 말해 오음성고란 '나다'라고 아상에서 오는 괴로움이라 할 수 있습니다. 이 오음성고의 괴로움이야말로 다른 모든 괴로움의 근원이 되는 괴로움입니다.

이것을 몸과 마음의 괴로움으로 나누어 정리해 보면 생노병사 네 가지 괴로움은 몸의 괴로움이며, 원증회고, 애별리고, 구부득고 세 가지는 마음의 괴로움이며, 마지막 오음성고는 오온이 치성함에서 오는 괴로움으로 몸(색)과 마음(수상행식)의 괴로움이라 할 수 있습니다.

이러한 사고팔고의 시발점은 생고(生苦)에 있습니다. 다시 말해, 나머지 일곱 가지의 괴로움은 우리가 이 세상에 태어났기에 생기는 부수적인 괴로움입니다. 어찌 생각하면 태어나는 것이 무슨 고인가 하고 생각할지 모르겠으나 사실은 팔고 중 가장 근본 원인이 되는 괴로움이라고 할 수 있습니다. 만일 태어나지 않았다면 늙고 병들고 죽는 등의 괴로움이 있지 않았을 것이기 때문입니다.

그 다음으로 늙고 병들고 죽는 노병사의 괴로움인데 물론 이 세 가지는 누구나 괴로움이라고 인정하겠지만, 혹 어떤 사람은 늙고 병들고 죽는 것 말고, 그와 반대의 개념, 즉 젊고 건강하고 살아 있다는 즐거움이 있지 않은가 하는 의문을 제기하기도 할 것입니다. 즉 다시 말해 왜 젊고 건강하고 살아 있다는 즐거움도 있는데 왜 세상을 부정적으로만 보느냐고 말이지요. 물론 삶에는 괴로움 말고도 수많은 즐거움들이 있습니다. 그러나 이 사고팔고의 괴로움은 삶에서의 단편적인 것만을 설하는 것이 아니라, 인생 전체를 통찰함으로써 나온 관찰입니다.

인생의 단면만을 본다면 젊고 건강하고 살아 있다는 것, 그리고 사랑하는 사람을 만나서 행복하게 사는 것, 원하는 지위, 재물, 명예 등을 얻어서 즐거운 것 등을 즐거움이라고 말할 수도 있겠지만, 인생 전체를 보면 우리는 결국 '늙고 병들고 죽는' 궁극적 고통에서 벗어날 수 없습니다.

여기까지의 사고에 다시 네 가지를 더해 팔고라고 합니다. 그 첫째가 사랑하는 대상과 헤어지는 괴로움인 애별리고(愛別離苦)입니다. 사랑하는 사람, 좋아하는 소유물, 아끼는 물건 등은 영원히 나의 것으로 할 수 없고 언젠가는 그것과 멀어지게 마련입니다. 꿈같은 아름다운 사랑을 나누던 남녀도 언젠가는 이별을 반드시 경험하게 됩니다. 영원한 사랑은 없지요.

그뿐 아니라 부모, 형제, 친지, 친구들과 어쩔 수 없이 헤어져야만 하는 괴로움도 애별리고입니다. 또한 사람과의 일이 아닌, 소유물에 대한 집착도 마찬가지입니다. 어떠한 물건에 집착이 많을수록, 그 물건이 사라졌을 때 우리의 괴로움은 큰 것입니다.

다음은 그와 반대인 원증회고(怨憎會苦)인데, 원망스럽고 싫은 것과 만나야 하는 괴로움을 말합니다. 보기 싫은 사람, 얼굴만 보아도 화가 나고 답답하고 혹은 두려운 사람들과 항상 만나야 한다면 그보다 괴로운 일이 있을까요?

한번은 결혼한 지 몇 달도 채 안 되는 신혼부부인데, 부인이 사는 것이 지옥 같다고 하며 찾아왔습니다. 남편이 다른 여자의 사진을 지갑에 넣고 다니며, 다른 여자와 정을 통하고도 전혀 부인에게 부끄러워하거나 숨기려는 기색조차 없다는 것입니다. 누구와 어디에서 무얼 했느냐고 따지면 귀찮다는 듯이 피곤하니 저리 꺼지라는 말까지 서슴없이 한다고 합니다. 돈을 벌어 노는 데에만 투자를 하고, 아이 얼굴도 한번 따뜻하게 바라보는 법이 없다고 합니다. 집안에 수도세, 전기세,

전화요금 용지는 몇 달이고 쌓여 있는데, 돈을 한 푼도 가져오는 법이 없다고 합니다. 이 보살님은 남편의 얼굴만 보면 화가 머리끝까지 치밀어 오르고 괴로울 것입니다. 하도 답답하여 시부모님께 말씀 드리니, '다 네가 잘못하니까 남편이 밖으로 나도는 것'이라며 오히려 꾸중을 하고, 부모님께 말씀드려도, '결혼한 지 얼마나 되었다고 그러느냐'며, '다시 한 번 설득시키고, 잘 살도록 노력해 보라'고 하니 헤어질 수도 없고, 헤어진들 어디에서 무얼 해야 할지, 그 어린 자식은 어찌 해야 할지 막막한 처지였습니다. 그러니 남편 얼굴을 어쩔 수 없이 보기는 봐야 하는데 얼마나 괴롭겠습니까? 이런 경우도 원증회고에 속하겠지요.

특히나 군대에서 보기 싫고 두렵기까지 한 선임병 때문에 너무 괴로운 나머지 자살까지 하는 경우도 종종 신문에 등장을 합니다. 군에서 자살하는 경우를 보면 주로 사랑하는 이와 헤어짐에서 오는 괴로움 때문이거나 미워하는 이와 함께해야 하는 괴로움이 아닐까 싶습니다. 그러니 이만하면 왜 생노병사라는 네 가지 괴로움 다음으로 애별리고와 원증회고를 언급하였을까 짐작하고도 남을 것입니다.

다음으로 구부득고(求不得苦)는 구하는 것을 얻지 못하는 데서 오는 괴로움입니다. 이 세계의 생명 있는 중생들 중 과연 무엇인가를 얻으려고 하지 않는 이들이 있을까요? 그러나 그렇게 얻으려고 하는데 비해서, 자신이 얻고자 하는 것을 쉽게 마냥 얻을 수 있는 이는 그리 많지 않을 것입니다. 모든 이들은 심지어 축생들조차 많든 적든 무엇인가를 얻으려고 합니다. 그러다가 구해지지 않으면 속상해하고 괴로워합니다. 학교 다니는 학생들은 좋은 성적을 원하고, 수행하는 이들은 깨달음을 얻으려 하고, 사업가는 사업이 번창하기를 원하며, 정치가는 최고의 자리에 오르길 원합니다.

가진 것이 많은 이들도 주위에서 보면 돈이며 명예, 지위 등을 모두 가지고 있으니 얼마나 좋을까 하며 부러워하겠지만, 사실 그 입장이 되어 보면 그 또한 무언가를 계속해서 얻으려 하고, 얻지 못해 괴로워하게 마련입니다. 이렇게 우리는 무언가를 얻기 위해 바라는 마음이 끝이 없고, 그것이 모두 충족되지 않기 때문에 우리는 날마다 괴로워합니다.

다음으로 오음성고(五陰盛苦)는, 오온이라는 인간의 구성 요소에서 오는 괴로움으로, 색수상행식의 오온이 치성하는 데서 비롯된 괴로움입니다. 다시 말해 오온, 즉 '나다' 하는 데서 오는 괴로움으로, '나다', '내 것이다', '내가 옳다', '내 마음대로 한다' 하는 상을 가지기 때문에 그만큼 괴로움이 오는 것입니다. 이 오음성고는 앞의 일곱 가지 괴로움을 포괄하고 있는 괴로움입니다. 오온, 즉 '나다' 하는 데에서 모든 괴로움이 오는 것이지, '나다' 하고 고정 지을 것이 없다면 괴로움이 붙을 자리가 없기 때문입니다. 괴로움의 주체는 바로 '나'이기 때문입니다. 내가 없다면 괴로울 주체도 없겠지요.

다시 말해, 이 오음성고의 괴로움이 타파된다는 말은 아상이 타파되고, 그렇기에 괴로움을 여의고 깨달음의 길로 간다는 말입니다. 오온이 고정된 실체가 있는 것이 아니고, 공하다는 사실을 올바로 조견할 때 이 괴로움은 소멸되는 것입니다. 오음성고의 괴로움이 소멸되면 일체 모든 괴로움이 소멸된다는 것은 이미 살펴본 바입니다. 『반야심경』의 '조견오온개공 도일체고액'의 의미는 바로 이러한 관점에서 나온 것입니다.

오온개공 도일체고액의 생활 실천, 내맡김

이상에서 살펴본 바와 같이 괴로움은 오온이 개공임을 모르는 어리석음에서 생겨납니다. 오온은 곧 '나다' 하는 허망한 착각을 말합니다. 결국 오온이 나라는 생각, 즉 아상에서 괴로움이 생겨나는 것입니다. 그러면 여기에서 조금 더 아상(我相), 아집(我執)에 대해서 살펴볼까 합니다.

'나다'라는 상이 없다면 우리는 괴로울 것이 없습니다. 모든 괴로움의 주체는 바로 '나'이기 때문이지요. 그 괴로움의 주체가 사라진다면 어디에 괴로움이 붙을 자리가 있겠습니까? 내 것이라는 상 때문에 내 것을 빼앗겼을 때 괴롭고, 내가 가지고 싶은 것을 가지지 못하니 괴롭고, '내가 옳다'라는 상 때문에 내 생각대로 되지 않을 때 괴로움을 느끼는 것입니다. '나'라는 상이 없다면 주위의 어떤 경계에 대해서도 여여(如如)할 수 있습니다. 아무리 남이 욕을 하더라도 아상이 없다면 그 욕을 듣고 괴로워할 '나'가 없겠지요.

생로병사의 네 가지 괴로움 또한 이러한 아상, 오음성고의 괴로움이 근본 원인이 되어 일어나는 것이고, 애별리고, 원증회고, 구부득고 또한 마찬가지입니다. 아상이 없다면, 일체가 '나' 아님이 없기에 일체 대상에 대한 집착이 사라집니다. 그러므로 한 대상에 대한 집착심으로의 사랑이나 증오의 감정이 있을 리 없으며, 그렇다면 애별리고나 원증회고가 있을 리 없는 것입니다. '나'라는 상이 없으니, 즉 일체가 나 아님이 없으며 대상에 대한 집착이 사라졌으니, 돈, 재물, 명예, 지위, 나아가 깨달음에 대한 집착심을 여의게 되고, 그러기에 구부득고의 괴로움도 있을 리 만무하게 되는 것입니다.

그러나 이상에서 말한 인생팔고는 덮어놓고 무조건 '인생은 괴로움'이라고 결론짓는 것만은 아닙니다. 아상이 있는 우리네 중생들에게 있어 인생은 괴로움이라는 것입니다. 그러나 마음공부하는 수행자들처럼 일체 분별심과 산란한 마음, 그리고 일체의 경계를 본래면목인 본바탕에 일임하여 맡기고 방하착하며 살아가는 이들에게 인생은 고가 아닙니다. 일체의 경계는 인과 연이 화합하여 잠시 왔다가 인연이 다하면 흩어지는 경계일 뿐이지만, 우리들은 그것이 실재하는 줄로 착각을 하므로, 그 경계에 집착하여 경계 따라 괴로워하고 즐거워하며 온갖 망상을 일으키는 것일 뿐입니다.

다시 말해, 괴로움은 여러 가지 실체가 없는 원인과 조건들이 모여 일어나는 것, 즉 연기하는 것입니다. 연기하는 것은 괴로움입니다. 그 경계들이 연기로써 본래 공한 것임을 올바로 알고, 경계가 공하므로 나도 공한 것임을 올바로 알아, 모든 경계를 '나온 자리', '본래 자리'에 내맡기고 생활한다면 괴로움에서 자유로워지게 될 것입니다.

내맡기는 삶이란 '나'를 내세우는 삶이 아니기 때문입니다. '나'라는 아상, 에고, 오온이 삶의 중심이 되면 어떻게든 내가 잘 살아보겠노라고 애쓰며 힘겹게 살 수밖에 없습니다. 그러나 일체 모든 것을 우주법계에 내맡기고, 본래 자리에 내맡기고 살 수 있다면 그것은 내가 사는 삶이 아니라 우주법계가 사는 삶이기 때문입니다. 사실 나라는 것은 하나의 관념에 불과하고 공한 오온에 불과합니다. 사실은 내가 사는 것이 아니라 우주법계 전체가 둘이 아니게 한바탕으로 삶을 운행시키고 있는 것입니다.

그래서 이를 선에서는 대기대용(大機大用)이라고 합니다. 큰 하나의 엔진 같은 우주의 기관이 이 우주의 전 생명을 한바탕으로 돌리며 쓰고 있다는 것이지요. 즉 내가 한다고 여기지만 사실은 내가 하고, 내가 사는 것이 아니라, 이 우주법계라는 한바탕의 한마음이 살고 있는 것입니다. 그러니 우리가 할 일은 그 하나의 우주에, 본래면목이라는 한바탕의 주인공 근본자리에 일체 모든 것을 내맡기며 살아갈 수 있을 뿐입니다.

내맡기며 살아가게 된다는 것이야말로 오온개공을 실천하고, 아상 타파를 실천하며, 본래 자리라는 참된 실상반야의 자리와 계합할 수 있는 쉬운 생활 속의 실천 수행입니다. 도일체고액(度一切苦厄)을 실천할 수 있는 아주 쉬운 방법이지요.

내맡기게 되면 아무리 괴로운 일이 있더라도 내가 괴로운 것이 아니라 나와는 상관없는 일이 됩니다. 그것은 내 일이 아니기 때문이지요. 이미 내맡겼기 때문입니다. 완전히 내맡기고 나면 그 다음 일은 내가 상관할 바가 아닙니다. 그것은 내 일이 아니라 우주의 일이기 때문입니다. 우주의 일은 우주법계가, 법신부처님께서 알아서 처리할 일이지 내가 관여할 일은 아니기 때문입니다.

그러니 내맡기는 수행자는 괴로워도 괴롭지 않습니다. 괴로운 일들이 하나도 일어나지 않는다는 말이 아니라, 괴로운 일이 일어나더라도 괴롭지 않을 수 있는 것입니다. 이것이 바로 '하되 함이 없는' 무위의 실천입니다. 깨달음을 얻는다는 것은 아무런 괴로운 일이 일어나지 않는 것이 아니라, 일어나지만 전혀 일어나지 않는 것을 말합니다. 그것이 더 이상 '내 일'로 붙잡을 것이 없음을 알기 때문입니다.

그것이 내 일이 아니라 우주의 일이라면 모든 무게감이나 심각성은 사라지고 맙니다. 우주의 일이라면 저 큰 하늘의 별이 사라진다 하더라도 크게 괴로울 것이 없습니다. 그것은 다만 인연 따라 일어나고 사라지는 것일 뿐임을 알기 때문입니다. 내 인생에 그 어떤 큰 사건이 일어나고, 큰 괴로움이 온다고 할지라도 크게 괴로울 것이 없어집니다. 그 모든 것은 내 일이 아니라 우주의 일이며, 우주가 성주괴공하듯이, 그저 우리 인생도 생노병사 하는 것임을 알기 때문입니다.

그래서 부처님께서는 죽음도 더 이상 죽음이 아닙니다. 생사를 뛰어넘는다는 것이 바로 이것입니다. 깨달음을 얻으면 죽지 않는다는 것이 아니라, 죽어도 죽는 것이 아님을 알기 때문입니다. 죽고 살 '나'가 없기 때문입니다. 그것은 그저 우주의 일이기 때문이고, 생사를 전부 우주에 내맡겼기 때문에 걱정할 필요가 없어지는 것입니다.

그러니 살면서 두려울 것이 하나도 없습니다. 부처님께서 우주법계가 다 알아서 해줄 텐데 두려울 것이 뭐가 있겠습니까. 이것이 뒤에 나오는 『반야심경』의 무유공포(無有恐怖)입니다.

물론 이런 말은 직접 본래 자리에 계합을 하고, 본성을 확인하고 나야 실질적으로 이러한 진리와 하나 되는 것이지, 이렇게 말로만 설명한다고 해서 그것이 직접 내 삶이 되는 것은 아닙니다. 그러나 이러한 내맡김의 실천과 공의 실천을 꾸준히 해 나가시다 보면 바른 지견이 서게 되고, 그러한 꾸준한 정진과 발심이 있다 보면 어느 순간 내가 억지로 내맡기려 하지 않아도 완전히 내맡겨지는, 완전히 아상이 타파되고 오온개공이 깨달아지는 하나 됨의 체험, 불이법의 체험이 있습니다.

아직 그 체험이 일어나지 않았다면 우리가 현실에서 실천할 수 있는 마음공부를 하면서, 바른 지견을 세우며 공부해 가야 하겠지요. 바로 그 실질적인 실천 수행이 바로 내맡김의 수행인 것입니다.

이것이 바로 '조견오온개공 도일체고액'을 실천할 수 있는 쉬운 실천법입니다.

바로 여기에서 고성제, 즉 괴로움이 '성스러운 진리'임이 드러납니다. 괴로움을 피해 달아나거나, 괴로운 일들과 싸워 이기려고 애쓰던 '나' 중심의 삶에서 완전히 내맡기는 삶을 살게 되면 더 이상 괴로움을 피하려 하지 않습니다. 괴로움을 주는 대상과 싸우려고 하지도 않게 됩니다. 괴로움의 현실이 곧 성스러운 진리임을 깨닫게 되는 것입니다.

그러니 이 괴로운 현실을 고스란히 받아들이게 됩니다. 완전히 내맡긴다는 것은 완전히 수용한다는 의미입니다. 이렇게 괴로움을 완전히 받아들이게 될 때 이제부터는 괴로움이 내 인생의 걸림돌이 아니라, 그 괴로움을 통해 깨닫게 되는 깨달음의 순간이 됩니다. 바로 이것이 이 고해바다의 목적입니다. 괴로움을 통해 저 깨달음에 이르는 것이지요. 그래서 괴로움은 성스러운 진리입니다. 우리를 괴롭히기 위해 온 것이 아니라, 깨닫게 하기 위해 온 것입니다. 이러한 통찰을 통해 우리는 일체의 고통에서 벗어나게 되는 것입니다. 이것이 바로 도일체고액인 것이지요.

여기까지가 입의분으로 서론에 속합니다. 『반야심경』의 핵심 가르침을 말하라고 하면, 바로 이 부분 즉, '조견오온개공 도일체고액'을 들 수 있습니다.

다음 장에서 설명할 부분은 파사분으로, 일체가 모두 공임을 드러내 주기 위해, 우리의 허망한 망상 분별과 헛된 생각을 타파함으로써 밝은 지혜가 드러나게 해주는 가르침을 담고 있는 부분입니다.

제2품. 파사분(破邪分)

舍利子 色不異空 空不異色 色卽是空 空卽是色 受想

行識 亦復如是

舍利子 是諸法空相 不生不滅 不垢不淨 不增不減

是故 空中無色 無受想行識 無眼耳鼻舌身意 無色聲

香味觸法

無眼界 乃至 無意識界

無無明 亦無無明盡 乃至 無老死 亦無老死盡

無苦集滅道

無智亦無得 以無所得故

2장
사리자 색불이공 공불이색 색즉시공 공즉시색 수상행식 역부여시

1. 사리자(舍利子)

여기에서는 『반야심경』의 두 번째 등장인물인 사리자가 등장합니다. 사리자는 『반야심경』에서 관자재보살의 설법을 듣는 사람으로, 소승불교를 대표하는 상징적 인물로 등장하고 있습니다. 즉 사리자는 오온이 모두 공하여 실체가 없다는 참 의미를 명확히 이해하지 못한 인물로 묘사되고 있으며, 이러한 어리석음을 깨우치기 위해 관자재보살이 법을 설하고 있는 광경을 설정하고 있는 것입니다.

사리자는 사리불(舍利弗)이라고도 하며, 범어로 사리푸트라(Sāriputra)라고 하는데, 취자(鷲子)라고 번역합니다. 음을 그대로 옮겨 사리불(舍利弗) 또는 사리자(舍利子)라고 부르는 것입니다. 사리자는 부처님의 십대 제자 중의 한 사람으로, 지혜가 가장 뛰어난 지혜제일의

제자입니다. 지혜가 가장 뛰어난 제자이기 때문에 『반야심경』이라는
지혜의 핵심을 설한 경전에 사리불이 등장하는 것이겠지요.

　사리불은 부처님의 제자가 되기 전에 육사외도 중의 한 사람인 산
자야 벨라티 푸트라(Sanjaya belrati putra)의 제자로, 목건련과 함께 회
의파의 교단에 속해 있었습니다. 어느 날 사리불은 라자그리하 북문
근처에서 탁발을 하고 돌아가던 부처님의 제자 아쉬바지트(Asvajit)를
만나 그 단정한 위의에 감복합니다. 아쉬바지트는 팔리어로는 앗사지
(Assaji), 한자로는 마승(馬勝)이라 불립니다. 사리불은 그에게 스승이
누구이며, 그 스승은 어떠한 가르침을 펴는가를 물었습니다. 이에 대
해서 앗사지는 자신이 석가족 출신의 위대한 사문을 스승으로 모시고
있으며, 불법에 입문한 지 얼마 되지 않기에 그 가르침을 상세하게 전
할 수 없다고 하면서 『율장 마하왁가』에 나오는 게송 하나를 들려주
었습니다.

　　모든 것은 원인으로부터 생겨난다. 여래는 그것들의 원인을 설
　　법하시고, 그것들의 소멸을 설하신다. 위대한 사문은 이렇게 설
　　법하신다.

　이러한 가르침을 듣고 크게 느낀 바가 있었던 사리불은 돌아와서
목건련과 상의를 한 다음 산자야 스승의 만류를 뿌리치고 제자 250명
과 함께 부처님께 귀의하기에 이르렀습니다. 산자야는 이때 그 분함

을 이기지 못하여 입에서 피를 토하고 죽었다고 합니다.

최근 출판된 자이나교의 옛 전승(傳承)인『이시바샤임』이란 책에 '붓다 아라핫트 선인인 사리불의 가르침'이라는 것이 적혀 있는 것으로 보아, 당시 자이나교를 비롯한 다른 교단에서는 사리불을 부처님으로 생각하고 있었던 듯합니다. 그만큼 사리불은 부처님 제자들 가운데 지혜가 뛰어났다는 것을 알 수 있습니다.

한편 사리불은 목건련과 함께 부처님이 열반에 드시는 것을 차마 볼 수가 없어서, 부처님보다 먼저 입멸했다고 전해집니다. 두 사람 모두 부처님보다 나이가 많았으며 석존의 입멸 장소에 두 사람의 이름이 나와 있지 않은 것을 보더라도 이것은 사실이라 할 수 있습니다. 석가모니 부처님도 두 제자의 죽음에 대해 "두 사람의 죽음으로 모든 비구들이 허전해하는 것 같다"라고 술회하고 있음을 볼 수 있습니다.

어찌 되었든, 이처럼 교단에서 지혜가 가장 출중한 사리불이『반야심경』에 등장하여 관자재보살로부터 반야지혜에 대한 법문을 듣는 것은,『반야심경』의 반야지혜야말로 사리불의 지혜보다 더 큰 대 대승의 지혜를 의미한다는 것을 상징하고 있는 것이라 해석해 볼 수 있을 것입니다.

2. 연기(緣起)의 진리

연기법과 무상무아

지금부터가 본격적인 본론의 내용입니다. 그러나 여기에서 잠깐 짚고 넘어가야 할 부분이 있습니다.

『반야심경』에서는 색(色)과 공(空)의 개념이 자주 나오는데 색이란, 색수상행식 오온 중에서 물질적 개념을 나타내는 것입니다. 공(空)이란, 앞에서 누차 설명했던 연기, 중도, 무자성(無自性)의 의미로써의 공을 의미합니다. 즉 여기에서 쓰인 '공'이라는 개념은 '없다'는 의미의 단순 부정이 아니라, 인과 연에 의해서 모였으므로 인과 연이 다하면 사라진다는 연기의 법칙을 의미하고 있는 것입니다.

연기에는 시간적 개념에서 바라본 연기인 '제행무상(諸行無常)'과 공간적 개념에서 바라본 연기인 '제법무아(諸法無我)'가 있습니다. 제행무상의 관점에서 설명하고 있는 것이 바로 '색불이공 공불이색'이며, 제법무아의 관점에서 설명하고 있는 것이 바로 '색즉시공 공즉시색'입니다.

그렇기에 본론에 들어가기에 앞서 근본 불교에서 석가모니 부처님께서 말씀하신 연기법과 삼법인의 제행무상, 제법무아가 어떠한 의미인지를 먼저 살펴보고자 합니다.

연기법의 의미

불교의 근본 사상을 연기법이라 합니다. 부처님께서 깨달으신 법을 한마디로 표현한다면 바로 '연기법'이라 할 수 있다고 경전에서는 말하고 있습니다. 『소부경전』의 우다나 편에 보면 다음과 같이 기록되어 있습니다.

참으로 진지하게 사유하여 일체의 존재가 밝혀졌을 때, 그의 의혹은 씻은 듯이 사라졌다. 그것은 연기의 진리를 알았기 때문이다.

여기에서 부처님은 연기의 진리를 알았기에 일체의 존재가 밝혀졌고, 의혹은 씻은 듯 사라졌다고 말하십니다. 즉 생사의 매듭이 풀리고 깨달음을 이루셨다는 것입니다. 이처럼 부처님께서는 일체 존재의 실상을 연기를 통해 깨달으셨습니다.

『중아함경』 제7권에서는 연기를,

연기를 보면 진리를 본 것이요, 진리를 보면 바로 연기를 본 것이다.

라고 설하고 있으며, 『잡아함경』 제12권에서는

연기법은 내가 만든 것도 아니며, 다른 사람이 만든 것도 아니다. 그러나 연기법은 여래가 세상에 출현하던지, 안 하던지 간에 항상 존재한다. 여래는 이 법을 깨달아 해탈을 성취해서 중생을 위해 분별 연설하며 깨우치나니라.

라고 말하고 있습니다.

연기는 팔리어로 'Paticca-Samuppada'입니다. 이것은 차례로 '말미암아, 때문에', '일어난다'는 뜻입니다. 그렇다면 연기의 내용은 과연 무엇일까요? 『잡아함경』 권 15에 다음과 같이 기록되어 있습니다.

이것이 있으므로, 저것이 있고[此有故彼有], - 공간적 상의성[無我]

이것이 생하므로, 저것이 생한다[此生故 彼生]. - 시간적 상의성[無常]

이는 일체의 모든 것들은 항상 무엇과 서로 말미암아 일어나서 함께 공존하며, 함께 변해가고, 이윽고 함께 의존하여 사라진다는 것을 말하고 있습니다[생주이멸(生住離滅), 성주괴공(成住壞空)]. 즉, 우리들은 자기 생각으로 이것과 저것을 둘로 나누고, 나와 남을 둘로 나누며 살아가지만, 사실은 이것은 저것이 바탕되어 일어나며, 나는 타인을 의지하여, 타인으로 말미암아 생기고, 변해가며, 살아갈 수 있다는 것입니다. 혼자 존재하는 것은 어디에도 있을 수 없습니다.

일체 모든 존재는 이처럼 서로 연결되어 있고, 상의상관적으로 서로 돕는 자비의 관계에 있으며, 그렇기에 따로따로 나눠진 존재는 없습니다. 그래서 이 연기의 진리를 불이법(不二法)이라고도 합니다. 이 우주에는 둘로 나뉠 수 있는 것은 어디에도 없다는 것이지요. 우리는 나눠질 수 없는 하나의 존재인 것입니다.

이러한 사유 방법은 그 당시에는 새로운 개념이어서 사람들이 이해하기 어려웠던 것 같습니다. 그래서 『상응부경전』을 보면 사리불은 자기 친구에게 비유로써 연기를 설명하였습니다.

예를 들어 설명해 보자. 여기 두 개의 갈대 묶음이 있다. 이 두
개의 갈대 묶음은 서로 의지함으로써 서 있을 수 있다. 그러므

로 이것이 있으므로 저것이 있고, 저것이 있으므로 이것이 있다. 그러나 두 개의 갈대 묶음 중 어느 하나를 빼낸다면 다른 한쪽도 넘어질 것이다. 그러므로 이것이 없으므로 저것이 없고, 저것이 없으므로 이것도 없는 것이다.

이처럼 연기법이란 존재와 존재 사이에는 서로 상관성이 있음을 지적하고 있습니다. 덩그러니 이 세상에 아무렇게나 던져진 것 같은 우리 존재는 이 우주 만유와 서로 영향을 주고받으며 살아가고 있다는 것을 일러줍니다. 서로 의존하며 서로 긴밀한 관계를 이루고 있음을 의미하는 것입니다.

인연생기, 인과응보

연기라는 말은 인연(因緣)에 의해 생긴다(起)는 말입니다. 인연생기(因緣生起) 한다는 말이지요. 혹은 인연에 의해 생하고 멸한다는 인연생멸(因緣生滅)의 법을 따로이 인과(因果)의 법칙이라 이해하기도 합니다. 인연이란, 일체 모든 것은 인과 연의 결합에 의해서 생겨나고 변화해간다는 것입니다. 인(因)이란 결과(果)를 생기게 하는 내적(內的)인 직접 원인이며, 연(緣)이란 외부에서 이를 돕는 외적(外的)인 간접 원인을 말합니다. 이것을 내인(內因), 외연(外緣), 혹은 친인(親因), 소연(疏緣)이라고도 합니다. 일체만유가 '변화'함에 대해, 어떻게 변화하는가를 바로 이 인연 화합의 법칙은 일러주고 있습니다.

우유[因]에 외적 발효의 조건[緣]을 주면 치즈[果]가 되고, 또 이 치즈는 다시 버터를 만드는 원인이 되어 치즈[因]에 발효의 조건[緣]을 주면 버터[果]가 만들어지는 것과 같습니다.

또한 사과나무[인]를 땅에 심어 우리들이 거기에 비료도 주고, 잘 가꾸는 행위[연]를 하여 이윽고 열매가 열리게 되며[과], 잘 기른 결과 우리들은 맛있는 사과를 먹을 수 있게 됩니다[보]. 이것이 인연과보(因緣果報)의 법칙인 것입니다. 여기에서 꼭 사과나무만 인(因)이고, 우리의 행위가 꼭 연(緣)인 것은 아닙니다. 그 둘은 어느 것이 더 직접적일 수도, 간접적일 수도 있으므로 인과 연이 바뀔 수도 있는 것입니다.

다시 말해 인과 연은 어느 것이 먼저랄 것도 없이 둘 모두가 과보의 중요한 두 바퀴와 같이 작용합니다. 비유하면 두 나무를 서로 비벼서 불을 내어 나무가 다하면 불이 꺼지는 것과 같습니다. 제법(諸法)도 또한 이와 같아서 인연이 모이면 곧 이루어지고, 인연이 흩어지면 곧 멸합니다. 제법은 좋아오는 곳도 없고, 또한 이르러 가는 곳도 없다는 것입니다. 그래서 '유(有)는 원래 스스로 무(無)인데, 인연의 이룬 바'라고 말하는 것입니다.

다시 말해, 본래 불[火]은 원래 있지 않았으나(無), 나무와 나무[인]를 서로 마찰시켜 줌으로써[연] 불이 생(生)하는[과] 것입니다. 이렇게 무(無)에서 생긴 유(有)도 나무가 다 타면 불이 꺼지고 마는 것처럼 사라지고 맙니다. 이처럼 인과 연이 화합하므로 불이 일어나고, 인과 연이 다하므로 불은 소멸하게 되는 것입니다.

본래 불이 있었던 것이 아니며, 다만 인연의 소산에 불과하다는 말입니다. 가만히 생각해 보면 이 세상 그 어느 곳에도 불이란 있지 않습니다. 단지 인과 연이 화합하면 잠시 나타났다가 인과 연이 멸할 때 소멸되는 인연생 인연멸일 뿐입니다.

성냥불을 켤 때도 마찬가지지요. 성냥개비에도 성냥갑의 마찰면에도 불은 없습니다. 그러나 성냥개비를 성냥갑의 마찰면에 마찰시켜 주면 불이 생겨납니다. 본래 불은 없지만, 다만 인연이 화합함에 따라 불이 생겨난 것입니다.

이처럼 이 세상 일체 모든 존재도 그와 같습니다. 본래 있었던 것이 아니라 다만 인연이 화합함으로써 일어났다가 인연이 다하면 사라지는 것일 뿐입니다. 이를 인연생이라고 합니다.

사람 또한 고정된 실체로써 제 스스로 존재하는 것이 아니라 인연 따라 잠시 태어났다가 인연이 다하면 죽어가는 것일 뿐입니다. 일체 제법이 이와 같이 인연생 인연멸이라는 인연의 법칙 속에서 공하게 생기고 사라지는 것일 뿐입니다.

그렇다면 업보(業報)란 무엇을 말하는 것일까요? 위에서 언급했던 우리들이 비료도 주고, 잘 가꾸는 등의 행위는 인간의 의지적 작용이며, 이러한 인간의 의지적 작용이 바로 업(業)입니다. 이러한 인간의 업에 의하여 우리는 사과를 얻을 수 있고, 먹을 수 있으니 이것이 보(報)인 것이지요. 인과의 도리를 인간의 행위에 관련시켜 설명하면 업보(業報)가 되는 것입니다.

또한 이렇듯 인간의 의지적 작용[인]에 의해 그 결과[과]가 분명히 나타나므로, 이를 인과의 법칙, 인과응보(因果應報), 혹은 인과율(因果律)이라 하기도 합니다. 이 인과율은 주체적 인간[육근(六根)]과 객체적 대상[육경(六境)] 사이에서의 법칙이지만, 인간과 인간 사이에도 물론 성립합니다.

이상에서 말씀드린 바와 같이 우리가 살고 있는 이 세상의 그 어떤 일체 만물이라도 인연 따라 이루어지고 인연 따라 멸하지 않는 것은 없습니다. 인연생 인연멸이기에 본래부터 존재하는 것이 아닌, 고정된 실체로써 존재하는 것이 아닌, 공생(空生)이라 하는 것입니다. 이것이 바로『반야심경』을 비롯한 대승경전에서는 일체 제법의 실상을 공(空)이라 하는 연유입니다. 즉, 공하다는 것은 곧 연기된 것임을 의미하는 것입니다. 혹은 공생이기에 이를 다른 말로 무생(無生)이라고도 합니다. 생겨났지만 생겨난 바가 없다는 것이지요.

부처님께서는 이러한 인연의 법칙을 밝게 깨달으신 것입니다. 인연에 대해 확연하게 깨달았기 때문에 내가 태어나기 전 어디에서 왔는지, 또 죽어 가야 할 곳이 어디인지, 태초에 나온 자리가 어디인지 조차 확연히 깨닫게 된 것입니다. 본래 나온 자리를 안다는 것은 가야 할 곳이 어딘지를 안다는 것이며, 확연히 깨달았다는 말은 이미 그 본래 자리로 돌아왔음을 의미하는 것입니다. 그러니 이 세상에 궁금한 것이 있을 수 없는 것입니다. 일체의 의혹이 다 풀릴 수밖에 없습니다. 인연을 알고, 일체 모든 것에 확연하며, 본래 자리로 귀의하였으니 괴로움이 모두 소멸되는 것은 당연한 이치입니다. 모르니 괴롭지 알면 괴롭지 않습니다. 일체 제법이 모두 공이며 인연생이므로 환영과 같고, 신기루와 같음을 알진데 어찌 환영에 얽매여 괴로워할 일이 있을 수 있겠습니까. 그것이 연기를 통해 깨달으신 부처님의 마음 살림인 것입니다.

시간 공간적 연결성

일체 만유(萬有)는 시간, 공간적으로 모든 것[一切]에 의지해 있습니다. 그렇다면 시간, 공간적으로 보았을 때 현재 나와 연관된 것은 무엇이 있을까요?

시간적으로 따지면, 나를 낳아주신 어머니, 아버지, 할머니, 할아버지, 그 위의 모든 조상님들, 그리고 또 그 위 조상님들… 이렇게 나가다 보면 이 세상 모든 사람들이 형제 아님이 없습니다. 나로부터 20대만 역사를 거슬러 올라가면 약 209만 명, 30대를 소급해서 올라가면 약 21억이 넘는 조상들이 연결되어 있다고 합니다.

엄격히 따져보면, 이들 중 한 명만 빠져도 '나'라는 존재는 있을 수 없었을 것입니다. 이를테면 고조할아버지 한 분만 안 계셨어도 지금의 나는 없었듯 그렇게 거슬러 올라가면 30대 앞에 계셨던 21억의 조상님 가운데 한 분만 계시지 않았더라도, 혹은 사고사를 당하셨더라도 지금의 나는 있을 수 없었을 것이란 의미입니다. 이런 그물코처럼 서로 연결되어 있는 연기적인 시야를 조금 더 확장해 역사 속의 일체 모든 인물들이 직간접적으로 나와 연관되어 있지 않은 사람은 아무도 없을 것입니다. 그들과 나는 뗄 수없는 상호 연관된 존재라는 것이지요. 그들이 있기에 내가 있고, 내가 있으니 그들도 있는 것입니다.

다시 말해 지금의 '나'라는 존재는 우연히 생겨난 것이 아니라, 영원한 시간의 고리 일체가 나와 통해 있고, 내 속에 함장되어 있다고도 할 수 있는 것입니다. 세계 인류의 역사가 지금 이 순간, 내 속에 '나'라는 모습으로 생동감 있게 살아 꿈틀거리고 있는 것입니다. 바로 지금 이 순간 속에 일체의 모든 역사와 일체 모든 존재가 전부 한바탕으로 드러나 있습니다. 그 모든 시간과 역사가 지금의 나와 지금의 이 순간과 둘이 아닌 것입니다. 그래서 불이법인 것입니다.

공간적으로 따져도 마찬가지입니다. 동시대에 살고 있는 우리 모두는 '더불어' 살아가는 존재입니다. 내가 옷을 입고, 신발, 양말을 신고 다니며, 아침, 저녁으로 밥을 먹습니다. 나를 살아있을 수 있게 해주는 그 모든 것들은 완전히 서로 연결되어 있습니다. 서로 연결되어 있는 전체가 지금의 나일 수 있도록, 이렇게 살아있을 수 있도록 돕고 있는 것입니다.

나의 옷이 지금 내 몸에 걸쳐지기까지는 너무나도 많은 이들의 노고와 피땀이 들어갔다고 할 수 있습니다. 바느질하는 이, 옷감을 만드는 이, 옷을 만드는 과정에도 얼마나 많은 이들이 연결되어 도움을 주었을까요? 그 외에도 유통과정에서의 도매상, 소매상, 옷가게 주인 등 무수히 많은 이들이 서로 유기적으로 연결되어 도왔기 때문에 우리가 지금 이렇게 티셔츠를 입고 있을 수 있는 것입니다.

내가 먹는 밥도 마찬가지지요. 단지 내가 내 돈 내고 먹으니 내 것이고, 나의 노력으로 얻은 것이라고 생각한다면 그것은 연결성을 모르는 어리석은 생각입니다. 내가 밥을 먹기 위해서는 얼굴도 모르는 수많은 농부들의 피땀이 필요하고, 그 농부가 농사를 짓기 위해서는 비료 만드는 사람, 삽 만드는 사람, 쟁이 만드는 사람, 곡식이 잘 자랄 수 있는 모든 조건, 즉 땅, 씨앗, 물, 태양 등등의 많은 것이 연관되어 있어야만 가능합니다.

일례로 태양이 없다고 생각해 보세요. 과연 우리는 얼마나 버틸 수 있을까요? 아마도 얼마 안 가서 지구는 곧 폐허가 되고 말 것입니다. 물이 없어도 마찬가지입니다. 이처럼 우리는 '내가 잘나서 이렇게 잘 살고 있다'고 생각하지만, 주위의 모든 조건들, 수많은 사람들과 상호 긴밀한 연관 관계 속에서 도움을 주고받으며 살아가고 있는 것입니다. 그들이 있기 때문에 내가 있을 수 있는 것입니다.

의상조사 법성게의 '일미진중함시방(一微塵中含十方) 일즉일체다즉일(一卽一切多卽一)'이란 바로 이런 사실을 노래한 것입니다. '한 티끌 속에 온 우주를 머금었으며 하나가 곧 전체고 전체가 곧 하나다'라는 화엄의 법계연기의 가르침인 것이지요. 이처럼 이 우주법계는 전체와 하나가 완전히 서로 돕고 도우며 서로 긴밀히 연결되어 있습니다.

결론적으로 시간, 공간적으로 '나'라는 존재는 일체 모든 만유(萬有), 만생(萬生), 유정물(有情物)과 무정물(無情物), 모든 자연과 연관되어서 공생으로 돌아가는 것입니다. 아무리 잘났다고 해도 나 혼자서는 물 한 모금 마실 수 없는 존재입니다. 나 홀로는 살아갈 수 없는 것이지요. 일체의 사소한 미물, 하다못해 곤충, 짐승, 물, 태양 등과도 나는 연관되지 않을 수 없습니다. 또한 태양, 부모, 친구 등의 조건들은 나와 관계가 깊으니까 더 중요하고, 곤충, 역사의 인물, 산과 들은 나와 연관이 적으니 덜 중요하다는 생각들도, 조금만 깊이 생각, 사유해 보면 그렇지 않으며, 모두가 하나로 똑같이 나의 다른 모습임을 알게 될 것입니다. 내가 곧 우주이고 우주가 곧 나인 것입니다.

이렇듯 시간, 공간적으로 일체 모든 존재는 거미줄처럼 얽혀 있는 인연생(因緣生)입니다.

우주 전체로서의 나

우리가 죽으면 살과 뼈 등은 흙[地]이 되고, 물과 피와 고름 등의 액체들은 물[水]이 되어 흐르고, 몸의 열이나 더운 기운 등은 대지의 열[火]로 전환되며, 우리 혈액의 운동 등을 원활하게 해준 바람의 기운[풍(風)]은 대지의 움직임, 바람이 되어 흩어지게 마련입니다. 이렇게 보았을 때, 우리의 지수화풍(地水火風)과 대지의 지수화풍을 따로 생각할 수 없는 것입니다. 우리 눈에 보이는 지수화풍은 전생, 그 전생의 내 육신이었을 수 있고, 내 부모, 조상의 육신이었을 수도 있을 것입니다. 이렇게 생각한다면, 사소하게 여긴 산하대지가 바로 내 몸임을 알 수 있으니, 어찌 남의 것 대하듯 마구 써버릴 수 있겠습니까.

휴지를 함부로 버리고, 밤늦은 때에 공장에서 폐수를 몰래 방출하고, 아무 곳에서나 침을 뱉고 할 수 없을 것입니다. 자연이 곧 나와 다르지 않기 때문입니다. 연기적으로 하나라는 자각, 둘이 아닌 불이법에 대한 자각, 둘이 아닌 한 몸이니 내 몸처럼 아껴야 한다는 동체대비의 깨달음이 없기 때문에 작금의 환경문제도 대두되고 있는 것입니다.

이 환경문제는 나와 상관없는 문제가 아닙니다. 오존층이 파괴되고, 물이 오염되고, 먹거리도 전부 오염된다면 그것을 먹고 마시는 우리 몸 또한 오염되지 않을 수 없기 때문입니다. 자연환경을 파괴하는 것은 다시 말해 자살행위와 같은 것입니다. 바로 내 육신을 파괴하는 것이기 때문입니다.

그러니 앞서 설명했던 오온을 보고 '나'라고 생각하는 아상이 얼마나 어리석은 생각이겠습니까? 일체가 이처럼 둘이 아니게 함께 돌아가는 세상에서 '나'와 '너'를 나누는 생각 자체가 허망한 분별심일 뿐, 진실이 아닙니다. 이와 같이 우리 모두는 주어진 시간, 공간의 조건에 의해 '다른 것들로 말미암아서 일어난 존재'인 것입니다.

이처럼 우리가 '나'라고 생각했던 존재는 실체적이고 개체적인 '나'가 아니라 일체 만법이 함께 돌아가는 우주와 둘이 아닌 존재로서의 나입니다. 타인을 뺀 나, 우주만유를 뺀 나란 있을 수 없지요.

연기는 곧 대평등, 대자비

이렇듯 내게 다가오는 모든 경계, 나를 포함한 일체 형상세계가 실제 있는 것이 아니라 꿈과 같은 인연의 소산입니다. 일체의 만유 전체가 인연의 화합이니, 여기에 무슨 차별이 있고, 불평등이 있을 수 있겠습니까? 일체의 모든 것은 연기의 세계이고, 공의 세계이니, 그대로가 평등의 세계입니다. 단 1%의 오차도 없이, 누가 조금 잘났고, 못났다고 할 사이가 없이 그대로 대평등의 세계인 것입니다. 우리 중생의 눈으로 본다면 불평등한 세계 같고, 빈부격차가 크게 나고, 선한 이가 있고, 악한 이가 있고, 옳고 그름이 있고, 좋고 나쁨이 있지만, 연기의 진리 세계에서는 이는 실로 평등한 현상이 아닐 수 없습니다.

이 사실을 올바로 아는 사람에게 이 세상은 연극과 같고, 영화와 같습니다. 세상에 어느 영화, 연극이 이보다 현장감 넘치고, 박진감 넘치는 것이 있을까요. 진정으로 이것이 사실이라면, 다른 사람이 싫어진다고 그에게 욕을 하고 투정할 수 있겠습니까? 타인에게 미운 마음을 내면, 그것은 그대로 다시 나에게 돌아옵니다. 우리는 둘이 아닌 하나이기 때문입니다. 타인에게 행한 것은 곧 내가 나 자신에게 행한 것과 다름이 없기 때문입니다. '누워서 침 뱉기'이기 때문이지요. 이것이 바로 인과의 법칙이며, 끌어당김의 법칙이고 자업자득의 법칙인 것입니다. 그러니 어떻게 쉽사리 남을 비방하고, 미운 마음을 낼 수가 있겠습니까. 이렇듯 연기의 진리를 올바로 알았을 때 삶에 질적인 변화가 오고, 한없는 자비심으로 가득 찰 것입니다. 지금까지는 '내 힘으로 내가 살아간다'고 하는 아집과 독선이 있었지만, 연기의 진리로 '더불어 사는 세상'임을 알고 나면, '나'라는 상[아상(我相)]이 깨지게 되며, 우리는 하나라는 동체대비심이 드러나게 될 것입니다.

앞에서 보았듯이, 연기가 불교 깨달음의 핵심 사상이라고 한다면, 깨달음의 핵심은 '나다'라고 하는 아상을 타파하는 것, 오온개공을 깨닫는 것입니다. 연기법을 깨달으면 아상이 깨지기 때문입니다. 우리는 실제로 있는 것이 아니라 인연이 가짜로 화합함을 통해서만 인연따라 잠시 존재할 수 있기 때문입니다. 이를 인연가합(因緣假合)이라고 하지요. 그러니 연기법의 존재는 고정된 '나'라는 실체일 수 없는 것입니다.

또한, 이렇게 연기의 이치를 올바로 보아 깨닫는다면, 너와 나라는 상이 깨지므로 일체 모든 존재에게 자비를 베푸는 삼륜(三輪)이 청정한 무주상보시를 행할 수밖에 없을 것입니다. 불교의 양 수레바퀴라고 할 만한 지혜와 자비가 뒤따른다는 것입니다. 이렇듯 연기의 올바른 깨달음은 우리의 삶에 질적인 변화를 가져옵니다.

너와 내가 둘이 아니기에 내가 상대방에게 행하는 것이 곧 내가 나자신에게 행하는 것이 됩니다. 상대방에게 베푸는 것은 곧 나에게 베푸는 것이 됩니다. 그러니 타인을 돕겠다는 생각이 없을 수가 없습니다. 타인을 돕는 것은 곧 나 자신을 돕는 것이기 때문입니다. 이것이 바로 연기를 깨달은 이의 자비로운 삶의 방식입니다.

연기법과 업력

그렇다면 연기의 법칙이 어떻게 우리의 행위, 업에 영향을 미치는 것일까요?

연기의 법칙을 올바로 이해한다면, 어떻게 신구의로 온갖 악업을 지을 수 있겠습니까. 도둑질하거나, 살생하거나, 간음하거나, 욕하고 이간질하고, 거짓말할 수 있겠습니까. 어찌 탐내는 마음, 성내는 마음을 가질 수 있겠습니까. 나의 행동[身業] 하나하나가 단 1%의 오차도 없이 우주를 진동시킵니다. 나의 선한 행위, 무주상보시의 행위 하나가 일체 세간(世間)을 밝게 합니다. 나의 악한 행위 하나하나가 그대로 우주에 퍼져나가면서 이 우주를 창조해 나간다는 사실을 안다면 어떻게 내 몸과도 같은 타인을 살생하고, 도둑질하고, 간음할 수 있겠습니까. 몸으로 행동하고, 입으로 말하고, 뜻으로 생각하는 이 삼업을 통해 우리는 이 우주와 함께 삶을 공동으로 창조해 내고 있는 것입니다.

현대 과학에서도 이 점은 증명되고 있습니다. '나비 효과'라고 하여, 중국 양쯔강에서 일어난 나비의 날갯짓 하나가 인(因)이 되어, 태평양을 건너 지구 저편에 가면 거대한 태풍이 된다고 합니다. 우리가 사소하게 생각하던 나비의 날갯짓조차 이렇게 큰 태풍으로 우리의 삶에 직접적인 영향을 미치는데, 만물의 영장이라고 하는 우리 인간의 행위는 얼마나 더 큰 결과를 가져오겠습니까.

나의 말 한마디[口業]가 단 1%의 오차도 없이 일체 세간, 우주 속으로 진동해 나갑니다. 우리가 사소하게 생각한 나쁜 말 한마디가 컴퓨터처럼 우리의 마음, 우주의 마음속에 그대로 저장되었다가 현실로 드러난다고 생각해 보세요. 이 얼마나 엄청난 일입니까? 우리의 칭찬

한마디, 친절한 말 한마디가 일체 세간에 두루 퍼져 이 세상을 밝히고 있습니다.

나의 생각[意業] 하나하나가 단 1%의 오차도 없이 일체 세계, 우주 속에 그대로 영향을 미칩니다. 나의 선한 생각 하나가 세상을 밝게 창조하고, 중생구제하겠다는 보살의 한 서원이 우주를 밝힙니다. 그러나 거꾸로 나의 악한 생각 하나가 우주로 울려 퍼진다고 생각해 보세요. 어찌 마음을 함부로 놀려 나쁜 마음을 낼 수 있겠습니까?

내가 일으킨 말 한마디, 생각 하나, 행동 하나가 이 우주 끝까지 연결되어 있습니다. 이를 양자물리학에서는 비국소성, 비국지성이라고 부릅니다. 국지적으로만 연결되어 있는 것이 아니라 말 그대로 우주 끝까지 연결되어 있다는 것이지요. 나의 생각 하나가 우주 끝에 도달하는 시간은 0초라고 합니다. 전혀 시간이 걸리지 않는다는 것이지요. 이처럼 양자물리학에서도 우리의 생각, 말, 행동은 동시간대에 이 우주 전체와 서로 연결되어 있어서, 내가 말과 생각과 행동을 할 때 우주가 거기에 힘을 실어주어 그러한 삶을 창조한다고 합니다.

3. 제행무상(諸行無常)

오온무상

『상윳따니까야』에서는 무상에 대해 다음과 같이 설하고 있습니다.

수행자들이여, 물질은 변한다. 느낌은 변한다. 생각은 변한다.

의지는 변한다. 의식은 변한다. 수행자들이여, 잘 배운 거룩한 제자는 이와 같이 보아서 물질에 대하여 싫어하고 떠나며, 느낌에 대하여도 싫어하여 떠나고, 생각에 대해서도 싫어하여 떠나고, 의지에 대해서도 싫어하여 떠나며, 의식에 대해서도 싫어하여 떠난다. 싫어하여 떠나면 집착이 사라져 해탈한다. 해탈하면 '나는 해탈했다'는 지혜가 생겨나고 다시 태어나지 않으며 청정한 삶은 이루어진다. 해야 할 일은 다 마쳤고 다시는 윤회하지 않는다 라고 그는 분명하게 스스로 안다.

제행무상이란 색수상행식 오온이 모두가 변한다는 진리를 말합니다. 오온이란 우리 몸으로 본다면 육체[색]와 정신[수상행식]이며, 나아가 우주의 삼라만상 일체를 다섯 가지로 나눈 것입니다. 다시 말해 오온이란 '나'라는 소우주와 '일체'라는 대우주를 의미하며, 일체만유, 삼라만상이라고 표현되는 전체 우주법계를 의미합니다. 쉽게 말해 나를 비롯한 삼라만상 일체가 다 항상 하지 않고 끊임없이 변한다는 이치를 말하는 것입니다.

이와 같이 색수상행식이 모두 끊임없이 변하며, 변하는 것에 대해서는 붙잡아 집착, 애착할 필요가 없기에 싫어하여 떠난다고 하였습니다. 싫어하여 떠나게 되면 집착이 사라져 해탈하게 됩니다. 이 세상 그어떤 것도 다 인연 따라 왔다가 가는 것이며, 끊임없이 변하는 것이라는 무상에 대한 자각이 생기게 된다면 그 어디에도 머물러 집착할 이유가 없게 됩니다. 우리에게 괴로움이 생기는 이유는 어딘가에 머물러 집착하기 때문입니다. 머물러 집착하는 것이 하나의 굴레가 되어 나를 얽어매는 것이지요. 해탈이란 바로 이러한 모든 굴레로부터의 얽매임에서 벗어나는 것입니다. 그러니 제행무상을 깨닫게 되면 저절로 해탈하게 되는 것입니다.

연기법의 시간적 표현

제행무상이란 앞에서 공부했던 연기법에 대한 시간적 표현이라 할 수 있습니다. 존재를 시간적으로 볼 때 무상하다는 것입니다. 세상 그 어떤 것이라도 지금은 항상 하는 것 같고, 있는 듯 보이지만 시간이 흐르면 모두가 변하게 됩니다.

여기에서 제행(諸行)이란 '일체의 만들어진 것', 다시 말해 '인연 따라 생겨나 생멸 변화하는 유위(有爲)의 물질적, 정신적인 모든 존재, 모든 현상'을 가리킵니다. '모든 존재' 혹은 '모든 현상'이라고 말할 수 있을 것입니다. 무상이란, 글자 그대로 '항상 함이 없다', '변한다'는 뜻입니다. 따라서 '제행무상'은 '모든 존재는 항상 함이 없이 변화한다'라는 뜻입니다.

존재란 여러 요소들이 여러 가지 조건에 의해 임시로 모여 있는 집합체에 불과하기 때문에, 존재를 구성하고 있는 요소와 조건들이 변하거나 사라지면 존재 역시 변하거나 사라집니다. 다시 말해 연기법인 모든 존재는 연기하기 때문에 인과 연에 의하여 생성되고, 인과 연이 다하면 소멸되기 때문에 무상한 것이라는 것입니다. 이처럼 인연 따라 생겨난 모든 것은 인연 따라 변하고 소멸될 수밖에 없습니다. 연기법에 의해 생겨난 모든 존재는 제행무상의 특성을 가지는 것이지요.

크게는 태양계를 보더라도 태양을 중심으로 많은 행성이 쉬지 않고 움직이고 있으며, 작게는 우리들이 정지하고 있다고 생각하는 작은 물체들 또한 그 안으로 들어가 보면 끊임없이 움직이며 활동하고 있습니다. 물질은 수많은 분자가 모여 이루어졌으며, 그 분자들은 다시 수많은 원자들이 결합된 것이라 합니다. 분자는 온도나 주위 환경의 열 진동에 보조를 맞춰 끊임없이 진동하고 있다고 합니다. 원자를 보더라도 원자핵을 중심으로 전자와 중간자가 결합함으로써 이루어진 운동체임이 밝혀졌습니다. 원자핵 또한 양자와 중성자가 극히 좁은 공간에서 상상할 수 없을 정도의 빠른 속도로 회전하고 있다고 합니다. 양성자와 중성자도 다시 미립자로 쪼개지는데 이 미립자가 태어났다가 소멸하는데 걸리는 시간은 10^{-23}초라고 앞에서 했듯 말 그대로 찰라생 찰라멸하는 것입니다.

이처럼 일체 모든 것은 한시도 중단함이 없이 끊임없이 움직이며 변화합니다. 이렇듯 물질을 비롯한 일체 만물은 마치 정지되어 있는 것처럼 보이지만, 끊임없이 움직이며 변화하고 있습니다. 모든 존재의 모습은 제행무상이라는 것이지요.

사람들은 천년, 만년 살 것처럼 생각하고 있습니다. 돈과 명예, 권력, 지위, 유명세 등 그 모든 것들이 우리에게 영원히 있을 것으로 착각하며 살아가고 있지요. 그러나 아무리 많은 재산을 가졌다고 한들 분명한 사실은 그것은 언젠가 허물어진다는 것입니다. 돈도 있다가 없어지고, 명예나 권력도 있다가 없어지며, 건강도 있다가 사라지고, 생명도 있다가 사라집니다.

전 세계 어느 나라에서나, 독재 정권을 아무리 길게 한 나라라 해도 어느 시점에 가서는 붕괴되고 마는 것이 권력의 속성입니다. 언제까지고 내 곁에 있어 줄 것만 같은 사랑하는 이 또한 언젠가는 떠나가게 마련이고, 사랑하는 마음 또한 언젠가는 식어가게 마련입니다.

'나'라는 존재 또한 마찬가지입니다. 이 육신은 끊임없이 변화하여 늙고 병들어 결국엔 죽어갈 것입니다. 처음 태어날 때 잘생긴 외모를 받았더라도, 또 아무리 온갖 방법을 동원해 몸매 관리를 하고, 피부 관리를 한다 할지라도 나이가 들어가면 누구나 늙고 볼품없는 외모로 바뀌어 갑니다. 제행무상의 이치를 모르고 어떻게든 조금 더 젊게 보이려고, 더 예뻐 보이려고, 조금 더 탱탱한 피부를 유지하려고 애쓰는 모습은 처량하기까지 합니다. 성격이 나일 것 같지만 성격 또한 끊임없이 변해갈 뿐입니다.

제행무상의 생활 속 실천

이 세상에 변하지 않는 것이 있다면 그것은 '이 세상은 변한다'는 진리일 것입니다. 변하는 것은 괴로운 것입니다. 우린 돈이 항상 할 때 행복을 느끼고, 명예가 권력이 지위가 유지되고 있는 동안 행복을 느낍니다. 생명이 유지될 때 행복인 것이며, 사랑도 사랑하는 감정과 사랑하는 대상이 유지되는 동안의 제한된 행복입니다.

명예와 권력이 박탈당할 때, 경제력을 상실했을 때, 사랑하는 이와 헤어졌을 때, 늙고 병들고 죽어갈 때, 그때까지 행복할 수는 없겠지요. '항상 하지 않는다'는 제행무상의 이치에서 본다면, 당장에 행복감을 느끼게 하는 그 모든 행복의 조건들 또한 결국에 언젠가는 사라져갈 것들일 뿐이기에, 잠깐 동안의 제한된 행복일 수밖에 없습니다. 이처럼 그것이 영원할 거라고 여기며 집착하는 모든 대상들은 결국 변해가고 사라져 갈 것들일 뿐입니다.

죽을지 뻔히 알면서, 변한다는 것을 뻔히 알면서도 지금 당장의 작은 달콤함에 빠져 생사의 문제를 해결하고자 하지 않는다는 것은 참으로 어리석은 것입니다. 잠깐의 행복에 사로잡혀, 그것이 영원할 줄 알고 거기에 목숨을 걸고 집착하는 그런 어리석은 모습이 바로 우리 모두의 그간의 삶이 아니었을까요?

우리 모두는 바로 그 잠깐 동안 나를 행복하게 해주는 것들이 전부인 줄 알고, 그것만이 나를 안심되게 해주고, 안정된 삶을 가져다 줄 것이라고 여기며 거기에 온 힘을 쏟고 있습니다. 돈을 벌기 위해 인생 전부를 걸고, 명예와 권력을 얻기 위해 앞만 보고 달리며, 아름다운 외모를 꾸미고 유지하기 위해 헛돈을 병원에 쏟아붓기도 합니다.

제행무상의 진리 앞에서 우리는 잠시 멈춰 서서 되돌아 볼 수 있어야 합니다. 지금까지 내가 그토록 목숨 걸고, 중요하다고 여기며, 절대 포기할 수 없다고 여기고, 반드시 성공해야 한다고 여겨 오던 그 모든 가치들이 사실은 잠깐 동안만 누릴 수 있는 시간적으로 제한된 행복을 주는 것들일 뿐임을 자각해야 합니다. 그것이 결국 소멸할 것이라면 거기에 목숨 걸 아무런 이유가 없습니다. 집착하고 사로잡힐 아무런 이유가 없지 않나요?

물론 잠깐 행복의 조건이 주어진다면 그것을 누리고 만끽하며 즐겁게 사는 것은 좋습니다. 나에게 인연 따라 왔다면 마땅히 그 온 것을 즐겨도 좋습니다. 그러나 거기에 집착하지 않고 그것을 즐길 수 있다면, 그것이 떠나갈 때 괴로워하지 않을 것입니다. 말 그대로 쿨하게 보내줄 수 있겠지요.

그러니 이 제행무상의 진리 앞에서 우리는 그 어디에도 과도하게 집착할 것이 없음을 깨닫게 됩니다. 인연 따라 오고 가는 것을 그저 오고 가도록 허용해 주게 되지요. 오는 것을 막을 것도 없고 가는 것을 붙잡을 것도 없습니다. 오고 가는 것이 바로 진리이기 때문에 그 진리를 진리대로 흐르게 내버려 두는 것이지요.

행복의 조건들이 잠시 왔을 때 온 것을 충분히 느끼고 누리고 만끽하고 즐거워하세요. 그것이 바로 인연 따라 온 것을 받아들이는 삶이고, 연기법을 실천하는 삶입니다. 불교는 인연 따라 자연스럽게 온 것들조차 거부하고, 무조건 청빈하게 살고 고난의 행군만을 강요하는 종교가 아닙니다. 불교는 고행주의를 배격하는 종교이지요. 그러니 자연스럽게 나에게 온 것이라면 그것을 받아들여 그 속에서 삶을 경험해 가세요.

권력이 주어지면 그 권력으로 할 수 있는 좋은 일을 하면 됩니다. 그러나 제행무상임을 알기에 과도하게 내게 온 권력에 집착하지는 않겠지요. 최선을 다해 그 권력으로 할 수 있는 일들을 행하되, 인연이 다해 떠나가게 된다면 흔쾌히 'OK!' 하며 보내주게 될 것입니다.

반대로 괴로운 일들이 찾아온다고 할지라도 그 또한 거부하지 말고 찾아온 인연을 수용하고 허용해 주세요. 인연 따라 온 것은 다 이유가 있어서 온 것입니다. 그 이유를 애써 찾을 필요는 없지만, 지혜로운 이라면 그 인연을 싫어하거나 미워하거나 없애려 애쓰지 않고 나를 찾아 온 고통을 기꺼이 받아들여 괴로워해 줄 것입니다. 어차피 그것 또한 잠시 인연 따라 왔다가 머지않아 떠나게 될 것임을 알기 때문입니다.

인연이 되어 찾아온 고통은 수용하고 받아들여 주게 되면 그리 오래 머물지 않고 떠나가게 됩니다. 그러나 인연이 되어 찾아왔는데도 싫어하면서 거부하려는 마음을 가지게 되면 오히려 그 고통은 지속되고 맙니다. 지금 내가 그것을 겪어야 하기 때문에 온 것이기 때문입니다. 그것을 거부하면 거부하는 만큼 고통은 내가 그것을 받아들일 때까지 끈질기게 내 곁에 머물면서 나를 더욱더 힘들게 할지도 모릅니다.

이처럼 즐거운 일이든 괴로운 일이든 어떤 일이 찾아오든, 제행무상임을 알기 때문에 어떤 것도 받아들이지 않을 이유가 없습니다. 인연 따라 잠깐 왔다가 가는 것인 줄 알기 때문입니다. 그러니 좋은 일이 찾아왔다고 과도하게 집착할 것도 없고, 싫은 일이 찾아왔다고 과도하게 싫어하면서 거부할 것도 없는 것이지요. 이것이 바로 제행무상과 연기법을 실천하는 삶입니다.

허무주의가 아닌 무한가능성

이렇게 '변한다'고 하니 어떤 사람들은 '인생 무상이야'라는 한탄 섞인 말로 불교를 허무주의라고 생각하기도 합니다. 그러나 '무상하다'는 말은 허무주의가 아닙니다. 단지 인연 따라 오고 가는 생사법, 연기법의 세계에 대한 있는 그대로의 관찰인 것이지요.

오히려 우리들은 무상하기 때문에 살아갈 수가 있는 것입니다. 변하기 때문에 아이들이 어른이 되고, 병든 사람은 건강을 되찾을 수 있고, 악한 사람이 착하게 발심할 수 있으며, 지금은 가난한 사람이 다시 부귀를 누릴 수도 있게 되는 것입니다. 어리석은 중생이 깨달음을 얻어 부처가 될 수도 있는 것이지요.

무상하게 변해가기 때문에 우리는 꿈을 꾸고, 삶을 더 낫게 만들기 위해 노력할 수도 있습니다. 텅 빈 무한 가능성의 우주 속에서 마음을 내어 무한한 상상력을 현실로 만들 수 있는 것도 다 제행무상이기 때문에 가능한 것입니다. 이처럼 무상하기 때문에 마음 하나 일으켜 무엇이든 현실로 이루어 낼 수 있습니다.

이처럼 제행무상이라는 말은 분별심으로 재어 좋으니 나쁘니 가치를 매길 수 있는 것이 아닙니다. 다만 현실에 대한 있는 그대로의 통찰이며 존재의 여실한 모습일 뿐입니다. 인연 따라 생겨나고 인연 따라 소멸되는, 즉 연기법에 따라 일어나고 사라지는 일체 모든 존재는 곧 제행무상일 수밖에 없는 것이 바로 여실지견의 안목입니다.

4. 제법무아(諸法無我)

오온무아

『상윳따니까야』에서는 오온의 무상, 고, 무아에 대해 다음과 같이 설하고 있습니다.

> "물질은 영원한가 무상한가?"
> "무상합니다."
> "무상한 것은 괴로운 것인가 행복한 것인가?"
> "괴로운 것입니다."
> "무상하게 변하고 괴로운 것들을 '나다, 내 것이다, 나 자신이다'라고 생각할 수 있는가?"
> "그럴 수 없습니다."
> "느낌, 생각, 의지, 의식은 영원한가 무상한가?"
> "무상합니다."
> "무상한 것은 괴로운 것인가 행복한 것인가?"
> "괴로운 것입니다."
> "무상하게 변하고 괴로운 것들을 '나다, 내 것이다, 나 자신이다'라고 생각할 수 있는가?"
> "그럴 수 없습니다."
> "이와 같이 무상한 줄 알기 때문에 잘 배운 거룩한 제자들은 물

질에 집착하지 않고, 느낌에 집착하지 않고, 생각, 의지, 의식에
집착하지 않는다. 집착하지 않기 때문에 욕망에서 벗어나고 욕
망에서 벗어남을 통해 해탈을 얻는다."

제법무아에서 '제법(諸法)'은 우리가 인식할 수 있는 현실세계의
일체 모든 것을 의미합니다. 일반적으로 '법'은 '진리'라는 의미와
'존재'라는 의미로 쓰이는데, 여기에서는 존재라는 의미로 해석할 수
있습니다. 제법을 제행무상에서의 '제행'과 같은 개념으로 이해해도
무방합니다. '무아'는 어떤 것도 다른 것과 서로 의존하지 않으면서
완전히 독립된 실체로써 존재하는 것은 없다는 뜻입니다. 세상 모든
존재는 서로 연기되어 상의상관적으로 존재하는 허망한 것일 뿐, 고
정된 실체가 아니라는 의미입니다.

무상하게 끊임없이 변화하는 것은 곧 괴로움입니다. 변화한다는 것
은 잠시 왔다가 가는 것이라는 뜻이기에 그것은 붙잡아 집착할 수도
내 것으로 만들 수도 없기 때문입니다. 이처럼 변화하기 때문에 괴로
운 것을 가지고 '나다' 혹은 '내 것이다'라고 붙잡아 집착할 수는 없기
때문에 무아라고 설합니다. 육신도 느낌도 생각도 의지, 의식도 전부
다 이처럼 무상하고 괴로움이며 무아인 것입니다. 이처럼 지혜롭게
잘 배운 제자들은 육신에도 집착하지 않고, 그 어떤 느낌이나 생각, 의
지, 의식에도 집착하지 않을 것이고, 그렇기에 욕망에서 벗어나 해탈
을 얻게 됩니다. 이러한 무아의 진리는 연기의 공간적인 표현이며, 내

면적인 표현이라고도 할 수 있습니다. '나'라는 것, 일체의 모든 것은 인연 따라 잠시 만들어지고 만들어진 순간에도 끊임없이 변화하며 그렇게 인연이 다하게 되면 결국에는 소멸되어 없어집니다. 지금 있는 것처럼 보이는 것도 잠시 인연의 나툼일 뿐 고정된 실체로써 항상 하는 것이 아닙니다.

인연법으로 이루어진 일체 제법은 항상 하지 않으므로 무상하고, 고정된 실체가 없으므로 무아이며, 인연 따라 생주이멸, 생노병사하므로 연기이고, 그러므로 있다 없다 할 수 없어 공이며 중도인 것입니다. 이렇게 일체 제법을 이해할 수 있다면 이 세상 그 무엇을 집착하며 소유하려 할 것입니까. 집착할 것이 없다면 세상은 그대로 고요하며 스스로 마음의 온전한 평화를 얻게 될 것입니다. 경전의 말씀처럼 무상, 고, 무아를 깨달아 집착하지 않으면 욕망에서 떠나고 결국 해탈하는 것입니다.

상일성과 주재성을 지난 '나'

여기 무아에 대한 『상응부경전』의 한 이야기가 있습니다.

'차마'라는 비구가 병으로 누워 있을 때, 여러 비구가 병문안을 왔다.
"어떤가? 견딜 만한가?"
"어찌나 아픈지 견딜 수가 없네."
그때 한 비구가 그를 위로하고자,

"세존은 무아의 가르침을 설하지 않으셨던가?"

하니, 차마는

"나는 '나'가 있다고 생각한다네."

라고 대답했다.

여러 비구들이 따지고 들자, 차마는 말했다.

"벗들이여, 내가 '나'는 있다고 한 것은, 이 신체가 '나'라는 뜻은 아니라네. 또, 감각이나 의식을 가리킨 것도 아니라네. 또, 그것들을 떠나서 따로 '나'가 있다는 의미도 아니네. 벗들이여, 예를 들면 꽃의 향기와 같다네. 만약 어떤 사람이 꽃잎에 향기가 있다고 한다면, 이 말을 옳다고 하겠는가? 줄기에 향기가 있다고 한다면, 이 말을 옳다고 하겠는가? 또는 꽃술에 향기가 있다고 한다면 어떻겠는가? 역시 향기는 꽃에서 난다고 할 수밖에 없으리라. 그것과 마찬가지로, 신체나 감각이나 의식을 '나'라고 하는 것은 옳지 않다. 또 그것을 떠나서 따로 '나의 본질'이 있다고 하는 것도 옳지 않다네. 나는 그것들의 통일된 형태를 '나'라고 하는 것이라네."

우리가 '나'라고 여기는 것은 색이나 수상행식이 아닙니다. 육체가 나인 것도 아니고, 느낌, 생각, 의지, 의식이 나인 것도 아닙니다. 이 중 어느 하나만을 가지고서 '나'라고 할 수 없다는 것입니다. 다만 색수상행식이라는 오온이 인연 따라 잠시 모여서 통일된 형태로 우리가 '나'라고 여기는 허망한 아상을 만들어냈을 뿐입니다. 차마가 말한

'나'는 실체적인 '나'가 아니라, 다만 인연 가합으로 잠깐 거짓되게 만들어진 허망한 '나'를 의미합니다. 즉 무아라고 하여 현재의 나, 즉 현상적인 존재나 인연 따라 만들어진 존재, 이렇게 활동하고 있는 나의 존재까지 전부 부정하는 것은 아니란 뜻입니다. 다만 인연가합의 허망한 '나'가 있을지언정, 고정된 실체로써의 주재성(主宰性)과 상일성(常一性)을 가진 '나'는 없다는 것을 의미합니다.

'나다'라고 하기 위해서는 변하지 않으며 한결같은 속성인 상일성이 있어야 하고, 내 마음대로 할 수 있는 주재성이 있어야 합니다. 오늘도 '나'고, 내일도 '나'로 항상 해야 참된 '나'라고 할 수 있지 늘 변한다고 한다면 그것을 어찌 '나'라고 할 수 있겠으며, 내 마음대로 할 수 있어야 '나'지 마음대로 할 수 없다면 그것을 어찌 '나'라고 할 수 있겠습니까. 이 두 가지 속성, 즉 상일성과 주재성을 가져야 '나'라고 할 수 있지만, 지금 우리 앞에 있는 '나'는 그렇지 못합니다.

항상 하지 않고 끊임없이 변화하는 것이며 100년도 못 되어 결국 죽음에 이를 것입니다. 이렇듯 항상 하는 상일성이 없으므로 무아라고 할 수밖에 없는 것입니다. 또한 이 몸뚱이 내 마음대로 할 수도 없습니다. 다른 것은 그만 두고서라도 '내 마음'조차도 내 마음대로 할 수 없지요. 내 마음 기쁘고 싶다고 기쁠 수 있습니까, 행복하고 싶다고 행복할 수 있겠습니까. 늘 인연 따라, 상황 따라 외부적인 조건에 의해 끊임없이 우리 마음도 행복과 불행을 오고 갈 뿐입니다.

우리가 생각하는 '나'라는 것은 이처럼 상일성도 주재성도 없는 텅 비어 있고 실체 없는 존재입니다. 상일성과 주재성이 없는 '나'는 더 이상 '나'라고 할 수 없는 무아인 것입니다.

내가 없을 때 진실이 드러난다

이상에서 살펴본 것처럼 우리가 '나'라고 여겨왔던 존재가 실체가 아니며, 다만 인연 따라 잠깐 생겨났다가 사라지는 것이라면 아집과 아만에서 놓여나게 될 것입니다. '내 것'이라는 소유물에 집착할 것도 없고, '내가 옳다'는 내 생각에 고집할 것도 없게 되겠지요. 물질적인 것이든 정신적인 것이든 '내 것'이라고 붙잡아 집착하던 것들이 더 허망한 것임을 깨닫게 되기 때문입니다.

이처럼 나다, 내 것이다, 내가 옳다, 내 맘대로 한다라는 아상, 아집, 아만, 아견이 사라지게 된다면 우리가 그토록 목숨 걸며 지키려고 애써왔던 모든 것들이 사실은 그렇게까지 중요하게 여겨 집착하거나 사로잡힐 것이 아님을 깨닫게 됩니다. 그 어떤 것도 과도하게 집착하지 않게 될 것이고, 그 어떤 생각에도 과도하게 고집하지 않게 될 것입니다. 즉 삶에 과도한 긴장이나, 욕망, 집착이 사라지니 저절로 힘을 빼고 이완하게 됩니다.

'절대로 이것만은 포기할 수 없어'라고 여기는 것이 없어지게 되고, '반드시' 해야 하는 것도 없습니다. 인연 따라 그저 삶을 편안하게 살아갈 뿐, 머물러 집착하지 않게 됩니다. 삶에 중요성과 심각성이 사라지게 되지요. 이래도 좋고 저래도 좋게 됩니다. 삶에 여유가 생겨납니다. 삶이라는 영화 속에 푹 빠져 울고 웃는 것이 아니라, 저 객석으로 내려와 삶을 전체적으로 바라볼 지혜로운 통찰이 생겨납니다.

그런데 신기하게도 과도한 삶의 에너지가 사라지게 되면 삶을 대충 대충 살게 되는 것이 아니라, 오히려 온몸과 마음에 힘이 빠지고 이완이 되다보니 무엇을 하든 거기에 100% 순수한 삶의 에너지를 투입하게 됩니다. 이런저런 생각과 분별심, 판단과 차별 등이 사라지게 되니 번거로운 에너지 낭비가 사라지고, 오로지 즉한 순간, 바로 지금 여기라는 생생한 현재를 온전히 깨어나서 살아가게 됩니다.

삶의 순수한 열정과 깨어있음의 생기발랄함이 피어나는 것이지요. 그렇듯 분별이 사라지고 순수한 열정과 에너지가 깨어나게 되면 더욱 힘 있는 사람이 됩니다. 무엇을 하든, 잡스러운 번뇌망상에 시달리지 않다보니, 마음을 내는 대로 그 마음에 강력한 힘이 붙는 것이지요. 즉 이 우주법계와 내 마음이 둘이 아니게 하나로 공명하게 되고, 그럼으로써 내가 하는 것이 아니라 우주법계가 하게 되기에 무한한 가능성이 현실화되어 꽃피게 됩니다.

물론 그렇더라도 때때로 실패하거나, 낙담할 일들이 생길 수도 있겠지요. 그러나 그런 일들이 생기더라도 그것을 가지고 '내가 작아졌다'거나, '내가 무시당했다'거나, '내가 실패했다'는 생각이 없습니다. 제 법무아를 알기 때문이지요. 그저 진급에 탈락했을 뿐이지 '내가 실패한 것'은 아님을 깨닫습니다. 다만 저 사람이 나에게 큰 소리로 욕설을 내뱉었을 뿐이지 '그가 나를 무시하고 핍박한 것'은 아닙니다.

이처럼 삶에서 일어나는 온갖 일들에 대해 크게 일희일비하지 않게 됩니다. '내'가 경험하는 삶이 아니기 때문입니다. 그저 삶이 그렇게 일어나고 있을 뿐이지, 내가 그 삶을 경험하는 것이 아니기 때문입니다.

제법무아를 실천하게 되면 저절로 '내가 작아지는 즐거움'을 누릴 줄 아는 지혜가 생겨납니다. 내가 없으니, 내가 작아지든, 커지든, 큰 상관이 없게 되는 것입니다.

5. 무상과 무아의 실천

인생에서 가장 중요한 것

지금 당장에 죽는다면 얼마나 죽음에 대한 준비가 되어 있을까요? 우리도 이제 삶과 죽음이 동전의 양면과 같이 뗄 수 없는 관계임을 올바로 알아 지금 이 순간부터 죽음을 준비하는 생활 자세를 가져야 할 것입니다. 늙고 병들고 죽는다는 제행무상과 제법무아의 진실을 받아들일 수 있어야 할 것입니다.

사실 많은 분들이 불법을 공부하고, 선을 공부하고, 마음공부를 하는 것에 대해 주저하곤 합니다. 아직 많은 시간이 있다고 여기거나, 나중에 늙어서 해도 충분하다고 여기기도 합니다. 지금 젊고 힘 있을 때는 돈을 열심히 벌고, 사회활동도 열심히 하고, 나중에 늙어서 노후가 되면 그때 가서 해도 될 거라도 생각합니다. 이것이야말로 가장 가치가 전도된 생각이 아닐까요? 가장 힘 있는 젊은 날 가장 인생에서 중요한 것을 해야 합니다.

인생에서 가장 중요한 것은 무엇일까요? 제행무상이고 제법무아라는 진실 앞에서 목숨 걸고 집착하며 젊음을 내바칠 만한 가치 있는 것이 무엇이 있겠습니까? 그럴 만한 가치 있는 것은 없습니다. 인연 따라 생겨난 모든 것들을 불교에서는 생사법[生死法, 생겨나고 사라지는 모든 존재]이라고 하는데요, 생사법에서 가치 있는 것은 어디에도 없습니다. 그 모든 생겨난 것들은 다 무상하게 변화하며 결국 소멸될 것들이기 때문입니다.

이처럼 우리가 가치를 부여하면서 그것을 위해 애쓰고 노력을 다하면서 가지려고 하는 모든 것들은 허망한 것들일 뿐입니다. 생멸법의 모든 것들은 생겨나면 사라지고 말지요. 우리가 불교를 공부하고 마음공부와 선을 수행하는 이유는 바로 생멸법, 생사법이라는 무상과 무아의 대상을 좇기 위함이 아닙니다. 말 그대로 불생불멸법(不生不滅法)인 해탈과 열반을 증득하기 위함입니다. '해탈과 열반'만이 생겨났다 사라지는 것이 아닌 불생불멸법이며, 무상과 무아가 아닌 영원하고 참된 진실이기 때문입니다.

그것을 이름하여 자성이라고도 하고, 해탈 열반이라고도 하며, 본래면목, 주인공, 불성, 진아, 마음, 법이라고도 부르는데, 이름이 무엇이 되었든 중요한 것은 바로 이것이야말로 무상, 고, 무아인 세상에서 우리가 유일하게 한 생을 걸고 닦아 증득해야 할 가장 중요한 가치가 아닐까요?

그래서 삼법인(三法印)에서도 제행무상, 일체개고, 제법무아라고 설하면서 이러한 이치를 바로 깨닫게 된다면 열반적정에 이를 수 있다고 설하고 있습니다. 어리석은 중생에게는 제행무상과 제법무아이기 때문에 일체가 괴로움일 수밖에 없지만, 지혜로운 이는 무상과 무아를 바로 깨닫기 때문에 어디에도 걸리지 않고 집착하지 않아 결국 열반적정에 이른다고 했습니다.

그래서 『열반경』에서는 이 열반적정의 세계를 제행무상, 일체개고, 제법무아가 아닌 상락아정(常樂我淨)의 세계라고 설합니다. 열반의 특징은 바로 무상한 것이 아닌 항상 한 것이고(상), 괴로운 것이 아닌 즐거운 것이며(락), 무아가 아닌 진아, 참나의 세계이며(아), 더러운 예토가 아닌 깨끗한 정토(정)라고 설한 것입니다. 또한 이처럼 해탈 열반이라는 우리의 본성은 변하는 것도 아니고 소멸하는 것도 아니라고 하여 금강불괴(金剛不壞)라고도 합니다. 금강과도 같이 굳고 단단하여 파괴되지 않음을 의미하는 것입니다.

우리가 이 생에서 마땅히 가야 할 곳이 있다면 바로 무상하고 괴롭고 무아인 현실세계의 온갖 즐거움들을 추구하는 것이 아니라, 금강불괴와 상락아정의 해탈 열반을 추구해야 하지 않겠습니까? 그것이야말로 우리가 불교를 공부하는 이유일 것입니다.

견성성불의 길

그것이 바로 선에서 견성이라고 했고, 부처님께서 아라한과라고 하셨던 깨달음의 세계입니다. 자기 본래성품을 깨닫는 것이야말로 우리가 이 생에서 해야 할 가장 가치 있고, 마땅히 해야 할 일입니다. 이것이 바로 내가 누구인지를 확인하는 길입니다.

그리고 그것은 지금까지 우리가 생각한 것처럼, 큰스님들이나 가능한 것이거나, 우리 중생들은 도저히 불가능한 것이 아닙니다. 지금 이 생에서 우리 모두에게 당연한 가능성으로 활짝 열려있는 것이 바로 깨달음입니다. 우리들의 첫 번째 착각이 바로 '나는 깨달을 수 없다'는 생각입니다. 내가 깨달을 수 없다면 우리가 왜 불교를 공부하고 수행하겠습니까? 깨달음이 없는 불교는 더 이상 불교가 아닙니다. 우리가 불자라면 당연히 이 생에 깨달음을 향해 공부해 나아가야 합니다.

바로 지금, 이번 생에 깨닫고야 말겠노라는 간절한 발심을 일으켜야 하는 이유가 여기에 있습니다. 그 간절한 발심이 우리에게 해탈열반을 가져다 줄 것이고, 참된 스승과 바른 가르침, 좋은 도반 등 깨달음에 필요한 모든 것을 우주법계로부터 끌어다 선물해 줄 것입니다. 그 모든 것을 가능하게 만드는 것이 바로 우리 '마음'이기 때문입니다. 일체유심조라고 하여 마음을 일으키면 모든 것이 가능한 곳이 바로 이 지구별이라는 깨달음의 행성이기 때문입니다.

이처럼 제행무상과 제법무아는 우리에게 어디로 가야 할지를 명확하게 해줍니다. 무상하고 무아인 대상에 집착할 것이 아니라, 상락아정의 대열반의 세계야말로 우리가 마땅히 가야 할 곳임을 설해 줍니다. 그것이 바로 반야바라밀이며, 바라밀다의 길인 것입니다.

6. 색불이공 공불이색(色不異空 空不異色)

색불이공 공불이색 색즉시공 공즉시색

이제부터 『반야심경』에 나타난 공(空) 사상의 본격적인 법문이 시작됩니다. '색불이공 공불이색 색즉시공 공즉시색(色不異空 空不異色 色卽是空 空卽是色)'은 서론의 핵심 사상인 '조견오온개공'의 이치를 보다 자세하고 극명하게 나타내 주고 있습니다.

'색불이공 공불이색'과 '색즉시공 공즉시색'의 의미는 어찌 보면 비슷한 의미인 듯합니다. 그러나 이 말들이 만약 똑같은 의미를 가지고 있다면, 굳이 반복해서 말장난을 할 필요가 없었을 것입니다. 특히나 『반야경』의 핵심만을 뽑아 놓은 '심경'에서 말이지요.

앞의 '색불이공 공불이색'은 모든 『반야경』에서 공의 이해를 위해 자주 사용되는, '불(不)'이라는 부정의 단어로 표현하고 있으며, 뒤의 '색즉시공 공즉시색'은 '즉(卽)'을 통해 긍정의 논리를 펴고 있습니다. 또한 '색불이공 공불이색'은 시간적 관점의 연기법과, 색이 공과 다르지 않다는 제행무상을 설명했으며, '색즉시공 공즉시색'은 공간적 관점의 연기법으로써 제법무아의 입장에서 법의 실상을 설명한 것이라고 볼 수 있습니다.

이 두 논리의 차이를 좀 더 자세히 설명하기 위해 화엄의 '사법계(四法界)'를 잠시 빌린다면, '색'은 사법계(事法界)를, '공'은 이법계(理法界)를, 그리고 '색불이공 공불이색'은 이법계와 사법계의 관계를 연기적으로 설명한 것이고, 색즉시공은 이사무애법계(理事無碍

法界)를, 공즉시색은 사사무애법계(事事無碍法界)를 설명하고 있는
것으로 볼 수 있습니다.

또한 색불이공 공불이색은 현상세계의 법칙인 연기법을 설명한 것
이고, 색즉시공 공즉시색은 이 세계의 본질을 곧장 드러내 주는 것이
라고 할 수 있습니다. 즉 전자는 중생들에게 이 세계가 어떤 곳인지를
설명해주기 위해 연기의 법칙을 통해 색이라는 것이 사실은 공과 다
르지 않고, 공에 의지해 색이 생겨남을 설명해주고 있다면, 후자는 깨
달음을 얻고 보니 연기법으로 설명할 필요도 없이 눈앞에 드러난 일
체제법이 그대로 공임이 곧장 드러남을 뜻한다고 볼 수 있습니다. 즉
전자는 중생에게 쉬운 방편으로 진리를 설명하는 측면이 있다면, 후
자는 부처의 입장에서 곧장 진리를 드러내는 가르침이라고 할 수 있
을 것입니다. 그러니 색불이공 공불이색은 연기법으로 설명함으로써
어느 정도 이해할 수 있겠지만, 색즉시공 공즉시색 특히 그중에도 공
즉시색의 가르침은 우리가 머리로 이해할 수 있는 범주를 넘어서는
것입니다. 깨달음의 안목으로만 확연히 체득할 수 있을 뿐이지요.

이 순서 자체가 쉬운 방편에서부터 점차적으로 근기를 높여가며 불법의
적적대의(的的大意)를 드러내 주고 있는 것이라고 볼 수도 있겠습니다.

시간적인 연기법

색불이공 공불이색(色不異空 空不異色)이란, 제행무상 즉 시간적인
연기법의 해석으로 본다면, 지금은 물질들이 제각기의 인연으로 인해

각기 다른 특성을 가지고 이루어져 존재하는 것처럼 여겨지더라도, 시간적으로 보면 언젠가는 인과 연이 다하여 반드시 멸하는 것이기에 공(空)하다고 보는 것입니다. 즉 지금 내 앞에 있는 시계, 책상, 혹은 내 사랑하는 여인 등의 물질적 색(色)의 존재는 지금은 실재(實在)하는 것처럼 여겨지지만 시간이 흐르게 되면 반드시 인과 연이 다해 멸할 것이 분명하다는 것입니다. 즉, 인연생이므로 인과 연이 다하면 사라지기 때문에 고정된 실체라고 생각할 수 없는 것입니다. 공인 것이지요. 이처럼 시간의 관점에서 볼 때 어떠한 물질도 결국은 공으로 돌아갑니다. 그러나 지금으로써는 색의 특성을 인정하고, 지금 당장에는 공이 아니기 때문에 부득이 부정의 논리로서 설명하고 있는 것입니다. 색이 공과 다르지 않다는 것은 완전히 같다는 것이 아니라 다만 다르지 않다는 것만을 의미하며, 언젠가는 다르지 않음이 증명될 것이라는 점을 의미하는 것이기도 합니다.

공이라는 것은 앞서 언급했듯이 연기를 의미하며, 스스로의 자성(自性)이 없다는 것을 의미합니다. 즉 색이라는 것은 모두 연기되어진 존재로서 스스로의 자성이 없으므로 공이라는 것입니다. 연기된 모든 것은 실체가 없기에 공합니다.

색불이공

그러면 먼저 색불이공에 대해 살펴보겠습니다. 색은 우리 눈에 보이는 빛깔과 모양을 지닌 모든 물질적인 대상을 의미합니다. 이 차별적인 현상세계를 뜻합니다. 이 세상 모든 것은 전부 모양과 빛깔을 지니고 있기 때문에 전부 색 아닌 것이 없습니다.

그런데 색불이공은 이렇게 우리 눈에 보이는 일체 모든 현상세계의 대상들이 진짜 있다고 여겨지겠지만 사실은 진짜로 있는 것이 아니라는 것을 의미합니다. 우리 눈에 보이는 모든 물질적인 대상들은 전부 인과 연이 화합하여 만들어진 것이기 때문입니다. 인연생으로 만들어진 모든 대상들은 인연이 다하면 소멸될 수밖에 없기에 인연멸입니다.

이처럼 인연 따라 만들어진 것들을 인연가합의 존재라고 하여 인과 연이 가짜로 합쳐져서 존재를 만들어냈다고 말합니다. 이처럼 인연가합의 존재를 생사법, 생멸법이라고도 부릅니다. 여기에서 '법(法)'은 존재를 의미하는데요, 생사법이란 생겨났다가는 반드시 사라질 수밖에 없는 존재를 말하고, 생멸법 또한 만들어지면 반드시 소멸될 수밖에 없는 존재를 의미합니다. 그렇기에 이처럼 인연 따라 생겨났다가 사라지는 존재는 실체가 아니고, 허망한 것이기에 공하다고 하는 것입니다.

사람들은 돈, 명예, 권력, 지위, 소유물, 좋은 집, 좋은 차, 명품 등을 끊임없이 추구하고 더 많이 소유하기를 바랍니다. 사실 이런 모든 것들은 인연 따라 잠깐 가짜로 화합하여 잠시 내게 왔다가 인연이 다하면 언젠가 떠나갈 수밖에 없는 생사법이고 인연생 인연멸의 공한 것들일 뿐입니다. 그럼에도 우리는 색불이공이라는 이 사실에 무지하기 때문에 그런 것들에 집착하고, 소유하려고 애씁니다. 그것이 있으면 행복하고 그것이 없으면 괴롭다고 여깁니다.

색불이공의 가르침은 이처럼 우리가 목숨 걸고 쟁취하려 하고 소유하려 애쓰는 일체 모든 것들이 인연 따라 잠깐 왔다가 가는 것임을 알아 집착하지 않도록 이끄는 가르침입니다.

잠깐 왔다가 사라질 것에 집착할 이유가 없지 않을까요? 영원히 계속되지 않고 언젠가 떠나갈 것임이 뻔한데도 불구하고 거기에 집착한다는 것은 어리석음일 뿐입니다.

색불이공의 가르침을 깨닫게 된다면 세상을 살아가는데 있어 과도하게 추구하거나, 집착하거나, 소유욕, 재물욕, 명예욕 등의 온갖 탐욕에서 벗어나게 될 수 있습니다. 우리가 그토록 가지려고 집착하고 애써왔던 모든 것들이 사실은 그다지 집착할 만한 가치가 없으며, 언젠가 사라질 무상하고 유한한 것이기 때문입니다.

이러한 색불이공의 가르침을 공부하고 사유해 보면 누구나 '그렇구나!' 하고 '아하!' 하는 깨달음이 옵니다. 그래서 많은 사람들이 온갖 집착과 탐욕으로 괴로워하다가 불법을 공부하고 나면 머지않아 집착을 내려놓고 마음 편히 살아가곤 합니다. 세상사에 크게 연연해하지 않게 되고, 그 무엇에도 과도하게 집착하지 않게 되지요. 과거처럼 온갖 물질적인 욕망과 소유욕, 탐욕 등에서 벗어나다보니 홀가분하고 자유로운 삶을 살게 됩니다.

그런데 자칫 이 색불이공의 가르침을 잘못 이해하게 되면, 세상 모든 것은 전부 다 허망하다라고 생각하여 공에 치우치기 쉽습니다. 어차피 생겨나면 언젠가 사라질 것인데 뭣 때문에 안달복달하며 살아가나 싶기도 하고, 어차피 허망한 것인데 열심히 살 필요도 없지 않나 하는 생각을 하게 됩니다. 이것이 바로 공에 치우친 것이고, 공사상을 허무주의로 잘못 해석한 것입니다.

공불이색

그래서 이런데 치우친 사람을 위해서 『반야심경』에서는 다시 공불이색을 설합니다. 색이 공과 다르지 않지만, 공은 또한 색과 다르지 않다 라고 설하는 것이지요. 색이 공해서 허무하고 허망하다고 여기는 이들에게 그 치우친 극단을 바로잡아주기 위한 것입니다. 색불이공으로 현실세계의 공함을 설했다가 다시 공불이색으로써 현실을 긍정하는 것입니다.

쉽게 말해 방편으로, 색은 '있다'는 개념이고, 공은 '없다'는 개념이라면, 색불이공으로 있다고 여긴 모든 것들은 사실 없는 것이지만, 다시 없는 모든 것들은 있는 것이기도 하다고 설하는 것입니다. 즉 있다거나 없다라고 하는, 색이거나 공이라고 하는 어디에도 치우치지 않도록 중도로 이끄는 것입니다.

즉 이 법문은 현상세계를 공이나 색 어디에도 치우치지 않은 중도적인 시선으로 보도록 이끌어 줍니다. 불교에서는 그 어떤 것도 절대적으로 긍정하거나, 내세우지 않습니다. 그래서 『금강경』에서는 이를 무유정법(無有定法)이라고 했지요.

색불이공이라고만 하면 '아! 불교는 세상 모든 것을 공하다고 하는 종교구나'라고 생각할 것입니다. 실제 그래서 어떤 사람들은 불교를 공교(空敎)라고도 불렀습니다. 그러나 이것은 공하다는 한쪽으로 치우친 견해일 뿐입니다. 만약 누군가가 '불교는 공사상이다'라고 불교를 정의 내린다고 한다면 그것은 불법을 한쪽으로 치우쳐서 이해한 것입니다. 색은 공이지만 공은 다시 색인 것입니다. 색도 아니고 공도 아니고, 색이 아닌 것도 아니고 색이 아닌 것도 아닙니다. 이처럼 불법에서는 그 어떤 것도 절대적으로 '이것이다'라고 내세우지 않습니다. 무유정법이지요. 그것이 바로 어디에도 치우치지 않고, 어디에도 집착하지 않는 자유로운 중도의 가르침입니다.

공불이색은 색이 인연 따라 생겨난 것이기에 공한 것이지만, 공하다고 여기는 일체 모든 물질적인 현상세계는 현상세계 나름의 아름다움이 있음을 설합니다. 색이라는 현상세계가 공하다고는 하지만, 그렇다고 허무한 단멸의 공인 것은 아니라는 뜻입니다. 그 공한 가운데 현상세계의 묘한 아름다움이 있고, 생생한 살아있음이 있습니다. 이를 진공묘유(眞空妙有)라고도 표현합니다. 참으로 공하지만 묘하게 있다는 것이지요. 색불이공이지만 다시 공불이색이라는 것입니다. 현실세계를 공하다고 부정했다가 다시 긍정합니다.

공하다는 사상을 잘못 받아들여 세상 모든 것이 다 허무하고 허망한 것이니까 열심히 공부하고, 열심히 일하고, 열심히 살 필요도 없다거나, 대충대충 살다가 가면 그만이라고 여긴다면 이는 색불이공에만 치우친 것입니다. 공불이색이라는 중도의 법문까지 한 발 나아간다면 공한 줄 알면서도 현실세계에 발을 딛고 매 순간순간 최선을 다해 열심히 살아갈 것입니다.

『금강경』의 응무소주 이생기심 즉, '집착하는 바 없이 마음을 내라'는 가르침을 실천하게 되는 것이지요. 색불이공이기 때문에 모든 것이 인연 따라 생겨난 공한 것인 줄 알아 집착은 하지 않습니다. 그러나 집착하지 않는다고 아무것도 하지 않는 것이 아니라, 집착은 하지 않지만 매 순간순간에 인연 따라 마음을 내는 것입니다. 공불이색인 줄 아는 까닭입니다. 오히려 이렇게 응무소주 이생기심으로 마음을 낼 때는 '집착'하는 삿된 마음이 없고, 물질에 사로잡히거나, 애착하는 마음이 없기 때문에 그저 순수한 마음으로 매 순간 최선을 다할 뿐입니다. 집착심으로 열심히 사는 것이 아니라, 매 순간 바로 그 순간의 진실로써 최선을 다할 뿐입니다. 100% 완전 연소하는 삶이라는 것이 바로 그것이지요.

그때 우리가 행하는 것은 곧 무위행(無爲行)이 됩니다. 유위행은 내가 억지로 노력하여 행하는 것이지만, 무위행은 함이 없이 하는 행이라고 하여 억지와 인위적인 노력이 없지만 그 순간에 집착 없이 행하기 때문에 오히려 아무 힘들이지 않고도 그것을 행하게 된다는 뜻입니다. 그렇게 무위로써 행할 때는 아무런 노력을 들이지 않는데도 불구하고 강력한 힘이 주어집니다. 그것은 '나'라는 사사로운 아상이 하는 것이 아니라 이 우주법계의 자연스러운 근원적인 힘이기 때문입니다.

　이처럼 색불이공 공불이색이라는 연기와 중도적인 가르침은 집착하는 바 없이 무위로써 살아가면서도 우주법계와 하나 되는 근원적인 힘을 얻는 실천행입니다.

7. 색즉시공 공즉시색(色卽是空 空卽是色)

공간적인 연기법

　'색이 곧 공이고, 공이 곧 색'이라는 논리는 공간적인 무아의 개념으로 이해할 수 있다고 앞에서 설명하였습니다. 앞의 색불이공 공불이색에 비해 색즉시공 공즉시색(色卽是空 空卽是色)은 매우 강한 긍정의 논리입니다. 즉 물질적 존재인 색은, 바로 지금 이 순간 여지없는 공이라는 것입니다. 이 공간 내에서 곧바로 이해할 수 있는 공이라는 것입니다. 앞의 논리처럼 시간적으로 미래에는 공일 것이라는 막연한 이야기가 아니라, 바로 이 공간에서 곧장 공을 깨닫는 이야기인 것입니다.

　앞에서 공이란 것은 연기하는 것이며, 무자성(無自性)이고, 무아라는 것을 설명한 바 있습니다. 다시 말해, 공은 무아를 의미합니다. '색즉시공 공즉시색'은, 색이 곧 무아(無我)라는 말입니다. 즉 시계, 책상, 사람 등의 물질적 존재인 색은 미래에 인연이 다하여 흩어질 것이기에 공이기도 하지만, 바로 지금 그 모습이 공이라는 것입니다.

　시계라고 했을 때, 이 시계는 시계침, 플라스틱 케이스, 나사, 건전지 등이 인연 화합으로 모여 만들어진 물질입니다. 그러나 각각의 부품들 하나하나를 가지고 시계라고 할 수는 없을 것입니다. 시계 케이스만을 가지고 시계라고 할 수도 없고, 시계침만을 가지고 시계라고 할 수도 없는 것입니다. 시계라는 것이 성립되기 위해서는 이 모든 부속품들이 모여 인과 연이 맞는 부품들끼리 짜맞추어졌을 때, 비로소 시계일 수 있는 것입니다. 이렇게 제각기 다른 모든 부품들을 인연 따라 잘 결합시켜 시계라는 색으로 만들기 위해서는 연기라는 법칙이 필요합니다.

요컨대 공의 성질, 연기의 성질, 무자성의 성질이 바탕이 되어야만 비로소 시계가 성립한다는 것입니다. 따라서 결국 시계가 성립할 수 있는 토대가 되는 것은 바로 연기 즉, 공의 바탕 위에서인 것입니다. 그러므로 색이 곧 공이며, 공이 곧 색이라고 하는 것입니다.

색불이공과 색즉시공의 차이

교리적인 설명은 이렇게 했지만, 사실 색불이공 공불이색을 설하고 나서 다시 비슷한 내용인 듯한 색즉시공 공즉시색을 설한 것에는 그럴 만한 이유가 있습니다. 색불이공 공불이색은 아직 깨닫지 못한 중생들이 사유를 통해 제행무상의 이치, 공의 이치를 깨닫기 위해 설해진 교설이라고 할 수 있습니다. 색이 공과 다르지 않고, 공이 색과 다르지 않은 이 가르침은 충분히 사유를 통해서도 이해할 수 있고, 그것을 통해 공부하는 수행자가 바른 지견을 세워 공부의 방향을 정해 나갈 수 있는 것입니다.

그러나 색즉시공 공즉시색은 깨닫지 못한 수행자의 관점에서 설해진 가르침이 아니라, 색이 곧 공임을 단박에 깨달아 마친, 쉽게 말하면 자신의 본래 성품에 계합한 견성 수행자에게 확연하게 드러난 진리를 그저 열어 보인 것입니다. 색즉시공에서 '즉(卽)'이란 용어는 틈이 없이 곧바로, 곧장, 몰록의 의미로 전혀 둘로 나뉘지 않는 불이를 의미하며, 보통 돈오라는 '몰록 깨닫는' 깨달음을 설할 때 사용되는 용어입니다.

즉 색즉시공 공즉시색이란 가르침은 견성한 수행자에게 몰록 드러난 우주의 실상입니다. 실상반야인 것이지요. 여기에는 전혀 이해를 필요로 하지 않습니다. 그저 곧장 드러난 진리의 실상입니다. 색이 곧바로 공이라는 온전한 계합이지 색이 왜 공인지를 구질구질하게 설명할 필요가 없습니다.

이처럼 색불이공 공불이색은 중생들에게 진리의 실상을 밝히는 부분이라면, 색즉시공 공즉시색은 자기 본성에 계합한 이에게 드러난 진리의 실상 그 자체인 것입니다.

색즉시공

먼저 색즉시공을 살펴보겠습니다. 색이 지금 이 자리에서 여지없이 공하다는 것입니다. 지금 당장, 곧바로 공하다는 것이지요. 가만히 생각해 보세요. 지금 우리 눈앞에 있는 일체 모든 물질적 대상들이 지금 이 자리에서 텅 비어 있다면 믿으시겠습니까? 믿어지지가 않습니다. 아무리 머리를 써서 이해하려고 해도 도무지 이해되지가 않을 것입니다. 과학적으로 꽉 차 있다고 믿는 모든 물질이 사실은 그 안으로 깊이 파고들어가 살펴보면 텅 빈 허공의 상태라거나, 입자와 파동의 관계, 홀로그램 등 다양한 양자물리학의 실험들을 빌려 와서 공하다는 것을 설명할 수는 있을 것입니다.

그렇다고 할지라도 실제 이렇게 매 순간 직접 쓰고 있는 이 몸과 물질적인 모든 대상들이 다 텅 비어 있다고 실감되지는 않겠지요. 왜 실감되지 않을까요?

이 가르침은 우리가 머리로 이해할 수 있는 영역이 아니기 때문입니다. 범주가 다르지요. 이것은 깨달음의 영역입니다. 깨달음의 시선으로 바라볼 때 색즉시공이라는 의미입니다. 몰록 깨닫는 돈오 견성을 체험한 자에게는 그저 당연한 가르침이라는 것이지요.

깨닫는다는 것은 곧 지금 이대로의 현실세계가 곧장 공하다는 사실, 텅 비어 아무것도 내세울 것이 없음을 온 존재로써 곧장 체험하게 되는 것입니다. 그래서 깨달음의 세계를 설하는 『반야심경』에서도 '무소득'이라고 하여 '얻을 것이 없다'고 하였고, 『금강경』에도 '조그마한 법이라도 얻을 만한 것이 없으므로 이름하여 아뇩다라삼먁삼보리'라고 하였습니다. 이처럼 이 깨달음의 자리에는 텅 비어 공하여 그 어떤 것도 얻을 것이 없고, 내세울 것이 없습니다. 그래서 육조스님은 이를 '한 물건도 없다'고 하여, '본래무일물(本來無一物)'이라고 했습니다.

임제스님은 '구할 수 있는 부처도 없고, 이룰 수 있는 도(道)도 없고, 얻을 수 있는 도도 없다'고 했고, 대혜스님은 '전해줄 수 있는 법은 하나도 없다'고 했습니다. 백장스님도 '부처는 구함이 없는 사람이니, 구하면 도리에 어긋난다'고 함으로써 진리의 자리에는 그 무엇도 구할 것도 얻을 것도 없는 텅 빈 공임을 설하고 있습니다. 황벽스님은 '이 마음은 나고 죽는 것도 아니고, 색깔이나 형상이 있는 것도 아니다'라고 했습니다. 보통 선에서는 이 참된 진리를 이름하여 '마음'이니, '법'이니, '본래면목'이니, '불성'이니 수많은 이름으로 붙였지만 그 이름은 다만 가명일 뿐, 그 이름에 걸맞은 무엇은 있는 것도 아니고 없는 것도 아니라고 했습니다. 즉 중도로써 설명하였지요.

이처럼 깨달음의 진리에 계합하게 되면 무언가를 얻거나, 구하거나, 이루는 것이 아니라 본래 아무것도 없었다는 공의 가르침을 확인할 뿐입니다.

이것이 바로 색즉시공의 소식입니다. 우리는 지금까지 중생의 눈으로 세상을 바라보며 살았기 때문에 '색'만을 보고 살았습니다. 물질적인 색깔과 모양만을 보고 살았지요. 그러나 깨달음을 얻는다는 것은 지금까지 보아오던 '색'을 보는 것이 아니라, '색'을 보면서도 그 색 위에서 색이 아닌 '공'을 보는 것입니다. 색과 공은 서로 다른 두 가지가 아니라 둘이 아닌 불이법이기 때문이지요. 다만 우리 중생은 색만을 보고, 깨달은 자는 거기에서 공을 보는 것입니다.

불교에서는 흔히 삶은 이대로 완전하며, 우리는 지금 이대로 부처라고 설합니다. 진리는 눈앞에 곧장 드러나 있다고 합니다. 이것이 바로 공의 소식입니다. 우리 눈에는 색만 보이지만 사실은 공이 환히 드러나 있음에도 우리가 보지 못할 뿐이라는 것입니다.

그래서 진리는 눈앞에 환히 드러나 있다고 해서 당처(當處)라고도 하고, 각하(脚下)라고도 합니다. 조고각하(照顧脚下)란 자신의 발아래를 비추어 보라는 말로, 깨달음이란 다른 곳에 있는 것이 아니라 바로 발밑에 가장 가까이에 있음을 의미합니다. 본분각하(本分脚下)라고도 하지요.

또한 목전(目前)이라도도 해서 깨달음이란 목전에 뚜렷하고 형상 없이 홀로 밝은 것이라고도 합니다. 경봉선사께서는 오도송에서 '내가 나를 온갖 것에서 찾았는데, 바로 목전에서 나타났다'고 했습니다.

또 승조스님은 촉사이진(觸事而眞)이라고 해서 눈에 부딪치는 것이 모두 참된 진실이라고 했고, 석두스님은 촉목회도(觸目會道)라고 하여 눈에 부딪치는 것마다 도를 만난다고도 했습니다. 또한 도오스님은 촉목보리(觸目菩提)라고 하여 눈에 보이는 모든 것이 깨달음 아님이 없다고 했고, 마조스님의 입처즉진(立處卽眞)과 임제스님의 입처개진(立處皆眞) 등도 모두 내가 서 있는 바로 이 자리에 참된 진실, 깨달음, 공이 드러나 있음을 설하는 것입니다. 또 이를 『유마경』에서는 직심(直心)이라고 해서 당장에 곧장 이 마음이 바로 부처라고 말합니다. 『육조단경』에서는 "일행삼매(一行三昧)는 가고 머물고 앉고 눕는 모든 곳에서 항상 하나의 직심을 행하는 것"이라고 설하고 있습니다. 즉 직심이란 주객이 나뉘지 않는 곧장 이 마음으로, 즉 쉽게 말하면 생각이나 망상, 분별심이 개입되지 않은 텅 빈 마음, 공을 의미합니다. 우리의 본래 마음은 깨끗하고 텅 비어 공하지만 우리의 허망한 생각과 분별망상이 그 참마음을 뒤덮어 현실을 왜곡되게 볼 수밖에 없었다는 것이지요. 그래서 『육조단경』에서는 '허망한 생각 때문에 진여를 뒤덮은 것일 뿐, 단지 허망한 생각만 없으면 본성은 본래 깨끗하다'고 했습니다.

즉 우리는 허망한 분별망상심 때문에 있는 그대로 드러나 있는 공을 보지 못하고, 눈앞의 색만을 볼 수밖에 없다는 것입니다. 이를 달리 말하면, 중생들이 공이라는 진리를 보지 못하고 색만을 보는 이유는 바로 반야지혜가 없기 때문입니다. 앞서 설명한 것처럼 반야지혜는 무분별지인데, 우리는 무분별지로 세상을 보는 것이 아니라 분별지로만 세상을 보기 때문에 공을 못 보고 색만을 보는 것입니다.

우리가 수행을 하는 이유는 바로 색즉시공을 깨닫기 위함입니다. 우리 눈에 보이는 일체 모든 대상에서 색만을 보고 그 색깔과 모양만을 보면서 이렇거니 저렇거니, 좋으니 나쁘니 하면서 분별하며 사는 삶에서, 문득 홀연히 돈오하여 색을 보는 것이 아니라 공을 곧바로 보는 것입니다. 모든 색이 드러나는 그 배경 바탕의 본래 자리에 있는 공을 확인하는 것, 그것이 바로 우리의 공부이고 수행인 것입니다. 색즉시공을 깨닫는 것이지요.

공즉시색

그런데 돈오 견성하여 색즉시공을 여실히 본 사람이라고 할지라도 그 공의 실상에 완전히 발을 굳건히 내딛고 있지는 못합니다. 분별하는 오랜 습(習)을 버리지 못하기 때문이지요. 분별심이 계속해서 올라와 공의 세계를 다시금 머리로 분별하고 해석하려 하는 것입니다.

그래서 처음 자신의 성품을 보아 깨달음을 얻은 사람에게 보임(保任)이라는 본격적인 수행의 기간이 필요한 것입니다. 보임이란 보호임지(保護任持)의 준말로 '확인한 자신의 본성을 잘 보호하여 지킨다'는 뜻입니다. 『능엄경』에서도 '이치는 몰록 깨달을 수 있어서 깨달음에 의해 번뇌가 모두 소멸되지만, 현실에서는 오랜 습기를 문득 제거할 수가 없기에 차례로 닦아야 한다'고 했습니다. 이것을 보고 선에서는 돈오점수(頓惡漸修)라고 합니다. 깨달음은 몰록 단박에 오지만 오랜 습기는 차차 닦아가야 한다는 것입니다.

이렇게 견성하여 색즉시공임을 깨닫고 나더라도 이처럼 오랜 분별심과 번뇌의 습으로 인해 완전히 불이법에 계합하지는 못합니다. 즉 불이법이란 색과 공이 둘이 아니고, 주와 객이 둘이 아니고, 깨달음과 깨달음 아님이 둘이 아님을 뜻합니다. 그래서 처음 견성을 하고 나면 색즉시공이라는 진리를 계속 유지하고 싶어 합니다. 즉 공이라는 진여실상의 자리에 계합하는 자리가 따로 있다고 여기면서 이 참 자성의 자리, 공의 자리를 좇는 것이지요.

그러다보니 깨달음의 세계, 공의 실상에 발 딛고 서 있으려고 하고,

이 깨달음에만 관심을 기울이다보니 실제 현실 생활은 조금 등안시하게 된다거나, 일상생활보다는 삶의 중심이 깨달음을 확고히 하는 공의 자리에 더 치우쳐지게 마련입니다. 이것은 불이법에 확고한 계합이 아직 안 된 탓이겠지요. 즉 색즉시공은 알지만 아직 공즉시색까지는 가지 못한 것입니다.

그러다가 꾸준히 보임하며 공부해 나가다 보면 비로소 색과 공이 둘이 아니라는 불이법에 완전히 계합하게 되고, 그때 비로소 공즉시색을 확연하게 깨닫게 됩니다. 그 전까지는 일상생활이라는 색의 대상세계보다는 깨달음의 세계인 공의 세계를 더 추구했다면 이제는 일상생활이 곧 깨달음임이 분명해지는 것입니다. 공이 곧 색임이 분명해지는 것이지요. 불이법에 확고히 눈뜨는 것입니다.

색이 공인 줄 알았다가, 비로소 내가 그렇게 추구해왔던 공이 그대로 색이라는 사실에 눈뜨게 되는 것입니다. 공즉시색에 눈뜨는 것이지요.

그렇게 되면 더 이상 깨달음의 세계가 따로 있고, 일상 현실세계가 따로 있지 않게 됩니다. 색이 따로 있고, 공이 따로 있지 않게 되는 것이지요. 저잣거리에 있으면서도 전혀 동요되지 않고, 일상생활을 다 하면서도 전혀 일상생활에 물들지 않게 되는 것입니다.

색즉시공만 알 때는 색은 좀 멀리하고 공만을 가까이 하고 싶었다면, 공즉시색에 계합하고 나면 색이 곧 공이고, 공이 곧 색인 줄 알기에 색에도 공에도 전혀 머물러 집착함이 없고, 아무런 차이를 느끼지 못하는 것입니다.

비로소 일상생활에서 어떤 일을 하더라도 전혀 걸림이 없고, 세간과 출세간이 전혀 둘로 나뉘어지지 않는 자유로운 삶을 살게 되는 것입니다. 그래서 비로소 출세간의 공에만 발 딛고 서 있으려고 혼자 고요한 곳을 찾던 삶을 멈추고, 저잣거리와 세상 곳곳으로 다시 들어가 중생들과 하나가 되어 살면서 그들을 구제하게 되는 것입니다.

그것이 바로 심우도에서 말하는 반본환원(返本還源)과 입전수수(入塵垂手)입니다. 비로소 본래 있던 곳으로 되돌아와 중생 구제를 위해 거리로 나설 수 있게 되는 것이지요.

이것을 화엄사상의 사법계(四法界)를 기준으로 본다면 사사무애법계라고도 할 수 있을 것입니다. 색즉시공을 깨달은 것은 이사무애법계를 깨달은 것이고, 공즉시색을 깨달은 것은 곧 사사무애법계를 깨달은 것과 비슷합니다. 색즉시공을 깨달음으로써 이법계와 사법계 즉 진리의 세계와 현상의 세계가 서로 다르지 않아 원융무애함을 깨닫게 되었다면, 공즉시색을 깨닫게 됨으로써 사사무애법계로써 현실 속에 완전히 뿌리내려 현실 속에서 원융무애하고 자재하게 살아갈 수 있게 되는 것입니다. 현실 속에 살면서도 전혀 걸림이 없고, 자유자재하게 되는 것입니다.

중도의 가르침

이처럼 『반야심경』에서 색불이공 공불이색 색즉시공 공즉시색이라고 부득이하게 비슷한 내용을 네 번이나 반복하여 설명하는 이유는

다 어느 한쪽으로 치우쳐서 이해하지 말라는 중도의 가르침을 드러내기 위함입니다. 색에도 치우쳐 머물지 말고, 공에도 치우쳐 머물지 말고, 현실세계를 거부한다거나 깨달음의 세계만을 추구하지도 말며, 어느 한쪽의 가르침만이 진리라고 머물지 말라는 것입니다.

앞서 설명했듯이 불법은 '이것이 불교다'라고 할 만한 고정된 실체적인 진리가 정해져 있는 것이 아니기 때문입니다. 그래서 언제나 불법은 어느 하나를 방편으로 내세우고 난 뒤에는 반드시 그 방편으로 내세운 가르침을 깨부숩니다. 한쪽에서는 세우고 다른 한쪽에서는 부수는 것이지요. 그래야만 어느 한쪽에 치우치지 않을 수 있기 때문입니다.

그렇다면 '불교는 중도의 가르침이다'라고 내세울 수 있을까요? 그렇지 않습니다. 중도란 어느 한쪽으로 치우치지 말라는 것이지, 중도라는 또 다른 무엇을 내세우고자 하는 것이 아닙니다. 이와 마찬가지로 불교의 모든 핵심적인 교리들은 전부 다 그 무엇도 내세울 것이 없음을 드러내는 용어입니다.

공사상은 어떤 진리가 따로 있다는 말이 아니라 텅 비어 아무것도 없다는 것을 의미하는 방편의 용어이고, 무아도 나랄 것도 없다는 것이며, 무상은 항상 하는 것도 없다, 무소득은 얻을 것이 없다, 무자성은 자성이 없다 라는 것을 의미합니다. 또한 연기법은 우리가 있다고 여기는 모든 것은 사실은 진짜로 있는 것이 아니라 다만 인과 연이 가짜로 화합하여 있는 것처럼 보일 뿐 실체적으로 있는 것은 아무것도 없다라는 것을 의미하는 용어입니다. 그래서 불교의 모든 가르침은 중도로써만 드러낼 수 있을 뿐, 어느 한쪽으로 치우쳐서 설명할 수 없는 것입니다.

바로 『반야심경』의 색불이공 공불이색 색즉시공 공즉시색의 가르침 또한 우리가 있다고 여기는 '색'이라는 모든 경계가 사실은 텅 비어 공한 것이며, 그렇다고 공하다는데 치우쳐서도 안 됨을 설하고 있습니다. 이처럼 『반야심경』은 우리에게 어느 작은 한곳에도 치우치거나, 머물러 집착하지 못하도록 이끌고 있습니다. 그 어떤 발 디디고 안주할 만한 그 어떤 한 치의 틈도 허용하지 않습니다. 우리의 일체 모든 망상 분별을 한 티끌도 남기지 않고 전부 다 불살라버리는 것입니다.

그것이 바로 불법이고, 『반야심경』이며, 중도의 가르침입니다.

8. 수상행식 역부여시(受想行識 亦復如是)

물질이 공하듯 정신도 공하다

이상의 논리에서는 색에 한정하여 설명하고 있지만, 여기에 오면 물질적인 것뿐 아니라 정신적인 것까지도 모두 포함하여 공이라고 설명합니다. 즉 수상행식 모두를 앞의 논리에서 색에 대비할 수 있으니, 다음과 같습니다.

> 수불이공(受不異空) 공불이수 수즉시공(受卽是空) 공즉시수
> 상불이공(想不異空) 공불이상 상즉시공(想卽是空) 공즉시상

행불이공(行不異空) 공불이행 행즉시공(行卽是空) 공즉시행

식불이공(識不異空) 공불이식 식즉시공(識卽是空) 공즉시식

이것은 곧 오온, 즉 일체 제법인 물질, 정신적 존재는 모두 공과 다르지 않고, 공이 또한 일체 제법과 다르지 않으며, 일체 제법이 곧 공이고, 공이 곧 일체 제법이라는 것입니다.

이것은 결국, 일체 제법은 시간적으로 제행무상이며, 공간적으로 제법무아이고, 그렇기에 연기적 존재라는 말과 다르지 않은 것입니다. 연기적인 존재라는 것은 곧 비실체적이고, 텅 비어 공하며, 무자성, 무분별, 중도실상이라는 것을 의미합니다.

수불이공 공불이수 수즉시공 공즉시수

수온은 앞서 설명한 바와 같이 쉽게 말하면 우리의 정신작용 중에도 '느낌', '감정'이라고 했습니다.

느낌은 곧 공과 다르지 않습니다. 느낌과 감정은 실체가 없어서 인연 따라 다르게 느껴지지요. 똑같은 사람에게 좋은 느낌을 받기도 하다가 나쁜 느낌으로 바뀌기도 하고, 동일한 행동을 어떤 사람이 하면 좋고 어떤 사람이 하면 싫게 느껴지기도 합니다. 결혼하기 전에 그가 하던 행동이 단점조차 사랑스러운 매력으로 느껴졌지만, 결혼하고 환상이 깨지고 났더니 그 매력이라고 느끼던 것들이 지긋지긋하게 싫어지기도 합니다. 우리가 느끼는 느낌, 감정이라는 것은 실체가 없는 공한 것이기 때문입니다. 수불이공(受不異空)이지요.

느낌은 공과 다르지 않습니다. 시간이 지나면 모든 느낌들은 변해갈 뿐입니다. 좋은 느낌이 싫어지기도 하고, 싫던 느낌이 좋아지기도 합니다. 수온은 실체적인 것이 아니라 공하기 때문입니다.

그렇다고 느낌이 공하니까 아무리 좋은 느낌을 주는 어떤 사람이 있더라도 나는 절대 더 이상 사랑은 하지 않겠다고 할 필요는 없습니다. 그것은 공에 치우친 것입니다. 그래서 다시 공불이수를 설함으로써 중도로 이끄는 것입니다.

음악을 좋아하고 미술을 좋아하는 사람, 혹은 자신이 좋아하는 특별한 취미 등을 가지고 있는 사람이 그렇게 좋아하는 것도 다 허망한 감정일 뿐이니 거기에 얽매이고 구속되지 말아야 하겠구나 하는 것까지는 좋은데, 그렇다고 해서 그 좋은 감정을 느끼는 취미활동을 전혀 하지 말아야 하는 것은 아닙니다. 좋아하면 좋아하는 것을 마음껏 하면 됩니다.

사랑하고 싶으면 마음껏 사랑하세요. 음악을 좋아하면 마음껏 음악을 즐기셔도 좋습니다. 그러나 거기에 과도하게 집착하여 그 사람 아니면 절대 안 된다거나, 내 꿈이 가수나 작곡가가 아니면 절대 안 된다고 구속될 필요는 없다는 것입니다.

물론 인연이 닿는다면 그 길도 좋지만 인연이 닿지 않는다면 그저 내가 좋아하는 음악을 생활 속에서 즐기고 만끽하며 누리고 살아도 충분한 줄 알아야 합니다. 그것이 바로 수불이공 공불이수의 삶이고, 응무소주 이생기심 즉 마음을 내되 집착이 없어야 한다는 도리입니다.

수즉시공은 느낌이 시간이 지남에 따라 끊임없이 변화되는 것이니 공이라는 통찰을 넘어서서 지금 느끼고 있는 이대로 여지없이 공임을 깨닫는 것입니다. 그래서 깨달음을 얻은 사람은 느낌이 전혀 없는 사람이 아니라, 좋은 느낌도 느끼고 싫은 느낌도 느끼지만 그렇게 다 느끼면서도 그 느낌에 속지 않는다고 합니다. 다 느끼면서도 느끼지 않는 것이지요. 함이 없이 하는 것입니다.

또한 공즉시수는 느낌이 공함을 분명히 깨달았지만 그렇다고 해서 그 느낌이 공함에만 머물러 있지 않는 것을 말합니다. 공에만 빠져 있는 것이 아니라, 다시금 그 온갖 느낌들을 자유자재하게 인연 따라 쓸 줄 아는 것이지요. 한 치도 좋고 나쁜 느낌에 휘둘리지 않는 것입니다. 좋을 때는 좋은 것을 함께 하고, 싫을 때는 싫은 것을 행하지만 거기에 좋고 싫은 분별이 없는 것입니다. 원융하고 융통자재하게 좋고 싫은 느낌에 구속됨 없이 세상 속에서 평범하게 살아가는 것입니다.

깨달음을 얻은 사람이라고 해서 35도를 웃도는 더위 속에서도 전혀 더운 것을 느끼지 못하는 사람이 아닙니다. 더울 때는 더운 줄 알기 때문에 인연 따라 선풍기가 있으면 선풍기를 틀고, 에어컨이 있으면 에어컨을 틀겠지요. 또 인연 따라 그런 것이 없으면 그저 안 틀고 살겠지요. 또 전기료가 많이 나온다면 에어컨을 적당히 틀며 살 것입니다. 어때요? 우리하고 똑같이 사는 것입니다.

수즉시공 공즉시수를 깨달은 도인이라고 할지라도 우리와 똑같이 사는 것입니다. 그것을 반본환원 입전수수라고 한다고 했지요. 다만 덥더라도 우리처럼 짜증이 난다거나, 에어컨이 없어서 죽겠다거나, 돈이 없어서 에어컨도 마음대로 못 틀고 산다고 가난을 탓하거나 하는 등의 분별이 사라진 것일 뿐입니다. 그러니 인연 따라 수연행(隨緣行)의 삶을 사는 것이지요. 더우면 그저 더울 뿐, 선풍기가 있으면 그저 틀 뿐, 에어컨이 있으면 틀 뿐, 전기료가 비싸면 좀 적게 틀 뿐, 그저 그럴 뿐입니다. 거기에 두 번째, 세 번째 화살을 맞아가면서 이렇거니 저렇거니 분별하고 그 분별심에 스스로 휘둘리는 일이 없는 것일 뿐입니다.

상불이공 공불이상 상즉시공 공즉시상

상온은 쉽게 말하면 '생각', '사고' 등의 정신작용을 의미합니다. 생각은 공과 다르지 않습니다. 우리가 생각하는 일체 모든 것들은 그저 인연 따라 잠깐 올라왔다가 사라지는 생멸법일 뿐입니다. 절대적인 생각, 이것은 절대로 내 생각이어서 절대 변하지 않을 불변의 생각이란 없습니다. 생각은 언제나 올라왔다가 잠시 머물렀다가 때가 되면 사라지는 것일 뿐입니다. 이것이 바로 상불이공(想不異空)입니다. 생각은 텅 비어 있어 공한 것입니다. 시간적으로 제행무상의 관점에서 보더라도 한 번 일어난 생각은 시간이 흐르면 변할 수밖에 없습니다.

내가 과거에 고집했던 모든 생각들은 시간이 지남에 따라 다른 생각으로 대치됩니다. 옛날에는 절대적으로 옳다고 여겼던 생각이 나이가 들어감에 따라 잘못된 생각이었음을 깨닫게 되거나, 다른 생각으로 바뀌는 경우는 얼마나 많습니까.

선악이라고 규정짓는 것들 또한 끊임없이 변화해 갑니다. 옛날에는 악이라고 생각한 것을 시간이 흐름에 따라, 또 가치관이 변해감에 따라 선이라고 생각하기도 합니다. 옛날에는 당연하게 행해지던 많은 부조리들을 부조리인 줄도 모르고 행했지만, 요즘에는 시대가 변하면서 높은 도덕 수준을 요구하게 되면서 옛날 같으면 그것을 해도 아무 문제가 없던 것들이 요즘에는 범죄가 되는 일들도 많아지고 있습니다.

이처럼 생각은 고정된 실체가 아닙니다. 텅 비어 공한 것이기 때문에, 어떤 한 가지 생각을 절대적으로 옳다거나 그르다고 생각해 거기에 집착한다면 그것은 괴로움을 가져 올 뿐입니다. '이 생각이 절대적으로 옳다'라는 생각을 하게 되면 그 생각과 다른 생각을 하는 사람을 만날 때 부딪치고 싸우고 화가 날 수밖에 없는 것이지요.

상불이공의 가르침에 눈을 뜨게 된다면 어떤 생각도 절대화하여 집착하지 않게 될 것이고, 그로인한 괴로움도 사라지게 될 것입니다. 특정한 생각만이 옳다고 집착하지 않고, 유연하게 열린 마음으로 서로 다른 생각들을 그저 받아들여 줄 것입니다.

예를 들어 불교만이 절대적으로 옳은 종교라거나, 기독교만이 절대적으로 옳은 종교라고 생각하여 거기에 집착하고 있다면 그 사람은 그 종교만이 진리라는 틀에 갇히고 말 것입니다. 상불이공을 아는 이라면 '불교가 옳은 종교'라고 여길 수는 있겠지만, '불교만이 옳은 종교'라고 여기지는 않을 것입니다. 그 또한 하나의 생각에 고집하는 것이기 때문입니다. 불교만이 진리라는 그 생각을 절대시하게 되면 불교 이외의 종교는 전부 삿된 종교가 되고, 절대적으로 틀린 종교라고 믿을 때 그 종교를 무시하고 탄압하고 배척하게 될 것입니다. 그렇게 진리와 진리 아닌 것을 둘로 나누는 것은 불이법도 아니고, 불이중도도 아닙니다.

불교는 전혀 그런 종교가 아니지요. 불교 그 자체에도 집착하지 않도록 이끄는 가르침입니다. 왜 그럴까요? '이것이 불교다'라고 할 만한 고정된 실체적인 진리를 불교에서는 주장하고 있지 않기 때문입니다. 그러니 집착할 그 어떤 생각도, 그 어떤 사상도, 그 어떤 절대적인 가르침도 없는 것이지요.

물론 이 말은 잘 알아들을 수 있어야 합니다. 이런 말을 듣고 '불교에는 진리가 없다'라고 이해해선 안 되겠지요. 불교는 색수상행식이라는 물질과 정신의 다섯 가지 괘범에 속하는 것이 아니기 때문입니다. 색수상행식은 전부 인연 따라 생겨났다고 인연이 다하면 소멸될 수밖에 없는 생사법일 뿐입니다. 그러나 참된 불법, 진리는 생겨났다가 사라지는 생사법이 아닙니다. 불생불멸법입니다. 이를 무생법인(無生法忍)이라고도 하지요.

참된 진리는 무생 즉 생겨나는 법이 없기에 사라지는 법도 없습니다. 이 우주가 폭발을 하고, 지구가 사라지고, 나와 우리 모두가 사라져 다 없어진다고 하더라도 전혀 아쉬울 것도, 두려울 것도 없습니다.

그렇게 생겨났다가 사라지는 것은 다만 인연 따라 나고 죽는 생사법인 색수상행식일 뿐이기 때문입니다. 참된 불법은, 본래면목은 생겨나지도 사라지지도 않으면서 있다거니 없다거니 하는 치우친 언어로 표현할 수 있는 것도 아닙니다.

그래서 이 참된 불법은 있다거나 없다라는 용어로는 설명할 수가 없는 것입니다. '이것이 불교다'라고 할 만한 고정된 실체적인 무엇이 있다고 할 수 없다는 것도 이와 같습니다. 우리가 있다거나 없다라고 여기는 그런 분별법의 범주, 세간법의 범주, 생사법의 범주, 연기법의 범주 너머에 불법의 진리는 있기 때문입니다. 즉 있고 없음을 넘어 서서 있습니다. 이를 진공묘유(眞空妙有)라고 한다고 했지요. 진리는 있다거나 없다고 할 수 없이 텅 비어 있기에 진공이라고 했고, 그러나 그렇다고 전혀 없는 것이 아니라 있고 없음을 넘어서서 있기 때문에 묘유라고 했습니다.

그래서 말이라는 분별법으로 설명할 때는 어쩔 수 없이 텅 비었다, 없다, 공하다, 본래무일물이다 등으로 설명하지만, 말을 너머, 분별을 너머에서는 묘하게 있음을 드러내는 것입니다. 그래서 이를 범주의 오류라고 합니다. 즉 불교의 가르침을 생사법이라는 분별법의 범주 속에서만 이해하려고 하면 어긋난다는 것이지요. 불교는 분별을 넘어선 무분별의 가르침이기 때문에 우리가 생각으로 이해하려고 하면 어긋납니다. 생각과 이해의 차원, 분별의 차원을 넘어서는 전혀 다른 범주의 가르침이기 때문입니다.

쉽게 말하면 생사법, 연기법, 분별법이란 곧 꿈속의 세계이고, 불생불멸법, 무분별법, 무위법의 불법이라는 진리는 꿈을 깬 세계입니다. 꿈속의 세계 속에서 아무리 더 좋은 꿈을 꾸려고 애쓰더라도 그것은 꿈속에서의 일일 뿐입니다. 불교는 그런 꿈속에서 더 좋은 꿈을 꾸도록 이끄는 것이 아니라, 바로 그 꿈에서 깨어나도록 이끄는 가르침입니다. 그래서 꿈속의 언어나, 꿈속 세계의 범주로 꿈 깬 세계를 이해할 수는 없다고 하는 것입니다. 그것은 이미 범주의 오류를 범한 것이기 때문입니다.

그래서 이러한 상온, 즉 생각이 텅 비어 공하다는 것을 설할 때도 상불이공 공불이상 상즉시공 공즉시상이라는 방식과 중도로 설함으로써 꿈 속 세계의 어디에도 발을 딛지 못하고, 어디에도 머물러 집착하지 못하도록 이끎으로써 꿈을 깨도록 돕는 것입니다.

상불이공을 깨닫게 되면 저절로 생각에 집착하지 않게 되고, 고집이나 아집에 사로잡히지 않게 됩니다. 생각은 더욱 유연해지고, 그 어떤 것도 받아들일 수 있는 열린 마음의 소유자가 됩니다. 과거에는 특정한 생각에 고집하고 집착하여 그렇게 되면 행복이고, 그렇게 되지 않으면 불행이라고 여겼다면, 상불이공을 깨닫게 되면 특정한 생각만이 절대라고 여기지 않기 때문에 삶 전체를 통째로 수용하고 받아들이게 됩니다.

그러나 마찬가지로, 상불이공에만 치우치게 되면 사람들은 그 어떤 생각에도 집착할 필요가 없다보니 좋은 생각을 가지고 열심히 사는 것도 할 필요가 없는 것이 아닌가 하고 텅 빈 공에 치우치게 됩니다. 그 어떤 생각도 고집하지 않다보니, 아무런 견해도 없고, 아무런 생각도 없이, 줏대 없이 그저 멍하게 사는 오류를 범하게도 됩니다. 이는 참된 공을 깨달은 것이 아닙니다. 이것은 치우친 무기공이고, 중도로써 공을 이해하지 못한 것입니다.

이런 사람을 위해 상불이공 다음에 공불이상을 설합니다. 상이 공과 다르지 않지만, 다시 공은 상과 다르지 않다고 설함으로써 텅 비어 있는 실체가 없는 생각이지만 그 생각을 사용해 내가 발 딛고 서 있는 삶을 최선을 다해 살라고 말합니다.

공불이상이란 곧 생각을 자유롭게 쓰면서도 생각에 치우치지 않는 자유로운 삶을 실천하도록 이끌어 줍니다. 『금강경』의 '응무소주 이생기심'이란 말처럼, 함이 없이 하라는 무위법의 가르침처럼, 생각이 공하니까 아무런 생각도 하지 말라는 것이 아니라, 공한 줄 알면서 공한 생각을 마음껏 쓰고 살라는 것입니다. 다만 그 생각에 집착하지만 말라는 것입니다.

이렇게 되면 꼭 필요한 생각은 마음껏 필요할 때 쓰면서 살아갑니다. 그러나 그 어떤 생각에도 집착하지는 않지요. 생각에 노예가 되어 휘둘리는 것이 아니라, 생각의 주인이 되어 마음껏 생각을 쓰며 살 수 있는 것입니다. 상불이공만 알아 단멸공에 치우치는 것이 아니라, 공불이상을 중도적으로 깨닫게 됨으로써 생각을 다 쓰면서도 생각에 사로잡히지 않게 되는 것입니다.

다음으로 상즉시공은 생각이 공하다는 것을 온전히 체험적으로 깨달아 아는 것을 의미합니다. 여지없이 지금 이 자리에서 몰록 돈오하여 생각이 공하다는 사실을 깨닫게 되면 자유롭게 생각을 사용하지만 생각에 휘둘리지 않게 됩니다. 생각이 아무리 많이 일어나더라도 아무런 상관이 없어집니다. 곧장 지금 이 자리에서 생각은 전혀 생각이 아니기 때문입니다. 인연 따라 잠깐 일어났다가 사라지는 것임을 체험적으로 깨닫는 것입니다.

그래서 생각이 일어나는 그 당처가 바로 본래면목의 자리이고, 바로 그 참나라는 근원의 자리에서 모든 생각을 자유자재로 움직여 쓸 수 있는 것이지요. 이렇게 되면 이제 더 이상 생각에 휘둘리지 않게 됩니다. 본래 자리에 딱 계합하여 생각의 본성이 텅 비어 공함을 온전히 깨닫는 것이지요.

그러나 마찬가지로 견성하여 자신의 성품이 공함에 온전히 계합을 했다고 하더라도, 우리는 오랜 세월 중생의 삶을 살아왔기 때문에 업습까지 완전히 조복받지는 못하게 됩니다. 예를 들면 돌아가는 선풍기를 어느 순간 전원 코드를 확 뽑아버렸더라도 한동안은 계속 돌아가다가 멈출 수밖에 없는 것과 같습니다.

사람도 깨달음을 얻어 자신의 본래성품에 계합하여 상이 곧 공함을 몰록 깨달았더라도, 오랜 업습을 닦아가는 점수의 수행을 닦아가야 합니다. 물론 이것은 닦아간다고 할 것도 없이, 그저 일상생활을 편안하게 살아가면서 진리를 그저 가까이하기만 하면 저절로 보임의 길에 들어서게 된다고 합니다. 한 번 몰록 공함을 깨달았기 때문에, 법에 계합했기 때문에 저절로 공부가 되어간다는 것이지요.

그래서 상즉시공을 깨닫고 나더라도, 단박에 생각에서 놓여나지는 못한다는 것이지요. 끊임없이 오랜 생각하는 습관 때문에 끊임없이 온갖 생각들이 일어나고 사라진다는 것입니다. 물론 그러나 그 이전과는 완전히 다르겠지요. 생각의 본성이 공함을 온전히 한 번 보았기 때문에 생각이 올라오더라도 거기에 완전히 휩쓸려 끌려다니지는 않을 것입니다. 그럼에도 불구하고 그런 생각이 거슬리는 것이지요. 올라오는 생각에 때때로 따라다니면서 휘둘리다 보니 생각이 없는 텅 빈 무심, 무념의 세계를 좇게 되는 것입니다.

그래서 처음 견성을 하고 나면 이 공의 자리, 깨달음의 자리를 계속 추구하고 더욱 완전히 계합하려고 애쓰게 되는 것입니다. 생각이 있을 때보다 생각이 공함을 아는 자리가 더 근원적인 것을 알기 때문에, 생각이 일어날 때 불편함을 느끼게 되고, 생각이 없을 때 더욱 편안함을 느끼는 것입니다. 그러다보니 당연히 생각을 멀리하려고 애쓰게 되고, 생각에 휘둘리지 않으려고 애쓰게 됩니다. 아직까지는 완전히 생각의 굴레에서 벗어나지 못한 것입니다.

그러다가 어느 정도 보임이 되고, 업습을 조복받게 되면 비로소 불이법에 완전히 계합하게 되어 공즉시상이 되는 것입니다. 이렇게 되면 더 이상 생각이 아무런 문제가 되지 않습니다. 생각을 아무리 많이 하더라도 전혀 하나도 생각하지 않은 것이 됩니다. 공즉시상이 되어, 생각이 있는 것도 생각 없는 것이 전혀 둘이 아니게 되는 것이지요.

그래서 상즉시공의 견성에 이르렀을 때는 생각을 없애고, 번거로운 일들을 없애려고 애쓰면서, 조용한 곳을 찾고, 일 없는 곳을 찾는다면, 공즉시상의 불이법에 딱 계합하고 나면 오히려 삶의 전면으로 나서게 됩니다. 일이 있는 것과 일이 없는 것이 둘이 아니게 되고, 전혀 일이 있고 없음에, 생각이 있고 없음에 걸리지 않기 때문에 자유자재로 생각의 세계 속에 뛰어들게 되는 것입니다. 아무리 생각을 많이 하고 생각 속에서 살더라도 이제는 더 이상 생각이 생각 아닌 줄 확고히 깨달았기 때문에 생각에 전혀 걸리지 않는 것입니다. 생각이 곧 생각 아님을, 즉 상즉시공이고 공즉시상임을 온전히 깨달았기 때문입니다.

바로 이때 사사무애가 되어 현실생활 속에서 그 어떤 생각을 아무리 많이 쓰고 살고, 현실에 깊숙이 뛰어들어 살더라도 아무런 부담이 없고, 아무런 걸림이 없이 자유자재하게 생각의 주인이 되어 살게 되는 것입니다. 드디어 반본환원, 입전수수하여 현실로 뛰어들게 되는 것이지요. 다시금 '산은 산이요 물은 물'임에 투철해지는 것입니다.

행불이공 공불이행 행즉시공 공즉시행

오온 중 행온은 우리의 의지, 의도, 의향, 욕망, 바람 등의 형성작용을 뜻합니다. 쉽게 말하면 '의도적인 행위'로써 유위행(有爲行)을 일으키게 하는 원동력이 되는 마음입니다. 의도적으로 즉 유위로써 행하게 되면 그에 따른 과보인 업보를 받게 됩니다. 그래서 이 행을 업이라고도 하며 업행이라고도 합니다. 바로 이 행온이 업을 짓는 형성력이 되는 것입니다.

물론 행온은 넓은 의미로 '의지, 의도를 필두로 하는 수많은 심리현상들'을 의미하는 복수의 의미로 쓰이기도 하지만, 그중에도 특히 의지, 의도가 가장 주요한 작용이다 보니 여기에서는 '의도적인 행위를 일으키는 마음', '의도하는 마음'을 행온으로 이해하며 살펴보도록 하겠습니다.

행온의 의지작용, 형성작용은 '유위행'으로써 '유위를 조작한다'는 의미를 담고 있는데, 쉽게 말해 유위를 조작한다는 것은 의도를 일으켜 삶을 만들어낸다는 것을 뜻합니다. 업을 지음으로써 업의 과보로써 드러난 자신의 삶을 만들어내는 것이지요.

우리가 '이렇게 해야지, 저렇게 해야지' 하고 의도하고 바라는 마음의 작용인 행온은 고정된 실체적인 것이 아닙니다. 행온은 인연 따라 끊임없이 변화합니다. 행불이공인 것이지요.

옛날에는 대통령, 과학자가 되겠다고 했던 어린 아이들도 자라면서 계속해서 꿈이 바뀌는 것도 행온이 제행무상으로 끊임없이 바뀌기 때문입니다. 공무원이 되는 것이 목표인 대학생이 어느 날 사업을 하는 친구를 만나 꿈을 바꾸게 되었다면 이 또한 자신의 의지, 의도가 친구라는 인연을 만나 새로운 의지, 의도, 행온으로 바꾸어진 것을 의미합니다.

이처럼 행온, 즉 의지, 의도 또한 공과 다르지 않습니다. 모든 의도, 의지는 텅 비어 공한 것이기에 시간이 지남에 따라 끊임없이 변할 수밖에 없는 것이지요. 정해진 실체가 아닙니다.

그럼에도 사람들은 자신의 의도에 고집합니다. 자신이 지금 생각한 어떤 목표가 있거나, 무언가를 꼭 해야겠다는 의도가 있을 때 그것을 안 하면 절대 안 될거라고 집착합니다. 어떨 때는 그것만이 내 인생에서 의미가 있을거라고 여기며 사로잡히기도 하지요.

진급을 목전에 둔 회사원이라면 그 회사에서 진급하는 것만이 그 순간 인생에서 가장 중요한 의도가 될 것입니다. 그러나 진급에서 낙선을 하더라도 또 시간은 흐르고 우리는 또 다른 직업이나 또 다른 사업을 시작하게 됩니다. 의지, 의도, 바람이라는 행온은 계속해서 바뀌는 것이기 때문이지요.

한 여인을 사랑하는 사람이라면 그 여인과 사랑에 성공하는 것만이 최고의 바람이 되겠지요. 그러나 그녀에게 실망을 하거나, 싫증을 느끼게 되면 또 다른 여인을 찾아 나설 겁니다. 이처럼 우리의 모든 의도는 잠깐 인연 따라 그때에 만들어진 것일 뿐, 고정된 실체도 아니고, 우리가 그 의도를 끝까지 고집할 필요도 없는 것입니다.

그럼에도 사람들은 자신이 어떤 뜻을 세우고, 의지를 일으키면 그것을 어떻게든 관철시키려고 애쓰고, 그것 이외의 그 어떤 것도 의미가 없다고 느끼기도 합니다. 그러나 모든 것은 변하듯, 제행무상이듯 우리가 세운 의지도 언젠가는 꺾이기도 하고, 스스로 다른 의지와 욕구로 변화하기도 합니다. 그러니 행불이공이라는 사실을 아는 수행자라면 어떤 의지나 의도에도 과도하게 고집하면서 '그것 아니면 절대 안 돼'라고 말할 필요는 없을 것입니다. 100점짜리 정답인 의도는 어디에도 없기 때문입니다. 인연 따라 이 의도가 옳을 수도 있고, 또 관점에 따라서는 저 의도가 옳을 수도 있습니다.

젊은이들이라면, '나는 반드시 성공해야 해', '나는 반드시 시험에 통과해야 해', '나는 반드시 어떤 대학에 합격해야 해', '나는 절대로 포기 못해', '어떤 일이 있어도 해내고 말 거야'라는 말들로써 의지를 불태우는 것도 좋지만, 그 근원에서는 '최선은 다하되, 되도 좋고 안 되도 좋다'라는 여유 있는 태도를 가지는 것이 필요합니다. 어떤 의지, 의도, 바람, 욕구에 대해서도 과도하게 치우쳐서 집착하게 된다면, 그것이 아무리 좋은 것이라고 할지라도 그것은 우리에게서 에너지를 빼앗아 가고, 우리를 힘들고 괴롭게 만들 뿐이기 때문입니다.

그러니 어떤 의도를 일으켜도 좋고, 어떤 목표를 세우고 열심히 매진하는 것은 좋지만, 그것만이 절대라고 여기고, 그것 아니면 안 된다고 하면서 의도에 고집할 필요는 없을 것입니다.

이처럼 행불이공을 깨달아 그 어떤 의도나 욕구에도 과도하게 치우치지 않게 된다면 삶이 저절로 이완이 되면서 걸림 없고 자유로운 삶을 살아가게 됩니다. 그러나 이 또한 행불이공에 너무 치우치게 된다면 자칫 삶에 어떤 의욕도 없고, 특별한 것을 원하지도 않고, 아무것도 할 필요가 없다는 식으로 무기공에 빠질 우려가 있습니다.

그래서 행불이공 다음으로 공불이행을 설함으로써 어느 한 극단에 치우치지 않도록 중도로 균형을 맞추는 것입니다. 즉 그 모든 의도와 의지, 욕구 등이 공하여 어떤 의지에도 과도하게 치우칠 필요는 없지만 그렇다고 의도를 일으키지 말라는 말은 아닌 것입니다.

인연 따라 그때그때 해야 할 일들을 최선을 다해서 행하고, 그때그때 일어난 의도와 욕구 등에 최선을 다해야 합니다. 사랑하는 사람이 생겼다면 당연히 그 사랑하는 마음에 충실해야 할 것입니다. 그러나 거기에도 과도하게 집착하지 않게 된다면 사랑하다가 어쩔 수 없이 헤어지게 되더라도 과도하게 슬퍼하거나, 괴로움에 시달리지는 않을 것입니다.

그것이 바로 머무는 바 없이 마음을 내는 것입니다. 마음이 일어날 때 마음을 내라는 것이지요. 그러나 과도하게 머물러 집착하지 않기 때문에 그 의도가 사라질 때, 그 의도대로 이루지 못할 때 자연스럽게 떠나갈 것은 떠나가게 해 줄 수 있을 것입니다.

그 다음으로 행즉시공은 자신의 본래의 성품을 확인하고 계합한 이에게 드러난 진리의 실상이라고 했습니다. 즉 깨달음을 얻게 되면 그 모든 의도가 공하다는 사실에 눈뜨게 됩니다. 그러니 어떤 의도에도 과도하게 치우치지 않고, 즉한 순간, 매 순간순간 주어진 현실에서 그저 최선을 다하게 될 것입니다. 어떤 의도에도 고집하지 않고 그저 자연스럽게 인연에 순응하는 수연행을 실천하게 됩니다.

그럼에도 아직 오랜 업습이 남아 있기 때문에 특정한 의도, 과거에 해 오던 오랜 습에 젖은 욕구 등은 여전히 남아 있습니다. 물론 점차적으로 그 또한 닦여 나가겠지만 처음에는 그런 습을 완전히 버리지는 못합니다. 그래서 처음 자기 성품을 몰록 깨달아 견성을 했다고 하더라도 그 사람의 오랜 습까지 완전히 조복되지는 않습니다. 그래서 주변에서 보면 그 사람이 깨달은 사람인지 아닌지를 분간하기 어렵지요. 과거와 거의 똑같기 때문입니다. 그리고 그것이 바로 깨달음입니다. 특별해지거나, 무언가 확연히 달라지는 것이 아니라, 과거의 그 사람이 되어 그저 평범해지는 것입니다. 다만 마음속에 번뇌가 푹 쉬어 버렸기 때문에 그 어떤 행을 하고 의도를 일으켜도 그것이 공한 줄 온 존재로써 확연히 깨닫기 때문에 걸림이 없어지는 것입니다.

예를 들어 처음 견성한 사람도 자신이 해오던 습관들, 특정한 의지, 의도, 욕구 등은 한동안 계속됩니다. 담배를 피우던 사람은 계속해서 담배를 피우는 의도를 포기하지 않을 수도 있고, 술을 좋아하던 사람은 여전히 술을 마실 수도 있습니다. 자신의 특정한 욕구나 바람 등을 여전히 즐기고 계속해서 행하게 될 수도 있습니다.

그러나 행즉시공을 깨달았기 때문에 조금씩 거기에 큰 걸림은 없게 됩니다. 습관적으로 하기는 하지만 그 전과는 다르게 이제는 해도 되고 하지 않아도 큰 상관은 없게 되는 것이지요. 물론 그러다가 조금씩 모든 행위 자체가 유위에서 무위행으로 조금씩 변해가게 됩니다. 자연스럽게 인연 따라 행하게 되지요. 습관적으로 담배를 찾고 술을 찾다가도 주변에 없으면 그냥 놔두는 것이지요. 예전 같았으면 어떻게든 그것을 찾아내고 사려고 안달이 났을테지만 이제는 억지로 애쓰는 유위행이 줄어들고 그저 인연 따라 자연스럽게 무위행으로 살아가게 되는 것입니다.

그러다가 머지 않아 완전히 불이법에 계합을 하여 공즉시행이 됩니다. 그러면 더욱 확고하게 모든 의도, 욕구, 행위 자체가 무위행으로 변화하겠지요. 그 모든 행위를 하지만 그 행위에 사로잡히지 않게 됩니다. 해도 한 바가 없게 되는 것이지요.

행즉시공의 깨달음만이 있을 때는 어떻게든 담배를 안 피려고 노력을 했다면 공즉시행에 계합되게 되면 이제는 담배를 피우든 피우지 않든 아무런 상관이 없어지는 것입니다. 피우는 것과 피우지 않는 것이 전혀 차별되지 않는 것이지요.

행즉시공에서는 억지로 좋은 의도, 의지, 욕구를 하려고 노력하는 것이 남아 있었다면 공즉시행이 되면 유위의 모든 노력이 저절로 사라지고 그저 인연에 따라 자연스럽게 무위법의 삶을 살게 됩니다. 이때부터는 행을 해도 행이 아니기 때문에 업의 과보를 받지 않게 됩니다. 유위행일 때에만 유위의 업에 대한 과보가 생겨나는데, 무위행일 때는 행이 행이 아니기 때문에 업이 되지 않는 것입니다. 그러니 당연히 업에서 벗어나기에 윤회의 사슬에서도 벗어나게 되는 것입니다.

이때는 인연 따라 자유롭게 의도를 일으키지만 그 의도가 법에 어긋남이 없게 됩니다. 어떤 의도, 의지를 가지고 어떤 행위를 한다 할지라도 그것이 타인에게 피해를 주지 않게 되고 저절로 법다운 여법한 삶을 살게 됩니다. 너와 내가 둘이 아니기에 그가 행하는 모든 행위는 곧 이 우주법계의 행이 되고, 그러니 당연히 그 누구에게도 피해를 주지 않는 동체대비의 자비로운 행이 되겠지요.

그렇다고 억지로 자비로운 삶을 살려고 의도하는 것이 아닙니다. 저절로 우주법계와 둘이 아니게 되기에 삶 자체가 그대로 자비행이 되는 것입니다. 이때가 되면 숨을 한 번 들이쉬고 내쉬는 것이 그대로 우주를 향한 자비행이 되고, 무위행이 되며, 의도 하나 일으킨 것이 낱낱이 우주를 돕게 됩니다.

식불이공 공불이식 식즉시공 공즉시식

오온 가운데 식온은 일반적으로 식별, 분별, 의식, 인식, 알음알이를 뜻하는 것으로 쉽게 말하면 대상을 아는 마음으로 이해할 수 있습니다. 쉽게 말하면 우리가 보통 마음이라고 할 때의 그 중생심이 바로 식온인 것입니다. 우리가 대상을 알 때는 '있는 그대로의 대상을 있는 그대로 아는 것'이 아니라 자기 식대로 분별해서 알 수밖에 없기 때문에 우리가 안다고 할 때의 그 아는 마음이 바로 식온인 것입니다. 이처럼 식온은 '대상을 분별해서 아는 마음'이고 그래서 분별심이라고도 부릅니다.

이처럼 분별해서 아는 마음인 식온 또한 고정되고 실체적으로 존재하는 것이 아니니 인연 따라 생겨나고 사라지는 조건적인 것일 뿐입니다. 식불이공(識不異空)인 것이지요.

그럼에도 사람들은 자기 안에 분별하는 나, 의식하는 나가 내 안에 실체적으로 있다고 여깁니다. 이 분별하는 마음은 안이비설신의가 색성향미촉법이라는 대상을 접촉함에 따라 조건적으로 발생하는 것일 뿐이지만, 우리는 우리 안에 분별하는 실체적인 내 마음이 있다고 여기는 것이지요. '인식의 주체'가 내 안에 있다고 여기는 것입니다.

이렇게 여긴다면 그것은 브라만교, 힌두교에서 말하는 윤회의 주체로써 나고 죽기를 반복할 때마다 계속 이어지는 아트만 같은 실체가 되고 말 것입니다. 불교는 그러한 아트만 같은 어떤 실체가 내 안에 있어서 나고 죽더라도 계속 이어진다고 하는 실체론적인 자아관을 타파하기 위해 '무아'를 설하셨지요.

이처럼 식온이라고 하는, 쉽게 말해 우리가 '마음'이라고 여기는 것은 정해진 실체가 아닙니다. 공과 다르지 않은 것입니다. 식온 즉 마음이 일어나는 이유는 십이처, 십팔계의 교설에서 볼 수 있듯이 안이비설신의라는 인식 주관이 색성향미촉법이라는 인식의 대상을 접촉한다는 인연에 따라 연기적으로 일어나는 허망한 분별일 뿐입니다.

사실 이 허망한 분별심 때문에 우리의 삶이 괴로워지는 것입니다. 우리 앞에 어떤 대상이 나타났을 때, 혹은 어떤 사건이 나타났을 때 그것에 대해 분별해서 대상을 알고 파악합니다. 분별해서 안다는 것은 곧 과거의 기억을 떠올리면서 비교하거나, 혹은 다른 것과 비교함으로써 그것이 어떤 것인지를 안다는 것입니다. 즉 분별해서 알려면 반드시 대상을 둘로 나누어 놓고 그 둘 사이의 관계를 따짐으로써 그것이 어떤 것인지를 파악할 수 있다는 것이지요.

즉 어떤 사람이 키가 큰지 작은지를 인식할 때 우리의 분별심은 과거에 보아오던 사람들과 눈앞의 사람의 키를 비교하고, 또 다른 사람들과 그 사람의 키를 분별해서 비교해 봄으로써 그 사람이 키가 큰지 작은지를 판단 분별하여 인식하는 것입니다.

사실 있는 그대로의 대상은 큰 것도 아니고 작은 것도 아닙니다. 좋은 사람이거나 나쁜 사람인 것도 아니고, 잘생겼거나 못생긴 것도 아니며, 돈이 많거나 작은 사람도 아닙니다. 그런 분별이 성립되기 위해서는 반드시 다른 어떤 대상들과의 비교 분별을 통해서만 가능한 것이지요. 그 대상 자체만을 놓고 본다면 그 어떤 분별도 내릴 수 없습니다.

본래 모든 존재는 전혀 분별할 수 없는 있는 그대로의 존재일 뿐이지만 사람들이 자기의 분별심을 가지고 남들과 비교 분별함으로써 그 사람을 좋으니 나쁘니, 잘났느니 못났느니 판단했을 뿐입니다. 이처럼 사실 있는 그대로의 존재를 그저 있는 그대로 바라본다면 그 대상으로 인해 괴로울 것도 없습니다. 다만 다른 것들과 비교하여 분별하기 때문에 좋은 것과 나쁜 것, 옳은 것과 틀린 것 등이 생겨나게 된 것이지요.

우리는 이처럼 식불이공을 모르기 때문에, 자신이 인식한 분별심이 진짜라고 여기면서 자신이 분별해서 안 대상을 진실로 알았다고 여깁니다. 그리고는 그 생각에 집착하고 사로잡혀 그것이 옳다고 굳게 믿습니다. 그 인식이 실체가 아닌 줄 안다면 그 판단에 집착하지 않겠지만, 자신이 분별하여 인식한 사실을 진짜라고 여기기 때문에 그 생각에 집착하는 것입니다.

이처럼 식이 공과 다르지 않다는 사실, 식이란 텅 비어 공하기 때문에 전혀 실체가 아니라는 사실을 모르면, 자신이 인식하고 분별한 대상이 진짜라고 여기고 실체화하는 오류를 범하게 됩니다. 또한 그런 인식은 곧 괴로움을 가져오지요. 좋다고 분별한 대상은 더 집착하게 되고, 싫다고 분별한 대상은 싫어하며 거부하고 싶어 합니다. 좋은 대상을 내 것으로 만들지 못할 때도 괴롭고, 싫은 대상이 자꾸만 내 인생에 나타나는 것도 괴로움입니다. 이처럼 분별하여 대상을 파악할 때는 결국 괴로움이 생겨날 수밖에 없습니다.

이 모든 괴로움이 생겨난 이유가 바로 식이라는 분별심이 공하다는 사실에 무지하기 때문입니다. 우리의 마음, 즉 분별심이라는 식이 텅 비어 공함을 깨닫는다면 눈앞의 모든 대상에 대해 있는 그대로 바라볼 뿐, 다른 것과 비교 분별하여 좋으니 나쁘니 하고 규정하지 않을 것입니다. 그럼으로써 집착과 거부, 애욕과 고통이라는 괴로움의 가능성 또한 줄어들게 되겠지요. 이것이 바로 식불이공이라는 가르침이 주는 지혜입니다. 그러나 이 또한 우리의 분별심이 공하다는 것에만 치우치게 된다면 자신이 판단 분별한 일체 모든 것들이 전부 다 허망하다는 생각이 들 수도 있겠지요. 그래서 판단하고 분별한 것은 전부다 나쁜 일이라고 여기거나, 무조건 분별하는 것은 나쁘다고 여기는 극단에 치우칠 수가 있습니다. 이것이 바로 식이 공하다는 데 치우친 견해입니다.

그런 사람들을 위해 다시 공불이식을 설합니다. 식은 공과 다르지 않지만, 다시 공은 식과 다르지 않다고 함으로써 텅 비어 있어 공하지만 그럼에도 불구하고 식온에 머물러 집착하지 않으면서 식온을 자유자재하게 쓸 수 있도록 이끄는 것입니다.

분별하는 것 자체가 무조건 잘못된 것은 아니기 때문입니다. 당연히 우리는 일상생활 속에서 분별을 해야지만 살아갈 수 있습니다. 예를 들어 천 원과 만 원을 분별하여 인식하지 못한다면 천 원짜리 물건을 사고 만 원을 내고 나올 수도 있겠지요. 2호선 지하철을 타야 하는데 3호선 지하철을 탈 수도 있을 것이고, 100번 버스를 타야 하는데 숫자를 분별하지 않는다고 200번 버스를 탄다면 집에 영영 도착하지도 못할 것입니다.

식온이 공하다는 사실을 깨닫는다는 것은 일상생활을 전혀 하지 못하는 바보가 되자는 것이 아닙니다. 식이 공과 다르지 않지만 다시 공은 식과 다르지 않다는 말은, 식을 다 쓰면서도 식에 사로잡혀 집착하지 않는다는 뜻입니다. 분별심을 당연히 일으키고 대상을 분별하며 살아가지만 그렇게 다 분별하고 살면서도 그 분별심만이 전부라고 여기면서 그 분별심에 사로잡혀 집착하지 않음을 뜻합니다.

『금강경』의 응무소주 이생기심인 것이지요. 분별심을 일으키지만 그 분별심에 집착하지 않고 분별심을 쓰는 것입니다. 이것이 바로 분별심이 공함을 알면서도 공하다는 사실에만 사로잡히지 않고 다시 공은 분별심과 다르지 않음을 알아 분별심을 자유롭게 쓰고 사는 것입니다.

다음으로 식즉시공은 식이 공함을 몰록 깨닫게 된 견성도인의 지견입니다. 자기의 본래 성품을 몰록 깨닫게 된 이는 곧장 식이라는 분별심이 공하다는 사실에 눈뜨게 됩니다. 그동안 분별심에 노예처럼 살아오던 삶이 얼마나 허망한 것이었는지를 자각하게 되고, 분별하며 사는 삶이 얼마나 허망하고 어리석은 삶이었는지에 대해 눈뜨게 됩니다.

그러나 마찬가지로 처음 견성하여 아직 보임이 원만히 성취되지 못한 수행자는 그동안 자신이 쓰며 살아오던 분별심이 허망하고 공한 것임을 확연히 깨달았다 보니, 이제부터는 분별심을 버리고 공하고 텅 빈 무심의 자리에 안주하고 싶어 합니다. 분별심은 불편하고 허망하며 무분별이야말로 지켜야 할 자리라고 여기는 것이지요. 그래서 처음 깨달음을 얻고 나면 분별을 버리고 무분별을 취하게 됩니다. 조용한 아란냐를 찾게 되고, 시끄럽게 다시 분별심을 써야 하는 세속으로 들어가는 것을 꺼리게 되지요.

그러나 보임이 원만히 성취되어 비로소 불이법에 계합이 되게 되면, 이제는 비로소 분별과 무분별이 둘이 아님을, 즉 식과 공이 둘이 아님을 온전히 깨닫게 됩니다. 이제는 분별을 버리고 무분별로 가려고 애쓰지도 않고, 억지로 분별심을 버리고 조용한 곳만을 찾지도 않게 되는 것이지요.

비로소 사사무애로써 생활 속에서, 일상의 평범한 삶 속에서 무엇을 하더라도 한 바가 없고, 어떤 분별을 행하더라도 분별한 바가 없게 되어, 분별과 무분별이 아무런 차별이 없게 되는 것입니다. 반본환원, 입전수수라고 했듯이 다시금 일상 생활로 되돌아와 직장 속에서, 저잣거리 속에서 평범하게 모든 것을 분별하며, 중생들 속에서 살아가게 됩니다. 그러나 분별 속에서 살아가지만 전혀 분별에 물들지 않게 되는 것이지요. 이것이 바로 공즉시식의 깨달음입니다.

3장
사리자 시제법공상
불생불멸 불구부정 부증불감

1. 사리자 시제법공상(舍利子 是諸法空想)

'법'의 두 가지 의미

이번 장에서는 '사리자여, 이러한 제법의 공한 모습은 불생불멸(不生不滅)이며 불구부정(不垢不淨)이고 부증불감(不增不減)이다'라고 공에 대해 조금 더 자세하게 설명하고 있습니다.

먼저 시제법공상(是諸法空相) 할 때의 '법(法)'에 대해서 잠시 살펴보겠습니다. 우리는 보통 법이라고 하면 '진리'를 떠올립니다. 그러나 법에는 많은 의미가 있습니다. 그 대표적인 것이 두 가지가 있으니, 첫째가 '진리', '법', '다르마'라는 의미이고, 두 번째가 '존재', '~것'을 의미합니다. 여기에서는 '존재'라는 말 그대로 '있는 모든 것들', '일체 모든 것들'이라는 의미로 우주 삼라만상을 뜻합니다. '어떠 어떠한 것들' 할 때의 의미로 '~것들'의 의미라고도 할 수 있습니다. 그래서 제법을 다른 말로 '일체 모든 것들'이라는 의미로 일체법(一切法) 혹은 만법(萬法)이라고도 합니다.

우리는 불교를 공부할 때 언제나 법의 개념 정리를 염두에 두어야 합니다. 어떤 때에는 법이 '진리'라는 의미로 사용되지만, '존재'라는 의미로 사용되는 경우가 많기 때문입니다. 예를 들면, 삼법인(三法印)의 '법'은 '진리'를 의미하지만, 그 구체적인 법의 하나인 제법무아(諸法無我)에서 '법'은 '진리'를 의미하는 것이 아니라 '존재'를 의미하고 있는 것입니다. 즉, 모든 존재는 무아라는 것입니다. '모든 진리는 무아'라고 잘못 해석하는 일이 없어야 하겠지요.

물론 근원에서 본다면 이 두 가지 의미인 '진리'와 '존재'는 서로 다른 의미가 아닙니다. 일체 모든 존재는 그대로 진리를 드러내고 있기 때문입니다. 존재가 그대로 진리이고 진리가 그대로 존재입니다. 색이 곧 공이고 공이 곧 색이기 때문입니다. 존재가 곧 색이고, 진리가 곧 공입니다. 색즉시공 공즉시색이기 때문에 존재와 진리는 서로 다른 의미가 아닙니다.

어리석은 중생들은 존재를 보면 존재의 갖가지 모습만을 보기 때문에 상에 얽매여서 존재와 존재를 구분합니다. 이 사람과 저 사람, 이 상과 저 상을 구분하는 마음이 분별심이지요. 즉 중생들은 상만을 보고 분별하기 때문에 모든 것이 다 '존재'로 보입니다. 그러나 깨달음을 얻고 나면 상에 얽매여 분별하는 마음이 없기 때문에 무엇을 보든, 어떤 존재를 보든 그에게서 특정한 '존재'를 보는 것이 아니라, '진리'를 봅니다.

이 사람과 저 사람을 차별하여 바라보는 것이 아니라 그들 모두를 부처로 동등하게 바라봅니다. 그들은 전혀 차별 없이 진리를 드러내고 있는 것이지요. 그 뿐 아니라, 사람을 보든, 동식물을 보든, 하늘을 보든, 구름을 보든 그 모든 '존재'에게서 '진리'를 확인합니다. '존재' 즉, 색이 있는 곳에는 언제나 공이, 즉 진리가 드러나 있기 때문입니다.

중생은 하늘이라는 존재 따로, 사람이라는 존재 따로, 동물이라는 존재 따로 구분하여 의식하지만, 부처는 하늘을 보면 하늘에서 진리를 확인하고, 사람을 보면 사람에게서 진리를 확인하며, 동물을 보면 동물에서 진리를 확인합니다. '뜰 앞의 잣나무'에서도 진리를 확인하고, '마 삼 근'에서도 진리를 확인하며, 그 모든 대상, 존재, 모양, 말, 생각, 행위, 느낌, 의도, 의식 그 무엇이든 그 모든 것 위에서 진리를 확인할 뿐입니다. 그래서 선사스님들께서는 '진리가 무엇입니까?' 하고 묻는 제자들에게 '존재'를 드러내 보입니다. 뜰 앞의 잣나무를 가리키기도 하고, 마른 똥막대기라고도 하며, 손가락 하나를 들어 보이기도 합니다. 그 모든 것이 진리 아님이 없기 때문입니다.

오온, 육근, 십이처, 십팔계에서 언제나 '진리' 하나, '마음' 하나를 확인하는 것이지요. 전혀 나뉘어진 것 없이 일체 모든 존재는 그대로 진리 하나를 드러내고 있음을 확인하는 것입니다. 거기에 둘은 없습니다. 이 우주법계 삼라만상의 존재 전체가 그대로 이 하나의 진리를, 이 하나의 마음을 드러내고 있습니다. 그러니 '존재'가 곧 '진리'요, '진리'가 곧 '존재'인 것입니다.

그러나 아직 깨닫지 못한 중생에게는 '진리'가 따로 있고, '존재'가 따로 있기 때문에 '법'이라고 할 때 그것이 진리를 뜻하는지, 존재를 뜻하는지를 구분합니다. 여기 시제법공상(是諸法空相)에서 '법(法)'은 '존재'를 의미합니다. 그러므로 이것을 해석하면 크게 세 가지 정도의 뜻으로 나누어 볼 수 있을 것 같습니다. 첫째로 전통적인 해석으로써 '이 모든 존재의 공한 모양은'이고, 두 번째로는 '이러한 일체 모든 존재는 공상이다'이고, 세 번째는 '일체 모든 것들은 공이며 상이다'라고 해석해 볼 수 있습니다.

물론 여기에서 '법'을 '진리'라고 해석해도 크게 상관은 없습니다. 그랬을 때 시제법공상은 '이 모든 진리의 공한 모양은', '이 모든 진리는 공상이다', '이 모든 진리는 공이며 상이다'라고도 해석될 수 있겠지요.

시제법공상의 세 가지 의미

시제법공상의 해석해 대해 조금 더 살펴보지요. 첫 번째 의미는 일반적으로 '이러한 제법의 공한 모양은'이라고 해석됨으로써 그 뒤에 나오는 불생불멸 불구부정 부증불감을 꾸며주고 있습니다. 이러한 제법의 공한 모양은 불생불멸이고 불구부정이며 부증불감이라는 것이지요.

두 번째 의미는 '일체 모든 법은 공상'이라는 뜻입니다. 『법화경』에서는 '제법실상(諸法實相)'이라고 하여 '일체 모든 존재는 있는 그대로 참된 실상이요 진실한 모습'임을 설하고 있습니다. 이와 마찬가지로 『반야심경』에서는 제법공상이라고 하여 '일체 모든 존재는 공상이다'라고 설하는 것이지요. 『법화경』에서는 실상이라고 했고, 『반야심경』에서는 공상이라고 했습니다. 일체 모든 존재의 참된 실상은 곧 공하기 때문이지요. 그러니 제법공상은 곧 제법실상과 다르지 않은 의미입니다.

그런데 여기에서 주의해야 할 점이 실상 혹은 공상이라고 하니, 참된 실상이나 공상이 따로 있다고 여기기 쉽습니다. 진실된 모양, 공한 모양이라고 해석해서 '진실된 모습은 공한 모양을 띠고 있구나'라고 이해해서는 안 된다는 것이지요. 여기에서 말하는 '상'은 상이 없기에 공상이라고 했고, 실상이라고 한 것입니다.

『금강경』에서는 '약견제상비상 즉견여래(若見諸相非相 卽見如來)'라고 하여 '일체 모든 상이 상이 아님을 바로 보면 곧 여래를 본다'고 했습니다. 또 '불취어상 여여부동(不取於相 如如不動)'이라고도 하였습니다. 상을 취하지 않으면 한결같아 움직임이 없다는 것입니다. 『금강경』의 근본 뜻은 곧 무상(無相)에 있습니다. 상이 상이 아님을 바로 보아 상에 취하지 않았을 때 여여부동하여 진실을 바로 보는 것이라는 뜻이지요.

『반야심경』에서 말한 제법공상에서의 상도 바로 상이 상이 아니라는 뜻에서 공상이라고 한 것입니다. 공상이란 '공한 모양'이라는 특정한 형태의 공한 모습이 있는 것이 아니라, 그 어떤 모양도 없기 때문에 이름하여 '공상' 즉 '텅 비어 그 어떤 상도 없음'을 의미하는 것입니다. 그것이 존재의 실상을 바로 보는 것이기에 『법화경』에서는 '실상'이라고 했습니다.

그리고 세 번째 의미는 '일체 모든 존재는 공이며 상이다'라는 뜻으로도 해석해 볼 수 있습니다. 이는 앞에 나온 색즉시공 공즉시색이라는 의미와 비슷한데요, 일체 모든 존재는 공이면서 동시에 상이라는 것을 의미합니다. 우리 중생들은 허망한 분별망상으로 인해 자기 식대로 해석해서 받아들이기 때문에 일체 모든 존재에서 '상'만을 봅니다. 즉 모양만을 보는 것이지요. 그러나 깨달음을 얻게 되면 일체 모든 존재의 모양 위에서 '공'을 봅니다. 즉 진리를 본다는 것이지요.

색즉시공 공즉시색이기 때문에 일체 모든 존재는 공이면서 동시에 상인 존재입니다. 색이 있다는 것은 곧 모양과 색깔로 구분되는 대상이라는 뜻이기에 '상' 즉 '모양'이 있다는 말로 이해될 수 있습니다. 이처럼 세 번째 시제법공상의 의미는 '일체 모든 존재는 공이며 동시에 상이다'라고도 이해할 수 있다는 것입니다.

물론 주로는 첫 번째와 두 번째의 의미로 해석하는 것이 일반적입니다. 그 뒤에 나오는 불생불멸 불구부정 부증불감과 함께 나올 때는 '일체 모든 존재의 공한 모양은'이라고 해석하면 되고, 단독으로 쓰일 때는 '일체 모든 존재는 공상이다'라고 해석하면 될 것입니다.

공상은 자유다

앞에서 『반야경』의 핵심 사상인 공에 대해서 어느 정도 이해를 하였으리라고 생각합니다. 공(空)이란, 존재 본질의 모습을 나타내는 것으로 모습 없는 모습입니다. '공은 이것이다'라고 할 만한 그 어떤 것도 없는 말 그대로 텅 비어 아무것도 없는 적멸의 본질적 세계를 말하고 있습니다. 그래서 사실 이 공한 존재의 본질은 '공'이라고 이름 붙일 그 무엇이 없습니다. 공이라는 이름으로 이 공한 실상을 표현할 수는 없는 것이지요. 그러나 방편으로 중생에게 이 존재의 본질을 설명하지 않을 수 없다보니 어쩔 수 없이 '공'이라는 이름을 붙였을 뿐, 공은 공이 아닙니다. 그렇기에 공일 수 있는 것이지요.

여기에서는 제법이라는 일체 현상계에 나타나는 모든 존재의 본질을 공상(空相)이라고 방편으로 설명했습니다. 물론 공상이란 말은 공한 모습의 상을 이야기하는 것이 아니라, 공에는 그 어떤 상도 없기 때문에 이름하여 공상이라고 한 것일 뿐입니다.

『금강경』에서도 '범소유상 개시허망 약견제상비상 즉견여래(凡所有相 皆是虛妄 若見諸相非相 卽見如來)'라고 하여, '무릇 상이 있는 바 모든 것은 다 허망하니, 일체의 모든 상이 상이 아님을, 즉 공상임을 올바로 본다면 여래(如來)를 보리라'고 했습니다. 즉 불법을 깨닫는다는 것은 모든 상이 허망한 줄 알아 일체의 모든 상이 상이 아님을 바로 보는 것입니다. 상을 상이 아니게 보는 것이 바로 공하게 보는 것이고, 그것이 바로 공상입니다.

상을 상이 아니게, 즉 공상으로 본다는 것은 그 어떤 것으로도 정하지 않는다는 것입니다. 정해진 것이 없고, 실체적인 것이 없고, '이것이다'라고 할 만한 무엇이 없고, 그래서 그 어디에도 머물러 의지할 곳이 없고, 어디에도 집착할 것이 없는 것이 바로 공상입니다.

그러니 공상을 깨달으면 자유롭지 않을 수가 없습니다. 무언가가 있어서 우리가 그것을 얻어야 하거나, 그쪽으로 가야 한다면 그 목적을 성취하기 위해 우리는 끊임없이 노력해야 하고, 달려가야 하고, 더 빨리 성취해야 하기 때문에 그것을 얻기 전까지는 만족할 수 없을 것입니다. 그러나 이 우주법계의 본성은 공상이기에 그 어떤 것도 얻을 것이 없고, 의지할 곳도 없고, 집착할 만한 것도 없으며, 어디로 가야 하는 것도 아닙니다. 그러니 지금 이 자리에서 아무것도 할 것이 없습니다.

지금 이대로 모든 것은 이루어져 있고, 우리는 이미 도착해 있습니다. 바로 내가 지금 이대로 부처이고, 공상이며, 완전한 깨달음은 이미 이루어져 있습니다. 부처를 이룬다는 것, 깨달음을 얻는다는 것은 이처럼 무언가를 얻거나, 가져서 완전해지는 것이 아니라, 지금 이대로 이미 다 갖추어져 있음을 깨닫는 것입니다. 아니 그 무엇도 갖출 것도 없고, 얻을 것도 없고, 가야할 곳도 없음을 깨닫는 것입니다.

무언가가 진짜 있어야 그것을 가지려고 애쓰고, 얻으려고 애쓸텐데 진짜로 있는 것은 아무것도 없다면 그 무엇도 해야 할 바가 없는 것입니다. 말 그대로 무위법인 것이지요. 그 어떤 것도 해야 할 바가 없는 것입니다. 그러니 자유롭지요. 아무것도 없을 때 완전히 자유로울 수 있는 것입니다. 텅 비어 공하기 때문에 지금 이대로 자유로운 것입니다.

우리는 지금 이대로 완전한 자유입니다. 깨달음을 얻겠다고요? 부처가 되겠다고요? 부처가 되려면 수행을 해야 한다고요? 완전한 자유를 얻으려면 그만한 노력이 필요하다고요? 전혀 그렇지가 않습니다. 우리는 깨달음을 얻어야 하거나, 부처가 되어야 하는 것이 아닙니다. 지금 이대로 이미 부처요, 이미 완전한 깨달음임을 다만 확인만 하면 될 뿐입니다. 그리고 이것은 노력이나 수행으로 이루는 것이 아닙니다.

우리를 이쪽에서 저쪽으로 가도록 이끄는 가르침이나, 애써서 노력하도록 이끄는 가르침, 무언가를 얻어야 한다거나, 심지어 해탈을 얻어야 한다거나, 깨달음을 얻어야 한다거나 하는 그런 모든 가르침은 참된 진실이 아닙니다. 다만 방편이었을 뿐임을 알아야 합니다. 이쪽 언덕에서 저쪽 언덕으로 가야 한다는 바라밀다의 가르침은 이쪽 중생세계와 저쪽 부처세계를 나누는 사고방식에 갇혀 있는 중생들을 위해 임시로 설한 방편일 뿐임을 눈치채야 하는 것이지요. 사실은 이쪽이 곧 저쪽이고, 중생이 곧 부처이며, 생사가 곧 열반이고, 번뇌가 곧 보리입니다.

지금 이대로 모든 것은 완벽하게 이루어져 있습니다. 아니 완벽하게 아무것도 없습니다. 공상입니다. 완벽하게 아무것도 없으니 거기에 이룰 것도, 애쓸 것도, 얻을 것도, 뭘 어찌해야 할 그 어떤 것도 있을 수 없는 것입니다. 공할 때만, 아무것도 없을 때만 완전한 자유가 있습니다. 완전한 평화와 해탈과 열반이 거기에 있습니다.

2. 불생불멸(不生不滅)

연기법의 관점에서 본 불생불멸

시제법공상 즉 '이러한 일체 모든 존재의 공한 모습'의 특성은 첫 번째로 불생불멸이라는 점입니다. 일체 모든 존재가 공하다는 것은 곧 불생불멸이라는 것을 나타냅니다.

즉 우리는 일체 모든 존재를 태어나면 사라지는 허망한 생멸의 존재로 보지만, 사실 일체 모든 존재의 실상, 공상을 깨닫게 된다면 그 근원에서 불생불멸한 존재의 실상이 드러난다는 것입니다.

우선 불생불멸인 이유를 연기법의 관점에서 살펴보겠습니다. 앞에서 연기하는 모든 것은 공한 것임을 살펴보았습니다. 연기하는 것, 공한 것은 바로 불생이며 불멸인 것입니다.

일체의 모든 존재는 연기의 법칙에 의해 인과 연이 화합하면 만들어지는 것이며, 이 인연이 다하면 스스로 사라지는 것일 뿐입니다. 즉 인연 따라 거짓으로 생겨났기에 인연이 다하면 소멸될 수밖에 없는 허망한 것일 뿐이라는 것입니다. 우리가 보기에는 진짜로 생겨난 것 같고, 진짜로 사라지는 것 같은 일체 모든 존재가 사실은 인연가합으로 인연 따라 생겨나고 소멸하는 것에 불과하기 때문에 불생불멸이라는 것입니다.

내가 태어나고 죽는다고 여기는 것은 이 몸과 나를 동일시하기 때문입니다. 그러나 연기법으로 살펴보면 나라는 존재는 다만 인연 따라 생겨나고 인연이 다하면 소멸할 허망한 존재일 뿐입니다. 이 몸을 나라고 할 만한 아무런 근거는 없습니다. 이처럼 인연 따라 생겨나고 사라지는 허망한 존재를 가지고 실체화하여 '나'라고 여긴 것일 뿐입니다. 이처럼 인연 따라 생겨난 인연가합의 허망한 존재를 '나'라고 여기게 되면 거기에는 생멸이 있습니다. 그러나 인연 따라 생겨난 모든 존재는 허망하기에 그것을 '나'라고 여길 수 없다는 무아의 관점에서 본다면 불생불멸인 것입니다.

예컨대, 나무와 나무가 있다고 했을 때, 이 나무와 나무[因]를 인위적으로 비벼줌[緣]으로써 우리는 여기에서 불[果]을 얻을 수 있습니다. 본래 나무와 나무 사이에 불이 있었던 것은 아닙니다. 그렇다고 공기 중에 불이 있었던 것도 아니며, 비벼주는 손에 불이 있었던 것도 물론 아닙니다. 그러나 우리가 나무라는 인(因)에 힘을 가하여 비벼주는 연(緣)으로 인해 결과인 불[과(果)]을 만들어 낼 수 있습니다. 불이 만들어진 것은 나무 때문만도 아니고, 공기 때문도 아니며, 비벼주는 손 때문만도 아닌 것입니다. 다만 나무와 공기와 손, 그리고 습도며 주변 여건 일체가 인연 화합하여 적절하게 모일 때에만 불이란 결과를 생기게 할 수 있는 것입니다. 젖은 나무를 아무리 비벼도 불을 얻을 수 없으며, 공기가 없는 곳에서 나무를 비벼도 불을 얻을 수는 없기 때문입니다. 또한, 일정한 시간이 지나 나무가 모두 타게 되면, 인과 연이 소멸하였기에 불은 자연히 스스로 꺼지게 되는 것입니다.

모든 존재 또한 이와 마찬가지로 인연생기(因緣生起)하여 인연소멸(消滅)하는 것일 뿐입니다. 즉, 불이 본래 있던 것이 아니라 인연 따라 생멸하듯, 존재도 본래 있는 것이 아니라 인연에 따라 생멸할 뿐이라는 것입니다. 본래 생멸이 있지 않다는 것입니다.

그러나 우리들 범부의 눈으로 보면 모든 존재가 실재적 생멸이 있는 것처럼 착각하게 되고, 그러므로 거기에 집착하게 되는 것입니다. 나라는 이 몸이 연기된 것임을 보지 못할 때, 이 몸을 나의 실체라고 여기게 되고, 그럼으로써 나에 집착하는 아집과 아상, 아만, 아견이 생겨나는 것입니다.

바로 이러한 어리석음에서 벗어나도록 가르치기 위해 가장 먼저 여기에서 생과 멸에 대해서 부정하고 있는 것입니다. 사실은 부정이 아니라 생멸이란 고정된 실체적 관념을 타파하기 위해 '불(不)'이란 부정의 개념을 도입했을 뿐입니다. 여기서 '불'이란 부정의 의미라기보다는 '연기'의 의미로 이해할 수 있습니다. 인연생기하여 인연소멸 하기 때문에 고정된 실체가 없다[不]는 의미라는 것입니다.

윤회는 있는가 없는가?

이처럼 일체 모든 존재는 생겨났다고 해서 그것이 영원히 살아 있는 것도 아니고[상주론], 멸해 없어졌다고 해서 완전한 단멸도 아닙니다. 다만 인연 따라 거짓으로 생겨난 듯 보이고 사라지는 듯 보일 뿐, 상주한다거나 단멸한다고 할 수는 없는 것이지요. 그래서 이를 중도라고 합니다. 영원히 존재한다는 상주론이나, 완전히 소멸한다는 단멸론은 진실이 아니기에 단상양변에 치우치지 않는 중도의 지혜를 설하는 것입니다. 이를 단견 혹은 상견이라고도 합니다. 불생불멸의 관점에서 본다면 상주론도 단멸론도 모두 진실이 아닙니다.

윤회가 있다고 말하면 그것은 상주론이고, 윤회가 없다고 말하면 그것은 단멸론입니다. 불교는 윤회가 있다고 말하는 종교가 아닙니다. 그렇다고 불교가 없다고 말하는 종교도 아닙니다. 윤회가 있다거나 없다는 관점에서 설명한다면 그것은 전혀 중도적이지 않은 치우친 견해일 뿐입니다. 그럼에도 사람들은 '윤회는 있느냐 없느냐'에 둘 중 하나로 답변을 내놓기를 원합니다.

어떤 이들은 윤회는 인도의 바라문교에서 나온 것일 뿐 불교에 윤회는 없으며, 한평생 열심히 최선을 다해 살면 그만일 뿐 죽고 나면 끝이라는 견해를 내세우곤 합니다. 이것은 단멸론적으로 불교를 바라본 치우친 견해입니다. 그것은 참된 불법이 아닙니다. 그렇다고 죽으면 어떤 정신이 남아 있다가 다음 생에 다른 존재로 윤회하여 태어나고 또 살고 죽으면 또 태어나고 이렇게 영원히 윤회한다고 여기면 그것은 상주론입니다. 그 또한 참된 불법은 아닙니다. 윤회는 있다거나 윤회는 없다거나 하고 단정 지어 견해를 세워버리면 그것은 진리의 실상을 있는 그대로 표현한 것일 수 없습니다. 그것은 곧 '불법은 이것이다'라고 정해 놓은 것이지만, 사실 불법은 무유정법으로 정해진 바가 없기 때문입니다.

사실 불교에는 그 어떤 내세울 견해도 있지 않습니다. 이렇다거나 저렇다거나, 윤회가 있다거나 없다거나 하고 견해를 내세운다면 그것은 파사현정이 될 수 없습니다. 모든 견해는 전부 삿된 것이기에 바로 그 견해라는 삿된 것을 타파해야만 내세울 수 없고, 헤아릴 수 없고, 바르다고도 말할 수 없는 참된 바른 것이 드러나는 것입니다.

『대지도론』에서는 '어떤 외도들은 금생만을 말하면서 후생은 없다고 설하니 이 사람의 삿된 소견은 단멸에 떨어진 것이며, 어떤 사람은 금생과 후생을 말하면서도 금생에 정신(신, 영혼, 아트만)이 후생에 들어간다고 하니 이 사람의 삿된 소견은 상견에 떨어진 것이다. 반야의 지혜에서는 이 두 가지 치우친 견해인 양 변을 여의고 중도를 설한다'고 하였습니다.

부처님께서는 십사무기(十事無記)라고 하여 '세상은 영원한가 영원하지 않은가', '여래는 사후에 존재하는가 존재하지 않는가' 등의 형이상학적인 문제에 대해 독화살의 비유를 들어 그런 무의미한 논쟁에는 답변을 하지 않으셨습니다.

불교에서는 '윤회가 있는가 없는가'라는 물음에 어떤 특정한 견해를 가지고 있는 종교가 아니기 때문입니다. 불법에서는 '가지고 있는 모든 견해를 빼앗을지언정 따로 내세우는 것은 없다'고 말하는 것도 그 때문입니다. 앞서 설명 드렸던 것처럼 불교는 특정한 견해를 주장하거나, 내세우는 종교가 아닙니다.

이는 마치 '과거와 미래가 있는가 없는가'와 비슷한 질문입니다. 과거는 있을까요 없을까요? 사실 우리는 과거를 단 한 번도 살아본 적이 없습니다. 우리가 살았던 그때는 오로지 현재였을 뿐, 과거가 아니었지 않습니까? 우리는 언제나 매 순간의 현재만을 살 수 있을 뿐입니다. 다만 기억을 재생시킴으로써 과거를 떠올리면서 그 생각 속의 과거를 실체화하여 '과거는 있다'고 말할 뿐입니다. 그러나 사실 과거는 없습니다. 우리의 기억 속에서만 존재하는 환상일 뿐이지요. 미래도 마찬가지입니다.

그러나 완전히 없다고만 하기에는 분명히 우리 머릿속에서는 존재합니다. 때로는 방편으로 지나간 과거에 대해 이야기하고 비유해서 설명할 수도 있을 것입니다. 그러니 완전히 없다고만 할 수는 없는 것이지요. 방편으로는 있다고도 할 수 있습니다. 그래서 과거는 있다라고 고정 지어 말할 수도 없고, 과거는 없다라고 고정 지어 말할 수도 없는 것입니다. 과거나 미래를 있다라고 고정 지어 말하면 상주론에 빠진 것이고, 과거나 미래를 없다라고 말하면 단멸론에 빠진 것이기에 불교에서는 있다거나 없다고 하는 치우친 관점에서 설명하지 않는 것입니다.

이처럼 윤회 또한 비슷합니다. 윤회는 과거나 미래의 문제이기 때문에 그것은 지금 여기에 있는 실체적인 어떤 것이 아닙니다. 그러니 윤회가 있다고 말할 수는 없습니다. 오직 지금 이대로의 '이것'이 있을 뿐, 윤회는 있는 것도 아니고 없는 것도 아닙니다. 그렇다고 윤회를 완전히 없다고 할 수도 없습니다. 인연 따라 인연가합으로 생겨난 허망한 생사유전의 삶을 완전히 무시할 수 없기 때문입니다. 그래서 방편으로 윤회를 설하는 것입니다. 인간의 머리는 있다고 하거나 없다고 해야지만 이해를 할 수 있기 때문입니다. 인간의 이해의 범주, 알음알이의 범주로 가져와 진리를 이해하기 쉽게 설명하기 위해 윤회라는 방편을 시설할 필요가 있을 때만 윤회를 방편으로 쓸 수 있는 것입니다.

중도의 실상은 사실 인간의 머리로 헤아려 이해할 수 있는 범주를 넘어서는 것을 어쩔 수 없이 말로 설하다보니 어쩔 수 없이 표현하는 하나의 방편의 방식일 뿐입니다. 그러니 중도적으로 설명하면 무언가 '딱 잡히는' 결론이 없다고 여깁니다. 있다거나 없다고 결론을 내야 하는데 중도에서는 '이것도 아니고 저것도 아니다'라고 말하니 답답해하는 것입니다.

이것이 바로 불교의 방식입니다. 진리의 방식입니다. 어디에도 발 딛고 서지 못하게 하는 것입니다. 어떤 하나의 견해나, 어떤 하나의 주장, 어떤 절대적인 진리라는 것도 내세우지 않게 하기 위함입니다. 왜 그럴까요? 진리의 실상은 바로 공상이기 때문입니다. 텅 비어 공한 것이기 때문입니다. 불교는 어떤 특정한 정해진 진리를 주장하고 내세우는 종교가 아닙니다. 다만 중생들이 가지고 있는 허망한 착각과 분별심, 잘못된 망상과 헛된 견해를 모조리 빼앗아 갈 뿐입니다. 이미 있는 허망한 분별망상만 내려놓으면 곧바로 진리의 반야실상이 드러나기 때문입니다.

『숫타니파타』에서는 말합니다.

> 어떤 교리나 신조에 사로잡혀 있는 사람은 그것만이 세상에서 최고라고 주장하면서 '이것만이 가장 뛰어나다'라고 하며 다른 견해는 열등하다고 폄하한다. 그런 사람은 논쟁을 뛰어넘어 자유로울 수가 없다… 성자는 '나'에 대한 개념을 모두 버려 모든 집착에서 벗어나 있다. 그는 자신이 가지고 있는 그 어떤 견해나 지식에 의존하지 않는다. 논쟁하는 사람들 가운데 있으면서도 어느 한쪽을 따르지 않는다. 그에게는 독단적인 그 어떤 견해도 없다. 성자는 이 세상이나 저 세상 어디에서도 '이것 아니면 안 된다'는 극단적인 견해가 없다. 그에게는 그 어떤 교리나 신조가 주는 위안이 더 이상 필요 없으며 교리나 신조가 그를 사로잡지도 않는다.

이처럼 불법은 그 어떤 교리나 신조를 주장하면서 '이것만이 진리이고, 이것만이 가장 뛰어나다'라고 하는 그 어떤 견해도 가지고 있지 않습니다. 모든 불법의 교리들은 전부 달을 가리키는 손가락이며 방편일 뿐, 절대적인 견해나 신조가 아닙니다. 우리는 그 어떤 교리나 신조에도 기대어 의지할 필요도 없고, 특별한 교리나 신조를 따르지 않는다고 해서 두려워할 필요도 없습니다. 그런 것은 있지 않기 때문입니다. 그래야 진정한 자유라고 할 수 있지 않을까요?

그러니 '윤회가 있다'거나 '없다'라고 말하지 않는 것입니다. 윤회가 있다라고 하면 윤회의 가르침에 사로잡히고 집착하여 '불교는 윤회를 주장하는 종교'라고 믿게 될 것입니다. 윤회에 발 딛고 자리를 잡고 앉게 될 것입니다. 윤회가 없다고 하면 윤회가 없다라는 가르침에 집착하게 될 것입니다. 불교에서는 이와 같은 양 극단에 치우치는 삿된 견해를 모조리 빼앗기 위해 중도를 설합니다.

사실 윤회란 하나의 분별 망상일 뿐입니다. 진실은 오로지 지금 이대로의 '이것'만이 있을 뿐, '이 하나의 진실'만이 있을 뿐, 나머지는 전부 분별심이 만들어낸 헛된 망상입니다. 가만히 지금 눈앞에 드러난 현실을 살펴보세요. 여기에 무엇이 있습니까? 지금 여기에 윤회가 있고, 과거가 있고, 미래가 있나요? 그런 것은 없습니다. 그리고 우리는 바로 그러한 매 순간의 현재만을, 매 순간에 '이 자리'에서만 살아왔을 뿐입니다. 지금 '이것'을 제외한 나머지는 전부 다 망상일 뿐입니다.

불생불멸하는 '이것'

선불교의 관점에서 살펴본다면 우리의 본성, 자성, 본래면목은 태어나거나 사라지지 않는 불생불멸입니다. 태어나고 사라지는 것은 다만 이 육신이거나, 느낌, 생각, 욕망, 의식 등일 뿐입니다. 우리의 참된 진실은 이렇게 생겨났다가 사라지는 몸이나 마음이 아니라 그 몸과 마음 너머에 불생불멸하는 영원한 참성품, 본래면목입니다. 이것이 바로 법이고, 마음이며, 제법실상입니다. 실상은 불생불멸하는 상락아정의 '이것'입니다.

다시 한번 강조하지만 '이것'은 방편으로 어쩔 수 없이 불성, 자성, 본래면목, 마음, 법이라고 이름을 붙여 놓기는 했지만 그 어떤 이름도 '이것'이 아닙니다. '이것'은 알 수도 없고, 볼 수도 없고, 만질 수도 없고, 파악할 수도 없기 때문입니다. 이것은 우리가 인식하거나 안이비설신의라는 육근의 감각기관으로 감각되는 그 어떤 대상도 아니기 때문입니다. 오로지 '이것'은 깨달아서 알 뿐입니다.

그래서 『법성게』에서는 '증지소지비여경(證智所知非餘境)'이라고 하여 '오로지 깨달아야만 알 수 있는 것일 뿐 그 어떤 경계도 아니다'라고 하였습니다. 그래서 불교에서는 알음알이나 분별심으로 파악하는 것은 진실이 아님을 설합니다. '이것'은 육식(六識)의 대상이 아니기 때문입니다.

우리가 깨달음을 얻는다는 것은 곧 '이것'에 확연히 하나로 통하고, '이것'을 확인하고, '이것'에 계합하는 것입니다. 그렇게 되면 저절로 불생불멸을 머리로 이해하는 것이 아니라, 확연하게 또 당연하게 그렇다는 것을 깨닫게 되는 것이지요.

'이것'은 나고 죽는 것이 아니기 때문입니다. 이 불성, 본래면목은 우리 몸뚱이가 죽는다고 죽는 것이 아닙니다. 심지어 이 우주가 대폭

발하여 우주 전체가 가루가 되어 사라진다고 해도 사라지는 것이 아닙니다. 불생불멸인 것이지요.

불생불멸의 삶

위에서 시제법공상을 또 다른 의미로 일체 모든 존재는 공이면서 상이다 라고도 해석할 수 있다고 하였습니다. 색즉시공이고 공즉시색이라는 것이지요. 그런 점에서 불생불멸을 살펴본다면 일체제법을 공한 관점에서 볼 때는 불생불멸임을 의미합니다. 상(相)의 관점에서 본다면 '생멸'이지만, 공(空)의 관점에서 본다면 '불생불멸'이라는 것입니다.

겉에 드러난 모양의 관점, 상의 관점에서 본다면 이 세상 모든 것들은 전부 생겨나고 사라지며, 태어나고 죽어갑니다. 전부 생사법, 생멸법이 아닌 것이 없지요. 그것이 바로 분별심에 사로잡힌 중생들이 바라보는 모양의 관점, 상의 관점에서 본 세상입니다.

그런데 깨달음을 얻게 되면 생멸하는 일체 모든 것들을 보지만 거기에서 생멸을 보는 것이 아니라 불생불멸을 봅니다. 색 속에서 공을 보는 것입니다. 그렇다고 색과 상을 완전히 무시하는 것은 아닙니다. 나고 죽는 생멸법 속에서 함께 어울려 살아가지만 마음속에서는 생멸이 없는 불생불멸의 자유로운 삶을 살아가는 것입니다.

즉 깨달음을 얻더라도 생사법의 나고 죽는 이 세상을 함께 살아갑니다. 그러나 이제부터는 나고 죽는 것이 나고 죽는 것이 아님을 깨닫기 때문에 생겨나고 사라지는 것에 집착하지도 않고 사로잡히지도 않게 됩니다. 물질적인 소유물이 생겨나더라도 과도하게 집착하지 않고, 그것이 사라지더라도 크게 괴로워하지 않는 것입니다. 심지어 가까운 사람이 세상과의 인연이 다해 죽는다고 할지라도 본래 삶의 진실은 불생불멸이라는 사실을 확인했기 때문에 다른 사람처럼 죽음에 크게 괴로워하지도 않습니다.

이 세상에서 살면서도 이 세상을 떠나 있다고도 할 수 있습니다. 이 세속에 발을 딛고 살고 있지만 마음은 이미 출세간의 진실에 가 닿아 있는 것입니다. 겉모습, 즉 상으로는 이 세상을 살아가지만, 마음 깊은 곳에서는 이 세상의 나고 죽는, 생겨나고 소멸하는 그 어떤 현상에도 휘둘리지 않게 됩니다.

이것이 바로 응무소주 이생기심, 즉 머무는 바 없이 사는 것이고, 하되 함이 없이 하는 무위의 삶이며, 세간 속에서 세간을 떠나서 사는 것입니다. 앞에서 설명했던 심우도의 반본환원, 입전수수의 삶을 살게 되는 것이지요. 그러니 더 이상 생겨나고 사라지는 대상 경계에 물들지 않습니다. 소유물의 많고 적음, 경제적인 풍요를 비롯한 일체 모든 것들에 대한 집착이 없습니다. 있어도 좋고 없어도 좋은 것이지요. 이 사람은 더 이상 생멸법, 생사법의 세계에 있는 것이 아니라 불생불멸, 무생법인의 세계에 있기 때문입니다. 생겨나고 사라지는 것들에 더 이상 얽매이지 않게 됩니다.

그러니 당연히 우리가 가장 두려워하는 죽음에 대한 두려움도 이 사람에게는 없습니다. 삶과 죽음이 둘이 아니라는 불이법에 확실히 계합했기 때문에 살고 죽는 것에 대한 미련도 없습니다. 그저 인연 따라 살아갈 뿐이지요.

그렇다고 이 사람이 생사를 버리고 불생불멸을 취한 것이 아닙니다. 이 사람, 즉 제법이 공상임을 밝게 깨달은 사람에게는 생멸과 불생불멸이 둘이 아닌 것입니다. 나고 죽는 것이 곧 나고 죽는 것이 아닌 줄 아는 것이지요. 생사라는 것 자체가 허망한 것이며 꿈과 같은 것을 알기 때문입니다.

그렇다고 해서 생사법, 생멸법의 이 세간의 삶을 무시하지도 않습니다. 세간이 그대로 출세간이며, 생사가 그대로 열반임을 알기 때문이지요. 생멸과 불생불멸이 둘이 아닌 줄 알기에 생멸의 세간 속에서 불생불멸의 출세간의 자유를 누리며 살아가게 되는 것입니다.

3. 불구부정(不垢不淨)

더럽고 깨끗하다는 환상

공의 두 번째 모양은 '더럽지도 않고 깨끗하지도 않다'는 것입니다. 다시 말해 일체 모든 존재의 본성, 인간의 본성은 더럽거나 깨끗하다는 분별이 없다는 것입니다. 이 말은 다시 말해 모든 존재의 본성은 절대 청정성을 지니고 있다는 의미로 해석될 수 있습니다. 여기에서 '청정'이라는 것은 더러움의 반대 개념으로써 청정이 아니라, 어느 것에도 비견될 수 없는 절대적인 청정성을 의미하는 것입니다.

우리들이 흔히 깨끗하다 더럽다고 하는 것은 상대적인 분별심일 뿐입니다. 우리가 분별로써, 상으로써 세상을 바라볼 때는 더럽거나 깨끗한 것이 있지만, 무분별로 있는 그대로 바라보면 그런 것은 없습니다. 그저 있는 그대로일 뿐, 더럽거나 깨끗한 것은 없지요.

우리가 본성이라고 부르고, 자성, 본래면목이라고 부르는 '이것'은 사실 뭐라고 할 만한 무언가가 아니라고 했습니다. 그래서 이것을 공이라고 부르지요. 말 그대로 텅 비어 아무것도 없다는 것입니다. 무언가가 깨끗하거나 더러우려면 말 그대로 더러울 '무엇', 깨끗할 '무엇'이 있어야 합니다. 그러나 이 제법의 공상에는 전혀 '무엇'이라고 할 만 한 것이 아무것도 없습니다. 우리의 있다거나 없다고 하는 인식의 관점에서 본다면 도저히 분별할 수 없다는 것이지요. 그러니 제법공상인 이 실상의 자리에 무엇이 있어서 더럽다거나 깨끗하다고 하겠습니까?

다만 더럽다거나 깨끗하다고 하는 말은 우리의 분별심에서만 할 수 있는 말인 것입니다. 우리가 이 세상의 모든 대상들에 대해 자기 식대로 판단 분별하여 더럽다거나 깨끗하다고 분별한 것일 뿐 그 대상 자체에 절대적인 더러움이나 깨끗함이 정해져 있는 것은 아무것도 없다는 것이지요. 결국 우리가 더럽다거나 깨끗하다고 여기는 것은 하나의 '생각'이고, '망상'일 뿐, 실체적으로 더럽거나 깨끗한 것은 없습니다.

예를 들어 볼까요. 아무리 더러운 똥도 똥을 먹는 짐승이 보기에는 깨끗하고 맛있는 음식일 뿐입니다. 더럽다고 만지지도 못하는 똥물을 우리의 선조들은 잘 발효시켜서 약으로 먹기도 했습니다. 오줌도 마찬가지입니다. 사람이나 동물의 오줌은 영양소가 풍부하여 농작물에게는 훌륭한 비료이고 사람에게는 건강보약으로 이용하여 요로법이라는 이름도 있을 정도입니다. 보통 사람들은 오줌을 '더러운 배설물'쯤으로 여기지만, 요로법을 연구한 학자들은 '오줌은 자신의 혈액 속을 돌아 나오면서 몸의 모든 정보가 들어있고 면역기능을 가지는 최고의 생명수'라고까지 말하기도 합니다. 건강한 사람의 오줌은 무균 상태이며 전혀 독성이 없고 요로법의 효과는 대표적으로 면역항체 증강 작용, 호르몬의 균형 유지, 자연치유력 회복, 혈압 강하, 피로 회복, 탈모, 천식, 위궤양, 고혈압, 당료 등 성인병 치유, 혈류촉진 작용으로 혈액순환 촉진, 심근경색과 협심증에 놀라운 효과, 이뇨작용, 뇌세포 기능 활성화로 인한 우울증, 불안증, 불면증에 탁월한 효과 등이 있다고 일본 하야시바라 생물화학연구소가 발표하기도 했습니다.

사실 사람 뿐 아니라 식물도 오줌을 배설하는데요, 이를 식물오줌(plant urine)이라고 부릅니다. 고로쇠나무에서 나오는 우리가 좋아하는 고로쇠물이 바로 대표적인 식물오줌이지요. 많은 아로마테라피 등에 사용하고 있는 향수의 원료도 식물오줌이라고 합니다. 우리는 식물오줌을 비싼 돈을 주고 사서 마시고, 식물의 오줌 냄새를 향기로워 하는 것입니다.

이처럼 생물체의 오줌은 자연스러운 생리적인 자연현상일 뿐, 그것을 가지고 더럽다거나 노폐물이라고 하는 표현은 매우 비과학적인 것일 뿐입니다.

그러니 똥이나 오줌이 더럽다는 것이 과연 진실일까요? 그것은 우리의 분별일 뿐, 진실이 아닙니다. 분별이라는 것은 내가 둘로 나누어 이것은 더럽고, 이것은 깨끗하다고 스스로 해석한 것일 뿐, 그 진실을 알 수 없는 것을 뜻합니다.

또 다른 예를 들어 보지요. 우리는 몸으로 어떤 노동이나 힘든 일을 할 때는 작업복을 입고 당연히 옷이 더럽혀질 것을 알고 있기에 어느 정도 더러워지더라도 더럽다는 생각을 하지 않습니다. 더러워지는 것에 대해 별생각이 없습니다. 당연한 것이니까요. 작업복이 더러워졌다고 괴로워하지도 않습니다.

그러나 맞선을 보려고 티 하나 없이 깨끗한 양복을 입고 나갔다고 생각해 보면 어떨까요. 이때에는 사뭇 상황이 달라지게 됩니다. 작은 잡티가 있어도 신경이 쓰이고, 더럽게 느껴집니다. 있는 그대로 본다면, 맞선 나갈 때 입은 양복에 아무리 잡티가 있을지라도 작업복을 입고 일을 할 때가 훨씬 더 더러운데도 불구하고 우리는 양복에 작은 잡티가 훨씬 더 신경이 쓰입니다. 양복에 낀 때로 인해 훨씬 더 괴로워하지요. 이처럼 더럽다거나 깨끗하다는 것은 정해진 실체적인 것이 아닙니다. 다만 우리 마음에서 더럽다거나 깨끗하다라고 분별하고 해석한 것일 뿐입니다. 즉 더럽다거나 깨끗하다는 것은 고정된 실상이 아니라 다만 우리 마음속에서 일어나는 하나의 분별심일 뿐입니다. 마음속에서 더럽다고 판단하고 깨끗하다고 판단하는 것일 뿐, 진실의 실상은 더럽거나 깨끗한 것이 아닙니다. 이처럼 더럽다거나 깨끗하다는 것도 상황 따라, 인연 따라 다른 것이지, 본래 더럽고 깨끗한 고정됨이 있지 않은 법입니다.

발우공양이 더럽다고?

예전에 대학교 때는 일 년에 한두 번 정도 고등학생 법우들과 함께 수련대회를 다닌 기억이 있습니다. 학생들에게 있어, 수련대회의 재미는 발우 공양에 있습니다. 사뭇 낯선 광경에 당황하는 이들이 꽤나 많습니다.

수련대회를 끝내며 설문조사를 하면, 가장 하기 싫은 것에 발우 공양이 들어있는 것을 보고, 학생들에게 왜 싫은가를 물어 보았습니다. 한마디로 '더럽다'는 것입니다. 음식 찌꺼기를, 김치를 휘휘 둘러 숭늉으로 씻어 다시 마시는 것에 대해 더럽다고 하는 것입니다.

사실 우리 몸 안으로 들어가면 다 똑같은 음식일 뿐입니다. 그러나 밥상을 차려 놓고 밥을 먹고 나서 김치를 먹고, 그리고 숭늉을 마시면 깨끗하고, 이것을 발우에 놓고 함께 먹으면 더럽다는 것입니다. 다만, 시간적으로 선후가 정해지면 깨끗하고, 함께 먹으면 더럽다는 것은 우리의 분별심이지, 실제로 더럽고 깨끗한 것은 아닌 것입니다.

학생들 중에도 물론 발우 공양에 대해 부담이 없는 이들도 많이 있습니다. 이들은 몇 번씩 해본 이들입니다. 이 학생들은 몇 번 직접 해 보았고, 실제로 더럽다는 마음이 잘못된 것임을 알기에 맘 편히 먹을 수 있는 것입니다. 마음을 바꾸면 더럽다는 그 마음을 놓을 수 있는 것 입니다.

우리는 이와 같이 무언가를 판단할 때 이것과 저것을 비교하는 상 대적인 분별심이 있기에, 더럽고 깨끗하다는 분별도 있는 것입니다. 더럽다고 했을 때 그것은 상대적으로 다른 것에 비해서 더러운 것이 고, 깨끗한 것도 마찬가지입니다. 그것 자체로 더럽거나 깨끗하다고 정해진 것은 어디에도 없는 것입니다. 다 마음이 만들어내는 환상일 뿐이지요.

더러운 세균, 깨끗한 세균

사실 우리의 몸에는 어느 정도의 세균이 당연히 있어야 한다고 합 니다. 너무 청결하여 완벽하게 살균하는 데에만 몰두하다보면 우리 몸속에 들어오는 세포 수가 적어지고 그렇게 되면 백혈구가 먹을 세 균이 없어서 정상적인 세포를 공격하게 되므로 아토피나 여러 자가면 역질환에 걸리게 된다고 합니다.

인간의 분별심이 사실은 세균을 나쁜 것, 더러운 것으로 낙인 찍어 놓은 것일 뿐입니다. 인간이 현미경을 발견하고 몸속의 미생물을 보 게 되면서 특정 질병에 특정 세균이 많이 있음을 발견하고는 그 병의 원인이 세균에게 있다고 여긴 것입니다. 사실은 세균이 문제가 아니라 내 몸을 세균이 증식하기 좋은 환경으로 만들어 놓았기 때문에 증식했을 뿐임을 안다면 그것은 세균 문제가 아니라 내 문제임을 알 수 있을 것입니다.

실제 세균학자 파스퇴르(Louis Pasteur)는 '대부분의 질병의 원인은 세균'이라고 세균질병설을 주장했지만 수많은 학자들에 의해 이것은 거짓임이 밝혀졌습니다. 인체 내에서 세균은 전혀 질병을 일으키지 못한다는 것이지요. 세균에 의해 질병이 걸리는 것이 아니라 몸의 면역력이 무너져 조화가 깨졌기 때문에 세균이 독성으로 변형되면서 질병을 일으켰을 뿐이라는 것입니다. 이것을 연구한 학자 중에 막스 폰 페틴코퍼(Max von Pettinkofer)나 엘리 매치니코프(Elie Metchnikoff)는 수백만 마리의 콜레라균을 직접 마시기도 했지만 아무런 증상도 일어나지 않았다고 합니다.

그러니 사실 세균이 나쁘다거나, 세균은 더러운 것, 없어져야 할 것이라고 여기는 것은 우리의 분별심일 뿐 있는 그대로의 진실이 아닙니다. 세균은 유해하고 백혈구는 유익하다고 알고 있지만 사실은 세균이든 백혈구든 똑같이 우리 몸속에서 먹이 사슬관계를 유지하며 우리 몸의 균형을 맞추어주는 꼭 있어야 할 것들입니다.

마이크로현미경으로 세균을 연구하는 학자들 중에는 그 끔찍한 세균으로 인해 '세균공포증'이 생긴 사람들도 있다고 합니다. 니콜라 테슬라(Nikola Tesla)도 음식을 먹거나 물을 마시기 전에 그릇과 컵을 닦느라 정신이 없었다고 하는데 그는 "당신이 몇 분 동안만 상상을 초월

할 정도로 소름 끼치고 끔찍하고 불쾌한 세균이 물의 구석구석에 퍼져 분열하는 장면을 보게 된다면 끓이지 않거나 소독하지 않은 물은 단 한 방울도 마시지 않을 것"이라고 했다고 합니다. 이처럼 세균공포증을 가진 사람들은 세균들이 전혀 문제가 없으며, 질병을 일으키지도 않고, 심지어 우리 몸에 꼭 있어야만 하는 것임에도 불구하고 하루 종일 세균을 닦아내느라 정신이 없습니다.

불구부정이라는 있는 그대로의 진실을 모르고, 특정한 것을 더럽다고 분별하고 낙인 찍어 놓은 뒤에 스스로 그 더럽다는 분별에 사로잡혀 그 생각의 노예가 되고 있는 것입니다. 이처럼 더럽다거나 깨끗하다는 것은 하나의 분별망상일 뿐, 전혀 진실이 아닙니다.

오히려 옛날에는 아이들이 흙장난도 하고 밖으로 산으로 나가 뛰어 놀면서 세균을 얼마든지 먹을 수 있었지만. 지금은 과도한 살균멸균 정책 때문에 세균 먹는 수가 급격히 줄어들면서 질병이 발생한다고 합니다. 그러니 우리의 분별망상이 산에서 흙장난하는 것을 더럽다고 여길 뿐 분별망상만 없다면 그것은 우리 몸의 면역을 돕는 아주 깨끗한 것일 수도 있습니다.

실제 우리나라의 된장이나 고추장 등 발효식품, 숙성식품이 보약과도 같은 이유는 그 안에 무수히 많은 미생물과 세균들이 살면서 생태계의 균형을 이루고 있기 때문이라고 합니다. 옛날 사람들이 사람이나 동물의 오래된 똥물을 약으로 쓴 이유도 그 안에 미생물 생태계가 잘 유지되어 있기 때문이라고 하네요.

이처럼 더럽다고 여긴 것이 사실은 깨끗한 것이고 깨끗하다고 여긴 것이 사실은 더러운 것일 수도 있습니다. 사실은 더럽다거나 깨끗하다라고 고정 지을 만한 결정론적인 더러움과 깨끗함은 없기 때문입니다. 그 모든 것이 사람들이 알음알이와 분별심으로 만들어 놓은 허망한 관념일 뿐입니다.

사실은 더럽다고 생각하는 것들과 깨끗하다고 생각하는 것 그 모든 것들이 우리에게는 다 필요한 것들일 뿐입니다. 더럽다거나 깨끗하다는 것은 하나의 관념일 뿐이지 사실 이 세상에는 그저 '있는 그대로의 것'들만이 있습니다. 중립적인 것들만이 있을 뿐이지요. 그리고 그 모든 있는 것들은 있어야 하기 때문에 있는 것입니다.

더럽다고 생각하는 것들도 우리에게 없어서는 안 될 꼭 필요한 것들일 수 있고, 깨끗하다고 생각하던 것이 사실은 더 더러운 것들일 수도 있는 것입니다. 사실 모든 것들은 거기에 있어야 하기 때문에 있을 뿐입니다. 그것이 그 자리에 있는 것은 완전한 진리로써 거기에 있는 것입니다.

입처개진(立處皆眞)이라고 하여 그것이 서 있는 그 자리가 참된 진실의 자리입니다. 제법실상이고 제법공상이라는 말처럼 일체 모든 것들은 참된 실상으로써 거기에 있는 것이며, 그것은 좋거나 나쁘거나, 더럽거나 깨끗한 것이 아니라 그저 텅 비어 있는 공한 진실일 뿐입니다. 다만 거기에 우리 인간들이 자신의 잣대를 들이대고 좋으니 싫으니, 더러우니 깨끗하니 하고 분별한 것일 뿐이지요.

모든 차별을 여의는 길

나아가, 이러한 더럽고 깨끗한 가치의 분별은 좀 더 넓게 확대하여 해석해 볼 필요가 있습니다. 즉 불구부정이란 공성의 이해는, 어떤 사물에만 깨끗하고 더러운 것이 있다고 분별하는 착각을 바로잡으려는 것이 아니라, 사람의 인품이라든가, 인종, 종교, 장애, 나이, 신분, 학력, 성별, 생김새, 국적, 출신, 사상, 재산 등에 있어서도 차별할 것이 없다는 사실을 깨닫게 하고 있는 것입니다.

불생불멸이 태어나고 죽음이라는 존재적인 차원의 중도를 설하는 것이라면, 불구부정은 질적인 차원의 중도를, 부증불감은 양적인 차원의 중도를 설하는 것이라고도 할 수 있을 것입니다. 즉 불생불멸로써 그 어떤 존재도 사실은 있거나 없는 존재가 아니라, 태어나고 죽으면서도 동시에 태어나지도 사라지지도 않는다는 중도적인 진실을 설하고 있다면, 불구부정은 그 모든 존재들은 그 어떤 더럽고 깨끗하다거나, 높고 낮거나, 우월하고 열등하거나, 좋고 나쁘거나, 옳고 그르거나 하는 등 질적인 차원에서 전혀 둘로 나눌 수 없는 불이중도임을 설하고 있습니다. 그 뒤에 나오는 부증불감은 양적인 차원에서 많고 적음, 증가하고 감소함, 크고 작음 등의 양적인 차원에서 전혀 둘로 나뉘지 않는 불이중도임을 설하고 있습니다.

어떤 인종은 깨끗하고 어떤 인종은 더럽다거나, 어떤 종교를 가진 사람은 우월하고 다른 종교를 가진 사람은 열등하다거나, 장애를 가진 사람과 장애가 없는 사람을 차별하거나, 신분에 귀천이 있다고 여기고, 성별이나 외모, 출신과 재산 등에 따라 사람을 차별하는 마음이 모두 양 극단에 치우친 분별심일 뿐이라는 것입니다.

불구부정이라는 절대청정성의 대평등한 중도의 자리에서는 그 어떤 차별도 있을 수 없습니다. 그런 차별심, 분별심은 다만 우리의 한 생각이 만들어낸 착각일 뿐, 존재 본연에는 그 어떤 차별도 있지 않다는 것입니다. 본래 태어나면서부터 못나고 잘난 것이 어디 있을 수 있으며, 청정하고 더러운 사람이 어떻게 나뉘어질 수 있겠습니까.

모두가 공의 바탕, 연기법의 바탕에서는 스스로 존귀한 존재인 것입니다. 본래 더럽다거나 청정한 것은 있을 수 없다는 이 중도의 가르침이야말로 영원하고 절대적인 인간 청정성의 회복이며, 인간 무죄의 엄숙한 선언인 것입니다.

존재의 본성, 인간의 본성은 더러워질래야 더러워질 수 없는 절대 청정한 것입니다. 우리는 지금 이대로 한 명도 빼놓지 않고 전부 다 완전한 부처입니다. 불교의 마음공부라는 것은 불완전한 중생이 완전한 부처가 되는 것이 아니라, 다만 본래 이대로 완전한 부처이며, 절대청정한 원만성임을 확인하는 것일 뿐입니다.

4. 부증불감(不增不減)

원만구족하여 알맞을 뿐

일체 모든 존재의 본성, 본래면목, 자성, 불성, 일심이라고 불리는 '이것'은 전혀 증가하거나 감소하는 성질의 것이 아니라는 뜻입니다.

늘어나고 줄어든다고 여기는 것은 우리의 생각에서 일어나는 환상일 뿐, 이 우주법계의 근원 자성은 한 치도 늘어나거나 줄어들지 않습니다.

지금 이대로 모든 것은 원만구족합니다. 원만구족하다는 것은 말 그대로 가득 차서 있을 것은 이미 다 갖추어져 있다는 것을 의미합니다. 전혀 부족한 것도 없고 넘쳐나는 것도 없이, 다만 있어야 할 것만이 완벽하게 구족되어 있다는 것이 바로 존재의 실상입니다.

그렇지만 우리는 그렇게 생각하지 못합니다. 늘 부족하다고 여기고, 늘 더 많은 것을 원하고 구하며 찾아 나섭니다. 지금 이대로를 가지고는 도저히 만족할 수 없다고 느낍니다. 돈이든, 명예든, 소유물이든, 학벌이든, 재산이든, 그 무엇이든 지금 내가 가지고 있는 것으로는 부족하다고 느끼기 때문에 더 많은 것을 벌고, 모으고, 소유하고, 축적하기 위해 온 생을 바칩니다. 이러한 더 많은 것을 얻고자 하는 소유욕은 인생 전체에 걸쳐 계속되며 죽기 직전까지도 계속됩니다. 이것이 바로 인간의 어리석음이지요.

이것은 바로 지금 이대로 모든 것은 원만구족하다는 실상에 눈뜨지 못하기 때문에 벌어지는 일들입니다. 사실 부족하다는 것은 분별에서 오는 하나의 생각일 뿐입니다. 남들과 나의 소유물을 비교하면 언제나 부족할 수밖에 없습니다. 나보다 더 많은 것을 소유한 사람은 언제나 있게 마련이거든요.

1억만 벌었으면 좋겠다는 사람이 1억을 벌고 나면 10억을 벌고 싶고 또 10억을 벌고 나면 100억을 벌고 싶어집니다. 왜 그럴까요? 100억을 벌고 나면 내 주위에 나보다 더 많이 벌고 있는 300억, 500억, 1천억을 버는 부자들과 비교하기 때문입니다. 이렇게 나와 남의 소유물을 비교해서 내가 남보다 못하다고 궁핍감을 느끼거나, 내가 남보다 부자라며 우월감을 느끼는 것이 모두 둘로 나누는데서 오는 분별심일 뿐입니다. 불교에서는 바로 이 분별심이라는 것이야말로 우리를 어리석게 만드는 주범이며 환상일 뿐임을 밝히고 있습니다.

분별심만 없으면 지금 이대로 모든 것은 원만합니다. 부족하다는 환상만 없다면 그 무엇도 부족하지 않습니다. 늘어나고 줄어든다는 착각만 없으면 모든 것은 지금 이대로 여여할 뿐입니다. 사실은 부족한 것이 있는 것이 아니라 부족하다고 느끼는 분별심만이 있을 뿐이며, 사실은 늘어나거나 줄어드는 것이 아니라 남들과의 비교를 통해 늘어났다거나 줄어들었다고 여기는 나의 착각이 있을 뿐입니다.

연기즉무아와 부증불감

이처럼 있다 없다거나, 많다 적다거나, 늘어난다 줄어든다는 개념은 하나의 망상일 뿐, 진실이 아닙니다. 한 존재가 처음 태어날 때 아무것도 없이 그저 빈 몸으로 이 세상에 왔습니다. 그리고 인연 따라 다양한 삶을 연극해 나갑니다. 때로는 인연 따라 물질적으로 풍요로운 상황 속에서 풍요를 누리며 살아보기도 하고, 또 때로는 인연 따라 갑자기 가난해지기도 합니다.

살다보면 밥 한 끼, 물 한 모금 먹는 것조차 감사하게 느낄 정도로 없이 살 때가 있는가 하면 넘쳐나는 풍요를 마음껏 누리며 부족한 것 없이 살아갈 때도 있습니다. 그렇게 100년도 안 되는 짧은 인생을 인연 따라 다양한 연극을 하며 살다가 결국 죽어갈 때는 아무것도 가져갈 수 없습니다.

죽을 때가 되면 비로소 한 생 전체가 진짜가 아니었음을, 그 모든 가난과 부유함의 인연들이 다만 한때의 꿈과 같고 허망한 것이라는 사실을 깨닫게 됩니다. 결국 아무것도 가져오지 않았던 그때로 되돌아갈 뿐입니다. 다만 우리는 머릿속에서 제 스스로 생각을 굴려서 많다거나 적다고, 부자라거나 가난하다고, 행복하다거나 불행하다고, 내 것이 늘어났다거나 줄어들었다고 착각하고 있는 것일 뿐입니다.

연기법에서는 인연 따라 생겨난 모든 것들은 진짜로 있는 것이 아니라, 다만 허망하게 생겨났다가 사라지는 생멸법, 생사법일 뿐임을 역설하고 있습니다. 그렇기에 연기법의 존재는 무상하고 무아인 것입니다. 그 모든 것들이 진짜인 것 같지만 하나도 진짜인 것이 없을 뿐이지요. 진짜라고 여기니까 많다거나 작다는, 내 것이 늘어나거나 줄어든다는 환상이 생길 뿐이지, 그 모든 것이 거짓임에 눈뜨게 된다면 증감이라는 환상에서 벗어나게 될 것입니다.

더욱이 연기된 존재이기에 '나'라고 할 만한 고정된 실체가 없어 무아라고 한다면, '나'가 없는데, 거기에 '내 것'이 늘어나고 줄어든다는 생각도 생겨날 수가 없을 것입니다. 우리가 보통 많다거나 적다고, 늘어난다거나 줄어든다고 할 때는 그 바탕에 '나'가 있어서 '내 것'이 늘어난다거나 줄어든다고 말하는 것입니다. 내 재산이 늘어나거나 줄어든다고 여기고, 내 땅이 늘어난다거나 줄어든다고 여기고, 나아가 내 나라, 내 국토 등이 늘어난다거나 줄어든다고 여기는 것이지요. 그런데 '나'가 없다면 늘어나고 줄어든다는 것 자체가 성립하지 못합니다.

무아에서 '나'가 없다는 것은 곧 이 우주 전부가 하나로써 다 나 아님이 없음을 의미합니다. 너와 나의 구분, 분별이 없으면 곧 전체가 그대로 내가 됩니다. 일즉일체다즉일이 되지요. 이처럼 연기즉무아의 관점에서 본다면 늘어나고 줄어드는 것은 없습니다.

내 소유물이 줄어든다는 것은 곧 타인의 소유물은 늘어난다는 것입니다. 나와 너라는 차별과 아상이 없다면, 타인이 곧 나와 다르지 않기에 소유물에는 아무런 변화도 없습니다. 네 것이 곧 내 것이기 때문입니다. 우주의 것이 곧 나의 것입니다. 내 땅이 줄어들었더라도 이 우주의 땅은 전혀 줄어들지 않습니다.

심지어 이 지구가 폭발하여 없어진다고 하더라도 거기에 줄어들거나 늘어난 것은 없습니다. 물리학에서는 이 우주의 모든 것들은 입자와 파동으로 이루어졌다고 합니다. 아니 입자의 성질과 파동의 성질을 동시에 가지고 있다는 것이지요. 물질적인 입자가 눈앞에서 사라져 없어졌다고 하더라도 그것이 곧 줄어든 것은 아닙니다. 물질적인 입자는 사라졌지만 그것은 없어진 것이 아니라 파동으로 존재하고 있기 때문입니다. 입자와 파동은 둘이 아닌 하나입니다. 다만 우리 눈이

라는 제한된 인식으로 파악할 때만 늘어나고 줄어드는 것일 뿐 근원
에서는 늘어나고 줄어드는 것이 없습니다.

불이법과 부증불감

실제 삶에서 우리는 이러한 무아와 부증불감을 경험하고 있습니다.

예를 들어 볼까요. 나와 전혀 상관없던 한 여인이 있습니다. 그런
데 이 여인을 사랑하게 되었습니다. 사랑하기 이전, 남남이었다면
내가 그간 벌어놓은 전 재산을 그 여인에게 그냥 주지는 못할 것입
니다. 그렇게 된다면 내 것이 줄어들기 때문이지요. 그런데 그 여인
과 사랑하여 결혼을 하면 어떻게 될까요? 내 것 전부를 그녀에게 주
어도 아깝지 않습니다. 주어도 준 것이 아닙니다. 그녀가 결혼 전까지
만 해도 '타인'의 범주였는데, 결혼을 하면서 '내 여인'이 되었기 때문
입니다.

나와 남으로 나뉘었을 때는 늘어나고 줄어든다는 관념에 속지만,
나와 남이라는 둘로 나누는 분별심과 아상이 사라지게 되면, 둘이
아닌 불이법을 깨닫게 되면 거기에 늘어나고 줄어든다는 관념도 사라
집니다.

아내나 자식에게 돈을 주어 놓고 내 돈이 줄어들었다고는 하지 않
잖아요. '내 가족'이라는 아상의 범주 안에 들어왔기 때문입니다. 그러
니 사실 늘어나고 줄어들었다는 관념은 내 소유물 그 자체가 실체적으로
늘어나고 줄어드는 것이 아니라 내 아상이라는 허망한 관념이 만들어

내는 허망한 착각일 뿐입니다. 조금 더 나아가서, 아상을 무한 확장하여 가족이 나와 둘이 아닌 것처럼, 이 사회와 국가와 전 우주의 모든 것이 전부 '나'라는 범주 안으로 들어온다면 어떻게 될까요? 너와 내가 사라지고 이 우주 모든 것이 전부 나 아님이 없습니다. 그러면 우주가 폭발을 하더라도, 지구가 사라지더라도, 내 것이 전부 사라지더라도 아무런 상관이 없습니다. 어차피 그 모든 것이 '나'라는 범주 안에서 일어나는 소소한 일을 뿐이기 때문이지요.

나와 너가, 나와 우주가 둘이 아니라는 불이법을 깨닫게 되면 이 우주에 늘어나고 줄어든다는 환상은 사라지게 될 것입니다. 둘일 때만 내 것이 늘고 상대방의 것이 줄어든다거나 하는 착각이 생길 뿐, 둘이 아닌 하나일 때는 늘고 주는 것은 없습니다. 그것이 바로 이 불이법이라는, 연기법이라는 우주의 참된 실상입니다.

행복과 부증불감

이런 물질적인 것 뿐 아니라, 정신적인 것들도 부증불감이기는 마찬가지입니다. 행복이나 깨달음도 그렇지요. 우리는 지금 이대로는 행복하지 못하다고 여기면서 더 많은 행복이 주어지길 바랍니다. 남들은 행복해 보이고, 가진 행복이 꽉 차게 느껴지는데, 나의 행복은 부족하고 초라해 보입니다.

언뜻 보기에 행복은 늘어났다가 줄어드는 것처럼 보입니다. 행복한 순간도 있고, 괴로운 순간도 있고, 행복한 순간도 그 크기가 다 다른 것처럼 느껴집니다.

그러나 사실은 행복이 늘어났다가 줄어드는 것이 아니라, 그저 있는 그대로의 중립적이고 부증불감인 현실에 대해 우리의 생각과 분별이 특별한 기준을 정해 놓고 거기에 맞으면 행복이라고 착각하고, 거기에 못 미치면 불행이라고 착각하는 망상이 있을 뿐입니다.

사실은 행복이라는 개념 자체가 생각이 만들어낸 허망한 관념입니다. 행복이라는 어떤 고정된 실체적인 무언가가 따로 있지 않습니다. 사람들마다 생각하는 행복의 기준은 다 다를 수밖에 없습니다. 어떤 사람은 행복이라고 여기는 것이 다른 사람에게는 불행일 수도 있습니다. 살 찌고 싶은 사람에게 몸무게가 느는 것은 행복이지만 다이어트를 하는 사람에게는 불행이겠지요. 한 남자는 어떤 한 여자에게는 이 세상에 둘도 없는 사랑하는 사람이겠지만, 다른 여자에게는 싫어하는 사람일 수도 있습니다. 똑같은 남자의 손길이 한 여자에게는 사랑이지만 다른 여자에게는 성추행일 수도 있겠지요.

이처럼 행복이라는 말조차 하나의 허망한 관념일 뿐 실체가 아니니, 행복이 많고 적다는 개념, 늘어나고 줄어든다는 생각이 허망한 망상인 것은 당연하겠지요. 행복이 늘어나고 줄어드는 것이 아니라, 마음에서 늘어난다거나 줄어든다는 착각이 생기는 것일 뿐입니다. 그래서 행복은 외부나 물질에 달린 것이 아니라, 마음에 달린 일이라고 하는 것이겠지요. 행복은 온전히 마음의 문제일 뿐, 행복의 특정한 조건은 없습니다.

실제 늘어나거나 줄어드는 것은 조금도 없습니다. 그저 여여부동한 있는 그대로의 현실이 있을 뿐입니다.

깨달음과 부증불감

깨달음도 마찬가지입니다. 나는 어리석은 중생에 불과하고 나에게는 깨달음이 없다고 여깁니다. 나에게는 어리석은 무명만 넘쳐나고, 지혜와 깨달음은 부족하다고 느낍니다.

그러나 깨달음은 늘어나거나 줄어드는 것이 아닙니다. 해탈이나 열반, 불성이나 본성이라고 하는 것은 전혀 늘어나거나 줄어들지 않습니다. 아니 그런 개념 자체가 텅 비어 있기 때문에 그것이 늘어나거나 줄어든다는 말조차 허용되지 않습니다. 무언가가 있어야 그게 늘어났는지 줄어들었는지를 말할 것인데, 있지도 않은 환상을 가지고 증감한다고 한다면 그것은 허망한 망상일 뿐입니다.

불교는 깨달음, 열반, 해탈이라고 하는 어떤 특정한 완벽한 상황을 만들어내어 그쪽으로 가도록 이끄는 종교가 아닙니다. 그런 완벽한 상황, 해탈, 열반이라는 개념은 중생들을 위해 만들어낸 하나의 방편일 뿐입니다. 그렇다면 해탈이나 열반, 깨달음은 전혀 없는 것이냐고 묻는다면 또 그렇지는 않습니다.

불교는 응병여약(應病與藥)이라고 하듯이 중생에게 병이 있기 때문에 그 병에 대한 약으로써 가르침을 줄 뿐입니다. 병이 없는 사람에게 약을 줄 필요는 없겠지요. 중생이 분별망상이라는 병 때문에 고생하고 있으니, 불교에서는 다만 그 분별망상이라는 질병을 없애주기 위해 법을 설할 뿐입니다. 그러니 병이 다 나은 사람이라면 전혀 불법이 필요가 없겠지요. 병이 다 나은 건강한 상태가 이름하여 열반이고 깨달음이고 자성인 것입니다.

그러나 사실 건강한 사람은 건강할 때 스스로 건강하다는 사실에 만족해하고 환희로워하며 건강함으로 인해 매 순간 기쁘고 즐겁지는 않습니다. 건강하다는 것은 사실 아주 당연한 자연스러운 상태일 뿐이지요. 건강한 사람은 자신이 건강하다는 사실에 대해 남들에게 자랑하거나, 무슨 대단한 성취를 한 것처럼 여기지도 않고, 건강한 자신을 대단하게 여기지도 않습니다. 그저 당연한 것이기에 그걸 뭐라고 내세우거나 자랑할 것이 못되지요. 바로 해탈 열반이 그와 같습니다. 해탈 열반은 특정한 완전한 상황이거나, 대단한 성취이거나, 남들에게는 없는 엄청난 것을 획득한 그런 것이 아니라, 그저 평범하고 자연스러우며 당연한 존재의 상태인 것입니다.

사실 우리가 건강하다는 말을 쓰는 이유는 건강하지 못한 상태, 질병의 상태가 있기 때문에 그것과 상대적으로 건강이라는 말을 쓸 뿐이지, 질병이 없다면 건강이라는 말도 필요가 없게 됩니다. 이처럼 해탈, 열반도 중생의 무명과 분별망상이란 질병 때문에 그것이 사라진 상태를 이름하여 해탈 열반이라고 했지만, 중생의 질병이 없다면 따로 해탈 열반이라는 이름도 필요가 없어집니다.

건강하다는 것은 그저 일 없이 평범한 것을 의미할 뿐, 특정한 위대한 상황이 아니기 때문이지요. 해탈, 열반, 깨달음, 부처도 사실 위대한 것이 아닙니다. 그저 아무 일 없는 것이고, 평범해지는 것입니다. 그래서 깨달은 자를 일 없는 사람이라고 해서 무사인(無事人)이라고 하고, 평상심시도(平常心是道)라고 하여 평상심이 그대로 도라고 하는 것입니다.

건강은 늘어나거나 줄어드는 것이 아닙니다. 다만 질병 있는 사람에게는 건강이 줄어든 것처럼 느껴질 뿐이지, 건강은 언제나 그대로 있습니다. 다만 질병이나 상처가 생겼을 때 그 상처와 질병에 온 신경이 쏠려 있다 보니 건강이 없다고 느껴질 뿐이지요. 다만 상처가 있을 뿐 그렇다고 건강이 줄어든 것은 아니듯, 깨달음도 늘어나거나 줄어드는 것이 아닙니다.

색안경을 낀 사람에게 세상은 색안경에 걸러 보이듯, 분별망상이라는 질병이 있는 사람은 이 세상을 자신의 분별망상으로 걸러서 보기 때문에 세상이 온통 고통스러워보이는 것일 뿐입니다. 그렇다고 해서 있는 그대로의 실상이 사라진 것은 아닙니다. 내가 색안경을 통해서 바라보더라도 색안경을 끼지 않은 사람들은 언제나 있는 그대로의 실상을 보고 있는 것과 같습니다.

나의 분별망상이라는 허망한 의식으로 인해 있는 그대로의 참된 진여실상을 보지 못할 뿐이지 진여실상이 늘어나거나 줄어드는 것은 아닙니다. 당연히 깨달음, 본성, 자성, 실상도 늘어나거나 줄어들지 않습니다.

그래서 언제나 깨달아 있다라거나, 완전하다라거나, 불성이 있다라거나, 제법실상이며, 입처개진이며, 촉목보리를 말하는 것입니다. 깨달음은 전혀 움직임이 없어서 여여하다고 말합니다. 전혀 늘어나거나 줄어드는 것이 아닙니다. 우리는 지금 이 순간에도 어김없이 깨달음 속에 있고, 부처 그대로 살아가고 있습니다.

4장

시고 공중무색 무수상행식
무안비설신의 무색성향미촉법
무안계 내지 무의식계

1. 시고 공중무색 무수상행식(是故 空中無色 無受想行識)

이 장에서부터는 서두에서 다루었던 오온(五蘊)을 비롯하여, 십이처, 십팔계, 십이연기, 사성제, 지혜와 깨달음 등 초기불교에서 석가모니 부처님께서 말씀하셨던 모든 교설에 대해, 대승의 공 사상이라는 큰 진리 속에서 하나 하나 부정하고 있습니다. 그러나 우리가 올바로 알아야 할 것은, 이렇게 겉으로 보기에는 부처님께서 설하신 모든 교설을 부정한 것처럼 보이지만, 실은 가르침의 본질적인 면에서 볼 때, 부정을 위한 부정이 아닌, 파사현정(破邪顯正)이라는 말처럼 삿된 것을 파함으로써 부처님의 바른 법을 드러내고자 하는 방편입니다.

부처님의 모든 가르침은 그 가르침이나 교리 자체가 절대적인 진실이거나 절대 진리이기 때문에 설한 것이 아니라, 전부 방편의 가르침입니다. 사실 진리는 말로 표현되어질 수 없습니다. 말이라는 것 자체가 인간의 의식과 분별로써 만들어낸 허망한 전달 방식이기 때문에 그 말속에 진리를 오롯이 담아낼 수는 없는 것입니다. 다만 진리를 온전히 말로 표현할 수는 없지만, 깨달음의 세계를 최대한 가장 허물이 없는 방편으로 말로써 표현해 본 것일 뿐입니다. 그래서 불교의 모든 교리는 그 교리 자체가 절대 진리인 것이 아니라, 진리를 교리라는 방편으로 설명해 본 것입니다.

예를 들면, 어제 저녁의 아름다운 노을을 말로써 완전히 표현해 낼 수 있을까요? 내가 느낀 그 느낌을 타인에게 전달할 때 어쩔 수 없이 어제 저녁에 그 노을이 참으로 아름다웠다거나, 황홀했다거나, 한 폭의 그림 같았다거나, 물감을 풀어 놓은 것 같았다거나 하는 식으로 말로써 표현해 볼 수는 있겠지만, 그 표현 자체가 그대로 그 날의 아름다웠던 노을을 완전히 전달한 것은 아니지 않습니까?

그와 마찬가지로 이 깨달음의 세계도 연기, 오온무아, 공, 사성제, 중도 등의 교리와 가르침을 통해 설명해 볼 수는 있겠지만 그것은 진리 그 자체를 오롯이 완전히 100% 전달한 것은 아닙니다. 이런 교리를 보고 우리는 '아! 진리를 저런 방식으로도, 이와 같은 교리로도 설명해 볼 수 있겠구나'라고 이해해야지, 그 교리 자체에, 그 말 자체에 절대성을 부여해서는 안 됩니다.

초기불교에서의 부처님의 가르침과 교리가 몇 백 년 이상 이어오다가 대승불교 시대가 될 때 즈음이 되면서 사람들은 부처님의 가르침과 교리에 대해 절대화하며 그것 자체가 진리라고 오해하여 그 말에만 매달리고, 교리를 현학적으로 해석하는 대만 치중하는 등의 오류를 범하고 있었음을 깨닫게 됩니다. 그로 인해 바른 가르침, 교리 그 자체보다는 그 가르침의 해석과 분석 등에만 치우치게 되고, 그로 인해 바른 진리를 머리로 해석하는 사람은 많아도 그 가르침을 몸소 깨달아 체험하는 이들은 줄어들게 된 것입니다.

바로 이 『반야심경』의 가르침에서는 그러한 점을 꿰뚫어 보고 공사상에 입각해 부처님께서 가르침을 주신 교리에 대해 하나 하나 부정해 나감으로써 그 교리 자체를 부정하는 것이 아니라, 그 교리에만 사로잡혀 바른 법을 올바로 보지 못하는 중생의 어리석은 허망한 분별과 해석, 치우친 견해 등을 바로잡아 주고 있는 것입니다. 그것이 바로 앞서 말한 파사현정입니다. 그 교리를 잘못 이해하고 있는 삿된 견해를 타파해 줌으로써 그 교리라는 말 너머의 생생한 진리 그 자체가 드러날 수 있도록 해주는 것이지요.

『반야심경』의 서두에서 이미 오온이 모두 공하다는 사실에 대해서는 충분한 설명하였습니다. 서두에 나오는 '시고 공중무색 무수상행식'이란, '이러한 까닭에 공 가운데는 색도 없고 수상행식도 없다'라는 의미로써, 앞에서 이미 공부했던 오온의 비실체성에 대해 다시금 부언하여 설명하고 있는 부분입니다.

초기불교에서 부처님께서 오온을 설하신 이유는 앞에서도 언급한 것처럼 '오온'이라는 어떤 실체를 설명하기 위한 것이 아니라, 우리가 '나'라고 여기는 것은 색수상행식이라는 다섯 가지의 쌓임으로 이루어진 오온으로 해체해서 사유해 볼 수 있으며, 그 각각의 다섯 가지 모임은 전부 무아이므로 집착할 것이 없다는 오온무아를 깨닫게 하기 위해 설해진 가르침입니다.

부처님께서는 색수상행식 모두 실체가 없고 비어 있음을 설하셨습니다. 그럼으로써 색수상행식이 '나'라고 여기는 허망한 착각으로부터 벗어나 더 이상 '나'에 집착하지 않음으로써 욕망에서 벗어나 해탈한다고 설합니다. 이러한 실체 없음과 비어 있음을 대승불교에서는 공이라고 설명하고 있으며 '시고 공중무색 무수상행식'은 바로 이러한 공의 가르침에서는 색(몸)도 없고, 수상행식(마음)도 없음을 설하고 있는 것입니다.

2. 무안이비설신의 무색성향미촉법
(無眼耳鼻舌身意 無色聲香味觸法)

육근과 육경

무안이비설신의 무색성향미촉법(無眼耳鼻舌身意 無色聲香味觸法)은 안이비설신의라는 육근(六根)과 색성향미촉법이라는 육경(六境)이 실체적으로 있는 것이 아니라는 가르침입니다. 보통 초기불교에서는 우리가 '나'라고 여기는 자아를 해체해서 하나 하나가 무아임을 사유해 봄으로써 결국 '나'라는 존재 또한 무아임을 설명하고 있습니다.

이처럼 '나'가 무아임을 설명하기 위해 '나'를 다섯 가지로 나누어 설명한 교리가 오온(五蘊)이라면, 또 다른 방식으로 '나'를 설명하기도 하는데, 그것이 바로 육근과 육경, 혹은 육내입처와 육외입처로 나누어 설명하는 방식으로 이것을 합쳐 십이처(十二處)라고 부릅니다.

그런데 엄밀히 말하면 육근과 육경, 육내입처와 육외입처는 조금 의미가 다릅니다. 먼저 육근과 육경을 살펴보면, 육근은 안근[眼根, 눈], 이근[耳根, 귀], 비근[鼻根, 코], 설근[舌根, 혀], 신근[身根, 몸], 의근[意根, 뜻, 마음]의 여섯 감각기관이며, 육경(六境)은 육근에 상응하는 여섯 개의 대상, 즉 색경[色境, 빛깔과 모양], 성경[聲境, 소리], 향경[香境, 냄새], 미경[味境, 맛], 촉경[觸境, 촉감], 법경[法境, 생각, 마음의 대상]을 말합니다. 눈귀코혀몸뜻이라는 육근은 쉽게 말하면, 안근은 시각, 이근은 청각, 비근은 후각, 설근은 미각, 신근은 촉각, 의근은 마음이라고 쉽게 이해할 수도 있습니다.

여기서 육근은 쉽게 말하면 감각기관이라고 했는데 엄밀히 말하면 감각기능 내지는 감각활동, 감각능력 등을 의미한다고 볼 수 있습니다. 실제 육근이라고 할 때 '근(根)'은 산스크리트어 인드리야(indri-ya)를 번역한 말로써 '능력'을 뜻합니다. 우리 몸속에 여섯 가지 실체적인 감각기관이 있어서 감각하는 기능을 수행하는 것으로 생각하기 쉽지만, 사실은 여섯 가지 감각기관들은 실체적으로 존재하는 것이 아니라 감각대상이 나타났을 때 인연 따라 감각기능과 감각활동을 수행할 뿐인 것이지요.

그런데 여기에서 주목할 점은 안이비설신이라는 앞의 오근은 그 대상이 색성향미촉이라는 다섯 가지 대상만을 일대일로 감각합니다. 즉 눈은 색깔을 보고, 귀로는 소리만을 듣고, 코는 냄새를 맡고, 혀는 맛 보고, 몸은 감촉을 느끼는 것이지요. 눈이 소리를 듣거나 귀가 냄새를 맡을 수는 없는 것입니다. 그런데 이 오근이 각자의 대상에서 인식한 내용을 모두 다 한꺼번에 경계로 인식하는 것이 바로 여섯 번째의 감각기능인 의근입니다. 즉 의근은 보고 듣고 맛 보고 향기 맡은 것 등을 서로 연결하고 종합하는 역할을 합니다.

예를 들어 차 한 잔이 있을 때, 눈으로는 차의 빛깔을 보고, 귀로는 차 따르는 소리를 듣고, 코로는 차의 향기를 느끼고, 입으로는 차를 맛 보며, 손으로는 찻잔의 따뜻한 온기를 감촉으로 느낌으로써 눈귀코혀 몸이라는 오근을 통해 종합적으로 '녹차'라고 아는 작용을 하는 곳이 바로 의근입니다.

이러한 육근의 대상이 바로 육경인데, 눈에 보이는 대상이 색경, 귀에 들리는 소리가 성경, 코로 맡아지는 냄새가 향경, 입으로 맛보아지는 대상이 미경, 몸으로 감촉되는 대상이 촉경, 생각할 수 있는 모든 대상이 법경입니다. 불교에서 자주 사용하는 용어 '경계'가 바로 이 여섯 가지입니다. 보통 큰스님들께서 '경계에 끄달리지 말라'고 말씀하시곤 하시는데요, 여기에서 경계라는 것이 바로 이 육경입니다. 눈에 보이는 대상에 끌려가지 말고, 소리에 끌려가지 말라는 것이지요. 보이는 대상을 좋고 나쁘다고 분별하고서 좋은 것은 집착하고 싫은 것은 거부하려는 마음을 내는 것이 곧 경계에 끌려가는 것입니다.

십이처

이처럼 우리는 육근을 통해 외부의 대상을 인식하여 받아들입니다. 그런데 이렇게 우리 안의 감각기능, 감각활동인 육근을 통해 외부의 대상인 육경을 인식하다 보니, 내 안에 육근이 진짜로 있고, 내 밖에는 육경이 진짜로 있는 것 같은 착각을 하게 됩니다. 내 안에 감각활동을 하는 '나'라는 존재가 진짜로 있다고 여기고, 내 바깥에 그 감각의 대상인 '세계'가 진짜로 있다고 여기게 되는 것이지요. 이렇게 해서 '나'와 '세상'이 둘로 나누어 지는 것입니다. 분별심이 시작되는 것이지요.

이때, 육근이라는 인연 따라 생겨난 감각기능과 활동을 '나'라고 여기는 허망한 착각을 육내입처(六內入處) 혹은 육내처(六內處)라고 하고, 그 감각 대상을 '세계'라고 실체적으로 생각하는 허망한 착각을 육외입처(六外入處) 혹은 육외처(六外處)라고 부릅니다. 그러니 육근, 육경과 육내입처, 육외입처는 조금 다른 것이지요. 즉 '육근'은 인연 따라 생긴 우리 안의 여섯 가지 감각기능과 감각활동을 의미하고, '육내입처'는 그 육근을 보고 '나'라고 착각하는 어리석은 의식을 뜻합니다.

육근과 육경은 감각기능과 감각활동, 감각능력과 그 대상으로써 없

273

어서는 안 될 것이지만, 육내입처와 육내입처는 육근과 육경을 '나'라고 집착하고, '세계'라고 집착하는 허망한 착각의 망상이기 때문에 없애야 할 것들입니다. 육근은 청정해져야 하지만, 육내처와 육외처는 결국 사라져야 하는 것입니다. 그래서 십이연기에서도 명색과 육입을 소멸시켜야 한다고 설하고 있습니다. 여기에서 명색과 육입이 곧 육외처와 육내처를 말하는 것입니다.

바로 이 '나'와 '세계'라고 분별하여 나누는 허망한 착각, 즉 육내입처와 육외입처를 합쳐 십이처(十二處)라고 부릅니다. 우리가 '일체' 혹은 '삼라만상'이라고 부를 때 바로 그 일체가 곧 십이처입니다.

『잡아함경』에서는 "일체란 곧 십이처이니, 곧 눈과 색, 귀와 소리, 코와 냄새, 혀와 맛, 몸과 감촉, 뜻과 법이다. 이것을 일체라 한다. 비구들아, 만약 어떤 사람이 '이것은 일체가 아니다. 나는 십이처를 떠난 다른 존재를 찾겠다'고 한다면 그것은 헛된 일이며, 알려고 해도 의혹만 더할 것이다. 왜냐하면 그것은 인식할 수 있는 영역이 아니기 때문이다."라고 설하고 있습니다.

이것이 바로 불교인식론의 특징입니다. 육내입처와 육외입처 즉 우리에게 감각되고 지각되어 분별된 세계만을 '일체', 즉 '있는 것'으로 인식하는 것입니다. 내 앞에 100명, 1000명의 사람이 있다고 할지라도 우리는 그들 모두를 똑같이 인식하지 않습니다. 내 마음속에서 특정한 한 사람을 사랑하기 시작하면 그 사랑하는 한 사람만 눈에 띄고, 그 사람으로 인해 그 곳이 아름답게 느껴질 수도 있습니다.

이처럼 내 앞에 무엇이 있느냐 하는 사실이 중요한 것이 아니라, 내가 거기에서 무엇을 느낄 것이냐, 눈귀코혀몸뜻으로 어떤 것을 중점적으로 의식할 것이냐 하는 점이 중요합니다. 육내입처와 육외입처가 실제로 '있는' 것이 아니라, 인연 따라 허망하게 생겨난 망상의 세계이기 때문입니다.

나라는 육내입처가 내 밖의 세상 즉 육외입처에 있는 수많은 대상들 가운데 어떤 특별한 대상들만을 선택적으로 취사선택해서 좋아하고 싫어할 것이냐 하는 점에 따라 나의 세계가 다르게 느껴지는 것입니다.

그래서 사람들은 백 명이 있다면 백 명이 느끼는 세계는 전부 다 다를 수밖에 없습니다. 이 세계라는 실체적인 곳이 정해져 있어서 우리가 그 안에 들어가 사는 것이라면, 그 세계가 좋고 나쁘냐에 따라 우리가 느끼는 것도 정해질 것입니다. 그러나 이 세계는 실체적인 것이 아니라 육내입처가 육외입처를 어떻게 인식하여 분별심을 일으킬 것인지에 따라 똑같은 세계가 좋아지기도 하고 싫어지기도 하는 것입니다.

이처럼 불교에서 '일체', '삼라만상', '모든 것'이라고 부르는 것은 허망한 망상의 세계일 뿐임을 알 수 있습니다. 진짜로 '있는' 세계가 아니라, 우리가 '있다'고 여기는 착각의 세계, 허망한 분별의 세계, 즉, 헛된 마음의 세계일 뿐입니다. 마음속에서 보고 듣는 '자'가 있고, 보이고 들리는 '대상'이 있다고 착각하고 있는 것일 뿐입니다. 일체유심조인 것이지요. '일체'는 곧 마음이 만들어 낸 허망한 착각의 세계일 뿐입니다.

무안이비설신의 무색성향미촉법

그래서 『반야심경』에서는 '무안이비설신의 무색성향미촉법'이라 하여 눈귀코혀몸뜻도 없고, 그 대상인 색성향미촉법도 없다고 설한 것입니다. 이 말은 곧 십이처는 실체가 아닌 허망한 착각일 뿐이라는 것입니다.

자칫 잘못 이해하여 이를 육근과 육경이 전부 없다 라고 오해를 해서는 안 되겠지요. '무안이비설신의 무색성향미촉법'을 육근과 육경이 없다라고 해석하게 되면 전혀 말이 안 되게 됩니다. 무안이비설신의라고 했으니 감각기관인 눈도 없애고, 코도 없애고, 귀도 없애야겠다거나 감각기능인 보는 작용도 없고, 듣는 작용도 없애야겠다고 여긴다면 『반야심경』을 잘못 이해한 것입니다.

'무안이비설선의 무색성향미촉법'은 육근과 육경이 없다라는 뜻이 아니라, 육내입처와 육외입처가 본래 없는 것이며 그것은 다만 인연 따라 허망하게 생겨났다 사라지는 비실체적인 것이라는 뜻입니다.

당연히 육근과 육경은 있습니다. 깨달음을 얻어 부처님이 되었다고 하더라도 육근은 있고, 눈으로 보고, 귀로 듣고 할 것은 다 합니다. 오히려 육근이 청정해져서 오염됨 없이 육경을 있는 그대로 보게 됩니다. 그러나 육내입처와 육외입처는 없습니다. 그것은 중생의 허망한 착각의 세계이기 때문입니다.

깨달음을 얻고 나면 눈귀코혀몸뜻을 보고 '나'라고 착각하지 않고, 보이고 들리고 냄새 맡아 맛보고 감촉 느껴지고 생각되는 대상을 '세계'라고 집착하지 않습니다. 그 모든 것이 인연 따라 생겨났다가 인연이 다하면 사라지는 허망한 것임을 깨닫는 것입니다. 눈귀코혀몸뜻의 작용이 전혀 일어나지 않는 것이 아니라, 눈귀코혀몸뜻의 감각활동, 감각능력은 그대로 있으면서도 거기에 사로잡히지 않고, 집착하지 않고, 실체화하지 않는 것입니다.

『금강경』을 비롯한 대승경전에서는 끊임없이 아상을 타파하도록 이끌고 있습니다. 그것이 바로 육내입처라는 허망한 착각에서 '나다' 하는 아상이 생겨나기 때문입니다. '무안이비설신의'는 바로 눈귀코혀몸뜻의 활동을 보고 그것을 '나'라고 여기는 생각은 다만 허망한 착각일 뿐이기에 본래 없는 것임을 설하는 것입니다.

보는 나도 없고, 듣는 나도 없다

이렇게 교리적으로 설명을 해도 도저히 이해하기 어려울 것입니다. 여기 이렇게 눈이 있어서 보는 내가 있고, 귀가 있어서 듣는 내가 있고, 코가 있어서 냄새 맡는 내가 분명히 있는데 왜 내가 없다고 하는 것일까? 하는 궁금증이 생길 것입니다.

그러나 초기경전의 연기법이나 『반야심경』의 공사상에서는 설합니다. 육내입처는 육외입처를 인연으로 생겨나며, 육외입처는 육내입처를 인연으로 생겨납니다. 눈은 있지만 대상이 없으면 볼 수 없고, 대상은 있지만 눈에 실명이 와서 눈의 기능을 수행하지 못한다면 그 대상은 볼 수 없습니다. 눈과 대상은 이처럼 서로 의지하여 연기적으로만 있을 수 있는 것입니다. 이를 인연생이라고 합니다. 인연 따라 생겨난 것일 뿐, 실체가 없다는 것이지요.

이처럼 육내입처와 육외입처는 인연 따라 생겨난 것이기에 실체성을 지니는 '나'도 아니고, '세계'도 아닙니다. 그러나 우리는 이러한 연기법의 진실을 모르기 때문에 내 눈이 진짜로 있어서, 내 바깥에 진짜로 있는 물질적인 대상을 내 눈이 본다고 여깁니다. 나도 실재하고 세상도 실재한다고 여기는 것이지요. 이것이 바로 우리의 허망한 착각입니다.

사실은 나도 없고 세상도 없습니다. 다만 인연 따라 허망하게 일어났다가 사라지는 것일 뿐, 독자적인 실체성을 지닌 것은 어디에도 없습니다. 아마도 이런 생각은 태어나서 단 한 번도 해보지 않은 충격적인 견해라고 느낄 수도 있을 것입니다. 이렇게 분명히 내가 있는데 왜 내가 없다고 하는 걸까 도저히 이해되지 않을 수도 있겠지요.

그러나 이것이 바로 연기법의 진실입니다. 무아의 진실입니다. 연기와 무아라는 가르침을 통해 육내입처와 육외입처가 왜 허망한 착각이며 본래는 없는 것이지만 우리의 어리석은 생각이 그것을 '있는 것'으로 착각하는지를 깨달아야 하는 것입니다.

이 사실이 바로 '무안이비설신의 무색성향미촉법'의 가르침입니다. 육근을 없애라는 것이 아니라, 육내입처를 없애라는 것입니다. 눈귀코혀몸뜻의 작용을 보고 그것을 '나'라고 착각하는 허망한 생각, 망상만을 없애라는 것입니다. 눈귀코혀몸뜻이라는 내가 있고, 내 바깥에는 색성향미촉법이라는 대상이 있다는 허망한 착각을 없애라는 것이지요. 아니, 없애라는 것이 아니라 본래 없다는 것입니다.

그럼 어떻게 하면 육내처와 육외처가 허망한 것임을 깨달을 수 있을까요? 바로 육내처와 육외처는 서로 연기되어서 인연가합으로 존재하는 것임을 꿰뚫어 보면 됩니다. 즉 연기법의 진실을 통찰하게 될 때 저절로 육내처와 육외처의 진실이 곧 '무안이비설신의 무색성향미촉법'임을 깨닫게 되는 것입니다.

이처럼 십이처의 교설은 오온무아에서처럼 초기불교 '무아'의 교설을 뒷받침하고 있습니다. 십이처의 실상이 바로 '무안이비설신의 무색성향미촉법'이기 때문에, '나'도 없고, '세계'도 없다는 것입니다. 대승불교 방식으로 설명하면 아상과 법상이 전부 비어있다는 것입니다. 이처럼 『반야심경』에서는 십이처를 부정하는 방식을 통해 공의 실상, 연기의 실상을 드러내고 있습니다.

3. 무안계 내지 무의식계(無眼界 乃至 無意識界)

십팔계(十八界)

'무안계 내지 무의식계'는 초기경전에서 말하는 십팔계의 부정을 의미합니다. 십팔계(十八界)란 인간의 주관적 감각 기관, 감각 활동인 안계, 이계, 비계, 설계, 신계, 의계와 객관적 대상인 색계, 성계, 향계, 미계, 촉계, 법계 그리고 감각 기관과 그 대상이 서로 만날 때 나타나는 인식 작용인 안식계, 이식계, 비식계, 설식계, 신식계, 의식계를 말합니다.

'안계 내지 의식계'란 십팔계의 첫 번째 안계에서부터 십팔계의 마지막 요소인 의식계까지의 열여덟 가지 모든 요소를 말하는 것입니다.

십팔계는, 앞에서 말한 십이처에 육식(六識)을 합한 것입니다. 다시 말해 무언가를 인식하기 위해서는, 감각기관[육내입처]이 감각의 대상[육외입처]과 접촉함으로써 육식이라는 인식이 일어나는 것입니다. 십이처와 십팔계가 다른 근본적인 차이는 마음의 영역에 여섯 가지 인식을 하나로 합하여 하나의 의식으로 되어 있는가, 아니면 눈, 귀, 코, 혀, 몸, 뜻의 각각에 독자적인 인식 작용을 내세우고 있는가의 차이라 할 수 있습니다. 전자가 십이처의 의처(意處)이며, 후자가 십팔계의 여섯 가지 별개의 인식인 안식(眼識), 이식(耳識), 비식(鼻識), 설식(舌識), 신식(身識), 의식(意識)인 것입니다.

앞에서 십이입처는 육내처와 육외처를 나와 세상이라고 착각하는 허망한 의식이라고 하였습니다. 나와 세상을 둘로 나누는 허망한 의식인 이 십이입처에서 나와 세상을 나누고 분별하여 인식하는 마음인 육식이 생겨납니다. 십이입처를 인연으로 육식이 생기는 것이지요.

여기에서 잠깐 먼저 살펴보고 넘어갈 것이 십이입처에서는 아상이 생겨난다는 점입니다. 육내처를 '나'라고 여기고, 육외처를 '세계'라고 여기기 때문에 내가 세상을 바라본다는 분별이 생겨납니다. 내가 있고 세계가 있다는 착각이 일어나면, 거기에는 당연히 '나다' 하는 아상, 아집, 아견이 생겨날 수밖에 없는 것이지요.

이처럼 십이입처에서는 '나다' 하는 아상, 즉 자아의식이 생기기 때문에 내가 좋아하는 것만을 보고 싶고, 듣고 싶어 하게 됩니다. 육내처가 육외처를 만나면 나에게 좋은지 나쁜지를 따져서 분별하게 되고, 나에게 득이 되는지 실이 되는지를 판단하는 것입니다. 이것이 바로 육식의 분별해서 인식하는 작용입니다.

대상을 아는 마음을 '식(識)'이라고 합니다. 눈으로 볼 때는 보이는 대상에 대해 분별해서 인식하는 마음 즉 안식(眼識)이 생기고, 들을 때는 들리는 것에 대해 분별해서 아는 마음 즉 이식(耳識)이 생기는 것입니다. 또한 코에서 냄새 맡아지는 것을 분별하는 마음을 비식(鼻識), 혀로 맛보아 지는 것을 분별해 아는 마음을 설식(舌識), 몸으로 감촉되어지는 것을 분별해 아는 마음을 신식(身識)이라고 부르며, 이와 같은 다섯 가지 오식에서 들어오는 분별심들을 종합적으로 분별해 아는 마음을 의식(意識)이라고 부릅니다.

이처럼 십이입처라는 허망한 의식을 인연으로 육식이 생겨나면, 이 십이입처와 육식을 인연으로 십팔계라는 새로운 계(界)가 성립됩니다. 여기서 계란 '경계를 나눈다'는 의미로, 같은 종류로 묶어 경계를 나누는 것입니다. 이것이 바로 십팔계이며, 안계 내지 의식계입니다.

그러면 육식에 대해 조금 더 자세히 살펴보도록 하겠습니다.

육식(六識)

① 안식(眼識)

첫째, 안식(眼識)을 보겠습니다. 불교 전문 용어를 사용하니 어려운 느낌이 들지만, 사실은 쉬운 말입니다. 눈[안근]으로 모양이나 빛깔[색경]을 볼 때 우리가 느끼는 좋고, 싫고, 그저 그렇다는 분별하는 마음이 바로 안식입니다. 눈의 인식 대상은 색(色)입니다. 이것은 빛깔이라고 하는데, 이것은 두 가지가 있습니다. 하나는 희고, 검고, 파랑고, 붉은 등의 '빛깔'을 의미하며, 다른 하나는 길고, 짧고, 모나고, 둥글고, 높고, 낮은 등의 '모양'을 의미합니다. 전문 용어로 하면 전자를 현색(顯色)이라 하고, 후자를 형색(形色)이라 합니다.

눈으로 사물을 바라볼 때에는, 그 사물에 대해서 좋거나 싫거나 그저 그런 마음이 생기게 마련인데, 이 분별하는 마음이 바로 안식입니다. 안식으로는 사물의 내면에 있는 오묘한 마음까지는 분별하지 못하며, 오직 현재 겉으로 드러나 있는 것만을 인식하는 기초적인 분별 작용만 하게 됩니다. 즉 내 앞에 꽃이 한 송이 있다고 가정해 보았을 때, 안식이 의식할 수 있는 것은 꽃의 색깔과 꽃의 모양 정도에 불과합니다. 반대로 똥이 있다고 했을 때, 이 또한 색깔과 모양을 분별할 수 있습니다.

그러나 안식에서는 꽃을 보면 직감적으로 좋아하고, 똥을 보면 싫어하는 기초적인 인식을 할 수는 있습니다. 그러나 이러한 인식 이외에 이것이 꽃인가, 똥인가, 나아가 꽃이면 무슨 꽃인가, 그 꽃은 언제 피며, 어느 나라의 어느 지방에서 잘 자라는지, 무궁화라면 우리나라를 상징하는 꽃이구나 정도까지 유추해서 의식을 할 수는 없습니다. 이 기능을 위해서는 여섯 번째의 '의식'의 작용이 함께 해야 합니다. 이

때 제6의식은 과거의 경험과 기억 등을 생각해 내고, 다른 것들과 비교 판단하며, 때로는 잘못 인식하기도 하는 등의 구체적인 인식 작용을 하게 됩니다.

이렇게 현재 드러난 것에 대해 눈으로는 모양과 빛을, 귀로는 소리를, 코로는 냄새를, 혀로는 맛을, 몸으로는 촉감을, 뜻으로는 생각들을 그 대상으로 하여 인식하는 작용을 겉으로 드러난 것에 대해 분별한다고 하여, 유식에서는 '현량(現量)'이라고 이름 합니다. 여기에 좀 더 깊고 오묘한 부분까지 인식하기 위해서는 반드시 제6의식(第六意識)의 도움이 필요한 것입니다. 이것은 나머지 네 가지 식도 마찬가지입니다.

② 이식(耳識)

둘째는, 이식(耳識)입니다. 이것은 귀로 소리를 들을 때 일어나는 좋고 싫은 마음의 분별입니다. 이식의 대상은 오직 소리입니다.

이식 또한, 들어서 좋은 소리가 있고, 나쁜 소리가 있기 마련입니다. 부드러운 음악 소리가 있는가 하면, 철공소에서 쇠를 자를 때 나는 날카로운 소리도 있겠지요. 또한 사람의 소리에도 두 가지가 있고, 그에 대한 반응도 크게 두 가지로 나뉩니다. 예를 들어 욕하는 소리를 들으면 기분이 나빠지고, 칭찬하는 소리를 들으면 기분이 좋아집니다. 이렇게 특정한 소리를 듣고 좋거나 싫은 분별이 일어나는 것이 바로 이식입니다.

그러나 욕을 듣고서 지금 당장 표면에 드러난 감정으로는 기분이 나쁘지만, 가만히 생각해 보면 나를 위해 필요한 욕이라고 한다면, 이 것은 오히려 달게 받을 만한 소리일 수 있습니다. 즉, 오직 이식(耳識)으로만 분별한다면 '싫다'고 느끼는 것도, 육식인 의식의 도움을 받아 분별해 보게 됨으로써 단순히 듣기 싫은 욕설이 아니라, 내게 도움을 주고자 하는 고마운 말이었구나 하고 인식할 수도 있습니다. 이처럼 좀 더 복잡한 마음의 작용은 이식(耳識)으로만 할 수 있는 것이 아니라 제6의식(第六意識)의 도움이 필요한 것입니다.

③ 비식(鼻識)

셋째, 비식(鼻識)입니다. 이것은 코로 냄새를 맡을 때 생기는 '좋은 냄새', '나쁜 냄새'하는 즉각적인 마음의 분별입니다. 당연히 비근의 대상은 냄새입니다. 향이라고 하나 향기만을 의미하는 것이 아니라, 여러 가지 우리가 맡을 수 있는 모든 냄새를 총칭하는 말입니다.

④ 설식(舌識)

넷째는, 설식(舌識)입니다. 이것은 혀로 음식 등을 먹을 때 느끼는 맛있다거나 맛이 없다는 등의 분별입니다. 여기에는 다만 맛이 있고 없는 것뿐 아니라 뜨겁고 찬 것, 달고 짠맛, 맵고, 싱겁고, 신맛 등 혀로 느낄 수 있는 모든 것을 인식의 대상으로 합니다.

⑤ 신식(身識)

다섯째는, 신식(身識)으로, 이것은 우리의 몸으로 대상을 접촉할 때 생기는 분별심입니다. 신근의 대상은 촉경이라고 하여 물질계를 말하는데, 물질계란 단순히 딱딱한 물질만을 의미하는 것이 아니라 지(地), 수(水), 화(火), 풍(風) 전체를 그 대상으로 합니다.

즉, 우리가 쉽게 생각할 수 있는 물질인 지(地)의 성질뿐만 아니라, 축축하거나 건조한 것 등 수(水)의 성질도 몸으로 느낄 수 있는 신근의 대상이며, 덥거나 춥고, 뜨겁거나 찬 것 등 화(火)의 성질, 그리고 호흡이나 불어오는 바람(風) 등도 우리의 몸인 신근으로 느낄 수 있는 대상입니다.

다시 한 번 정리하면, 이상 다섯 가지의 인식 작용은 모두 선과 악, 좋고 나쁜 등의 직접적으로 드러난 부분에 대한 식별만이 가능합니다. 즉 빛과 소리, 냄새, 맛, 촉감 등 스스로에게 주어진 자성(自性)만을 분별할 수 있을 뿐입니다. 그래서 유식에서는 이 분별 작용을 자성분별(自性分別)이라고 하며, 또한 이러한 분별은 현재 사물의 겉모습만을 헤아린다고 하여 현량(現量)이라고도 합니다.

⑥ 의식(意識)

다음은 의식입니다. 의식은 앞선 다섯 가지 의식인 안식, 이식, 비식, 설식, 신식을 도와 대상을 분별하는 마음입니다. 우리가 보통 마음이라고 할 때 그 마음이 바로 이 '의식'입니다. 대상을 아는 마음으로, 초기불교에서는 심의식(心意識)을 이름은 다르지만 동의어로 보고 있습니다. 이 의식을 조금 더 깊이 있게 이해하기 위해서는 부파나 유식불교에서 심층적으로 연구한 제6의식에 대해 살펴보면 도움이 될 것입니다.

유식불교에서 말하는 제6의식은 십팔계의 의식으로써, 의근(意根)에 의지하여 물질세계와 정신세계 모두를 포함한 일체 유형무형의 모든 대상, 즉 법경(法境)을 분별하는 마음입니다. 이 6의식은 앞에서 말한 5식과는 많이 다릅니다. 우선 전오식은 의지처가 눈, 귀, 코, 혀, 몸 등 모두 물질로 이루어져 있지만, 이 6의식은 순수한 정신적인 기관이 그 의지처입니다. 대상 또한 객관적인 물질계뿐만 아니라 정신적, 물질적인 모든 경계를 그 대상으로 합니다.

그러면 의식(意識)이 구체적으로 어떠한 마음작용을 하고 있는가를 알기 위해 유식에서 바라보는 의식의 작용을 참고삼아서 잠깐 살펴보도록 하겠습니다.

앞에서 전오식은 스스로에게 주어진 성품만을 분별하는 자성분별을 한다고 하였는데, 이 6의식은 물론 자성분별(自性分別)도 하지만, 그 외에도 수념분별(隨念分別)과 계탁분별(計度分別)등의 좀 더 복잡한 분별 작용을 합니다. 수념분별이란 과거를 회상한다거나, 미래를 생각하는 등의 분별 작용을 말하는 것이며, 계탁분별이란 착각을 하여 대상을 인식하는 데 오류를 일으키는 분별 작용을 말합니다. 또한, 앞에서 전오식은 현재 나타난 사물에 대해 기본적인 사유를 일으켜 헤아리는 작용인 '현량(現量)'을 일으킨다고 하였는데, 이 6의식은 여러 가지를 비교하고 분석하여 판단하는 작용인 '비량(比量)'을 일으키기도 하며, 대상을 판단할 때 오류를 일으켜 잘못 헤아리는 '비량(非量)'을 일으키기도 합니다.

그러면 6의식은 어떠한 역할을 하고 있는지를 좀 더 구체적으로 살펴보겠습니다.

6의식은 다른 많은 이름을 가지고 있습니다. 오구의식, 몽중의식, 독산의식, 정중의식, 광연의식 등이 그것입니다. 이 이름들은 6의식이 가지고 있는 각각의 작용과 역할을 나누어 따로 이름 붙인 것이기도 합니다. 각각을 살펴보지요.

첫째는 오구의식(五俱意識)입니다. 우선 오구의식이란, 우리 주위의 모든 대상을 관찰할 때 단독으로 하는 것이 아니라, 항상 안식, 이식, 비식, 설식, 신식과 함께 작용하여 그 대상을 분별하고 의식한다고 하여 붙여진 이름입니다. 안식과 함께 일어나는 의식을 예로 들어 보겠습니다.

우리가 눈으로 대상을 볼 때, 단순히 보고 그치는 것이 아니라 우리는 온갖 분별심을 일으킵니다. 거리를 지나가는 원피스를 입은 예쁜 여자나 멋진 옷을 입은 잘생긴 남자를 볼 때, 그저 보고 스치는 것이 아니라 몸매가 좋다거나[現量, 自性分別], 미니스커트가 너무 짧다거나[自性分別], 내 여자친구보다 더 예쁘거나 혹은 못하다[比量], 저런 겉만 번지르르한 사람은 성격이 별로일 거야[非量, 計度分別]라는 등의 분별과 상상을 하게 되고, 심지어는 저런 여인과 결혼을 해서 미래에 아이도 낳고, 오손도손 살면 얼마나 좋을까[隨念分別], 과거의 내 여자친구를 생각하며 참 많이 닮았다[隨念分別]라든가 하는 등 온갖 분별심을 머릿속에 떠올리게 됩니다. 이처럼 복잡한 마음의 작용은 안근(眼根) 단독으로는 도저히 할 수 없는 작용입니다. 이렇게 분별, 헤아림을 일으킬 수 있는 것은, 제6의식의 분별 작용이 있기에 가능한 것입니다.

귀로 어떤 소리를 들었을 때나, 코로 냄새를 맡았을 때, 혀로 맛을 볼 때, 몸으로 어떤 대상을 감촉했을 때에도 마찬가지로 각종의 분별 작용이 일어나게 마련입니다. 이렇듯 제6의식은 전오식과 함께 작용하여 각종의 분별 작용을 일으킵니다. 그러므로 이 의식을 오구의식(五俱意識)이라고 부르기도 하는 것입니다.

두 번째, 몽중의식(夢中意識)이 있습니다. 이것은 말 그대로 꿈 가운데 나타나는 의식을 말합니다. 이러한 꿈도 제6의식의 영역입니다.

다음은 독두의식(獨頭意識)입니다. 이것은 객관세계의 대상과 함께 작용하는 여타의 의식과는 다르게, 내면에서 단독으로 사유하고 생각하는 의식을 말합니다. 여기에는 크게 본다면, 몽중의식과 뒤에서 다룰 정중의식도 포함됩니다. 이 의식으로 인해 과거에 있었던 일들에 대해 회상하면서 즐거워하거나 괴로워하고, 미래에 있을 일에 대해 추측하고 계획을 세우곤 하는 것입니다.

이미 지나간 과거는 무상하여 얽매여 집착할 바가 아님을 깨닫지 못하고 애써 끄집어내어 스스로 그 속에 빠져 괴로워하고, 때로는 즐거워하는 등 스스로를 관념의 울타리에 가두고 있으며, 아직 오지도 않은 미래의 일에 대해서 미리부터 걱정을 하거나, 희망의 꿈을 꾸게 됨으로 인해 그 관념, 상상의 나래에 갇혀 스스로 괴로워하기도 하고, 즐거워하기도 하는 것입니다.

이 모든 허망하게 내면에서 불쑥불쑥 일어나는 생각들을 독두의식이라고 합니다. 뇌과학에서는 하루에 약 5만 개 이상의 생각들이 일어난다고 말하는데요, 그렇게 끊임없이 불쑥불쑥 올라와 우리의 머리를 복잡하게 만드는 수많은 생각들이 바로 이 독두의식이라 할 수 있습니다.

마지막으로, 정중의식(定中意識)이란 앞에서 말한 모든 의식에서 나타나는 모든 장애와 번뇌, 괴로움을 모두 정화함으로 인해 나타나게 되는 청정하고 맑은 의식입니다. 수행을 통해 삼매에 든다고 하거나, 마음을 비운다고 할 때 나타나는 맑은 의식이지요. 우리에게 행복과 안정을 가져다주는 인식이 바로 이 정중의식입니다.

마음을 호흡에 집중하거나, 한 가지 대상에 집중하여 깊은 삼매에 든다거나, 고요한 의식이 만들어지게 된다면 그것을 정중의식이라고 할 수 있을 것입니다. 수행이나 명상을 통해 깊은 삼매에 이른다고 할 때 바로 그 삼매 또한 정중의식이라고 할 수 있습니다. 그러나 여기에서 보듯이 삼매나 깊은 고요함 등은 하나의 의식일 뿐입니다. 의식은 모두 허망한 분별심일 뿐, 그것 자체가 깨달음인 것은 아닙니다.

불교에서 말하는 삼매체험이나 신비체험 등은 그것 자체가 깨달음 인 것이 아니라, 이처럼 특별한 의식적인 노력으로 얻을 수 있는 하나 의 허망한 의식일 뿐입니다. 그렇기에 불교에서는 삼매를 체험했거 나, 수행을 통해 고요한 의식 상태에 도달했다고 할지라도 거기에 얽 매여 집착하지 말고, 그저 흘려보내라고 합니다. 그것은 하나의 의식 일 뿐이며, 육식일 뿐이고, 십팔계일 뿐이기 때문입니다.

이상에서처럼 제6의식은 물질, 정신세계 할 것 없이 모든 것을 대상 으로 하여 수많은 광범위한 인식 작용을 일으키므로 광연의식(廣緣 意識)이라 부르기도 합니다.

이처럼 제6의식은 실로 우리의 삶에서 가장 쉽게 접할 수 있는 마음 의 주된 작용입니다. 보통 '마음'이라고 하면 바로 이 6의식을 말합니 다. 그런데 이상에서 보았던 것처럼 제6의식이 수많은 분별심을 일으 키고, 각종의 광범한 의식을 일으키는 것은 무엇 때문일까? 그것은 바 로 '번뇌(煩惱)' 때문입니다. 번뇌는 의식을 산란하게 하는 주된 요인 이 됩니다.

그래서 유식에서는 번뇌를 6가지 근본번뇌(根本煩惱)와 20가지 수 번뇌(隨煩惱)로 나누고 있습니다. 근본번뇌는 탐[貪, 탐냄], 진[瞋, 성 냄], 치[痴, 어리석음], 만[慢, 교만심], 의[疑, 의심], 악견 [惡見, 잘못된 견해]의 여섯 가지이며, 20가지 수번뇌는 분[忿, 분함, 약하게 성냄], 한[恨, 원한], 부[覆, 죄업을 숨김], 뇌[惱, 분함, 한탄함], 질[嫉, 시기, 질투], 간[慳, 아끼고 베풀지 않음], 광[誑, 속이고 교만함], 첨[諂, 아첨], 해[害, 남에게 손해를 끼침], 교[憍, 교만하여 남을 멸시함], 무참[無慚, 잘못을 저지르고 참회하지 않음], 무괴[無愧, 포악한 일을 하고 반성하지 않음], 도거[掉擧, 마음이 요동함], 혼침[昏沈, 혼미하고 침체함], 불신[不信, 진리를 못믿음], 해태[懈怠, 게으름], 방일[放逸, 방종하고 방탕함], 실념[失念, 진리를 기억하지 못하고 산란함], 산란[散亂, 정신이 밖으로 내달려 악견(惡見)을 유발함], 부정지[不正知, 대상을 항상 오해하는 어리석음]가 있습니다.

이처럼 수많은 번뇌 때문에 제6의식이 산란하게 되는 것인데, 그렇다면 이 번뇌들은 어디에서 나오는 것일까? 유식불교에서는 제6의식 스스로 산란되게 되기도 하지만, 근본적으로 번뇌를 야기하는 것은 제7말나식(第七末那識)이라고 설합니다. 또한 모든 식의 근본식, 초기불교와 부파불교의 논사(論師)들의 커다란 의문의 대상이었던 업의 저장 창고의 역할을 하는 식으로서의 제8아뢰야식(第八阿賴耶識)이 있습니다.

이상에서 본 것처럼, 유식 사상은 우리의 마음을 체계적으로 분류하고 있습니다. 이것은 언뜻 보기에는 공 사상과 전면 배치되는 것처럼 보이기도 하지만, 존재의 양면을 나타내고 있을 뿐 그 내용은 똑같은 진리의 양면을 나타내고 있는 것입니다.

무안계 내지 무의식계

  이렇게 생겨난 육식을 우리는 일반적으로 '마음'이라고 부릅니다. 그런데 이 마음은 앞에서 살펴본 바와 같이 십이입처라는 허망한 착각에서 나와 세상을 둘로 나누고 분별하여 인식하는 마음인 육식이 생겨난 것입니다. 십이입처가 있으므로 육식이 생겨난 것이지요.

  '이것이 있으므로 저것이 있다'라는 연기법의 설명에서처럼, 십이입처가 있으므로 육식이 생겨난 것일 뿐입니다. '이것이 있으므로 저것이 있다'는 연기의 존재는 실체가 없다는 것을 의미합니다. 진짜로 있는 것이 아니라, 다만 인연 따라 연기적으로 존재할 뿐입니다. 그래서 연기되어 존재하는 것을 인연가합(因緣假合)이라고 하여, 인연 따라 가짜로 임시로 잠시 합쳐진 존재라는 뜻입니다.

  즉 육식과 십팔계는 곧 인연가합의 임시적인 존재일 뿐, 실체가 아닙니다. 진짜로 있는 것이 아닙니다. 인연 따라 인연생으로 생겨난 모든 것들은 인연이 다하면 인연멸할 수밖에 없는 허망한 존재입니다. 제행무상이며, 생주이멸(生住異滅), 성주괴공(成住壞空), 생노병사(生老病死)하는 허망한 생멸의 존재, 즉 생멸법일 뿐입니다.

  이처럼 육식은 '접촉', '결합', '연관', '인연' 속에서만 일어날 수 있습니다. 육내처 속에도 육식은 없고, 육외처 속에서 육식은 없지만, 인연 속에서, 연관 관계 속에서, 육내처와 육외처의 접촉과 결합 속에서만 일어나는 것입니다. 어디에도 없는 것이 어떻게 연관 속에서 일어날 수 있느냐고 한다면, 좀 더 쉬운 이해를 위해 다음과 같은 예를 들 수 있을 것입니다.

나무와 나무 사이에 불이 있을까요? 절대 나무와 나무 사이에 불은 있을 수 없으며, 그렇다고 공기 중에 불이 있지도 않습니다. 그러나 나무와 나무를 서로 연관 지어 접촉을 가하면 그 인연 관계 속에서 불이 일어납니다. 나무와 나무를 서로 비벼주면 불이 일어난다는 것입니다. 어디에도 불은 없지만, 인연 따라 불이 생겨난 것입니다.

육식도 이와 같습니다. 육내처에도, 그렇다고 육외처에도 육식은 없지만 서로 '연관'되고 '접촉'됨으로 인해 육식이 연하여 일어나는(緣起) 것입니다. 또한 나무를 비벼 불을 냈지만, 그 불도 인연이 다하면 꺼지게 마련이듯, 육식 또한 인연이 바뀌게 되면 사라지는 것입니다. 따라서 여기에 어떤 고정된 자아라고는 찾아볼 수가 없습니다. 육식 또한 비실체적인 것이지요.

그런데 우리는 육식을 이처럼 인연 따라 임시로 만들어진 것이라고 보지 않고, 내 안에 실재하는 실체적인 존재로 여깁니다. 내가 세상을 접촉하면서 받아들여 인식하다 보니 내 안에 '마음' 혹은 '의식'이라는 것이 별도로 우리 안에 존재한다고 여기게 되는 것이지요.

눈으로 꽃을 볼 때, 우리는 눈이라는 신체의 시각기관을 통해 우리 안에 있는 '마음'이 꽃을 본다고 생각하는 것입니다. 눈을 통해 내 안에 실재하는 '의식(안식)'이 세상을 본다고 여기는 것이지요. 눈으로 볼 때, 눈으로 대상을 분별하여 아는 '놈'이 따로 있다고 여기게 되고, 바로 그 인식하는 마음을 '식'이라고 부르는 것이지요.

귀로 소리를 들을 때는 듣는 주체인 '듣는 놈(이식)'이 있다고 여기고, 맛보고 냄새 맡고 감촉을 느끼고 생각할 때도 각각 그것을 인식하는 '식'이 내 안에 따로 있다고 여기는 것입니다. 이처럼 '식'을 나의 주체라고 착각하게 되는 것입니다.

경전에서도 '어리석은 중생은 식을 나 자신이라고 착각하게 된다'고 설하고 있습니다. 쉽게 말해 의식하는 주체가 내 안에 존재하고 있다가, 볼 때는 보는 의식으로 나타나고, 들을 때는 듣는 의식으로 나타난다고 여기는 것입니다.

그러나 진실은 의식 주체가 내 안에 진짜로 있는 것이 아니라, 십이입처라는 허망한 착각으로 대상을 인식할 때 인연 따라 생겨나는 허망한 것일 뿐입니다. 인연 따라 허망하게 생겼다가 사라지는 것이지만, 중생들은 어리석은 착각으로 인해 내 안에 '식'이라는 실체가 있다고 여깁니다.

이 '식'을 사람들은 내 안에 영혼처럼 죽지 않고 살아 있는 동안 지속되는 실체라고 여깁니다. 나아가 죽고 난 다음에도 이 식은 영원히 사라지지 않고 다음 생까지 이어지며 윤회의 주체가 된다고 착각하는 것이지요. 후대에 성립된 유식사상은 이 식에 대한 연구를 통해 제7 말나식과 제8아뢰야식설까지 식사상을 확대시키고 있습니다.

그래서 이 대승불교의 근본경전인 『반야심경』에서는 다시금 초기 경전에서 부처님께서 말씀하신 십팔계는 곧 인연 따라 생겨난 허망한 것임을 상기하고 있습니다. '무안계 내지 무의식계'라는 가르침을 통해 십팔계가 모두 실체적으로 존재하는 것이 아니라, 인연가합된 허망한 것임을 설하고 있습니다. 안계에서부터 의식계까지 십팔계는 모두 실체로 존재하는 것이 아니라, 허망한 분별망상이 만들어낸 착각의 세계이며, 연기된 세계이기에 실체가 아님을 설하고 있습니다.

5장
무무명 역무무명진
내지 무노사 역무노사진 무고집멸도

1. 불교의 총설

부처님의 교설을 체계화시키고, 그 실천법에 대하여 설해 놓은 교설이 바로 사성제(四聖諦)와 팔정도(八正道)입니다. 『맛지마니까야』에서는 다음과 같이 설하고 있습니다.

비구들이여, 움직이는 모든 동물들의 발자국이 모두 코끼리의 발자국에 포섭될 수 있고, 코끼리의 발자국이야말로 가장 큰 것과 같이, 어떤 가르침이든 그것들은 모두 사성제에 포섭된다. 무엇이 네 가지인가? 그것은 괴로움의 성스러운 진리, 괴로움의 원인에 대한 성스러운 진리, 괴로움의 소멸에 대한 성스러운 진리, 괴로움의 소멸에 이르는 길이라는 성스러운 진리이다.

사성제의 가르침은 마치 코끼리의 발자국이 다른 모든 동물의 발자국을 포용하듯이, 불교의 다른 모든 가르침을 포괄하는 가르침이라는 것입니다.

불교의 핵심이 바로 사성제인 것입니다. 왜 그럴까요? 사성제의 핵심 주제는 '괴로움'과 '괴로움에서 벗어나기'입니다. 즉 불교의 주된 관심사는 곧 괴로움의 문제입니다. 인간에게 괴로움이 없다면 불교는 필요가 없었을 것입니다. 사성제는 바로 그러한 인간 존재의 가장 핵심적인 문제 속으로 곧장 뛰어드는 직접적인 가르침입니다.

부처님께서 깨달음을 얻으신 후, 다섯 수행자에게 처음 가르침을 펴신 초전법륜(初傳法輪)에서 처음으로 설하신 진리 또한 사성제의 교설이었습니다.

사성제의 구체적 내용은 고성제, 집성제, 멸성제, 도성제입니다. 이 네 가지 성스러운 진리는 연기(緣起)의 이치에 기초하고 있으며, 그 중에도 십이연기의 가르침을 통해 괴로움의 원인인 집성제와 괴로움의 소멸인 멸성제를 구체적으로 나타내고 있으므로, 사성제는 곧 십이연기를 실천적으로 제조직한 교설이라고 해도 좋을 것입니다.

사성제의 주제가 괴로움과 괴로움에서의 해탈을 설하는 것이라면, 십이연기는 바로 그러한 사성제의 교설을 뒷받침하기 위해 괴로움의 원인이 무엇인지를 살피고, 어떻게 하면 괴로움의 원인을 제거함으로써 괴로움의 소멸에 이를 수 있는지를 설하는 가르침입니다. 쉽게 말하면 사성제의 핵심인 고성제와 집성제, 즉 괴로움과 괴로움의 원인을 살펴보는 과정이 바로 십이연기이며, 사성제의 멸성제와 도성제, 즉 괴로움의 원인을 소멸시킴으로써 괴로움이 소멸되는 과정을 살펴보고 있는 것이 또한 십이연기의 가르침입니다.

이 장에서는 먼저 사성제와 십이연기를 각각 살펴보고, 이어서 『반야심경』에서 왜 사성제와 십이연기를 부정하였는가에 대해 차례로 살펴보도록 하겠습니다.

2. 사성제(四聖諦)

고성제 – 괴로움에 대한 진리

불교는 지극히 현실적인 종교입니다. 그러므로 불교의 총설이라고 할 수 있는 사성제(四聖諦) 교설의 첫 번째 성스러운 진리는 현실 세계에 대한 있는 그대로의 통찰을 담고 있습니다. 다시 말해, 중생들이 살고 있는 세계를 가만히 관찰해 보니, 중생들의 의식 속에서는 늙고 병들고 죽는다는 근원적인 괴로움이 자리 잡고 있음을 보신 것입니다.

삶의 본질이 괴로움이라는 것이 아니라, 중생들의 의식과 분별심으로 이 세상을 살펴보면 괴로울 수밖에 없다는 사실을 깨달으신 것입니다.

삼법인의 가르침에서도 중생의 눈으로 보면 '일체개고(一切皆苦)'이지만, 부처의 눈으로 보면 '열반적정(涅槃寂靜)'임을 설하고 있습니다. 본래 이 세계의 본질은 열반적정의 세계이지만, 어떤 원인으로 인해 중생들은 이 열반적정의 세계를 괴로움의 세계라고 착각하며 스스로 괴로워하고 있다는 것입니다.

그 원인은 앞에서 오온과 십이처, 육식, 십팔계의 교설에서 살펴본 것처럼 중생들이 제 스스로 인연 따라 생겨난 의식, 즉 분별심에 대해 자기 마음이라고 착각하고, 나와 세계가 진짜로 있는 것이라고 착각함으로써, 내가 진짜로 태어나고, 늙고, 병들고, 죽어간다는 괴로움의 환상에 사로잡혀 있기 때문입니다. 즉 인간의 분별심으로 바라보면, 이 세상은 일체개고일 수밖에 없는 것입니다. 그래서 부처님께서는 '아! 분별심에 사로잡혀 괴로워하고 있는 것이 이들 중생들의 현실이구나!' 하고 있는 그대로의 중생의 실상을 파악하신 것이 바로 고성제입니다.

이처럼 우리 중생들 또한 괴로움이라는 실상을 있는 그대로 통찰할 수 있어야 합니다. 현재 자신이 처한 상황을 이해해야 하는 것입니다. 괴로우면서도 괴롭지 않다고 억지 부릴 것이 아니라, 혹은 지금 당장은 괴롭지 않다보니 인생은 즐거운 점도 많다고 여기며 위안을 얻을 것이 아니라, 누구나 언젠가는 늙고 병들고 죽을 수밖에 없다는 실존적인 괴로움의 문제를 직시할 수 있어야 합니다. 지금 당장 행복하고 자신의 삶에 만족하는 사람이라면 이러한 고성제를 올바로 통찰하기는 어려울 것입니다. 그래서 사실 인생의 괴로움을, 쓴맛과 아픔을 맛본 사람일수록 고성제를 더 빨리 깨닫게 됩니다. 물론 고성제는 괴로움을 겪어 본 사람만 깨닫는 것은 아닙니다. 늙고 병들고 죽을 것이라는 사실을 직시하게 된다면, 지금 당장 눈앞에 놓여 있는 달콤한 임시적인 생사법의 행복에만 빠져 있지는 않을 것입니다. 결국에는 이 모든 것은 변해갈 것이고, 결국에는 누구나 늙고 병들고 죽어갈 것이라는 괴로움의 통찰에 눈뜨게 되는 것이지요. 이렇게 삶은 곧 괴로움이라는 통찰에 눈뜨는 것이 바로 고성제입니다. 이 괴로움에 눈뜨지 않고서는 괴로움의 원인을 찾지도 않을 것이고, 괴로움에서 벗어나겠노라는 해탈, 열반에 발심을 하지도 않을 것이기 때문입니다. 그렇기에 고성제야말로 우리를 발심하게 하는 매우 중요한 첫 번째 통찰입니다. 근본에서 본다면 나의 삶은 괴로움일 수밖에 사실을 직시할 수 있어야 하는 것이지요.

그러려면 괴로움이 올 때 그 괴로움을 외면하거나, 두려워하거나, 회피하려고만 할 것이 아니라, 그 괴로움을 온전히 받아들일 수 있어야 합니다. 괴로움을 충분히 괴로워해 주겠노라는 마음으로 괴로움 속으로 뛰어들어야 합니다. 괴로움을 정면으로 직시하고, 나를 찾아온 괴로움을 허용해 주어야 하는 것이지요. 그것이 바로 중생들에게 있어서 고성제의 실천입니다.

괴로움은 성스러운 진리로써 나에게 찾아온 것이라는 통찰입니다. 괴로운 일들은 나를 괴롭히기 위해 찾아온 것이 아닙니다. 우리는 괴로움이 올 때 비로소 삶의 근원에 대해 돌아보게 됩니다. 평소에는 집착과 애착 놀이에 빠져, 그것의 달콤함에 사로잡힌 채 언젠가 찾아오게 될 괴로움에 대해 쉽게 잊게 됩니다. 그러나 괴로움을 당하고 나면 비로소 이렇게 사는 것이 전부가 아니구나, 보다 근원적인 삶은 무엇일까, 참된 행복이란 무엇일까, 나는 누구인가, 고통 없는 삶은 없을까

하는 근원적인 질문을 스스로에게 던지게 됩니다.

중요한 점은 질문을 던지는 사람에게 그 해답이 주어진다는 점입니다. 질문하지 않으면 답도 나오지 않습니다. 바로 모든 괴로움은 그런 근원적인 질문을 던지게 만들고 그로 인해 삶에 대한 참된 통찰과 지혜라는 열매를 거두게 되는 것입니다.

괴로움이 없는 사람은 지혜도 얻기 어렵습니다. 괴로움 없이 승승장구만 하는 사람은 삶의 달콤함에 사로잡히고, 자기 잘난 맛에 겸손하지 못한 채 안하무인으로 살아가기 쉽습니다. 그런 점에서 괴로움이 우리에게 찾아왔다는 것은 여간 감사한 일이 아닐 수 없습니다. 괴로움이란 바로 우리를 근원적인 지혜로 이끌기 위한 성스러운 진리로써 등장하는 것입니다.

괴로움이 올 때 그 괴로움에서 벗어나려고 애쓰지 말고, 그 괴로움 속에 뛰어들어 충분히 괴로워해 주기를 선택해 보십시오. 괴로움은 그 자체로써 성스러운 진리입니다. 성스러운 진리이기에 괴로울 때 괴로운 삶을 살아주는 것만으로도, 괴로움을 허용하고 받아들여 주는 것만으로도 우리는 지혜와 통찰을 얻을 수 있게 되고, 덤으로 괴로움에서 벗어나는 길도 깨닫게 됩니다.

즉, 고성제는 곧 첫째, 삶은 곧 괴로움이라는 통찰지이며, 둘째, 바로 그 괴로움 속에 답은 있다는 자각으로써 괴로운 삶을 받아들여 살아주는 대수용으로의 변화입니다. 번뇌즉보리라는 말처럼, 번뇌와 괴로움 그 속에 답은 있습니다. 괴로움을 보고 도망치려고 하지 않고, 온전히 괴로워해 주겠노라는 열린 마음으로 괴로움을 받아들여 줄 때 괴로움은 곧 열반으로 피어납니다. 고성제, 즉 괴로움이 성스러운 진리로 피어나는 것이지요.

집성제 – 괴로움의 원인에 대한 진리

앞에서 집성제는 괴로움을 해결하기 위해 그 괴로움의 원인이 무엇인지를 밝히는 가르침이라고 한 바 있습니다. 다시 말해, 현실에 대한 여실한 통찰을 통해 현실을 괴롭다고 파악했으면, 그 원인이 무엇인가를 규명해 보아야 한다는 당연한 순서입니다.

앞에서, 괴로움이란 연기하는 것이라고 하였습니다. 항상 하지 않고, 고정되지 않은 많은 원인과 조건들이 서로 모이고 쌓여 일어나기에 한 번 생겨난 것은 반드시 멸하기 마련입니다. 그러므로 그처럼 연기하는 것은 괴로움인 것입니다.

부처님께서는 노병사의 괴로움의 원인을 파악하기 위하여 고요히 일체의 경계를 여실히 보시고는 그 원인이 생(生)에 있음을 아셨습니다. 태어났기에 노병사(老病死)의 괴로움이 있다는 것입니다. 그렇다면 반대로 생의 원인은 무엇인가를 살펴보니, 욕계, 색계, 무색계라는 삼계의 생사 윤회하는 테두리인 유(有)로 말미암는 것임을 아셨고, 그 원인은 다시 어떤 대상에 집착하는 취(取)에 있음을 아셨고, 또 그 원인은 애(愛), 그리고 그 원인은 수(受)…. 이렇게 하나하나 그 원인을 고찰해 올라가다 보니, 결국에는 무명(無明)이 생로병사의 근본 원인임을 여실히 아셨던 것입니다. 이것이 바로 십이연기이며, 십이연기의 유전문(流轉門)이라고 합니다.

집(集)이라는 말은 '집기(集起)'라고 번역할 수 있는데, 이는 '모여서 일어난다'는 뜻으로 '연기'라는 말과 매우 가까운 개념 입니다. 그러면 무엇이 모여서 괴로움이 일어난 것일까요? 십이연기의 모든 지분이 모여서 결과적으로 노병사라는 괴로움이 생겨난 것입니다.

무명이 있으므로 행이 있고, 행이 있으므로 식이 있고, 이런 식으로 명색, 육입, 촉, 수, 애, 취, 유, 생이 있기에 노병사라는 괴로움이 생겨난 것입니다. 12가지의 지분이 하나하나 집기하고 연기하여 괴로움이 생겨난 것이지요. 그렇기에 12연기의 12가지 지분이 하나하나 전부 괴로움의 원인이라고 할 수 있습니다.

무명이야말로 가장 근본적인 괴로움의 원인이기에 무명이 멸하면 행이 멸하고 행이 멸하면 식이 멸하고 나아가 모든 괴로움이 멸합니다. 그러나 행이 멸해서 유위행의 삶이 무위행의 삶으로 전환된다면 행이 멸함으로써 식이 멸하고 나아가 모든 괴로움이 소멸합니다.

식도 마찬가지입니다. 식이라는 분별심이 멸하게 되면 식의 대상인 명색이 멸하고 명색이 멸하면 육입이 멸하고 나아가 모든 괴로움이 소멸합니다. 이런 방식으로 십이연기의 모든 지분들 가운데 어느 하나의 지분이 소멸하면 그 다음 지분이 연이어 소멸함으로써 결과적으로 모든 괴로움이 소멸하게 됩니다. 그렇기에 십이연기의 12가지 지분들 하나하나가 괴로움의 원인, 즉 집성제입니다.

이러한 12연기라는 괴로움의 원인들은 뒤에서 다시 살펴보겠지만, 각각의 지분이 모두 허망한 착각이라는 번뇌망상들입니다. 무명도 번뇌이고, 행도 직접적인 행동이 아니라 행동이 일어나는 기반이 되는 유위의 정신작용이며, 식도 분별심이라는 허망한 분별망상이고, 명색도 이름과 모양을 지닌 외부의 실체적 대상이 아니라 내 안에서 실체적 대상이라고 착각하고 있는 허망한 의식입니다.

육입도 육내입처에서 살펴본 것처럼 안이비설신의를 '나'라고 착각하는 허망한 망상 분별심이고, 촉 또한 직접적인 접촉이 아니라, 접촉함으로써 무언가가 '있다'라고 느끼는 착각입니다. 수도 느낌으로 비실체적 번뇌이며, 애와 취 또한 애욕과 취하고자 하는 의식입니다. 유 또한 행과 마찬가지로 유위를 조작하는 의식입니다.

이처럼 12연기의 모든 지분은 하나같이 허망한 의식이며, 분별망상이기에 이를 '번뇌망상'이라고도 합니다. 부파불교로 가면 이러한 번뇌망상이 너무 많아서 108가지나 된다고 하기도 하지요. 결국 십이연기의 지분은 모두 허망한 분별망상이며 번뇌입니다. 즉 모든 괴로움의 원인은 전부 내 안에서 만들어낸 허망한 분별망상이며 번뇌라는 것입니다. 이 부분에 대해서는 뒤에 나올 12연기의 설명에서 조금 더 자세히 살펴보도록 하겠습니다.

이처럼 12가지 지분이 전부 집성제로써 괴로움의 원인이지만, 그 가운데 가장 근본적인 원인은 무명이며, 우리 현실에서의 가장 직접적인 원인은 애(愛), 취(取), 유(有)라고 할 수 있습니다.

쉽게 말해 돈이든, 명예든, 사랑이든, 사람이든 그 어떤 대상에 대해 사랑하고 애착하게 되면 저절로 집착하고 취하려는 마음이 들고 그럼으로써 온갖 업을 짓게 되기에 괴로움이라는 업보를 받게 되는 것입니다. 과도하게 애착하는 것을 갈애(渴愛)라고 하는데, 무엇이든 대상에 대해 갈애하게 되면 그것을 취하지 못할 때 괴롭고, 잠시 취한다고 하더라도 언젠가는 사라질 수밖에 없는 제행무상의 이치로 인해 언젠가는 괴로울 수밖에 없습니다. 이렇듯 갈애는 곧 괴로움일 수밖에 없습니다.

그래서 『상윳따니까야』에서는 '수행자들이여, 괴로움의 원인에 대한 성스러운 진리는 바로 갈애이다'라고 함으로써 십이연기의 지분들 가운데 가장 직접적인 원인을 갈애라고 설하고 있습니다.

이처럼 십이연기에서는 무명으로 인해서 노병사의 괴로움이 생겨났음을 잘 설명해 주고 있습니다. 이렇게 노병사라는 근본 괴로움의 원인을 하나씩 고찰해 들어가 보니 결국 근본 원인은 무명이라고 깨달은 바를 '십이연기의 유전문'이라고 부르며 이런 유전문을 관하는 것을 일어나는 대로 순차적으로 관한다고 하여 순관(順觀)이라고 합니다.

다시 말해 십이연기의 유전문이란 괴로움에 대한 원인, 즉 집성제를 살펴보는데 사용된 교설입니다. 십이연기의 관찰을 통해 괴로움의 원인을 밝힌 것이 사성제의 두 번째 성스러운 진리인 집성제인 것입니다.

멸성제 - 괴로움의 소멸에 대한 진리

멸이란 '니르바나'의 음역으로, '불이 꺼진 상태'를 말하며, 흔히 '열반'이라 표현합니다. 다시 말해, 괴로움의 원인인 온갖 번뇌의 불길이 모두 꺼진 상태, 즉 고가 소멸된 상태입니다. 현대적으로 표현한다면, '최고의 행복', '절대적 행복'의 경지라고 말할 수 있을 것입니다.

멸성제는 사성제의 집성제와 반대되는 경지입니다. 집성제는 십이연기의 유전문[순관]을 통해 괴로움의 원인을 고찰해 12지분을 거슬러 올라가 보니, 그 근본 원인이 무명(無明)이라고 관찰한 것입니다. 이를 차례차례로 바른 방향으로 관찰하는 것을 순관(順觀)이라 합니다.

그렇다면, 괴로움에서 벗어나기 위해서[멸성제]는 어떻게 하면 될까요? 불교는 현상계가 '괴롭다'라고 하여, 그 원인을 밝히는 것 그 자체에 목적을 두지는 않습니다. 즉 괴로움의 원인을 밝힌 것은 그 원인을 제거하여 괴로움이 없는 깨달음의 세계로 나아가기 위한 준비 작업일 뿐입니다.

괴로움의 원인을 십이연기의 유전문을 통해 살펴보면, 그 근본 원인인 무명에서부터 차례로 하나씩 지분을 소멸시켜 나가는 환멸문[역관(逆觀)]을 통해서 괴로움의 소멸에 이를 수 있다고 말하고 있습니다.

좀 더 자세히 말하면, 노병사의 괴로움을 멸하기 위해 그 원인인 생(生)을 멸해야 하고, 생을 멸하기 위해 그 원인인 유(有)를 멸해야 하고, 유를 멸하기 위해 취(取)를 멸해야 하고…. 이렇게 해서 결국에는 무명(無明)을 멸하면 괴로움의 모든 고리가 풀려서 괴로움의 소멸인 열반의 상태까지 다다르게 되는 것입니다. 이러한 것을 '12연기의 환멸문(還滅門)'이라 하며, 이렇게 관찰하여 열반의 상태로 다다르는 관법이 바로 역관(逆觀)입니다.

뒤에 12연기에서 이 부분은 보다 자세히 살펴볼 것이므로 여기에서는 간략하게만 살펴보도록 하겠습니다.

노병사라는 늙고 병들고 죽는 괴로움의 원인은 생, 즉 태어남에 있었습니다. 그러니 생이 멸하면 노병사가 멸합니다. 그러면 생을 멸하려면 어떻게 해야 할까요? 유가 있으므로 생이 있기 때문에, 생을 멸하려면 유를 멸해야 합니다. 쉽게 말해 업이 있으니까 업의 과보로써의 생이 있게 된다는 것입니다. 유를 멸하려면 취를 멸해야 합니다. 집착이 없으면 집착하는 것을 내 것으로 취하기 위해 유위로써 조작하여 행위하려는 마음이 사라질 것입니다.

취를 멸하려면 애를 멸해야 합니다. 애욕과 갈애가 없다면 당연히 애욕하는 대상을 집착하여 취하려는 마음도 사라질 것입니다. 애를 멸하려면 수를 멸해야 합니다. 좋은 느낌이 있으니 좋은 느낌이 있는 대상을 사랑하고 애욕하려는 마음이 일어나기 때문입니다.

수를 멸하려면 촉을 멸해야 합니다. 육내입처와 육외입처가 접촉하여 육식을 만들어내고 동시에 수상사(受想思), 즉 수상행을 만들어내기 때문입니다. 즉 식, 명색, 육입, 촉, 수는 거의 동시에 일어납니다.

촉을 멸하려면 육입을 멸해야 하고, 육입을 멸하려면 명색을 멸해야 하고, 명색을 멸하려면 식을 멸해야 합니다.

식을 멸하려면 행을, 행을 멸하려면 무명을 멸해야 합니다. 눈으로 대상을 보고 듣고 맛보고 냄새 맡고 감촉 느끼고 생각해야지만, 즉 촉해야지만 느낌이 일어납니다. 육입 즉 눈귀코혀몸뜻의 여섯 감각활동을 '나'라고 여기는 허망한 의식인 육입이 소멸하면 결국 촉이 소멸됩니다. 명색이라는 의식의 대상이 소멸되면 의식의 주관이라고 여기는 허망한 착각인 육입도 소멸됩니다. 또한 식이라는 허망한 분별심이 소멸되면, 자연스럽게 명색이라는 식의 대상도 소멸됩니다. 유위를 조작하려는 행이 소멸되면 그로 인해 발생하는 식도 소멸됩니다. 나아가 무명이라는 어리석음이 소멸됨으로서 유위행 또한 소멸됩니다.

결국 무명을 멸함으로써 12연기의 모든 지분이 소멸되어 결국 노병사라는 괴로움 또한 소멸되게 됩니다. 노병사의 괴로움이 소멸된 것이 바로 열반이며, 멸성제입니다.

열반에는 두 가지 종류가 있다고 합니다. 살아있는 동안 성취하는 열반을 '생존의 근원, 즉 육신이 남아 있는 열반'이라 하여 '유여의열반(有餘依涅槃)'이라 하고, '생존의 근원이 남아 있지 않은 열반'을 '무여의열반(無餘依涅槃)'이라 합니다. 후자는 완전한 열반을 의미하므로 반열반(般涅槃)이라고 하는데, 이는 정신적, 육체적인 일체의 고(苦)가 모두 소멸된 열반의 경지입니다.

도성제 - 괴로움 소멸의 실천에 대한 진리

　도성제는 괴로움의 소멸에 이르는 길로써, 열반에 이르는 길입니다. 이 도성제는 괴로움을 멸할 수 있다는 확신을 심어주고, 그 열반에 이르는 구체적인 방법을 제시해 줍니다.

　도성제, 즉 괴로움의 소멸에 이르는 실천 수행을 보통 중도 혹은 팔정도라고 설합니다. 팔정도는 중도를 보다 구체화해 놓은 실천수행법입니다.

① 중도

『소나경』은 중도에 대해 다음과 같은 비유를 들려주고 있습니다.

"소나야, 너는 집에 있을 때 비파를 잘 타지 않았더냐?"

"그렇습니다. 세존이시여!"

"너는 어떻게 생각하느냐?

비파 줄을 너무 강하게 죄면 소리가 잘 나더냐?"

"그렇지 않습니다. 세존이시여."

"그러면 비파 줄을 아주 느슨하게 하면 소리가 잘 나더냐?"

"그렇지 않습니다. 세존이시여."

"소나야, 그와 마찬가지로 노력도 너무 지나치면 마음의 동요를 가져 오고, 너무 느슨하면 나태하게 된다. 그러므로 소나야, 균형을 유지해야 한다."

"예, 그렇게 하겠습니다."

소나 존자는 세존의 가르침대로 행하여 마침내 깨달음을 얻어 아라한이 되었다.

거문고 줄이 지나치게 팽팽하거나, 지나치게 느슨하면 좋은 소리가 날 수 없고, 가장 좋은 소리를 위해서는 그 줄이 적당한 상태를 유지해야 하듯이, 열반을 얻기 위한 수행의 길 또한 극단적인 상태를 피하고, 중도를 실천해야 한다는 말입니다.

부처님 당시에는 쾌락주의자나 고행주의자 같은 외도들이 성행한 시절이었습니다. 부처님께서도 성도하기 이전에 고행주의의 길을 걸으신 적이 있었지만 그것이 곧 깨달음에 이르는 바른 방법은 아님을 보시고 극단적 고행이나 극단적 쾌락과 같은 어느 한쪽 극단에 치우친 길은 참된 진리의 길이 아님을 깨달으셨습니다.

그러면 부처님께는 바른 마음공부의 길로 왜 극단적인 길이 아닌 중도를 설하셨을까요? 이 세상 모든 것은 비실체적인 것으로써 다만 인연 따라 생겨나고 사라지는 허망한 것들일 뿐입니다. 그래서 무아라고 하셨지요. 연기와 무아로써, 또 제행무상과 제법무아로써 존재하는 일체 삼라만상은 그래서 그저 이렇게 있는 그대로 존재할 뿐입니다. 더 좋거나 나쁜 것도 없고, 많거나 작은 것도 없고, 옳거나 그른 것도 없고, 있고 없는 것도 없습니다. 그저 지금 이렇게 있을 뿐입니다.

그럼에도 사람들은 의식으로 분별망상에 사로잡혀 그저 있는 그대로 있을 뿐인, 아무 문제 없고, 아무 일 없는 무아와 무상의 대상 가운데에서 자기라는 아상을 내세워 나에게 좋은 것과 나쁜 것, 도움이 되는 것과 되지 않는 것, 옳은 것과 그른 것 등으로 둘로 나누기를 좋아합니다. 그것이 육내처와 육외처에서 생겨나는 허망한 분별심인 육식(六識)입니다. 육식, 즉 우리의 의식은 끊임없이 있는 그대로의 대상을 있는 그대로 보지 않고, 자기 식대로 분별해서 둘로 나누어 놓고 구별하기를 좋아합니다. 둘로 나누어 놓은 뒤에 좋은 것은 집착하고 싫은 것은 버리려고 애쓰지요. 이를 취사간택이라고 합니다.

이때부터 있는 그대로의 세상은 자기의 분별심으로 인해 좋고 나쁘거나, 옳고 그르거나, 크고 작거나 하는 등의 분별되는 대상으로 우리에게 인식되게 되고, 분별된 것은 취하거나 버려야 할 대상이 되고 맙니다. 그저 있는 그대로 존재하는 이 세상 만물을 있는 그대로 존재하도록 내버려두면 되는데, 분별하여 취사선택하면서부터 있는 그대로의 대상을 취할 것과 버릴 것으로 나누어 놓고, 취할 것에는 집착하고, 버릴 것은 미워하고 거부하기 시작합니다. 그럼으로써 취하고 싶은데 취해지지 않을 때 괴로워하고, 버리고 싶은데 버려지지 않을 때 화를 내면서 버리려고 애쓰기 시작하느라 또 괴로워집니다.

집성제와 십이연기를 통해 본다면, 무명으로 인해 유위행과 분별심이라는 식이 생겨나고, 또한 연이어 갈애와 취착심이 생겨나 업을 짓게 됨으로써 생노병사란 괴로움이 시작된 것입니다. 쉽게 말하면 '식'의 문제, 즉 분별심의 문제와 갈애와 취착의 문제가 가장 큰 것이지요.

이처럼 무명에 의해 생겨난 '식'과 '애', '취'에 의해 대상을 둘로 나누는 분별망상심이 생기고, 연이어 좋은 것은 취하고, 싫은 것을 버리려는 취사간택심이 생기는 것입니다.

도성제란 괴로움에서 벗어나는 길인데, 괴로움이 생겨난 이유가 바로 무명으로 인한 분별심과 갈애로 인한 취사간택심이니 결국 분별심과 취사간택심만 버리면 괴로움에서 벗어날 수 있게 됩니다. 중도란 바로 이러한 분별심을 여의고, 취사간택하는 마음을 여의기 위한 길입니다.

이쪽과 저쪽을 둘로 나누어, 어느 한쪽 극단을 취하거나 버리는 길이 아닌, 있는 그대로를 있는 그대로 바라보는 것이 바로 중도입니다. 쉽게 말해 중도란 있고 없음, 좋고 나쁨, 옳고 그름이라는 양 극단의 길을 선택하여 취사분별하는 것이 아닌 있는 그대로의 실상을 있는 그대로 보도록 이끌어 주는 길 아닌 길입니다.

그렇기에 중도란 억지로 중도의 길을 가도록 노력하는 것이 아닙니다. 그저 분별하던 습관을 하지 않기만 하면 될 뿐, 새롭게 중도라는 특별한 길을 만드는 것이 아닙니다. 있는 그대로를 그저 있는 그대로 내버려 두고 있는 그대로 바라보는 것이 곧 중도입니다. 둘로 나누기 이전에 분별이 없던 자연스러운 있는 그대로의 실상과 묵묵히 하나되는 것입니다. 그래서 중도는 갈고 닦아서 혹은 수행해서 얻는 특별한 수행법이 아닙니다. 시비분별로써 지금까지 일으켜 왔던 일체 모든 분별심과 번뇌의 조작을 그저 하지 않는 것입니다. 중도에는 해야 할 것이 아무것도 없고, 오직 하던 것을 그저 멈출 일이 있을 뿐입니다. 그것은 노력해서 얻는 것이 아니라, 하던 것을 그저 하지 않기만 하면 되기에 노력이 아닙니다.

그래서 중도의 길을 무위의 길이라고도 할 수 있습니다. 애써서 노력하고 조작하는 유위행이 아니라, 함이 없이 행하는 길이기에 무위입니다. 그렇기에 중도는 존재의 가장 자연스러운 상태입니다. 그저 태초의 아무 일 없던, 텅 빈 공이며, 텅 빈 충만입니다.

그러나 중생은 오랜 습기로 인해 끊임없이 분별심을 일으키고 애욕과 집착을 일으킴으로써 온갖 유위행을 해왔습니다. 행하던 삶이 너무 오래 지속되다 보니 이제는 애써서 하는 것이 하지 않는 것보다 더 쉽게 느낍니다. 그래서 중도라는 아무 할 일 없는 길 없는 길을, 애써서 얻어내려고 노력을 합니다. 중도는 애써서 노력하려 하고, 중도의 길을 얻고자 하면 할수록 어긋나는 길입니다.

중도적으로 산다는 것은 이처럼 할 일 없이, 무위로써, 자연스럽게, 완전한 삶의 흐름을 타고 그저 흘러가는 것일 뿐입니다. 전혀 노력하고 애쓸 일이 없으니, 저절로 몸과 마음이 이완이 되고, 긴장이 풀리며, 평안하고 자유롭습니다.

그 어떤 것도 집착하지 않습니다. 집착한다는 것은 곧 특별한 것에 애착하여 취하는 것이니 그것은 벌써 중도가 아닌 취사선택의 분별심입니다.

과도하게 어떤 한 가지를 좋아하거나, 사로잡히거나, 싫어하거나 미위하지도 않습니다. 특정한 목표를 향해 달려가지도 않습니다. 목표를 향해 달려가더라도 그 목표에 대한 집착 없이 그저 행할 뿐이기에 아무런 부담이 없습니다. 결과는 이래도 좋고 저래도 좋습니다. 특별한 한 사람을 좋아한다거나 싫어하지도 않습니다. 특정한 사상만 옳다고 집착하지도 않고, 특정한 종교만 절대라고 집착하지도 않습니다. '이것만이 절대'라고 고집하는 것이 없습니다. 자기 생각만이 옳다라고 여기는 아집도 없습니다.

옳고 그른 것을 둘로 나누어 놓고 옳은 것을 위해 노력하거나, 틀린 것을 제거하기 위해 노력하지도 않습니다. 둘로 나누지 않으니 모든 것을 있는 그대로 있도록 허용해 줍니다. 내 앞에 펼쳐지는 그 모든 삶에 대해 거부하지도 취하지도 않습니다. 그저 있는 그대로 내버려 둡니다. 흘려보냅니다.

그래서 『금강경』에서도 '마땅히 법에도 집착하지 말고, 법 아닌 것에도 집착하지 말라'고 한 것입니다. 그것이 참된 중도의 길입니다. 절대적으로 옳은 길이 있다고 여기면 옳은 편에 서기 위해 애쓰고, 옳지 않은 것을 제거하기 위해 싸우고 투쟁하고 애써야 할 것입니다. 거기에는 그 어떤 평화도 없습니다. 중도의 길은 둘로 나누지 않기에 그 어떤 투쟁도 싸움도 없어, 무쟁삼매(無諍三昧)라고 부릅니다.

그 어디에도 치우침이 없고, 둘로 나누지 않는 것이 바로 중도입니다. 둘로 나누지 않는다고 하여 불이중도라고도 합니다. 중도란 둘로 나누지 않는 길이기 때문입니다. 중도를 지키는 수행자는 따로 지킬

중도가 없습니다. 그저 자연스럽게 삶 자체를 통째로 수용할 뿐입니다. 중도를 잘 지키면서도 중도를 지킨다는 생각도 없습니다. 중도를 지키는 것에 대해 자랑하지도 않고, 중도를 지키지 않는 것에 대해 비난하지도 않습니다.

중도란 말이 중도일 뿐, 중도라고 부를 특정한 삶의 방식이 아니기 때문입니다. '이것이 중도적 삶이다'라고 할 만한 특정한 방식이나 길이 있다면 그것은 그 방식에 집착하고, 그 길을 취하는 것이기에 분별심일 뿐입니다. 그래서 중도는 중도가 아니니, 그럼으로 중도인 것입니다.

이처럼 참된 중도란 그 어떤 것도 실체화시키지 않고, 절대적으로 옳다거나 그르다고 여기지 않습니다. 세상 모든 것은 텅 비어 실체가 없다는 비실체성과 공성을 자각하기 때문입니다. 이렇게 눈앞에 드러난 삼라만상의 현상세계는 다만 인연 따라 잠깐 생겨난 것일 뿐 실체라고 여기지 않는 것이지요. 그러니 온 세상이 펼쳐지지만 그것이 그대로 꿈인 줄 아는 까닭에 그 어느 것에도 집착하지 않는 무집착, 무소득, 무소유의 길을 갑니다. 이처럼 그 어떤 특별한 한 가지를 택해서 좋아하고 사랑하는 것이 아니라, 그저 있는 그대로를 둘로 쪼개지 않고 그저 통째로 받아들이는 것이기에, 특정한 것만 사랑하는 것이 아니라, 통으로 전부 다를 사랑하는 것입니다. 그래서 이를 동체대비라고 합니다. 참된 자비는 이처럼 둘로 나누어 놓고 그중에 어느 한쪽만을 사랑하는 것이 아니라, 둘로 나누는 것이 없기에 있는 그대로를 평등하게 사랑하는 것입니다.

이처럼 참된 중도는 곧 연기이며, 공이고, 비실체성이며, 무소득, 무집착이고, 자비와 다르지 않습니다. 중도를 실천하는 것은 곧 연기를 실천하는 것이며, 그 어느 것도 실체화하여 집착하지 않는 무집착을 실천하는 것이고, 공성과 무아사상에 입각한 실천입니다. 그것은 무위의 길이며, 대자대비의 길입니다. 즉, 중도야말로 연기, 자비, 공, 무아, 무상, 삼법인, 사성제, 십이연기, 오온, 십이처, 십팔계라는 불교의 모든 교리를 실천하는 실천수행인 것입니다.

이러한 중도라는 도성제를 조금 더 구체화한 것이 바로 팔정도입니다.

② 팔정도

중도를 보다 구체적으로 설한 것이 바로 '팔정도(八正道)'입니다. 팔정도의 '정(正)'이 바로 중도의 '중(中)'에 해당하는 것입니다.『중아함경』에서는 팔정도에 대해 '고를 소멸하기 위해서', '무명을 끊기 위해서' 실천하는 것임을 설하고 있으며,『잡아함경』에서는 '애욕을 끊기 위하여', '삼독을 끊기 위하여', 또『증일아함경』에서는 '생사의 어려움을 건너기 위하여' 팔정도를 수행한다고 설하고 있습니다.

팔정도는 정견(正見), 정사(正思), 정어(正語), 정업(正業), 정명(正命), 정정진(正精進), 정념(正念), 정정(正定)의 여덟 가지 바른 길입니다. 바르게 보고, 바르게 사유하고, 바르게 말하고, 바르게 행위하며, 바른 삶을 살고, 바르게 정진하며, 바르게 깨어있고, 바른 선정을 실천하는 것입니다.

이 팔정도에서 가장 중요한 것은 '정(正)'에 대한 바른 이해입니다. 앞에서 설한 것처럼 팔정도의 정은 곧 중도의 중입니다. 중도의 중, 팔정도의 정은 곧 연기, 자비, 공, 무아, 무상, 무집착, 무자성, 무분별, 무위, 십이연기와 사성제의 실천입니다.

그러면 이러한 이해를 토대로 팔정도를 하나씩 살펴보도록 하겠습니다.

팔정도의 첫 번째는 정견(正見)으로, 바른 견해입니다. 바른 견해란 '있는 그대로를 있는 그대로 보는 것'입니다.『잡아함경』28권에서는 '정견이 있으므로 정지(正志) 내지 정정(正定)을 일으킨다'고 함으로써 정견이야말로 다른 7가지의 실천의 근본이 됨을 설하고 있습니다.

경전에서는 주로 정견을 '연기에 대한 바른 지혜' 혹은 '사성제에 대한 바른 지혜'라고 설명하고 있습니다. 쉽게 말해 바른 견해란, 연기와 사성제, 무아와 중도, 삼법인과 자비에 대한 바른 이해를 바탕으로 하는 실천적 관점입니다. 즉 정견은 세상만물을 바라볼 때 따로따로 떨어뜨려 보는 것이 아니라 이 모든 것들을 서로 연결되어 존재하는 연기적인 관점으로 바라보는 견해입니다. 그렇기에 고정된 실체적인 것으로 보는 것이 아닌 비실체적인 공이며, 무아의 관점에서 보는 것이지요.

이처럼 모든 것이 서로 연결되어 있기 때문에 나와 이 세상은 둘이 아닌 공존 공생의 관계로써 동체적인 자비심으로 일체중생을 바라보는 견해가 나옵니다. 그러니 당연히 평등하게 세상 모든 이들을 사랑할지언정, 그 모든 것들이 실체가 없음을 알기에 어느 것에도 치우쳐 집착하지 않는 중도행을 하게 되고, 그 어떤 것도 둘로 나누어 분별하지 않게 됩니다.

당연히 이러한 연기와 중도, 무아와 자비가 바탕이 된 정견은 어떤 특정한 견해만을 바르다고 내세우지 않습니다. 특정한 견해만 옳다고 집착한다면 집착하는 순간 벌써 중도가 아니게 됩니다. 그래서 『맛지마니까야』에서는 "고타마 붓다는 어떤 견해를 취하고 있는가?"라는 질문에 "여래는 그 어떤 견해도 취하지 않으며, 모든 견해를 없애버렸다"고 답하고 있습니다. 나아가 "여래는 모든 견해, 모든 짐작, 모든 '나'라는 견해, '나의 것'이라는 견해를 깨버렸고, 떠났으며, 멸해 버렸고, 없앴기에 그 어떤 사견도 생겨나지 않아 해탈을 얻었다"고 설하고 있습니다.

이처럼 불교에서는 '이것만이 진리다'거나, '이것만이 참되다', '이 길만이 훌륭한 길'이라고 하는 것을 주장하거나, 내세우지 않습니다. 『금강경』에서도 무유정법(無有定法)이라고 하여 참된 법은 정해진 바가 없음을 설하고 있습니다.

팔정도의 정견 즉 '바른 견해'는 이처럼 어느 특정한 견해를 설하는 것이 아닌, 어디에도 치우치거나, 집착하거나, 고집하지 않는 중도적인 견해입니다. 세상에는 절대적으로 옳거나 그른 것은 어디에도 없기 때문입니다. 아무리 옳은 견해라고 할지라도 그 생각이 옳다라는 데 집착해 있다면 그것은 곧장 치우친 견해가 되어 중도에서 벗어날 수밖에 없습니다.

그래서 불교에서는 불교, 불법 그 자체에도 집착하지 않도록 이끄는 것입니다. 또한 부처님께서 평생 동안 법을 설하셨지만 한 마디도 설한 바가 없다고도 하시는 것입니다. '부처님은 이것을 설했다'라고 할 만한 어떤 것을 내세워 거기에 집착해서는 안 되기 때문입니다.

부처님께서 말씀하신 모든 가르침은 특정한 하나의 옳은 견해를 내세운 것이 아니라, 중생이 하나의 견해에 사로잡혀 집착하고 있거나 고통에 빠져 있을 때 그 고통에서 벗어나도록 이끌기 위해 그 상황에 맞는 가르침을 주신 것일 뿐입니다. 그러니 그 법문은 그 사람의 그 상황에 맞는 법일 뿐입니다. 그래서 그 고통에서 벗어나고 나면 법도 내려놓으라고 하는 것이지요.

불교의 모든 법문은 달을 가리키는 손가락이며, 강을 건너는 뗏목과도 같다는 말이 바로 이러한 방편을 비유로 든 것입니다. 달이라는 참된 진리, 낙처, 귀결점을 보여주기 위해 손가락으로 달을 가리켰다면 손가락을 볼 것이 아니라 곧장 달을 보아야 합니다.

불교의 경전이나 가르침에만 집착해서 그것만이 절대적으로 옳은 길이라고 집착하고 있다면 그는 달을 보지 않고 손가락만을 보고 있는 어리석은 사람일 뿐입니다. 또한 고해바다라는 고통의 강을 건넜으면 뗏목을 버리고 가야 합니다. 불법이라는 뗏목의 가르침을 통해 고통의 바다를 건넜다면 불법 또한 놓아버려야 한다는 것입니다.

이처럼 불교의 모든 가르침은 방편(方便)일 뿐이지, 그것만이 절대적으로 옳은 견해인 것은 아닙니다. 이것이야말로 참된 중도의 가르침이며, 정견의 가르침입니다.

팔정도의 두 번째는 정사유(正思惟) 혹은 정지(正志)라고도 부르며, '바른 생각' '바른 뜻' 혹은 '바른 마음가짐' 정도로 해석될 수 있습니다. 물론 여기에서도 바르다는 것은 연기와 중도, 무아와 자비를 의미하는 것으로 어떤 것을 생각할 때 실체관에 사로잡히지 않고, 그 생각에 집착하지 않으며, 어느 한쪽으로 치우치지 않은 중도적인 생각입니다. 생각하되 생각한 바가 없는 생각입니다. 머무는 바 없이 마음을 내는 것이 바로 참된 정사유입니다.

우리는 특정한 생각을 일으키고는 그 생각을 '내 생각'이라고 고집합니다. 불쑥 마음에서 나쁜 생각이 일어났으면 '나는 나쁜 사람이구나' 하고 느끼고, 좋은 생각이 일어났으면 '나는 착한 사람'이라고 여깁니다. 그 생각을 나와 동일시하는 것이지요. 그러나 모든 생각은 그저 불쑥불쑥 일어나거나, 혹은 인연 따라 그저 일어났다 사라질 뿐입니다. 마치 구름이 일어났다가 사라지는 것과 비슷합니다.

타인에 대해서도 마찬가지입니다. 어떤 사람에 대해 좋다거나 싫다는 생각이 일어났을지라도 그 생각에 집착하여 누군가를 과도하게 미위하거나, 애착한다면 그것은 정사유가 아닙니다. 상대방에 대한 나의 판단과 생각에 스스로 집착하지 않는 것이지요. 그 생각은 그저 인연 따라 생겨난 비실체적인 생각일 뿐, 실체가 아니기 때문입니다. 무아이지요. 그래서 바르게 사유하는 사람은 판단에서 놓여납니다. 올라온 생각을 신뢰하거나 그 생각을 따라가면서 온갖 이야기를 만들어 내지 않고, 다만 있는 그대로 바라보는 것이지요. 생각으로 걸러서 보는 것이 아니라 있는 그대로 보는 것입니다. 분별없이 바라보는 것이야말로 참된 자비이기 때문에 정사유로 보게 되면 그것이 곧 자비로써 바라보는 것입니다.

정사유로써 바르게 사유하고 생각하게 되면, 내가 꼭 필요할 때 생각을 사용하고, 사유함으로써 일상생활에서 필요한 것들은 전부 생각의 도움을 받아 활용해 쓸 수 있습니다. 내가 지금 어떤 판단을 내려야 할지, 회사에서 어떤 결정을 내려야 할지 등 현실생활에서는 어느 한쪽을 선택하고, 판단하고, 생각하지 않을 수 없습니다. 그때는 생각을 일으켜 쓰는 것이지요. 그러나 그렇게 사유하고 생각했다고 할지라도 그것이 인연 따라 필요에 의해 쓴 생각일 뿐, 그 생각에도 과도하게 집착하지 않게 됩니다. 생각을 일으키지만 그 생각에 사로잡히지 않게 되지요. 그것이 '머무는 바 없이 마음을 내는 것'입니다. 생각을 다 하면서도 생각에서 놓여나는 것입니다.

이처럼 정사유란 생각이 없는 것이 아니라 생각을 하면서도 그 생각에 치우쳐 집착하지 않는 것입니다. 그러니 정사유를 실천하게 되면, 자연스럽게 그 생각에 집착하지 않게 되고, 특정한 것을 욕심부리지 않게 되며, 그 생각대로 되어야 한다는 과도한 집착이 없으니 크게 화낼 일도 사라집니다. 당연히 저절로 분별없는 대평등의 자비심이 생겨나니 타인을 해치려 하거나 공격하려는 마음도 사라지지요. 그래서 『잡아함경』에서는 정사를 '어떤 것이 정사인가. 탐욕을 뛰어넘은 생각, 성냄을 없앤 생각, 해침이 없는 생각이다'라고 말하고 있습니다.

이 정사유란 신구의(身口意) 삼업(三業) 가운데 의업(意業)에 속합니다. 우리는 생각과 말과 행동을 통해 업을 짓고 있습니다. 이 가운데 의업이야말로 가장 근본이 되는 업이기에 어떤 생각을 하느냐에 따라 말로 또 행동으로 어떤 업을 지을 것인지가 결정되고, 그 업에 따라 업보라는 현실이 펼쳐지는 것입니다. 당연히 바르게 사유하면 바른 삶이 우리 앞에 펼쳐질 수밖에 없습니다.

팔정도의 세 번째는 정어(正語)로써 '바른 말', '바른 언어생활'을 말합니다. 앞의 정사유가 의업이라면 정어는 구업을 말합니다. 그리고 다음에 나올 정업은 신업입니다. 팔정도의 순서를 눈여겨 보세요. 정견이라는 바른 견해를 세운 뒤에 바른 생각과 바른 말과 바른 행동이라는 삼업을 청정히 하고자 하는 것입니다. 그렇게 되면 업이 청정해지고, 삶이 청정해지겠지요. 이처럼 불법은 매우 현실적이고, 직접적으로 삶을 고통 없는 행복과 평안으로 이끄는 가르침입니다.

불교에서 이처럼 구업(口業)으로 정어를 실천하라고 하는 것처럼 바른 언어생활을 중요시 하는 것은 말이라는 것은 현실을 창조하고 업보를 만들어내는 아주 중요한 힘이기 때문입니다. 머릿속에서만 떠도는 생각일 때는 아직 현실을 창조하는 힘이 작지만, 그것이 말이 되어 현실로 튀어나오는 순간 그것은 구업이라는 하나의 강력한 힘이 되어 업보를 불러오는 힘 즉 업력(業力)이 됩니다.

실제 뇌과학에서도 소리 내어 말을 하면 자신이 한 말일지라도 외부에서 입력하는 지시적인 정보로 받아들여서 그 방향으로 작업을 한다고 합니다. 또한 무수한 자기개발서 등의 책을 보더라도 자신이 원하는 것을 말로 적어서 붙여 놓고 반복해서 말로 표현하게 되면 실제 현실의 결과로 이어진다는 성공사례들을 설명하고 있기도 합니다.

『잡아함경』에서는 "어떤 것이 정어인가? 망어, 양설, 악구, 기어를 떠난 것이다"라고 설하고 있습니다. 망어(妄語)는 진실되지 못한 말, 거짓된 말이며, 양설(兩舌)은 화합을 깨뜨리는 말, 이간질하는 말입니다. 악구(惡口)는 욕설, 거칠과 사나운 말이고, 기어(綺語)는 쓸모없는 말, 꾸며낸 말, 법답지 못한 말을 의미합니다.

이러한 '바른 언어'에서의 '바른'이라는 의미 또한 연기와 중도, 무아와 자비를 의미합니다. 너와 내가 연기적으로 서로 연결된 존재임을 안다면 상대방에게 망어, 악구, 양설, 기어 같은 바르지 못한 말을 쓰지는 않을 것입니다. 서로 연결된 둘이 아닌 하나임의 존재이기 때문에 사실 내가 상대방에게 행하는 모든 말은 그대로 나 자신에게 행하는 말고 같습니다. 그래서 삿된 언어를 상대방에게 많이 쓰게 되면 머지않아 그 구업의 과보로써 상급자나 이웃들에게 욕을 얻어 먹고, 언어 폭력을 당할 일들이 늘어나게 됩니다.

연기와 자비를 자각한다면 당연히 너와 내가 둘이 아니라는 동체대비에 입각한 자비롭고 사랑스러운 언어생활을 하게 될 것입니다.

또한 중도의 가르침에 따라 과도하게 집착하거나, 어느 한쪽에 치우친 언어를 사용하지 않게 됩니다. 과도하게 집착하게 되면 집착심이 내포된 격앙되고, 사로잡히고, 내 생각만 옳다는 고집스런 말투와 화가 난 말투 등을 사용하게 됩니다. 특정한 자기 생각이 절대적으로 옳다고 여기면 당연히 상대방은 틀렸다고 생각하기 때문에 상대방을 얕보거나, 무시하는 언어가 나오기도 쉽겠지요.

그래서 중도적인 '바른 말'이란 특정한 생각에 집착하거나, 실체적인 사고방식에서 벗어나 어디에도 치우치지 않아 활짝 열린 언어 생활로써, 상대방에게 맞거나 틀렸다는 양 극단의 사고방식에 치우친 말 대신 그저 있는 그대로의 현실을 그대로 드러내주는 분별없는 말입니다. 분별없는 말이란 분별력이 없는 무분별한 말이라는 의미가 아니라, 옳다 그르다, 좋다 나쁘다라는 이분법적인 사고방식에 갇히지 않고 그저 있는 그대로의 현실을 판단 없이 있는 그대로 거울처럼 비춰주는 있는 그대로의 언어, 평등한 언어라는 뜻입니다.

예를 들면 '그 사람은 성격이 나빠', 혹은 '그는 나쁜놈이야'라는 말은 특정한 그의 행동에 대해 내가 내린 판단을 드러내는 말입니다. 그러나 중도적이고 무분별의 말이란, 특정한 행동에 대해 그저 판단 없이 있는 그대로 말하는 것입니다. '그 사람은 내가 힘든 일을 할 때 나를 도와주지 않고 자신의 일을 했다'고 그저 있는 그대로를 말하는 것이지요.

어쩌면 그 사람은 자신의 일에 빠져 내가 힘든 일을 하는지 몰랐을 수도 있고, 그때의 상황이 도저히 도와주기 어려웠을 수도 있습니다. 그러나 보통 우리는 그 있는 그대로의 상태를 있는 그대로 거울처럼 비춰주기보다는, 그 상황에 대해 곧바로 좋은지 나쁜지, 나에게 도움이 되는지 안 되는지를 해석하고 판단한 뒤에 그것을 말로 표현하곤 합니다. 그 말에는 오류가 있을 확률이 그만큼 많아지는 것이지요. 이처럼 정어, 즉 바른 말이란 있는 그대로의 현실을 있는 그대로 말하는 무분별의 말입니다.

팔정도의 네 번째는 정업(正業)으로, 바른 행위입니다. 앞서 설명한 것처럼 정업이란 바른 신업(身業)으로써 몸으로 하는 행동에 있어서 바름이 있어야 한다는 것입니다.

여기에서의 바른 행동 또한 연기적인 견해와 사유가 바탕이 된 바른 행위이고, 어느 한쪽에 치우치지 않는 중도적인 행위이며, 실체론에 사로잡히지 않은 무아적 행위이고, 살생, 도둑질, 사음 등의 몸으로 짓는 악행을 하지 않는 자비로운 행위입니다.

연기적인 사유가 바탕이 된다면, 당연히 운동을 하지 않으면 몸이 건강해지지 않는다는 연기적인 자각이 생길 것이고, 나쁜 음식을 먹으면 몸도 나빠진다는 인과적인 사유가 바탕이 될 것입니다. 당연히 연기적인 자각이 바탕된 정업은 게으르지 않게 꾸준히 운동을 하고, 몸에 도움이 되는 음식을 먹어 주는 것으로 실천이 될 것입니다.

또한 이 몸이 지수화풍(地水火風)이라는 사대(四大)가 인연 따라 모인 연기적인 것이기에 무아(無我)라는 자각을 하게 된다면, 이 몸뚱이를 '나'라고 여기는 어리석은 착각에서 벗어날 것입니다. 그렇게 되면 자신의 외모에 너무 집착하는 일도 줄어들 것이고, 이 몸이 늙고 병들어 갈 때 내가 붕괴되어 간다는 어리석은 착각을 일으키지도 않게 될 것입니다. 몸에 대한 집착심을 버리면서도 주어진 몸을 건강하게 잘 가꾸게 되겠지요.

또한 『잡아함경』에서는 "어떤 것이 정업인가? 살생과 도둑질과 사음을 떠난 것이다"라고 설하고 있습니다. 연기와 중도, 무아와 자비가 바탕이 된다면 자연스럽게 살생하지 않고, 도둑질하지 않으며 삿된 이성관계를 맺지 않게 됩니다. 너와 내가 서로 연결된 존재임을 알기에 살생을 하지 않으며 서로 도움을 주는 자비와 사랑을 실천하게 될 것이고, 상대방의 것을 도둑질하면 곧 내 것이 사라진다는 인과응보의 법칙을 깨닫기에 도둑질을 하는 대신 상대방에게 보시하고 도움을 주게 될 것입니다.

그뿐 아니라 중도적인 자각이 있으면 몸으로 행위할 때 너무 과도하게 일함으로써 몸을 망치게 하거나, 혹은 너무 게으르게 있지도 않을 것입니다. 중도적인 삶의 방식이란 특정한 삶의 방식에 치우치거나 집착하지 않고, 자연스럽게 인연 따라 오는 일들을 최대한 자연스럽게 행하는 것입니다. 과도하게 집착하지 않으면 몸에 무리가 가지 않게 자연스럽게 주어진 일에 즐거움과 열정으로 임하게 됩니다.

팔정도의 다섯 번째는 정명(正命)으로 '바른 생활', '바른 삶' 혹은 '바른 직업' 등을 의미합니다. 그릇된 생활태도를 버리고 정당하고 바른 생활로써 정당한 직업생활과 생계를 해 나가라는 것입니다. 정견의 바른 견해를 가지고 정사, 정어, 정업이라는 신구의 삼업을 청정하게 해 나가면서, 나아가 정당한 의식주 생활인 바른 생계와 직업생활을 해야 한다는 것입니다.

출가 수행자에게는 바른 생활수단을 재가자에게는 바른 직업을 의미합니다. 출가자들이 해야 하는 바른 생활수단에 대해서『중아함경』에서는 '만족스럽지 못할지라도 여러 축문을 써서 삿된 생활을 존속하지 말라'고 했으며,『맛지마니까야』에서는 '점을 치며 살아가는 것'은 바른 정명이 아님을 설하고 있습니다.

또한『잡아함경』에서는 '정명이란 의복, 음식, 침구, 탕약을 법에 맞게 구하고 법에 맞지 않는 것은 구하지 않는 것'이라고 설하고 있습니다. 즉 부적을 써 주거나, 사주, 관상, 궁합, 점 등을 봐주는 등의 삿된 행위를 해서는 안 된다는 것입니다.

재가자를 위한 정명으로는,『앙굿따라니까야』에 '무기를 사고 파는 것', '술이나 고기나 독극물을 사고 파는 것' 등을,『맛지마니까야』

에서는 '사기를 치는 것', '남을 배신하는 것' 등을 정명에서 어긋나는 것으로 설하고 있습니다.

이처럼 정명으로 바른 생활은 연기법 대로 사는 것으로써, 과도한 욕심과 집착으로 직업을 선택하지 않고 인연 따라 자연스럽게 또 정직하게 노력하는 의식주 생활을 하는 것입니다. 모든 것이 연기된 것임을 안다면 복권이나 투기 등을 생활수단으로 삼는 것도 정명이 아니겠지요. 이 세상 모든 것이 서로 연결되어 있음을 알기 때문에 상대방을 돕는 것이 곧 나 자신을 돕는 것이라는 자각이 있기에 직업생활을 할 때에도 고객들이나 하청업체 등에게 도움을 주고 사랑과 자비를 나눌 수 있는 방식으로 삶을 살아가게 됩니다. 요즘 대기업과 중소기업 간의 상생경영, 동반성장이 주요 화두가 되고 있는 것 또한 '네가 있으므로 내가 있다', '하청업체가 살아날 때 대기업도 산다'는 연기적인 자각이 바탕된 정명의 실천이라고 할 수 있습니다.

다음은 팔정도의 여섯 번째 실천인 정정진(正精進)이며, '바른 노력'입니다. 지금까지 설했던 정견, 정사유, 정어, 정업, 정명이라는 실천을 바르게 꾸준히 실천하려는 노력이라고 할 수 있습니다. 물론 나아가 그 뒤에 나올 정념과 정정에 대한 바른 노력이기도 하지요.

전체적으로 다시 살펴보면, 정견은 큰 중심이 되는 팔정도의 근본이라면, 정사유, 정어, 정업, 정명은 그 정견의 토대 위에서 바른 생각, 말, 행동으로 삼업을 청정히 하고, 나아가 바른 생계와 직업생활을 이어가라는 것입니다. 그것을 정정진으로써 꾸준히 바른 노력을 기울이라는 것이지요.

이러한 정정진에 대하여 『중아함경』에서는 "이미 생긴 나쁜 법을 서둘러 없애고, 아직 생기지 않은 나쁜 법은 서둘러 생기지 않게 하며, 아직 생기지 않은 선한 법은 서둘러 생기게 하고, 이미 생겨난 선한 법은 물러나지 않고 머무르게 하는 것"이라고 했으며, 『잡아함경』에서는 "꾸준히 힘써 번뇌를 떠나려 하고 부지런하고 조심하여 항상 물러나지 않도록 행하는 것"이라고 설명하고 있습니다.

즉 정정진은 모든 괴로움의 원인이 되는 번뇌망상, 분별심에서 떠나고자 하는 발심을 굳건히 세우고 노력하는 것입니다. 나쁜 법이란 탐진치 삼독을 비롯한 온갖 번뇌와 망상들이기에 이것들은 서둘러 없애고, 더 이상 생겨나지 않도록 해야 합니다. 선한 법이란 번뇌망상에서 떠나고자 하는 노력으로, 팔정도와 중도의 실천이라고도 할 수 있습니다. 이러한 네 가지 실천을 37조도품의 4정근(四正勤)이라고 합니다. 선한 법은 증장시키고, 악한 법은 버리려는 끊임없는 노력인 정정진을 구체화한 것이 바로 4정근인 것입니다. 조금 더 구체적으로 선법과 악법을 살펴보면, 선법은 깨달음의 요인이 되는 7각지 등으로 마음 관찰, 법에 대한 고찰, 노력, 기쁨, 경안, 마음집중, 평안을 말하며, 악법은 육근을 통해 들어오는 감각적 욕망, 악의(惡意), 남을 해치려는 마음 내지는 탐진치 삼독심 등을 말합니다.

아울러 다음에 나오게 될 수행의 2가지 덕목인 정념과 정정에 대해서도 꾸준히 닦아가는 노력을 버리지 않아야 하는 것이 정정진입니다.

다음은 팔정도의 일곱 번째인 정념(正念)으로 이는 '바른 관찰', '바른 깨어있음', '바른 알아차림' 등으로 해석됩니다.『중아함경』에서는 정념을 "안의 몸을 관찰하기를 몸답게 하고 내지 느낌, 마음, 법을 관찰하기를 느낌, 마음, 법답게 해야 하니 이것이 정념이다."라고 설명하고 있습니다. 즉 불교의 사념처(四念處)인 신수심법(身受心法) 즉, 네 가지 알아차림의 대상에 대해 있는 그대로 분별없이 관찰하는 것을 말합니다. 몸과 느낌과 마음과 존재에 대해 자기 알음알이로써 해석하고 분별해서 판단하는 것이 아니라, 그저 몸을 있는 그대로의 몸으로써 관찰하고, 느낌은 있는 그대로 느낌답게 관찰하는 것입니다. 이처럼 정념은 곧 사념처를 의미합니다.

사념처를『대념처경』은 "비구들아, 모든 중생들의 청정을 위해, 슬픔과 비탄을 극복하기 위해, 괴로움과 싫어하는 마음을 없애기 위해, 팔정도에 이르기 위해, 열반을 얻기 위해 해야 할 유일한 수행이 있으니, 그것은 바로 사념처다."라고 설하고 있습니다. 즉 몸과, 느낌, 마음과 법이라는 네 가지를 대상으로 분별하지 않고 있는 그대로 바라보는 것입니다.

매 순간 신수심법이라는 대상 즉, 몸과 마음, 나와 세계에 대해 그저 있는 그대로를 있는 그대로 보는 것입니다. 그것은 특정한 방법으로 바라보는 노력도 아니고, 애써서 노력하여 얻을 수 있는 것도 아닙니다. 그저 있는 그대로를 있는 그대로 보라는 것이기에, 자연스러운 것이지요. 이것이 바로 중도의 길입니다. 사념처는 곧 팔정도에 이르기위한, 열반을 얻기 위한 길이라고 설하는 이유입니다. 즉 중도와 사념처, 팔정도는 사실 서로 다른 실천의 길이 아닙니다.

사념처에 대해 조금 더 살펴보면, 첫째 신념처(身念處)는 몸에 대한 관찰로써 몸에서 일어나는 모든 현상들을 있는 그대로 관찰하는 것입니다. 경전에서는 자세하게 14가지로 나누고 있는데, 호흡에 대한 관찰, 움직이고 멈추고 앉고 눕는 등의 일상생활의 모든 동작에 대한 관찰, 손가락이나 팔다리를 움직이는 등의 몸동작에 대한 관찰, 신체를 구성하는 요소들에 대한 관찰, 지수화풍에 대한 관찰, 묘지에서 썩어가는 시체를 관찰하는 것 등이 있습니다. 이러한 관찰을 통해 몸을 나라고 여기는 허망한 아상, 아견을 내세우는 대신 그저 있는 그대로의몸의 요소를 이름 붙이거나, 해석하고 판단하는 것 없이 그저 있는 그대로 관찰하게 됩니다. 그럼으로써 몸에 대한 집착과 아집, 아견, 아상에서 놓여나게 됩니다.

둘째는 수념처(受念處)로써 마음에 대한 관찰 중에도 느낌과 감정에 대한 있는 그대로의 관찰입니다. 좋은 느낌이나 싫은 느낌, 혹은 그저 그런 느낌이 일어날 때 그러한 느낌을 일어난다는 것을 그저 해석없이 있는 그대로 관찰하는 것입니다. 느낌에 끄달려 가게 되면 뒤에서 살펴보겠지만, 12연기에서 볼 수 있듯이, '수-애-취-유-생-노병사'의 지분에서처럼 결국 끄달려 애착하고 집착하며 그로 인해 업을 짓게 되어 괴로운 삶이 윤회되는 결과를 가져오게 됩니다. 그러나 느낌을 있는 그대로 관찰함으로써 좋은 느낌을 갈애로 붙잡고 그 느낌을 더 가지려고 집착하여 취하게 되는 등으로 끄달려 가지 않고, 그 느낌이 일어난 그 자리에서 내려놓을 수 있게 됩니다.

또한 좋거나 싫은 느낌을 '내 느낌'이라고 해석하거나, 나와 동일시하지 않고 그저 있는 그대로 바라봄으로써 수온(受蘊)이 곧 무아(無我)임을 깨닫게 됩니다.

셋째는 심념처(心念處)로써 느낌을 제외한 다양한 형태의 마음작용을 있는 그대로 관찰하는 것입니다. 구체적으로는 탐욕, 성냄, 어리석음이라는 탐진치 삼독과 침체된 마음, 산란한 마음, 고양된 마음, 집중된 마음, 자유로운 마음 등과 그에 대비되는 반대의 마음 등이 일어날 때 그렇게 일어난 마음을 있는 그대로 분별없이 관찰하는 것입니다. 온갖 산란한 번뇌망상의 수많은 마음이 일어날 때 그것을 '내 마음'이라고 동일시하지 않고, 끄달려가지 않으며, 그 생각이 진짜라고 믿지 않고, 한 발자국 떨어져 그 마음과 생각을 그저 있는 그대로 바라보기만 하는 것입니다. 그럼으로써 그 생각과 마음의 작용에 속지 않을 수 있게 됩니다. 온갖 내면에서 일어나는 마음에 속거나, 끌려가거나, 옳은지 그른지 판단하거나, 그로 인해 괴로워하는 대신 그저 거기에서 그러한 마음이 일어났다가 잠시 머물렀다가 사라지고 있다는 있는 그대로의 사실을 그저 자각하는 것입니다.

끝으로 네 번째는 법념처(法念處)로써 법에 대한 관찰입니다. 구체적으로는 5가지 장애에 대한 관찰, 5온에 대한 관찰, 12처에 대한 관찰, 7각지에 대한 관찰, 4성제에 대한 관찰 등이 있습니다. 부처님 가르침의 핵심인 오개(五蓋), 오온(五蘊), 십이처(十二處), 칠각지(七覺支), 사성제(四聖諦) 등 법에 대해 관찰하는 것입니다.

이는 앞의 신수심인 3가지 몸과 느낌과 마음을 지속적으로 관찰하는 가운데 깨달아지는 법의 내용을 의미합니다. 몸의 관찰을 통해 이 통증이 지속되는 것이 아니며 실체가 없음을 깨닫는다거나, 느낌을 관찰함으로써 좋고 나쁜 느낌이 진짜가 아니고 '나'가 아니라는 사실을 통찰하게 되는 등입니다. 오개(五蓋)란 욕망, 악한 마음, 혼침과 졸음, 들뜸과 후회, 회의적인 의심을 말하는 것으로 우리 마음을 뒤덮고 있는 다섯 가지 마음의 장애입니다. 욕망이나 악한 마음, 졸음과 들뜸, 의심 등의 마음이 일어날 때 그것을 있는 그대로 관찰하라는 것이지요. 있는 그대로 관찰하게 되면 그것에 끌려가지 않고 그저 그런 마음들이 실체 없이 왔다가 잠시 머문 뒤에 그저 떠나가는 것이라는 통찰을 하게 됩니다. 거기에 끄달리지 않게 되는 것이지요. 이처럼 5가지 장애에 대해 관찰하게 될 때 그것을 있는 그대로 통찰할 수 있는 지혜가 생기고, 거기에 끌려가거나 구속되지 않을 수 있게 되는데, 이러한 지혜가 바로 오개를 관찰함으로써 얻어지는 법(法)인 것입니다.

오온, 십이처에 대한 관찰도 마찬가지입니다. 앞에서 배웠듯이 '나'라고 동일시하는 것들인 색수상행식 오온과 십이처를 '나'라고 동일시하지 않고, 그저 있는 그대로 몸과 느낌과 생각과 의지와 의식을 그저 바라봄을 통해 오온에 대한 통찰, 십이처에 대한 통찰이 생겨납니다. 오온무아라는 법에 눈뜨게 되고, 십이처가 허망한 것이며 '나'인 것이 아님에 눈뜨게 되지요. 그러한 지혜가 바로 법, 즉 진리입니다.

7각지(七覺支)는 수행을 통해 얻게 되는 정신적인 덕목으로 염각지(念覺支), 택법각지(擇法覺支), 정진각지(精進覺支), 희각지(喜覺支), 경안각지(輕安覺支), 정각지(定覺支), 사각지(捨覺支)를 관찰하는 것입니다. 오개와 같은 장애나, 7각지와 같은 기쁨과 평온 등의 좋고 나쁜 경계에 대해서도 분별없이 있는 그대로 관찰하고 알아차리는 것이 바로 법념처입니다.

4성제에 대한 관찰은 법념처 중에서도 가장 중요한 부분입니다. 불교는 곧 괴로움과 괴로움에서 벗어나는 가르침의 종교이기 때문이지요. 삶을 있는 그대로 관찰하게 됨으로써 결국 괴로움에서 벗어나 해탈하게 되기 때문입니다.

팔정도의 마지막 여덟 번째는 정정(正定)으로 '바른 선정', '바른 마음집중'을 의미합니다. 『잡아함경』에서는 "마음을 어지러이 흐트러지게 하지 않고 곧게 거두어 고요한 삼매에 든 일심이다"라고 설명하고 있으며, 『맛지마니까야』에서는 "사념처가 바로 마음집중의 근거"라고 함으로써 몸과 느낌, 마음과 법이라는 대상에 마음을 집중하는 것을 바른 마음집중이라고 설하고 있기도 합니다.

앞의 정념과 이 정정은 불교 수행의 두 가지 핵심적인 수행법으로 잘 알려져 있습니다. 이 두 가지를 지관(止觀) 혹은 정혜(定慧)라고 하여 함께 닦아가야 할 수행법이라고 하여, 지관겸수(止觀兼修), 정혜쌍수(定慧雙修)라고도 합니다.

여기에서 지(止)란 '멈춘다'는 의미로 온갖 분별심과 번뇌망상을 멈추고 그치며 비운다는 의미이며, 그렇게 분별심을 멈추려면 어떤 한 가지 대상에 마음을 집중하여 고요히 해야 하고, 그러한 수행을 통해 선정(禪定)에 이르게 됩니다. 이러한 지관에서 멈추는 '지'의 수행을 사마타라고 부르고, '관'을 위빠사나라고도 부릅니다. 사마타라는 집중 수행을 통해 삼매(정)에 이르게 되며, 위빠사나라는 관찰 수행을 통해 지혜(혜)를 증득하게 되는 것이지요.

3. 십이연기(十二緣起)

사성제에서 설명한 바와 같이 불교의 모든 교리는 사성제에 포섭되며, 사성제는 곧 십이연기를 통해 성립이 됩니다. 사성제는 괴로움의 원인과 소멸을 밝히는 가르침인데, 바로 괴로움의 원인인 집성제를 사유하는 것이 바로 십이연기이며, 또한 괴로움의 원인을 소멸시켜 멸성제인 열반으로 나아가기 위해서도 십이연기를 살펴보아야 합니다.

괴로움의 원인이 무엇일까요? 노병사라는 괴로움의 원인이 무엇인지를 살펴보았더니, 태어남이 그 원인이더라는 것이지요. 그러면 태어남의 원인은 무엇인가를 보니 유(有), 즉 업유가 있기 때문에 그 업에 따라 생이라는 과보를 받게 된다는 것입니다. 또 다시 업유의 원인은 무엇인가를 보니 취라는 취착, 집착에 있었고, 또 그것의 원인은 애, 즉 갈애에 있었습니다. 이런 방식으로 계속 그 원인을 탐구하다 보니 총 12가지의 원인들이 연결되어 있었고, 그 끝에는 무명이라는 근원적인 어리석음이 자리하고 있었음을 깨달으신 것입니다. 이처럼 노병사라는 괴로움의 원인을 차례차례 살펴보아 결국 무명에 이르는 관찰의 방법을 십이연기의 역관(逆觀)이라고 하고, 반대로 무명에서 노사의 방향으로 관찰하는 것을 순관(順觀)이라고 합니다.

이와 같은 방식으로 12연기에서는 괴로움의 원인을 차례 차례 탐구한 결과 어떠한 원인으로 인해 결국 노병사라는 괴로움이 연기하였는지를 보여주고 있습니다. 즉 십이연기는 중생들의 괴로운 삶이 어디에서부터 연기되었는지 보여주는 연기법과 다르지 않습니다.

앞에서 부처님께서 깨달으신 진리는 곧 연기법이라고 하였는데, 그 구체적인 내용이 바로 십이연기임을 『잡아함경』에서는 다음과 같이 밝히고 있습니다.

> 연기법은 소위 이것이 있으므로 저것이 있고, 이것이 일어날 때 저것이 일어나는 것이다. 다시 말하면 무명이 있으므로 행이 있고 내지 큰 괴로움이 있으며, 무명이 멸하기 때문에 행이 멸하고 내지 큰 괴로움이 멸한다는 것이다.

그리고 그 구체적인 내용에 대해서 다음과 같이 설합니다.

> 연기법이란 무엇인가. 이른바 무명(無明)을 인연하여 행(行)

이 있고, 행을 인연하여 식(識)이 있으며, 식을 인연하여 명색(名色)이 있고, 명색을 인연하여 육입(六入)이 있고, 육입을 인연하여 촉(觸)이 있고, 촉을 인연하여 수(受)가 있고, 수를 인연하여 애(愛)가 있고, 애를 인연하여 취(取)가 있고, 취를 인연하여 유(有)가 있고, 유를 인연하여 생(生)이 있으며, 생을 인연하여 노병사와 우비고뇌(늙음 · 병 · 죽음과 근심 · 걱정 · 고통 · 번민)가 이루 다 말할 수 없다.

그러면 여기에서는 십이연기를 통해 괴로움의 원인을 탐구해가는 과정을 역관을 통해 하나하나 살펴보도록 하겠습니다.

노사(老死)

불교에서는 인간의 근원적인 괴로움을 생노병사(生老病死)와 우비고뇌(憂悲苦惱)로 설명하고 있습니다. 혹은 앞에서 살펴본 바와 같이 사고팔고(四苦八苦)라고 하여 4가지 근원적인 괴로움과 거기에 다시 4가지를 덧붙여 사고와 팔고를 설합니다.

불교의 목적은 인간이 가지고 있는 괴로움에서 벗어나게 해 주고자 하는 것에 있습니다. 사성제에서 설명한 것과 같이 괴로움과 괴로움의 소멸 그것이야말로 불교의 주제입니다. 그러니 당연히 12연기라는 연기법을 설명하는데 있어서 그 첫 번째에는 노병사라는 인간 근원의 괴로움이 나오게 됩니다. 인간의 괴로움의 원인이 어디에서부터 연기되었는가를 살펴보기 위한 것이지요.

『증일아함경』에서는 노사를 "늙음이란 중생의 몸에서 이가 빠지고, 머리털이 세며, 기력이 쇠하고, 감관이 녹으며, 수명이 줄어들어 본래의 정신이 없는 것이고, 죽음이란 중생들이 받은 몸의 온기가 없어지면서 덧없고 변하여 오온(五蘊)을 버리고 목숨이 끊어지는 것이다."라고 설하고 있습니다. 그런데 노사는 늙고 죽는 것만을 의미하는 것이 아니라, 노병사 우비고뇌라고 하듯이, 늙고 병들고 죽는 것과 근심, 고통, 걱정, 번뇌 등 인간의 모든 괴로움을 의미합니다.

불교의 목적은 바로 이러한 노병사로 대표되는 인간 근원의 괴로움을 어떻게 해결할 것인가 하는 것에 있습니다. 괴로움이 없다면 괴로움에서 벗어나는 해탈, 열반도 필요가 없기 때문이지요.

보통 사람들은 불교의 해탈과 열반, 견성성불을 말하면 어떤 대단한 신통자재하고 놀라운 일이 벌어지는 것으로 착각하거나, 온갖 신통력이 생기고, 모르는 것도 다 알게 되는 그런 신비한 일이라고 여기곤 합니다. 지금의 내가 아닌 전혀 다른 깨달은 자로 탈바꿈하게 되는 것으로 여깁니다.

그러나 불법의 깨달음은 그런 신비적이거나 신통자재한 것과는 전혀 상관이 없습니다. 아주 단순합니다. 모든 괴로움이 사라진 것, 그이하도 이상도 아닙니다. 사람은 지금의 이 사람 그대로입니다. 외모가 바뀌는 것도 아니고, 우주로부터의 어떤 특별대접을 받는 것도 아닙니다. 그저 지금 이대로의 평범한 사람으로 예전과 똑같이 살 뿐입니다. 다만 한 가지 달라진 점이라면 내면의 모든 번뇌, 망상, 분별심으로 인한 일체의 모든 괴로움이 완전히 사라진 것입니다. 물론 그렇다고 생각이나 분별을 전혀 하지 않는 것이 아닙니다. 필요할 때는 생각도 하고, 이것과 저것을 나누고 구분하고 분별할 줄도 알지요. 그러나 거기에 전혀 얽매이거나 끄달려가지 않는 것일 뿐입니다. 생각이 일어나지만 일어나지 않는 것이지요. 머무는 바 없이 마음을 낼 수 있게 되는 것입니다.

그렇기에 불교의 출발은 바로 노사로 대표되는 괴로움에 있습니다. 노사야말로 불교의 출발점이며, 우리가 노병사 우비고뇌라는 이 모든 괴로움에서 벗어나고자 하는 발심이 있을 때, 괴로움의 원인을 사유하게 됩니다.

생(生)

생노병사라는 말에서도 보듯이 노병사(老病死)라는 괴로움의 원인은 태어남에 있었습니다. 생이란 업에 의해 태어나는 것으로써, 정신적 육체적 기관인 오온과 육근을 받아 태어나는 것입니다.

그러나 보다 근원적인 바른 이해로써 살펴본다면, 태어남이란 이 육신의 태어남만을 말하는 것이 아니라, 태어나도 태어난 바 없는 불생불멸의 진실을 깨닫지 못한 채, 어리석은 무명에 갇혀 이러한 오온이라는 몸과 마음을 가지고 실제 '나'라고 여기는 허망한 자기동일시, 헛된 분별심이 바로 '생'입니다.

사실 십이연기의 모든 지분 하나 하나는 전부 정신적인 허망한 착각, 분별망상을 말합니다. 이 말은 곧 괴로움의 원인은 우리의 정신적인 분별망상임을 나타내고 있습니다. 그렇기에 불교를 마음공부라고 합니다. 마음이 헛된 분별망상을 시작하면서부터 분별로 인한 괴로움이 연기되었고, 그렇기에 마음의 분별망상만 여의게 된다면 당연히 괴로움 또한 사라지게 되는 것입니다.

근원의 참된 지혜에서 본다면 사실 태어나고 죽는다는 것은 인연 따라 연기되어진 허망하고 꿈과 같은 것일 뿐 그 자체로써 실체적인 진실이 아닙니다. 불교는 연기법이라고 한 이유도, 이 모든 연기된 것들은 다만 연기된 것일 뿐 실체가 아니라는 점을 설하고 있는 것입니다. 그래서 연기즉무아라고 합니다. 연기법은 곧 비실체성이며, 무아임을 뒷받침해 주고 있습니다. 연기된 것은 진짜로 있는 것이 아니라, 다만 꿈처럼 인연 따라 잠깐 생겨났다가 사라지는 무상하고 무아인 허망한 것일 뿐입니다. 생이 바로 그렇습니다.

우리는 태어났다고 여기고, '나'라는 몸과 마음이 실제로 있다고 여깁니다. 나라는 독립된 주관의 존재가 여기 있고, 이 세상이라는 객관의 실체적인 대상이 진짜로 있다고 여기는 것이지요. 그러나 그것은 하나의 허망한 분별망상일 뿐입니다. 진실은 '나'도 없고, '세상'도 없습니다. 아공법공(我空法空)이며, 인무아법무아(人無我法無我)입니다.

나와 세상을 둘로 나누는 것 자체도 이미 분별심일 뿐입니다. 생멸하는 모든 존재는 다만 인연 따라 잠깐 생겨났다가 사라지는 허망한 것이기에, 생멸법(生滅法)이라고 부릅니다. 생멸하는 존재는 다 허망함을 뜻합니다. 그러나 근원에서는 이 모든 것들이 전부 불생불멸입니다. 실체적으로 태어나고 죽는 것은 어디에도 없습니다.

우리는 매 순간 그저 이렇게 존재하고 있을 뿐, '존재하는 나'는 없습니다. '태어난 나'는 없습니다. 그저 이렇게 '있을' 뿐입니다. 거기에 '있는 무엇'은 없습니다. 그저 있을 뿐. 있음이야말로 참된 근원입니다. 그러나 그것은 어떤 실체적인 알맹이가 없습니다. 비실체성입니다.

그저 지금 이렇게 눈앞에 모든 것이 다 있지만 그것은 그저 있을 뿐이지, 저기에 있거나 여기에 있는 것도 아니고, 나와 세상으로 있는 것도 아니며, 좋거나 나쁘게 있는 것도 아닙니다. 그냥 있는 것이지요. 내가 있다거나, 세상이 있다거나, 좋다거나 나쁘다거나, 태어났다거나 죽었다거나 하는 모든 것은 다만 분별심일 뿐입니다.

이와 같은 생의 본질을 깨닫는다면, 태어나도 태어난 것이 아닙니다. 생이 있지만 생이 없습니다. 그러니 생이 없으면 사도 없습니다. 생사를 하면서도 생사에 전혀 걸려들지 않고, 생사에 사로잡히지 않으며, 생사를 초월하게 됩니다. 생사가 아무런 문제가 되지 않는 것입니다. 불생불멸의 진실과 계합했기 때문입니다. 그러니 생이 없는 이에게, 노사가 있을 리 없는 것입니다. 이처럼 내가 태어났다는 허망한 착각이 있기 때문에 늙고 병들고 죽는다는 허망한 착각도 생겨난 것입니다.

나도 없는데, 태어남은 어디 있고, 늙고 병들고 죽는 것은 다 무엇이겠습니까? 생을 멸하면 노병사가 멸해집니다. 물론 생도 있고, 노병사도 있지만, 더 이상 그것이 문제가 되지 않는 것입니다. 부처님께서는 태어나셨고, 늙고 병들고 열반에 드셨지만, 그것에서 벗어나신 것입니다. 태어나도 태어난 것이 아니고, 죽어도 죽은 것이 아닙니다. 이것이 참된 열반이며 해탈입니다.

유(有)

그렇다면 생의 원인은 무엇일까요? 태어난 이유는 바로 유(有) 때문입니다. 유란, 업유(業有)라고도 하는데 '존재' 혹은 '생존'을 의미하는 것으로 존재의 원인이 되는 무언가가 있다는 말로써 쉽게 말하면 업을 말합니다. 지어 놓은 업이 있으면 그로 인한 결과인 생을 받게 된다는 말입니다.

유에는 크게 욕유(欲有), 색유(色有), 무색유(無色有)가 있는데 이는 곧 욕계(欲界), 색계(色界), 무색계(無色界)라는 이 세상 즉 삼계(三界)에서 어느 곳에 태어날 업을 지니고 있는지를 알려줍니다. 그래서 유를 업이라고도 하고, 생존, 존재방식이라고도 이해합니다.

식욕이나 색욕, 성욕, 명예욕, 수면욕 등 욕망을 지니며 살아가게 되는 중생들이 사는 곳을 욕계라고 하며 이 곳에 사는 중생들의 존재 양태를 보면 지옥(地獄), 아귀(餓鬼), 축생(畜生), 아수라(阿修羅), 인간(人間), 천상(天上)이 있으며, 이 중 천상에는 다시 사왕천(四王天), 도리천(忉利天), 야마천(夜摩天), 도솔천(兜率天), 화락천(化樂天), 타화자재천(他化自在天) 등의 육욕천(六慾天)이 있습니다.

다음으로 색계는 욕계 위의 천인들이 거주하는 곳으로써 이 세계의 중생들은 욕망도 떠나고 물질적인 집착도 많이 떠났으나, 미세한 물질적인 집착에는 여전히 묶여 있기 때문에 색계라고 부릅니다. 혹은 탐심은 떠났지만 미세한 진심(嗔心)은 여전히 남아 있는 세계라고도 합니다. 욕계에 비한다면 비교적 맑고 청정한 이들이 사는 세계라고 할 수 있습니다. 색계의 중생들은 선정의 깊이에 따라 초선천(初禪天), 이선천(二禪天), 삼선천(三禪天), 사선천(四禪天) 등으로 나누기도 하며, 논서에 따라 16천, 18천, 22천 등이 있다고 하기도 하는 등 그 수와 명칭에 대해서는 여러 견해가 있습니다.

무색계는 욕망뿐 아니라 모든 물질적인 집착을 떠난 이들이 사는 세계로써, 탐심과 진심이 모두 사라졌기에 색계에 비해서도 더 청정한 존재들이지만, 아직 '나'라는 집착을 다 버리지 못한 이들이 사는 세계입니다. 그래도 중생들이 사는 세계 가운데서는 가장 깨끗한 이들로써, 높은 선정의 세계이기도 합니다. 이 세계에는 공무변처(空無邊處), 식무변처(識無邊處), 무소유처(無所有處), 비상비비상처(非想非非想處) 등의 사공천(四空天)이 있다고 하며 이러한 각각의 세계 이름 끝에 정(定)을 붙여 각각의 세계가 곧 높은 선정의 세계임을 설하고 있기도 합니다. 처음 부처님께서 출가하여 선정주의 스승인 알라라 카라마와 웃다카 라마풋타를 찾아가 배운 선성이 바로 무색계에서도 최고 선정계인 무소유처정과 비상비비상처정을 배웠다고 알려져 있습니다. 즉 욕계, 색계, 무색계라는 중생들이 갈 수 있는 삼계 중에서 가장 뛰어난 존재들의 의식수준까지를 이미 출가 초기 선정주의를 닦을 때 체험했다는 것이지요.

이처럼 모든 존재는 어떤 업유를 가지고 있느냐에 따라, 또 어떤 선정의 수준에 이르렀느냐에 따라 다음 생에 태어나는 곳이 다릅니다. 업장을 다 소멸시켜 더 이상 윤회의 수레바퀴 속에서 돌고 돌지 않는 깨달음을 얻지 않았다면 누구나 여전히 자신의 업유에 따라 생을 받아 태어나 고통스런 삶을 살아야 하는 것입니다.

이처럼 업유가 여전히 남아 있다면 그것이 선업이든, 악업이든 그 업유와 비슷한 업의 세계로 가게 되어 있습니다. 유가 있으면 곧 생이 있을 수밖에 없는 것입니다. 이러한 유 또한 실체적인 무언가로 실존하는 것은 아닙니다. 즉, 업이라는 것 또한 고정불변의 실체가 아닙니다. 깨닫고 보면 업도 없고, 업보도 없습니다. 아니 있지만 없는 것이지요. 업보를 받지만 업보에 전혀 걸리지 않는 것입니다. 이처럼 업유라는 것 또한 실재하는 무언가가 아니라, 내가 실재한다고 여기는 허망한 망상입니다.

이 또한 전생과 내생이라는 윤회의 관점에서 생각할 필요가 없습니다. 어떤 특정한 행위로 인해 업유가 생겨나게 되면, 다음번에는 그것과 같은 상황에서 비슷하게 행동할 확률이 높아집니다. 한 번 한 행동은 업습으로 쌓여 습관처럼 굳어지기 때문이지요. 그것이 바로 유입니다. 행위의 흔적들이 쌓여 업유를 이룹니다. 그리고 그것을 '나'라고 여기는 허망한 생각을 지어냅니다. 특정한 행동, 특정한 모습, 성격, 습관, 능력 등을 나의 정체성이라고 여기는 것이 바로 자신의 업유인 것이지요. 그런 업이 있으면 자신을 그런 존재라고 생각하고 그런 업을 지닌 자신을 창조해 내는 것이지요. 그것이 바로 생입니다.

조금 더 쉬운 예로, 뚱뚱한 것에 콤플렉스가 많은 사람은 누군가가 자신을 뚱뚱하다고 말하면 매우 불쾌하고 화를 낼 겁니다. 뚱뚱하다는 말에 불쾌해하는 그 마음이 바로 하나의 의업입니다. 그런 업유가 있는 사람은 뚱뚱하다는 말에 발끈하며 화를 내는 것이지요. 사실 뚱뚱하다는 말은 아무런 에너지도 없습니다. 그건 좋거나 나쁜 말이 아니지만, 그런 의업을 지닌 사람에게는 화라는 에너지가 생겨나게 되는 것입니다. 즉 업유로 인해 화가 생겨난 것, 유로 인해 생이 발생한 것입니다.

이처럼 유가 있으면 생이 있다고 했을 때의 유 또한 실체적인 무언가가 아니라, 하나의 허망한 망상일 뿐입니다. 사실 이처럼 삶이라는 것 자체가 하나의 망상입니다. 태어나고 죽는다는 것 자체가 하나의 헛된 망상인 것입니다. 진실에서는 태어나고 죽는 것이 없습니다. 불생불멸일 뿐이지요. 다만 유가 진짜 있다고 느끼는 자에게만 생 또한 진짜 있는 것처럼 느껴지는 것입니다.

취(取)

그렇다면 유의 원인은 무엇일까요? 그것은 취(取)에 있습니다. '내 것'으로 취하려는 집착, 취착심을 취라고 합니다. 즉, 내가 집착하는 것이 있을 때 그 집착하는 것을 내 것으로 취하려는 행동이 나온다는 것입니다. 그러한 행위가 곧 업이 되어 업유를 형성하는 것이지요.

우리가 하는 모든 행동, 즉 말과 생각과 행동은 모두 대상을 취하고자 하는 의도에서 시작됩니다. 대상을 실체화하여 진짜로 있다고 여기는 어리석음이 있기 때문에, 그 대상이 잠시 내게 온 것일 뿐이지만 우리는 그것을 '내 것'이라고 취합니다. 사실 세상을 살면서 우리가 하는 것이라고는 알몸으로 왔다가 알몸으로 가는 그 생의 기간 동안에 인연 따라 그저 흘러가면서 이 세상의 수많은 것들의 도움을 받고 살다가 가는 것일 뿐인데, 우리는 분별망상을 일으켜, 그 인연 따라 생겨난 모든 것들에 '내 것', '네 것'이라는 분별을 덮어씌워 버립니다.

땅은 그저 이 지구별 대지 위에 그냥 있는 것일 뿐이지만 사람들은 문서를 만들어 사고 팔면서 땅에 금을 그어놓고는 '내 것' 혹은 '네 것'이라고 여깁니다. 사실 그것은 우리의 분별이고 생각이고 망상일 뿐, 실제 어디에 내 것이 있겠습니까?

이처럼 우리는 대상을 실재로 있다고 여기기 때문에 생각으로 그것을 취하려고 애쓰고, 말과 행동으로 대상을 취하려고 합니다. 이러한 정신적인 '취함' 이것이 바로 취입니다.

인연 따라 알게 된 한 여인에게 사랑에 빠지게 되면 곧바로 그녀만을 생각하게 되고, 그녀를 위한 찬사를 말하며, 그녀에게 무엇이든 사다 주고 싶습니다. 신구의 삼업이 시작되는 것이지요. 이처럼 한 여인,

한 대상을 취하려고 할 때 그 대상을 취하고자 하는 생각에서 행위를 하게 됩니다. 그래서 유의 원인은 취에 있다고 설합니다.

이러한 취착에는 다시 사취(四取)가 있으니, 욕취(欲取), 견취(見取), 계취(戒取), 아취(我取)입니다. 욕취는 애욕의 대상을 '내 것'으로 만들려는 집착이며, 견취는 여러 가지 잘못된 견해를 진실로 알고 '내 생각'이라고 여겨 집착하는 것이고, 계금취는 그러한 잘못된 견해나 사상을 바탕으로 행하는 잘못된 삶의 방식이며, 혹은 계율 등에 집착하는 생활방식을 말하기도 합니다. 아취는 아어취(我語取)라고도 하는데, 오온의 화합을 참된 나라고 집착하는 견해에 사로잡히는 것입니다.

취착, 집착심이 사라지면 저절로 취하고자 하는 마음으로 하는 모든 행위가 사라지고, 업유가 사라지면 생이 사라져 결국 노병사라는 모든 괴로움이 사라지게 될 것입니다.

애(愛)

취의 원인은 무엇일까요? 집착의 원인은 애(愛)로써, 이는 욕망, 애욕, 탐욕, 갈애라고 해석됩니다. 애욕과 욕망하는 마음이 있기 때문에 욕망하는 대상을 취하려는 취착심이 있게 마련입니다. 우리는 누구나 좋아하고 그 좋아하는 것에 갈증을 느끼게 되면 자연스럽게 그 대상을 취하고자 합니다. 좋아하는 대상에 갈증을 느끼는 것이 갈애요 애욕입니다.

『잡아함경』에서는 "중생에게 일어나는 모든 괴로움은 모두 애욕이 근본이 된다. 모든 괴로움은 애욕에서 생기고, 모이며, 일어나고, 애욕이 원인이며, 애욕을 인연하여 생긴다."고 설하고 있습니다. 12연기의 모든 지분들이 하나하나 괴로움의 원인이지만 특히 애욕은 가장 직접적인 원인이라고 할 수 있습니다.

애욕은 당연히 허망한 의식일 뿐이기에, 멸해야 할 것입니다. 십이연기의 모든 지분은 다 소멸시켜야 할 것들입니다. 애욕은 내가 특정한 대상에 사로잡히기 시작하면서 내 안에서 생겨난 허망한 착각의 마음입니다. 우리는 그 대상을 애착할 수도 있지만, 애착하지 않을 수도 있습니다. 그 대상은 실체적인 것이 아니기에, 우리는 그것을 그저 있는 그대로 볼 수도 있고, 좋아할 수도 있으며, 싫어할 수도 있습니다. 다만 우리가 마음속에서 특정한 대상에 대해 과도하게 좋아하는 갈애를 일으켰기 때문에 그 대상을 갈망하게 되고, 나아가 집착하게 되며, 그것을 취하기 위한 행동을 옮기게 되기에, 유와 생, 노사라는 괴로움을 형성시키게 된 것입니다. 애욕이라는 12연기의 지분을 멸하게 된다면, 애-취-유-생-노사의 모든 지분이 차례로 소멸하게 되어 우리는 모든 괴로움으로부터 벗어나게 될 것입니다.

애욕에도 욕애, 색애, 무색애가 있는데, 이는 욕계, 색계, 무색계의 모든 존재들은 전부 크고 작은 차이는 있을지라도 저마다의 애욕에 사로잡혀 있음을 뜻하고 있습니다. 또한 이런 욕망 중에 죽을 때 본능적으로 나타나는 세 가지 애욕이 있다고 합니다. 첫째는 자체애(自體

愛)로써 자기 몸뚱이에 대한 애착이고, 둘째는 경계애(境界愛)로 사랑하는 사람이나 자식, 부모, 재산, 명예 등 내 주위의 경계에 대해 애착을 나타내는 것이며, 셋째는 당생애(當生愛)로 다음 생에 더 좋은 세상에 좋은 사람으로 태어나기를 바라는 애착심입니다.

수(受)

애욕의 원인은 무엇일까요? 수(受) 즉 느낌, 감정입니다. 대상에 대해 좋은 느낌이 일어나야 그에 따라 대상을 사랑하고 애착하며 나아가 갈망하는 갈애가 일어날 수가 있는 것이지요. 대상을 보자마자 곧바로 애욕이나 갈애가 일어나는 것이 아니라, 그에 앞서 먼저 좋은 느낌이 일어나게 됩니다.

수(受)에는 세 가지 종류가 있습니다. 고수(苦受)와 낙수(樂受), 불고불락수(不苦不樂受)로 고수는 싫은 느낌, 낙수는 좋은 느낌, 불고불락수는 좋지도 나쁘지도 않은 느낌을 말합니다.

좋은 느낌에는 애욕과 갈애가 따르는 것처럼, 싫은 느낌에는 미움과 증오, 거부감 같은 감정이 뒤따릅니다. 좋은 느낌이 갈애로 이어지고 그것은 곧 취착심으로 이어지는 것처럼, 싫은 느낌은 미움과 증오로 이어져 취착심과는 반대로 거부하려는 마음으로 이어집니다. 취하려는 마음과 거부하려는 마음이 모두 하나의 취착입니다. 이처럼 애와 취는 모두 수에서 시작됩니다.

앞에서 12연기의 모든 지분은 전부 허망한 의식으로써 인연 따라 생겨난 것일 뿐 실체가 아니라고 했습니다. 느낌, 감정이라는 수 역시 마찬가지입니다. 느낌과 감정은 인연이 서로 모이면 저절로 일어나는 것일 뿐, 고정된 실체적인 감각이 따로 정해져 있지는 않습니다.

어떤 한 여인과 손을 잡고서 좋은 느낌을 느낄 수도 있지만, 같은 여인과 손을 잡은 다른 사람은 그런 좋은 느낌을 느끼지 못할 수도 있는 것이지요. 같은 상황에서 전혀 다른 느낌과 감정이 일어날 수도 있습니다. 그렇기에 느낌과 감정은 실체적인 것이 아니라, 인연 따라 생겨난 허망한 감정인 것입니다.

그러니 어떤 특정한 느낌과 감정이 일어났다고 해서 그것을 진짜라고 믿고, 그 느낌에 집착해서, 그것을 더 느끼려고 갈애하고 집착할 필요는 없을 것입니다.

느낌, 감정이라는 수가 비실체적인 것임을 알고, 수라는 지분에 끄달려가지 않게 될 때, 수를 멸하게 됩니다. 느낌, 감정을 느끼지만 더 이상 느낌과 감정에 끌려가지 않게 되는 것입니다.

이처럼 십이연기를 깨달아 깨달음을 얻는다는 것은 느낌을 멸하고 감정을 멸했기에 좋고 나쁜 아무런 감정도 느끼지 못한다는 것이 아니라, 인연 따라 모든 느낌을 다 느끼면서도 그 느낌에 머물러 집착함이 없다는 것입니다. 느끼지만 느끼지 않는 것이지요. 그렇게 느낌이라는 십이연기의 수를 멸해버리면 애가 멸해지고, 애를 멸하면 취가 멸해지고, 취를 멸하면 유, 생, 노사라는 모든 괴로움이 전부 소멸될 수 있는 것입니다.

여기에서 한 가지 더 짚고 넘어가보겠습니다. 뒤에서 설명하겠지만, 수의 원인은 촉인데, 즉 육내입처와 육외입처, 육식이 접촉함에 따라 수가 생겨난다는 것입니다. 그런데 『잡아함경』에서는 "촉에서 수(受)와 상(想)과 사(思)가 함께 생겨난다"라고 함으로써 오온의 수상행(受想行)이 함께 생겨나고 있음을 설하고 있습니다. 십이연기의 '식-명색-육입-촉-수'로 이어지는 지분에서 수상행식이라는 오온의 정신작용이 모두 일어나고 있음을 볼 수 있습니다.

촉(觸)

수, 즉 느낌과 감정의 원인은 무엇일까요? 그것은 촉, 즉 접촉에 있습니다. 무엇이 접촉하는 것일까요? 식과 명색과 육입이 접촉하는 것입니다. 앞에서 배운 것처럼 십팔계가 접촉하는 것을 말합니다.

십팔계의 육내입처를 여기에서는 육입이라고 했고, 육내입처가 육외입처를 만나 육식이 생길 때 그 육식을 여기에서는 식(識)이라고 하며, 식의 대상이 바로 명색(名色)입니다.

쉽게 말하면 내가 눈귀코혀몸뜻으로 내 바깥 대상인 색성향미촉법을 접촉하게 되면, 대상을 분별하는 마음인 육식이 생겨나고, 바로 그러한 육내입처와 육외입처, 육식의 접촉이 있어야만 느낌이 생겨나게 된다는 것입니다.

그런데 조금 더 확실하게 말씀을 드리면, 촉이란 단순한 십팔계의 접촉을 의미하는 것이 아니라, 육입이라는 나의 감각기관이 내 바깥에 있는 대상을 접촉하고 분별하게 됨에 따라 내 바깥에 무언가 보고 듣고 냄새 맡고 맛보아지고 생각되는 대상이 실제로 '있다'는 생각이 일어나게 되는데, 바로 그 '있다'는 허망한 착각이 바로 '촉'입니다. 쉽게 말하면, 우리가 눈으로 무언가를 보면 당연히 보이는 대상이 '있다'고 생각하게 됩니다.

너무 당연스런 말이라 생각하기 쉬운데요, 우리는 그동안 이런 생각을 너무 당연시하고 살아왔습니다. 눈에 보이면 당연히 '있는 것'이라고 여기고, 귀에 들리면 당연히 소리가 '있다'고 여기게 됩니다. 손으로 무언가를 접촉하면 접촉된 대상을 '있다'고 여깁니다. 그러나 보이고 들리고 냄새 맡아진다고 해서 진짜로 있다고 할 수 있을까요? 너무나 당연히 있다고 여겨왔지만 사실 그것은 우리가 그렇게 '있다'고 생각한 것일 뿐입니다.

예를 들어 눈으로 분명히 보았다고 생각했지만, 나중에 살펴보았더니 없는 것을 내가 잘못 본 것일 수도 있습니다. 없는 것을 있다고 여길 수도 있다는 것이지요. 어떤 소리를 듣고 그 소리가 있다고 여겼는데, 사실 내가 잘못 들은 소리일 수도 있습니다. 아니면 환청을 들었을 수도 있지요.

우리는 우리 몸의 여섯 가지 감각기관으로 우리 몸을 진짜로 있다고 생각하지만, 사실 부처님께서는 이 몸은 다만 인연 따라 생겨났다가 사라지는 허망한 것일 뿐, 진실로 있다고 할 수는 없다고 설하셨습니다. 즉 우리의 감각기관이 접촉했다고 해서 그것을 진짜로 있다고 할 수 있느냐 하는데 근원적인 의문을 던져 보라는 것입니다.

감각되는 것이라고 해서 실체적으로 존재하는 것은 아닙니다. 잘못 느낀 것이 아니라고 할지라도, 분명히 자각되는 대상일지라도, 그 또한 잠시 인연 따라 생겨났다가 인연이 다하면 소멸할 수밖에 없는 임시적인 존재일 뿐입니다. 그럼에도 우리는 그 모든 것들을 감각기관으로 인식했다고 해서 진짜로 '있다'라고 막연하게 여기게 됩니다.

바로 이러한 '있다'라는 허망한 착각을 12연기에서는 '촉'이라고 하는 것입니다. 그래서 촉입처(觸入處)라고도 합니다. 여기에서 입처란 곧 의식을 말합니다.

12연기의 모든 지분은 소멸되어야 할 것이라고 말했는데요, 이처럼 촉이라는 지분도 소멸되어야 할 것입니다. 감각기관으로 접촉했다고 해서 그것을 '있다'라고 여기는 허망한 착각은 사라져야 한다는 것이지요. 촉입처가 소멸되면, 우리는 눈으로 보았다고 해서, 귀로 들었다고 해서, 냄새 맡고, 맛보고, 만져보고, 생각했다고 해서 그것을 다 있다고 여기는 착각에 사로잡히지 않을 것입니다. 그러니 자기가 본 것에 대해 고집하고 집착하는 일도 사라지게 되겠지요.

사람들은 보통 '내 두 눈으로 똑똑히 봤어!', '내가 분명히 봤기 때문에 진짜야!'라는 허망한 의식에 사로잡혀 있습니다. 그러나 다른 사람은 그곳에서 똑같이 보았음에도 불구하고 전혀 다른 것을 볼 수도 있고, 다르게 보았을 수도 있으며, 전혀 보지 못했을 수도 있습니다. 우리는 모두 저마다의 허망한 의식으로 세상을 걸러서 보기 때문입니다.

이처럼 촉이라는 지분을 멸하게 되면, 다만 보고 듣고 맛보고 경험할 뿐이지, 그러한 경험이 있을 뿐이지, 그것을 실제로 있다고 여기는 실체론적인 오류를 범하지 않게 될 것입니다.

육입(六入)

촉의 원인은 무엇일까요? 그것은 육입입니다. 어떤 대상을 접촉하려고 하면 접촉해서 대상을 파악하고 아는 감각기관에서 일어나는 감각활동이 있어야 합니다. 즉 접촉하려면 접촉하는 주관과 접촉되는 대상이 있어야 합니다.

내가 대상을 접촉한다고 할 때 바로 '나'를 육내입처, 혹은 육입이라고 하고, '대상'을 육외입처, 혹은 육경이라고 합니다. 육입이란 앞서 일체, 십이처에서 설명한 것처럼 육내입처로써 눈귀코혀몸뜻이라는 감각활동, 감각작용입니다.

보다 정확히 말하면, 눈귀코혀몸뜻이 색성향미촉법이라는 대상을 보고 감각을 느끼면서 '눈귀코혀몸뜻'을 '나'라고 여기는 허망한 착각이 바로 육입입니다. 색성향미촉법을 내 바깥에서 감각되는 대상이라고 여기는 허망한 착각이 바로 육외입처이지요.

육입은 이처럼 내 안에 있는 눈과 귀와 코와 혀와 몸과 뜻이라는 감각작용을 '나'라고 여깁니다. 즉 내가 있고, 나의 감각기관이 있으니 당연히 외부의 대상을 접촉하는 것이라고 여기는 것이지요.

육입이 있으면 당연히 육입의 접촉이 생겨납니다. 사실은 육입도 허망한 분별심일 뿐이고, 촉 또한 허망한 분별심일 뿐이지만, 중생의 허망한 분별은 여기에 감각하는 주관인 내가 있어서 내가 외부의 대상을 접촉한다고 여깁니다. 실체적인 내가 외부 대상을 접촉한다고 여기기 때문에 외부의 대상을 접촉할 때마다 '나'라는 주관이 그 대상을 좋거나 싫다고 느끼게 되는 것입니다. 육입에서 촉이 일어나고 촉에서 수-애-취-유-생-노사가 이어지는 것이지요.

당연히 이 육입 또한 멸해야 할 것입니다. 이 말은 눈귀코혀몸뜻이라는 감각기관을 없애야 한다는 말이 아니라, 눈귀코혀몸뜻을 '나'라고 생각하는 허망한 의식을 없애야 한다는 것입니다. 감각기관의 감각활동을 '나'와 동일시해서는 안 되는 것이지요. 감각활동은 감각대상이라는 인연 따라 저절로 일어나는 인연생기하는 허망한 환상일 뿐입니다. 감각활동이 일어난다고 해서 거기에 감각하는 '나'가 따로 있는 것은 아닙니다.

그렇기에 육입을 멸하더라도 눈귀코혀몸뜻으로 색성향미촉법을 감각하지 못하는 것은 아닙니다. 오히려 여섯 가지 감각활동을 '나'라고 착각하지 않을 뿐, 여전히 여섯 가지 감각기관을 잘 사용할 수 있습니다. 그것이 바로 육근청정입니다. 육근이 청정하게 수호되는 것이지요. 육근을 '나'라고 집착하지 않을 때 육근은 청정해집니다. 즉 '보는 나', '듣는 나'라는 집착 없이 마음껏 보고 듣고 맛 보고 냄새 맡고 감촉을 느끼며 생각할 수 있습니다. 이처럼 육근이 청정해지면, 육입을 멸하면, 눈으로 무엇을 보든, 귀로 어떤 소리를 듣든, 코로 어떤 냄새를 맡든, 혀로 맛보고, 몸으로 감촉하고, 뜻으로 생각하든, 그 대상에 사로잡히지 않고, 휘둘리지 않게 됩니다. 마음껏 육근을 사용하면서도 육근이 '나'라고 여겨 집착하지 않게 됩니다.

명색(名色)

육입의 원인은 무엇일까요? 명색입니다. 여기에 감각하는 '나'가 있다는 허망한 착각이 생기는 이유는 외부에 의식의 대상인 명색이 있기 때문입니다. 감각활동은 감각의 대상이 있을 때 일어납니다.

육입의 대상은 육외입처인데, 엄밀히 말하면 육입이 감각적으로 접촉하는 대상은 육외입처만이 아니라, 육내입처도 포함됩니다. 즉 눈은 외부 사물만을 보는 것이 아니라 나 자신도 바라봅니다. 귀 또한 외부의 소리만 듣는 것이 아니라 나의 목소리도 듣습니다. 이런 점에서 육입의 원인은 육외입처라기보다는 육외입처와 육내입처를 포함하는 어떤 대상입니다. 그런 점에서 명색이라고 표현할 수 있습니다.

사실 명색이란 육식의 대상을 표현할 때 쓰는 명칭입니다. 즉 육식이라는 분별심의 대상이 곧 명색입니다. 명색이란 말 그대로 명과 색으로, 이름과 모양 있는 모든 대상을 말합니다. 즉 육식, 즉 의식으로 분별 가능한 모든 대상을 명색이라고 합니다.

우리의 의식은 대상을 분별하여 파악할 때 특별한 대상을 특별한 이름을 부여하여 기억하거나, 특정한 모양으로 기억하기 때문입니다. 의식이 분별할 수 있는 모든 대상은 정신적인 것이든, 물질적인 것이든 전부 이름을 부여해서 알거나, 모양을 분별하여 알 수 있습니다. 그런 점에서 의식, 육식의 대상을 명색이라고 이름합니다.

예를 들어 빌딩, 사람, 자동차, 축구공, 의자 등 물질은 '이름과 모양'으로 기억하고, 사랑, 감사, 질투, 용서 등 정신적인 것은 '이름'으로 기억합니다. 물론 정신적인 대상 또한 '이름'을 붙인 뒤에 그 이름에 걸맞은 모양 없는 이미지, 모양으로 분별합니다. '사랑'이라고 분별된 이름에는 나만의 따뜻하고 아름답고 포근한 어떤 감정적, 정서적, 의식적인 마음의 이미지를 그리게 되는 것이지요. 그래서 사람들마다 저마다 '사랑'을 다르게 이해합니다. 어떤 사람은 '사랑'이라는 이름에 따뜻하고 사랑받는 좋은 이미지를 개입시켜 이해하지만, 또 사랑하는 사람에게 심하게 배신을 당해 본 사람이라면 '사랑'이라는 이름에 별로 좋지 않은 이미지를 개입시켜 이해할 수도 있습니다.

이처럼 저마다 자기 마음속에 새겨진 명색은 고정된 실체가 아닙니다. 저마다 세상을 파악할 때 자기 식대로 분별하여 이해하는 것이지요. 즉 명색 또한 내식대로 대상을 파악하여 인식한 내 안에서 일어난 허망한 착각의 의식입니다.

그러니 내가 의식으로 분별하여 파악한 대상에 대해 고정되게 집착할 필요는 없습니다. 그것은 다만 내가 그렇게 파악한 대상의 이해일 뿐, 다른 사람은 그 명색을 다르게 파악하고 분별하고 있을 수도 있기 때문입니다. 그래서 명색을 멸해야 한다고 설합니다. 명색은 자기식대로 세상을 파악한 허망한 착각의 의식이기 때문입니다.

이처럼 내 안의 감각활동인 육입도, 내 바깥에 있다고 여기는 명색도 사실은 안과 밖에 따로 있는 것이 아니라, 내 마음 안에서 일어난 안과 밖이라는 허망한 착각일 뿐입니다. 그래서 유식불교에서는 마음이 '나'라는 주관으로 착각되는 의식을 '보는 부분'이라고 하여 견분(見分)이라 하고, '외부', '세계'라는 객관으로 착각되는 의식을 '보이는 모양'이라고 하여 상분(相分)이라고 하면서, 견분과 상분은 내 마음이 그렇게 주객으로 파악한 허망한 착각일 뿐, 사실 그 두 가지는 결국 내 마음 안에서 일어난 의식일 뿐이라고 설합니다.

이를 식(識)이 전변(轉變)하여 견분과 상분으로 나뉘어진 것처럼 보일 뿐, 사실은 이 두 가지는 서로 연기적으로 성립되며, 별도로 따로 존재하는 것이 아니라는 것입니다. 그래서 견분과 상분, 즉 주관과 객관은 서로 관계를 맺음으로써만 성립되는 연기적 관계이기에 '연(緣)'을 붙여서 견분을 '능히 연하는 것'이라는 의미로 능연(能緣)이라 하고, 보이는 대상은 연해지는 대상이라 하여 소연(所緣)이라고 합니다. 즉 인식 주관인 견분도 능연식으로 식이 변하여 이루어진 것이고, 인식 대상인 소연경 또한 사실은 별도로 존재하는 경계가 아니라 식이 전변한 것일 뿐입니다. 쉽게 말해 나와 세상이 따로 존재하는 것이 아니고, 보는 자와 보이는 대상이 따로 존재하는 것이 아니라, 모두는 다 식이 변하여 이루어진 것으로 허망한 착각의 의식일 뿐이라는 것입니다.

여기에서 한 가지 더 알아야 할 것은, 사실 경전에서는 '식-명색-육입'은 동시에 일어난다고 설하고 있다는 점입니다. 즉 어느 것이 먼저 생성되고 소멸되는지에 선후가 있는 것이 아니라, 식-명색-육입은 동시생 동시멸하는 연기적인 관계로 파악합니다. 우리 몸의 감각활동인 육입과 감각된 대상을 분별하여 아는 마음인 식과 분별된 대상이라는 명색은 동시에 생겨나는 연기적인 관계라는 것이지요.

이처럼 식-명색-육입-촉은 함께 일어납니다. 촉의 원인은 육입과 명색과 식 전부가 동시에 원인이 되어서 발생하는 것입니다.

식(識)

명색의 원인은 식이라고 설명되고 있습니다. 그러나 앞서 설명한 것처럼 식-명색-육입-촉은 선후라고 할 것 없이 동시에 함께 일어납니다. 육내입처와 육외입처가 접촉할 때 육식이 일어나고 육식은 곧 대상을 명색으로 분별하는 활동입니다. 이름과 모양으로 분별하여 대상을 인식하는 것이 곧 식의 작용입니다. 식이 있으니 명색이 있고, 명색이 있으면 식이 있는 순환연기의 관계입니다.

식이란 쉽게 말하면 우리가 '마음'이라고 하는 것으로, 대상을 아는 마음이며, 그것은 곧 대상을 분별해서 아는 것이기도 합니다. 우리의 중생심이 곧 식입니다. 중생의 마음인 식은 언제나 있는 그대로를 있는 그대로 보는 것이 아니라, 다른 것과 비교하고 분별, 판단함으로써 대상을 파악합니다. 우리가 안다고 여기는 모든 것은 전부 이처럼 분별된 것일 뿐입니다. 진짜로 안다고 할 수가 없지요.

내가 부자인지 가난한지를 어떻게 알 수 있을까요? 식은 나보다 더 부자인 사람들과 비교함으로써 '나는 가난해'라고 분별하여 인식합니다. 혹은 나보다 더 가난한 사람들과 비교할 때는 '나는 부자구나'라고 분별하기도 하지요. 이처럼 식은 언제나 타인과 나를 비교함으로써 나를 파악합니다. 비교해서 파악한다는 말 자체가 벌써 이처럼 어떤 비교 대상과 나를 비교하느냐에 따라 부자라고 인식할지, 가난하다고 인식할지가 나뉘는 것입니다. 이처럼 비교 분별은 허망한 착각일 뿐, 진실이 아닙니다. 나를 가난하다고 인식했을지라도, 그것은 내가 타인과 비교한 뒤 내린 인식일 뿐, 그것 자체가 진실한 것은 아니기 때문입니다.

이처럼 식은 비교분별하는 마음이기에 허망한 의식입니다. 바로 이 허망한 분별심, 식을 멸하게 되면 그것이 바로 깨달음입니다. 수많은 선사스님들 또한 분별심이 사라지는 순간 몰록 깨닫는다고 설하고 있습니다.

행(行)

식의 원인은 행에 있습니다. 행이란 오온에서 공부한 것처럼, 행위 즉 업의 동력이 되는 의지, 욕구, 바람 등을 말하는 것으로 삶을 향한 맹목적인 동기와 욕구를 형성합니다. 쉽게 말하면 대상을 실재화하려는 의지입니다. 뒤에서 살펴보겠지만, 무명, 즉 어리석기 때문에 대상을 진짜로 있다고 여기게 되고, 실재로 있다고 여기기 때문에 그것을 가지려 하는 욕구나 의지를 일으키는 것입니다. 그런 뜻에서 행을 '유위를 조작하는 것'이라고 말하기도 합니다. 조작이란 없는 것을 만들어낸다는 것입니다. 어리석은 사람은 나와 세상이 모두 실재인 줄 알아서 집착하고 그것을 가지려 함으로써 말과 생각과 행동이라는 업을 통해 자신의 삶을 조작해 내는 것입니다.

오온에서는 수상행의 도움을 받아 식이 대상을 분별해서 안다고 하였습니다. 수온과 상온, 즉 느낌과 생각이라는 기본 데이터를 가지고 행온은 의지작용을 일으킵니다. 행온의 의지작용은 곧 유위를 조작하는 것이며, 업을 일으키는 작용입니다. 유위를 조작한다는 것은 곧 무언가를 만들어낸다는 뜻입니다.

예를 들면 아무 일도 없던 사람이 갑자기 마음속에서 사과를 먹고 싶다는 마음을 일으킵니다. 이것이 곧 사과를 먹고 싶다는 의지작용이며, 욕구, 바람이고, 이 마음이 곧 행온입니다. 이처럼 아무 일도 없었지만, 그 텅 빈 가운데에서 갑자기 유위가 조작된 것입니다. 유위라는 말 자체가 '함이 있다'는 말로써 조작됨이 있다는 뜻이고, 유위법이란 곧 조작하여 만들어낸 모든 대상, 존재를 말합니다. 행온에 의해 사과를 먹고 싶다는 유위가 조작되면 사과를 먹으려고 마트를 가거나, 사과를 구하려는 행동을 하게 됩니다. 이것이 바로 유위행이고, 유위행이 곧 업의 원동력입니다. 이처럼 행온은 유위를 조작하고 업을 일으키는 작용을 합니다.

이처럼 행온이 유위를 조작해 만들어내면 식온은 그 유위법을 인식하게 됩니다. 식은 행에 의해 조작된 유위를 인식할 때 이름과 형태를 부여하여 명색으로 인식합니다. 이 과정이 바로 행-식-명색이라는 십이연기의 지분입니다. 이 또한 직선적 관계라기 보다는 순환되고 되먹이는 관계로 이해될 수 있습니다.

십이연기의 모든 지분은 곧 소멸시켜야 할 것이라고 했는데, 행을 소멸한다는 것은 아무런 행위도 하지 않는다는 말은 아닙니다. 유위행을 하지 않고 무위행을 한다고 이해될 수 있습니다. 이것이 바로 '하되 한 바가 없는 행'입니다. 깨달음을 얻은 사람은 아무런 행동도 하지 않는 사람이 아니라, 행동을 하지만 거기에 전혀 집착함이 없고, 그것을 실체라고 여기지 않으며, 과도하게 욕구하지 않습니다. 그저 즉각 아무런 집착 없이 행할 뿐입니다. 누군가가 와서 말을 걸면 답변도 해 주고, 배가 고프면 밥도 먹습니다. 짜장면과 짬뽕 중에 무엇을 먹을 거냐고 물으면 본인이 선호하는 것을 그냥 이야기 합니다. 행은 다 하는 것이지요. 그러나 그 행에 집착하지 않기에 그대로 이루어지지 않더라도 크게 상관은 없습니다. 마음에 걸림이 없는 것이지요. 이처럼 행을 소멸시킨다는 것은 행위를 하지 않는다거나, 의지작용을 일으키지 않는다거나, 아무런 욕구도 없다는 말이 아니라, 모든 것을 다 행하지만 집착 없이 행한다는 것입니다.

무명(無明)

행의 원인은 무명에 있습니다. 무명은 말 그대로 '명(明)이 없다' 즉 밝지 못하다는 뜻으로, 지혜가 없는 어리석은 상태를 의미합니다.

앞에서도 잠시 언급한 것처럼, 행이라는 업을 짓는 원인은 중생의 어리석음에 있습니다. 불교에서 어리석음, 무명이라는 것은, 연기법에 대한 무지이며, 무아에 대한 무지이고, 사성제에 대한 무지입니다. 즉 세상 모든 것은 인연 따라 생겨난 것이기에 실체가 없다는 사실에 대한 무지함을 무명, 어리석음이라고 합니다.

중생이 업을 짓는 이유는 대상을 애착하고 취하기 때문이라고 하였습니다. 왜 애착하고 취착하려 할까요? 그것은 그 대상을 실체라고 여기기 때문입니다. 진짜로 있다고 여기게 되면, 그것을 가지려고 하고, 취하려고 합니다. 중생의 어리석음은 일체 삼라만상이라는 모든 대상들이 인연 따라 생겨난 인연가합의 존재임을 모르고 실체화 시키는데 있습니다. 진짜라고 여기고, 실체화 시키게 되니, 그것을 취하기 위해 신구의 삼업을 일으킵니다. 취하기 위한 행동을 하는 것이지요. 그러한 취하고자 하는 행위를 유위행이라고 합니다. 이처럼 행의 원인은 무명에 있습니다. 어리석기 때문에 그 대상을 진짜라고 여기고, 진짜라고 여기니 그것을 취하기 위해 업을 짓는 것입니다.

이처럼 십이연기에서는 가장 근본적인 괴로움의 원인은 무명이라고 설합니다. 무명이 원인이 되어 어리석은 행위[행]를 하고, 분별심[식]을 일으키며, 분별의 대상을 실체화[명색]하고, 자아를 실체화[육입]하며, 대상을 접촉할 때마다 실체적으로 있다고 여기고[촉], 자아가 대상을 접촉할 때 좋고 나쁜 감정을 일으키고[수], 좋은 대상은 애착하고[애] 취하고자 하며[취] 취하려는 행동을 함으로써[유] 생의 원동력이 되는 업을 짓게 되고[유], 그럼으로써 생과 노사라는 모든 중생의 괴로움이 연기하는 것입니다.

이와 같이 부처님께서는 십이연기를 통해 괴로움의 원인이 무엇인지를 살펴 보셨습니다. 이것이 바로 집성제입니다. 괴로움의 원인은 곧 무명, 행, 식, 명색, 육입, 촉, 수, 애, 취, 유, 생에 기인하는 것이었습니다. 그러므로 무명을 멸하면 곧 행이 멸해지고, 행을 멸하면 식이 멸해지며 나아가 노병사의 모든 괴로움이 멸해질 수 있음을 통찰하셨습니다. 또한 행을 멸해도 나아가 노사가 멸해지며, 식을 멸해도 나아가 노사의 괴로움이 멸해지고, 십이연기의 각각의 지분 가운데 어느 한 가지 지분을 소멸하게 되면 나아가 노병사로 대표되는 중생의 모든 괴로움이 소멸된다는 것을 깨달으신 것입니다. 이것이 바로 사성제의 집성제이며, 십이연기입니다.

4. 무무명 역무무명진 내지 무노사 역무노사진 무고집멸도
(無無明 亦無無明盡 乃至 無老死 亦無老死盡 無苦集滅道)

사성제와 십이연기의 부정

이상에서 사성제와 십이연기를 살펴보았습니다. 그 이유는 바로 이 대목 '무무명 역무무명진 내지 무노사 역무노사진 무고집멸도(無無明 亦無無明盡 乃至 無老死 亦無老死盡 無苦集滅道)'를 설명하기 위함이었습니다. 해석해 보면 '무명도 없고, 무명이 다함도 또한 없으며, 나아가 노사도 없고, 노사가 다함도 없고, 고집멸도도 없다'입니다.

먼저 '무무명 역무무명진 내지 무노사 역무노사진'은 십이연기를 설명하고 있는 부분입니다. 전통적인 초기불교의 십이연기는 무명이 있으므로 행이 있고 식-명색-육입-촉-수-애-취-유-생-노사라는 괴로움이 생겨났음을 설합니다. 이것이 바로 십이연기의 유전문입니다.

그런데 여기에서는 '무무명 내지 무노사'라고 설하고 있습니다. 십이연기의 유전문을 부정한 것이지요. 여기에서 '내지'는 무명으로부터 노사에 이르기까지의 12가지 지분 전체를 '~에서부터 ~까지'라는 중간생략의 개념으로 쓰고 있습니다. 즉 무명도 없고 내지 12가지의 모든 지분이 전부 다 없다고 설하고 있는 것이지요.

또한 '역무무명진 내지 역무노사진'은 '무명이 다함도 없고 내지 노사가 다함도 없다'는 뜻으로, 십이연기에서는 십이연기의 12가지 지분 각각을 모두 소멸해야 한다고 설했는데, 여기에서는 무명이 다함도 없다고 함으로써 무명을 소멸해야 할 것도 없고 나아가 노사가 소멸됨도 없다고 설하고 있습니다. 여기에서 무명이 다함도 없다고 할 때 다한다는 것은 곧 무명이 다해 마침, 즉 무명이 소멸될 것도 없다는 뜻입니다. 다한다는 것은 곧 소멸된다는 것입니다.

쉽게 말하면, 12연기도 없고, 12연기의 모든 지분을 소멸할 것도 없다는 뜻입니다. 십이연기에서는 무명을 멸하므로 노사의 괴로움이 멸해진다고 설함으로써 12연기의 환멸문을 설하고 있습니다. 그러나 여기에서는 그러한 십이연기의 환멸문도 없다는 것입니다. 결과적으로 12연기도 없고, 십이연기의 유전문 환멸문이 전부 다 공하다는 것입니다. 그 뿐 아니라 무고집멸도라고 설함으로써 고집멸도라는 사성제까지 부정하고 있습니다.

반야심경의 부정의 논리

이처럼 초기불교에서는 12연기의 유전문과 환멸문을 설했는데, 대승불교의 『반야심경』에서는 그것을 모두 부정하는 것처럼 보입니다. 그 뿐 아니라, 뒤이어 사성제도 부정하고, 지혜와 깨달음을 증득하는 것까지 전부를 부정하고 있습니다. 석가모니 부처님께서 설하신 가르침을 왜 대승불교에서는 전부 다 부정하는 것일까요?

사실은 석가모니 부처님의 가르침인 5온, 12연기, 4성제를 전부 부정하는 것이 아니라, 그것의 참된 뜻을 드러내고 있는 것입니다. 5온, 12연기, 4성제는 모두 중생의 허망한 분별심을 없애기 위해 방편으로 설한 가르침들입니다.

뗏목의 비유에서와 같이 강을 건너기 위해 뗏목이 필요했지만, 강을 건너고 나면 그 뗏목을 필요가 없기에 과감히 버려야 합니다. 본질은 강을 건너는 것에 있지, 뗏목에 사로잡히거나 집착해서는 안 되는 것입니다. 뗏목이 강을 건너기 위한 방편이기에 잠시 쓰고 버리는 것이듯, 불교의 모든 교리와 가르침은 전부 다 뗏목과 같은 방편입니다. 그렇기에 불교의 모든 교리 또한 쓰고 버려야 할 것들입니다. 전부 다 방편입니다. 거기에 집착해서는 안 됩니다. 필요할 때 그것을 통해 깨달음으로 나아갈 뿐입니다.

지금 『반야심경』에서 5온, 12처, 18계, 12연기, 4성제, 지혜와 열반까지 전부 다 '없다'라고 함으로써 부정하는 것은 바로 이러한 사실을 설하고 있는 것입니다. 그 모든 가르침은 중생의 치우친 분별과 번뇌를 깨어주기 위해 임시로 설해진 방편일 뿐이기에, 결국 그것은 모두 버려야 할 것이라는 사실입니다. 깨달은 사람은 더 이상 그러한 교리가 필요치 않습니다.

병든 자에게는 약이 반드시 필요하지만, 건강한 사람은 쓸데없이 많은 약들을 먹어 치울 필요가 없습니다. 건강한 사람이 많은 약을 계속해서 먹는다면 그 약은 더 이상 그 사람에게는 약이 아니라, 오히려 해로운 것일 뿐입니다. 당연히 깨달은 사람에게 불교의 교리 같은 약은 필요가 없습니다. 『반야심경』에서는 바로 이러한 사실을 설하고 있습니다.

아무리 좋은 것도 거기에 과도하게 집착한다면 그것은 좋은 것의 기능을 상실합니다. 불교는 늘 중생의 병을 없애주기 위한 약으로써 온갖 교리와 가르침을 설하지만, 불교 스스로 그러한 교리와 가르침을 다시 타파합니다. 세워 놓고 다시 타파하는 것이지요. 그것은 타파해서 다 없애기 위한 타파가 아니라 더 좋은 것을 다시 세우기 위해 방편을 타파하는 것입니다.

이것을 백장스님은 『백장어록』에서 다음과 같이 표현하셨습니다.

처음에는 그가 좋은 마음을 내도록 해야 하고 중간에는 그 좋은 마음을 부수도록 하고 뒤에 매주 좋은 것을 비로소 밝힌다. '보살은 보살이 아니라 이름이 보살이다' 등의 구절이 모두 이와 같다.

초기불교에서 부처님께서 설하신 것처럼 중생들의 병을 없애주기 위해 처음에는 좋은 것을 설합니다. 5온, 12처, 18계, 12연기, 4성제, 8정도 같은 불교의 모든 교리가 좋은 마음을 내도록 하기 위한 방편들입니다. 그러나 그렇게 설한 뒤에는 다시 '그 좋은 마음을 부수도록' 해야 합니다.

『반야심경』은 바로 그 좋은 마음을 부수는 역할을 합니다. 그렇게 다 부술 수 있어야 비로소 '매우 좋은 것' 즉 참된 말로 표현할 수 없는 열반, 반야, 해탈이 드러나게 되기 때문입니다.

이처럼 『반야심경』의 공사상, 파사현정(破邪顯正)의 삿된 것을 타파하는 것은 그것을 부수어 버림으로써 더 좋은 참된 깨달음을 드러내기 위한 것입니다. 파사현정이라는 말처럼, 삿된 것을 부수어야만 참된 것이 드러나기 때문입니다. 『반야심경』의 모든 '무(無)'로 시작되는 교리의 타파가 바로 이러한 이치에 의해 설해진 것입니다.

무무명 내지 무노사

그러면 먼저 '무무명 내지 무노사(無無明 乃至 無老死)'부터 살펴보죠. 십이연기에서는 '무명이 있으므로 노사가 있다'고 함으로써

12연기의 유전문(流轉門)을 설하고 있습니다. 그런데 여기서는 '무명도 없고 노사도 없다'고 설함으로써 12연기의 유전문을 부정하고 있습니다.

먼저 십이연기에서는 제일 처음 노사라는 괴로움의 원인을 탐구하는 작업부터 시작됩니다. 즉 노병사라는 것을 '괴로움'이라는 전제로 놓고 괴로움의 원인을 탐구하는 것이지요. 초기불교에서는 고통 받는 중생들의 괴로움을 없애주기 위해, 중생들이 현재 고통 받고 있다면 그 고통의 원인이 무엇인지를 살펴보아야 한다는 전제에서부터 시작됩니다.

그런데 십이연기를 통해 살펴보았더니 그 근본 원인은 무명에 있음을 알았습니다. 즉 인간은 어리석음으로 인해 진짜 있는 것이 아닌 것을 진짜 있는 것이라고 오해하고 있음을 알았습니다. 마음도 진짜 있는 것이 아니고, 나도 세계도 애욕도 집착도 업도 생도 노병사도 진짜로 있는 것이 아님에도 불구하고 인간은 어리석은 무명으로 인해 그 모든 것이 진짜로 있다고 여기기 시작하면서부터 괴로움이라는 허구가 생겨난 것입니다. '나'라는 존재를 진짜로 여기니 '내가 받는 고통'도 진짜로 있다고 여기게 된 것입니다.

십이연기를 통해 통찰해 보았더니 그 모든 것은 연기된 것이며, 무아(無我)이고, 무상한 것일 뿐, 고정된 실체는 어디에도 없었습니다. 즉, 우리가 괴로움이라고 여기던 노병사라는 고통이 사실은 실재하는 것이 아니라, 내가 있다고 착각한 것에 불과하다는 사실을 깨달은 것입니다. 이렇게 깨닫고 보니 노병사라는 인간 근원의 괴로움이 있지만 없는 것이었습니다. 중생이 다만 있다고 착각하는 것일 뿐, 진실로는 정말로 있는 것이 아니었습니다.

즉, '무명이 있으므로 노사가 있다'는 십이연기의 통찰은 다르게 말하면 '무명이 없다면 노사도 없다'는 말이 됩니다. 어리석기 때문에 노사라는 괴로움이 있다고 착각했지만, 깨닫고 보니, 즉 무명을 멸하고 보니 노사도 없다는 사실을 깨달은 것이지요. 이 말은 다시 말하면, 무명이 없으면 노사도 없다는 말이 됩니다.

십이연기라는 사실을 체험적으로 깨닫게 되면, 부처님의 관점에서는, 진실의 관점에서는, 무명도 없고 노사도 없습니다. 부처님은 무명이 없으니 당연히 노사가 없으신 것이지요. 그렇다고 부처님께서 무명이 없으므로 실제로 늙지도 않고, 병들지도 않고, 죽지도 않은 것이 아닙니다. 노사가 있지만 노사에 얽매이지 않는 것입니다. 무명이 아닌 명, 즉 지혜가 있기 때문이지요. 늙고 병들고 죽는 것이 이제 더 이상 문제가 되지 않는 것입니다. 그 모든 것은 이제 있지만 있는 것이 아니게 됩니다. 노사를 경험하지만 노사를 멸해 버렸기 때문입니다. 그래서 부처님께는 '무무명 내지 무노사'입니다. 무명도 없고 노사도 없습니다. 진실의 관점에서는 무명도 없고 노사도 없습니다. 어리석은 중생에게는 무명도 있고 노사도 있습니다.

그러나 참된 깨달음의 반야지혜로 보았을 때는 무명도 없고 노사도 없습니다.

그 뿐 아니라, 무명도 없고, 행도 없고, 식도 없고, 명색도 없고, 육입-촉-수-애-취-유-생-노사가 전부 다 없습니다. 무명으로 인해 유위행[행]을 행하고, 분별심[식]을 일으키며, 분별의 대상[명색]도 실재하고, 나[육입]도 실재하며, 나와 세상이 접촉하여 느끼고, 사랑하고, 집착하는 것도 전부 실재한다고 여기다 보니 그로 인해 업을 짓게 되고, 태어남을 받게 됩니다.

그러나 이것은 중생이 한 생각 어리석음을 일으켜 조작해 낸 허망한 망상에 불과한 환상이었을 뿐입니다. 중생은 어리석은 중생이라는 착각이 있을 뿐 진실은 지금 이대로 부처일 뿐입니다. 지금 이대로 아무 문제가 없습니다. 색 그대로 공입니다. 다만 허망한 착각이 스스로를 중생이라고 착각하고, 어리석다고 착각하고, 업을 짓는다고 착각하고, 분별한다고 착각하고, 나와 세상이 있다고 착각하고, 느끼고 애착하고 집착하고 있다고 착각할 뿐입니다.

그 허망한 착각에서만 벗어난다면 지금 이대로 세상은 아무런 일이 없습니다. 텅 빈 공일 뿐. 그러한 텅 빈 공의 진실에서 본다면, 무명도 없고, 업을 지어도 지은 바가 없고[무위행], 분별을 다 하면서도 분별한 바가 없으며, 나와 세상이 있다는 허망한 착각도 사라지고, 느끼고 사랑하고 집착한다는 착각에서도 벗어나게 됩니다. 12연기가 전부 하나의 방편이었을 뿐, 본래의 반야지혜로 보았을 때는 아무 일도 없습니다. 12연기가 전부 텅 비어 아무것도 붙을 자리가 없습니다.

역무무명진 내지 역무노사진

다음은 '역무무명진 내지 역무노사진(亦無無明盡 乃至 亦無老死盡)' 부분입니다. 이것은 십이연기의 환멸문(還滅門)을 부정한 것이라고 했습니다. 즉 십이연기에서는 무명으로 인해 노사가 생긴다고 유전문을 설한 뒤에, 무명을 소멸시키면 결국 노사라는 모든 괴로움이 소멸된다고 설하고 있습니다. 그런데 여기에서는 무명이 소멸될 것도 없고, 내지는 노사가 소멸될 것도 없다고 설합니다.

무명이 다한다는 것은 무명이 다해 없어진다는 것으로, 무명이 다 사라지고 소멸되면 명(明), 즉 지혜가 남게 됩니다. 또한 노사라는 괴로움이 다해 사라지게 되면, 노병사라는 모든 괴로움이 사라진 상태 즉 해탈, 열반이 남게 됩니다. 그러니 이 말은 다르게 표현하면 지혜도 없고 열반도 없다는 말과도 같습니다.

그러면 왜 이렇게 설하고 있는지 살펴보지요. 앞에서도 설명했듯이, 십이연기는 중생의 허망한 착각인 무명으로 인해 노사가 생겨났기에 바로 그 허망한 망상 분별인 무명이 사라지면 곧 노병사라는 모든 괴로움도 사라짐을 설하는 가르침입니다. 그런데 이 모든 것은 중생의 허망한 착각인 무명이 있다는 전제 하에 설해진 것입니다. 그러나 사실 중생의 무명은 헛된 환상일 뿐입니다. 환각이고 신기루며 꿈이기에 그것은 진실로 있는 것이 아닙니다. 허공꽃이라는 말처럼 중생의 눈에 티끌이 들어가면 허공에 꽃이 핀 것처럼 착각되어 보일 뿐이지만, 사실 허공에는 아무런 꽃도 없습니다. 자기 눈에 티끌이 있었을 뿐이지요. 그 티끌이 바로 중생의 분별심이며, 무명입니다.

그러니 그 티끌은 실제로 있는 것이 아닙니다. 자신이 없는 것을 있는 것으로 착각한 것일 뿐입니다. 그저 착각만 거두면 아무 일 없던 텅 빈 허공이 그대로 드러납니다. 그 허공은 단 한 번도 오염된 적도 없고, 꽃이 허공에서 핀 적도 없습니다. 언제나 텅 빈 허공 그 자체였듯, 세상은 지금 이대로 언제나 완성되어 있고, 아무런 문제도 없습니다. 지금 이대로 텅 빈 공이며, 아무 문제없는 완전성일 뿐입니다. 이것을 이름하여 열반이니, 해탈이니, 반야니, 불성이니 하고 이름을 붙인 것일 뿐이지요.

본래 무명이 없는데 무명이 있다고 가정해 본다면, 그로 인해 행-식-명색-육입-촉-수-애-취-유-생-노사라는 모든 괴로움이 연기되어 진짜 있는 것처럼 느껴질 뿐인 것입니다. 그러나 본래 무명이 없음을 깨닫게 되면 12연기의 모든 지분이 전부 다 없는 것입니다. 그러니 무명을 멸할 것도 없고, 행을 멸할 것도 없고, 나아가 노사를 멸할 것도 없게 됩니다. '역무무명진 내지 역무노사진' 즉, 무명이 다함도 없고 나아가 노사가 다함도 없는 것입니다. 그 모든 것이 진짜로 있다는 착각에서 비롯된 것일 뿐이기 때문입니다.

진짜로 있다면 그것을 없애려고 노력해야 하지만, 사실 진짜로 있는 것은 아무것도 없습니다. 무명이 진짜로 있다면 무명을 소멸시켜야 하지만, 참된 반야지혜에서 보면 소멸시켜야 할 무명이 따로 없습니다. 무명이 따로 있다고 여기는 허망한 착각이 있었을 뿐입니다.

마찬가지로 인간의 모든 노병사를 포함한 괴로움은 사실은 진짜 괴로움이 아닙니다. 괴롭다고 착각한 것일 뿐입니다. 그러니 그 허망한 착각만 걷어내면 될 뿐이지, 따로 괴로움을 없애려고 노력할 것은 없습니다. 착각만 사라지면 모든 괴로움은 더 이상 괴로움이 아니었음이 드러납니다.

예를 들어 볼까요? 얼마 전에 한 보살님과 이야기를 나누었는데요, 그 보살님의 딸이 20대의 젊은 나이에 자궁암 판정을 받아 자궁을 다 드러내는 수술을 해야 한다는 것이었습니다. 너무나도 괴롭고 허망하여 눈물만 나더라고 하였지요. 수술 날짜를 잡고 나서 아무리 생각해봐도 저 어린 딸을 시집도 못 보내보고 수술을 할 수가 없었다고 합니다.

혹시나 싶어 다른 더 큰 병원에 데리고 가서 종합검진을 받아 보았는데, 그 결과 '아무 이상이 없다', '전혀 수술 할 필요가 없다'는 것이었습니다. 이 보살님과 딸과 가족 모두는 그동안 오랜 시간 얼마나 허망하고 괴로워 했는지 모릅니다. 그것이 진실이라고 알았을 때는 모두가 지옥 같은 괴로움 속에 있었습니다. 그러나 사실을 밝게 깨닫고 보니 아무 이상이 없음을 깨달았지요.

허망한 착각이 바로 이와 같습니다. 잘못된 병원 진단과 같이 우리는 허망한 착각과 분별심으로 인해 할 필요 없는 괴로움을 안고 살아가고 있습니다. 시험에 떨어지고 나면, 진급에 떨어지고 나면 너무나도 괴로워하지만, 얼마 안 가서 그 직장이 아닌 다른 곳에서 더 좋은 기회를 얻게 될 수도 있습니다. 그러나 우리는 그러한 더 좋은 기회를 얻기 전까지는 그 상황에 대해 괴롭다고만 생각합니다. 사실은 지금 시험에 떨어지고, 진급에서 떨어졌기 때문에 더 좋은 일이 일어날 것이지만, 그것을 모를 때는 괴로울 수밖에 없습니다.

이처럼 사실 우리 인생에서 만나는 대부분의 괴로움은 이와 같습니다. 허망한 분별심이 우리를 괴롭힐 뿐이지, 그러한 착각만 사라진다면 아무런 문제 없는 텅 빈 본 바탕의 자유로움이 드러납니다.

바로 그 허망한 분별심, 집착심, 착각, 무명만 사라지면 우리는 지금 이대로 아무 문제가 없습니다. 지금 무언가로 인해 괴로워하고 있다면, 그것은 내가 생각으로 만들어낸 것입니다. 그것을 진실이라고 여기는 동안 우리는 그 괴로움 또한 진실이라고 여기고 그 괴로움에 빠져 괴로워할 수밖에 없습니다. 자승자박으로 스스로를 괴로움으로 묶고 있는 것이지요.

한 여인을 사랑하고 애착하고 집착하는 동안은 그 여인과 헤어지면 죽고 싶을 거라고 믿습니다. 그렇게 믿고 있는데, 그 여인과 이별을 하게 되거나, 그 여인이 다른 남자를 만나게 된다면 정말 죽고 싶을 만큼의 괴로움이 시작됩니다. 그러나 시간이 흘러 또 다른 훨씬 더 이상형에 가까운 좋은 연인을 만나 결혼하고 살게 된다면, 그 과거의 여인과는 스쳐 지나가는 추억일 뿐, 아무것도 아닌 것이 되고 맙니다. 그러나 그때는 그것을 진짜라고 여기는 허망한 집착심이 있었기 때문에 그때는 정말 죽을 것처럼 괴로웠던 것이지요. 그 허망한 착각을 버리고 보니 아무것도 아닌 것을 가지고 그때는 왜 그랬나 싶은 것입니다.

이와 같습니다. 우리의 괴로움은 전부 이런 방식으로 일어납니다. 내 스스로 허망한 집착, 분별, 망상, 번뇌를 일으켰기 때문에 스스로를 괴로움 속으로 빠뜨렸던 것입니다. 그 허망한 마음만 진짜가 아닌 줄 안다면 사실 우리 삶에는 아무런 일도 없습니다. 그 모든 일이 일어나지만 사실은 아무 일도 없습니다. 그 모든 괴로운 일처럼 보이는 일들이 일어나지만, 사실은 괴로운 일이 아니었던 것입니다.

그러니 무명이 소멸되면 괴로움도 소멸된다고 하지만, 본래 일 없는 관점에서, 지혜의 관점에서 바라본다면, 괴로움이 소멸된다는 것도 허망한 착각입니다. 괴로움은 본래 없었지만, 우리가 착각하고 집착하여 괴로운 것인 줄 잘못 알고 있었던 것입니다. 본래 자리에서는 아무런 괴로움도 없었지만, 스스로 얽매여서 괴로운 줄 착각한 것이지요. 그러니 본래는 아무 괴로움이 없는 것입니다. 그러니 괴로움이 소멸될 것도 없는 것이지요. 역무노사진입니다. 노사라는 괴로움이 다하는 것도 없습니다. 괴로움이 없으니, 괴로움이 소멸될 것도 없는 것이지요.

본 바탕에서는, 진실의 자리에서는 이처럼 괴로움도 괴로움의 소멸도 없습니다. 그러니 괴로움의 원인인 무명도 없고, 무명이 소멸되는 일도 없습니다.

무명이 있다고 여기는 허망한 착각을 하는 자에게만 방편으로 무명의 소멸을 설할 뿐입니다. 괴로움이 있다고 여기는 허망한 착각에 빠져 괴로움 속에서 허우적거리는 망상을 일으키는 사람에게만 방편으로 괴로움의 소멸과 괴로움의 소멸에 이르는 길을 설할 뿐입니다. 사실은 괴로움도 없고, 괴로움이 다하는 일도 없습니다. 괴로움 자체가 허망한 착각이기 때문입니다.

깨달음이란 바로 이러한 자각입니다. 본 바탕은 텅 비어 있어, 아무 일도 없다는 자각이며, 본래 무명도 무명이 다함도 없고, 괴로움도 괴로움이 다함도 없다는 자각입니다. 지금 이대로 다 있는 가운데 아무 일도 없습니다. 지금 눈앞에 있는 모든 일들이 이렇게 펼쳐져 있지만, 그 모든 것은 진짜로 있는 것이 아닙니다. 지금 이대로 다 있으면서도 아무 일도 없습니다. 이것이 바로 참된 무아(無我)이며, 참된 공(空)입니다. 공의 바탕에서는 언제나 아무 일도 없습니다. 없어서 없는 것이 아니라, 있으면서도 전혀 없는 것입니다.

6장
무지역무득 이무소득고

1. 무지역무득(無智亦無得)

지혜는 없다

　『반야심경』에서는 오온개공을 통해 나와 세계라는 일체 모든 존재가 텅 비어 공함을 설하였고, 이어서 십이처, 십팔계, 십이연기, 사성제까지 전부 부정함으로써 파사현정의 바른 법을 드러내고자 하였습니다. 여기에서의 부정은 완전히 없다는 공이 아니라, 참된 공을 드러내기 위해 삿되게 치우쳐 있는 교리에의 집착 즉, 법상(法相)을 타파하고 있는 것입니다.

　그러한 법상의 타파는 '무지역무득(無智亦無得)'에서 그 꽃을 피웁니다. 우리가 이렇게 불법을 공부하는 이유는 결국 지혜를 드러내고 무명을 걷어내기 위함이라고 지금까지 배웠습니다. 12연기에서는 노병사라는 인간의 괴로움의 원인을 탐구하였더니 그 근원적인 원인은 무명, 즉 어리석음에 있다고 배웠습니다. 12연기의 가르침에서 본다면 무명을 멸하여 명(明) 즉 밝은 지혜를 드러내는 것이 불법 공부의 핵심입니다.

그런데 여기에서는 그렇게 생각하고 지혜를 드러내고자 애써왔던 수행자들에게 또 다시 한 방을 먹이고 있습니다. 무지(無智), 지혜도 없다는 것이지요.

『반야심경』에서도 핵심이 바로 '반야'입니다. 반야는 바로 지혜를 말합니다. 대승불교의 선구적인 경전인 『반야경』 또한 '반야'라는 지혜를 끊임없이 설하고 있습니다. 그러다보니 사람들은 『반야경』과 12연기를 공부하면서, '아! 그렇다면 무명을 버리고 지혜만 증득하면 되는구나!'라고 생각하며, 지혜를 드러내기 위해 온갖 방법을 통해 갈고 닦아 지혜를 찾고자 애쓰기 시작합니다. 지혜에 집착하는 것이지요.

이렇듯 지혜를 찾고자 갈고 닦거나, 지혜에 집착하게 된다면, 또한 지혜라는 목표를 정해 놓고 그 목표에 도달하기 위해 애쓴다면 그것은 무위법이 아니고, 중도가 아니며, 불이법이 아니게 됩니다. 왜 그럴까요?

지혜가 저 쪽 어디인가에 있고, 나는 지금 여기에서 무명에 사로잡혀 있으니, 여기 있는 내가 저기에 있는 지혜를 향해 나아간다고 한다면 그것은 둘로 나누는 이법(二法)이요 분별법이지 참된 불이법이 아닙니다. 참된 불이중도는 '지금 여기가 바로 거기'라고 설합니다. '이것이 바로 그것이다'라고 설합니다. 지금 여기에 지혜도 깨달음도 이미 다 드러나 있는 것이지, 지금 여기에 없는 무언가를 찾아 헤매는 것이 아닙니다. 색즉시공 공즉시색이라는 말 또한 색이 그대로 공이라고 설하고 있지 않습니까?

깨달음도 없다

지혜는 이미 누구나에게 갖추어져 있습니다. 깨달음도 마찬가지입니다. 무득(無得)이라고 하여 『반야심경』에서는 '얻을 것도 없다'고 설합니다. 여기에서 얻는다는 것이 바로 깨달음을 얻는다, 깨달음을 증득한다는 것을 말합니다.

이처럼 사람들은 '깨달음을 얻는다'고 생각합니다. 그러나 깨달음은 얻는 것이 아닙니다. 견성성불한 사람은 깨달음이라는 무언가를 새롭게 얻은 사람이 아닙니다. 새로 얻은 것이라면 그것은 다시 잃어버릴 수도 있을 것입니다. 새로 얻을 것은 아무것도 없습니다.

지혜와 깨달음이 만약 지금 여기에, 지금의 나에게 없다면 그것을 찾아 헤매거나, 특별한 방법을 통해 만들어 내거나, 애써서 갈고 닦아야 합니다. 그러나 지혜와 깨달음은 지금 여기에 100% 온전히 드러나 있습니다. 불법은 없던 것을 있게 만드는 것이 아닙니다. 얻는 것이 아니며, 조작해서 만들어 내는 것이 아닙니다. 이미 있는 것을 분별심과 번뇌망상에 사로잡혀 보지 못하던 것을 돌이켜 한 번 통하고 확인하는 것일 뿐입니다.

한 번 통하고 확인하고 나면, 거기에는 아무것도 없습니다. 텅 비어 확연무성합니다. 거기에는 해탈도 열반도 지혜도 깨달음도 붙을 자리가 없습니다. 둘로 나뉘는 것이 전혀 없어 일체가 하나로 확 통해 있습니다. 물론 있다거나 없다고 할 것도 없습니다.

그 텅 비어 아무것도 없던 곳에서, 중생이 스스로 분별하여 어리석다고 여기면서부터 그 사람에게만 착각의 어리석음이 존재했던 것이고, 그 중생의 어리석다는 착각을 깨주기 위해 지혜가 있다는 방편을 썼던 것입니다. 사실은 어리석음도 없습니다. 어리석음이라는 착각이 생길 때 동시에 지혜라는 망상도 함께 연기적으로 생겨난 것일 뿐입니다. 그 두 가지는 쌍으로 함께 일어나고 함께 사라지는 인연생 인연멸의 관계입니다.

어리석음이 없다면 지혜도 없습니다. 어리석음이 생겼다는 허망한 착각이 있는 이에게만 어리석음을 없애고 지혜를 얻어야 한다는 또 다른 방편의 허망한 법을 설해 주는 것이지요. 그러한 방편의 법을 통해 지혜를 얻고 나면 더 이상 한 법도 얻은 바가 없습니다. 지혜를 얻고 나면 더 이상 지혜가 없습니다. 지혜를 얻는다는 것은 '지혜'라고 하는 무언가 없던 것을 새롭게 얻은 것이 아닙니다. 다만 망상만 사라졌을 뿐이지요. 망상이 사라진 상태를 그냥 지혜라고 가짜로 이름 붙였을 뿐입니다. 그래서 그 모든 이름이 다 가명(假名)이라고 합니다.

무사인(無事人), 일 없는 사람

마치 병이 있는 사람에게만 건강이 간절하게 필요하듯, 분별망상과 무명의 병이 있는 중생들에게만 지혜라는 아무 일 없는 건강한 삶이 간절하게 느껴지는 것일 뿐입니다. 병이 낫고 나면 처음에는 건강해졌기 때문에 행복감을 느끼겠지만, 계속해서 그 건강이 지속되다 보면 스스로 매일 매일 건강해 진 것을 행복해 하거나, 매일 아침 건강해서 너무 감격스러워하지는 않습니다. 그저 건강하게 하루하루를 사는 것일 뿐이지요. 진짜 건강한 사람은 '건강하다'거나, '건강하지 않다'거나 하는 생각 자체가 없습니다. 그저 몸에 아무 문제가 없이 평범하게 사는 것일 뿐이지요.

깨달음도 그와 같습니다. 처음 무명에 휩싸여 살던 사람이 자기 성품을 보고 나면 건강이 나은 사람처럼 처음에는 그 행복감과 감동에 사로잡히는 시간이 있겠지만, 그런 감정은 곧 사라지고, 그저 아무 일 없이, 아무런 괴로움이나 집착, 삼독심 없이 그저 평범하게 자연스럽게 아무 문제 없이 살아갈 뿐입니다. 그래서 일 없는 사람, 무사인(無事人)이 되고, 한도인(閑道人)이 됩니다. 한도인, 무사인에게는 지혜도 없고 무명도 없으며, 중생도 없고 부처도 없습니다. 그 어떤 티끌도 붙을 자리가 없이 툭 터져 통연명백(洞然明白)합니다.

이처럼 지혜와 증득은 수행자가 갈고 닦아 최종적으로 얻어야만 하는 목적지가 아닙니다. 부처가 되면 더 이상 부처는 없습니다. 지혜와 증득이 전부 다 사라집니다. 그저 아무 일 없이 지금처럼 살되,

번뇌없이 자연스럽게 살아갈 뿐입니다.

우리는 그동안 깨달음을 얻으면 신통자재해 지고, 다른 사람과는 전혀 다른 특별하고 놀라운 존재로 탈바꿈할 것이라는 착각 속에 살아왔습니다. 남들은 모르는 것을 나는 다 알고 있거나, 남들은 전혀 하지 못하는 것들을 다 할 수 있다거나, 남들에게는 없는 지혜도 있고, 깨달음도 있는 것으로 알아 왔습니다. 그러나 참된 깨달음은 그런 것이 아닙니다. 그런 것은 외도들의 신통일 뿐, 참된 부처의 신통은 분별, 번뇌가 사라진 것일 뿐입니다. 참으로 얻고 나면 얻을 것이 없었음을 깨달을 뿐입니다. 본래 아무 문제 없었음을 자각할 뿐입니다. 무지역무득이라는 사실에 눈을 뜨게 됩니다. 지혜도 없고 증득도 없다는 것이야말로 진정한 지혜이고, 참된 증득입니다.

정법인지 외도인지를 알려면

그 사람이 참된 공부인인지 아닌지를 알아보려면 그 사람이 '나는 이런 깨달음을 얻었다' 하는 것이 있는지를 살펴보면 됩니다. '내가 깨달은 것은 이것이다'라고 주장하는 사람은 전부 깨달음과는 거리가 먼 사람입니다. 무지역무득이기 때문입니다.

참으로 깨달은 사람이라면 깨달은 무엇이 없습니다. 주장할 무엇도 없습니다. 내세울 것이 아무것도 없게 됩니다. '나의 종지종풍은 이것이다'라고 할 만한, '내가 가르치는 것의 핵심은 이것이다'라고 할 만 한 것이 이 불법문중에는 전혀 없습니다.

만약 불교에 그런 것이 있다고 여기고 있다면 그것은 전부 다 방편이었을 뿐입니다. 잠시 방편으로 그런 말을 할 수는 있겠지만, 참된 법에서는 그런 것 조차 붙을 곳이 없습니다.

무언가를 얻고자 하고, 증득하고자 한다면 그것을 간절히 원하든, 갈고 닦든, 특별한 명상방법을 쓰든, 어떤 방법을 통해서 그것을 손에 넣고자 하는 유위행을 하면 그 결과로 원하는 것을 얻을 수 있습니다. 그러나 이것은 전부 유위법일 뿐입니다.

많은 명상 단체에서는 특별한 그 단체만의 수행법, 명상법을 통해 꾸준히 갈고 닦아 그 단체에서 원하는 특별한 의식의 상태에 도달하려고 합니다. 그리고 열심히 하면 그 결과를 얻을 수 있습니다. 마음은 그림을 잘 그리는 능숙한 화가와도 같아서 마음에서 간절히 원하며, 갈고 닦으면 그 결과를 얻을 수 있습니다. 그러나 그렇게 얻어진 것은 전부 다 생사법일 뿐이며, 조작의 결과이고, 유위법일 뿐입니다. 그런 것을 가지고 진리라고 하지는 않습니다. 그 모든 것은 전부 '얻은 것'이기에, 무지역무득이 아닙니다.

부처님께서도 처음 수정주의를 통해 명상함으로써 비상비비상처정, 무소유처정이라는 의식상태에까지 도달할 수 있었지만, 그것은 만들어진 것이며, 참된 진리가 아님을 아시고 그 모든 선정을 버렸습니다.

불법은 만들어 내는 것이 아니고, 얻는 것이 아닙니다. 참된 스승을 찾고자 한다면, 그에게 특별한 '진리'나, 내세우는 '수행법'이 있는지, 또 스스로 깨달았다고 하는 '얻은 것'이 있는지를 살펴보세요. 그런 것이 있고, 또 그런 것을 중시하면서 내세우고 있다면 그는 외도일 확률이 높습니다. 방편으로 잠시 내세우는 것이라면 스스로 내세우고는 그것을 스스로 깨뜨립니다. 참된 스승은 방편을 내세울지라도 스스로 내세운 방편을 스스로 깨부숩니다. 참된 스승이란 무언가를 내세우는 이가 아니고, 무언가를 얻도록 해 주는 이가 아니고, 제자가 가지고 있던 모든 것들을, 모든 방편들을, 제자가 얻은 모든 것들 조차 전부 다 빼앗는 자입니다.

'얻을 것'은 아무것도 없습니다. 이 공부에서 '더하기' 할 것은 아무것도 없습니다. 오로지 '빼기'만이 있을 뿐입니다. 빼고 빼서, 덜어내고 덜어내서 완전히 텅 빈 공(空)이 되는 것이지요. 거기에 그 어떤 것도 더하거나 얻어 가지는 것은 없습니다.

선사스님들이 얻은 것은 없다

중국 선의 황금기 때에 활약했던 수많은 선의 조사 스님들께서는 전부 다 '본래면목을 찾도록' 이끄셨지만, 동시에 '본래면목이라는 것은 없다'고 설하셨습니다. 육조스님 또한 갈고 닦을 것은 없으며, 본래무일물(本來無一物)이라고 설하셨습니다. 사람들은 선사 스님들이 본래면목을 찾으라거나, 견성을 말씀하시니, 본래면목을 '얻는 것' 아니냐고 생각할지 모르겠습니다. 선사 스님들께서는 본래면목을 찾으라는 가르침을 설하셨지만 동시에 본래면목이란 가명(假

名)이며, 방편으로 시설된 가설일 뿐, 본래면목이랄 것은 없다는 사실을 끊임없이 설하고 계십니다. 그것이 바로 방편의 효용가치이며, 중도적으로 바르게 법을 설하는 방법입니다.

예를 들어 백장스님은 다음과 같이 말씀하셨습니다.

> 보통 가르침의 말에는 삼구(三句)가 서로 이어져 있으니, 초선(初善), 중선(中善), 후선(後善)이다. 처음에는 그가 좋은 마음을 내도록 해주어야 하고, 중간에는 그 좋은 마음을 부수도록 하고, 뒤에는 매우 좋은 것을 비로소 밝혀 주어야 한다. '보살은 보살이 아니라 이름이 보살이다'와 '법은 법도 아니고 법 아닌 것도 아니다' 등의 구절이 모두 이와 같다.

이처럼 처음에는 좋은 마음을 내도록 방편을 설해 주어야 하지만, 그 다음에는 그 방편의 가르침을 부수도록 해 주어야 합니다. 그렇게 부수어야만 비로소 매우 좋은 것을 밝힐 수 있기 때문입니다. 본래면목을 확인하라고 말씀하시지만, 다시금 본래면목은 본래면목이 아니라 이름이 본래면목일 뿐이기에 본래면목이랄 것이 없음을 설합니다. 그렇게 본래면목에도 집착하지 않도록, 아무리 좋은 것에도 치우쳐 집착하지 않도록 중도로써 설하시는 것입니다.

또한 보리달마 스님은 이렇게 설하셨습니다.

> "보리와 열반을 얻을 수 없다면, 과거의 모든 부처님들이 전부 보리를 얻은 것은 어떻게 말할 수 있습니까?"

답한다.

"다만 세속제의 문자로써 말하는 것일 뿐, 진제에서는 진실로 얻을 것이 없다. 『유마경』에서도 '보리는 몸으로도 얻을 수 없고, 마음으로도 얻을 수 없다'고 했고, 『금강경』에서는 '얻을 수 있는 조그마한 법도 없다'고 했다. 모든 부처님은 다만 얻을 수 없는 것을 얻었다."

이에 앞서 달마스님은 "결단코 마음은 없다. 다만 중생이 마음이 있다고 헛되이 집착하기 때문에 모든 번뇌와 보리, 생사와 열반이 있을 뿐이다. 만약 마음 없음을 깨닫는다면 번뇌와 보리, 생사와 열반도 없다."고 설하셨습니다. 보리와 열반, 깨달음은 다만 문자로써 말하는 것일 뿐, 진제라는 참된 진리에서는 얻을 것이 없다는 것이지요. 『유마경』에서도 『금강경』에서도 같은 말을 하고 있습니다.

그렇다고 얻은 것이 전혀 없는가 하면 그렇지는 않습니다. 진공묘유(眞空妙有)라고 하듯, 텅 비어 아무것도 얻을 바가 없지만 그러한 가운데 묘하게 있는 무언가가 있습니다. 그래서 모든 부처님은 다만 얻을 수 없는 것을 얻었다고 설합니다. 인간이 무언가를 파악할 수 있는 방법은 육근으로 육경으로 파악하여 육식으로 인식하는 것 밖에는 없는데, '이것'은 육식의 대상이 아니기 때문입니다. 육식으로 인식하는 것은 아니지만 그러나 세간을 넘어선 출세간의 참된 진실이 묘하게, 신묘하게, 불가사의하게 있는 것입니다. 이처럼 불법에서는 '진리, 깨달음, 보리, 열반'을 설할 때 '있는 것도 아니고 없는 것도 아님'을 설합니다. 있다고 해 놓고 다시 부수고, 없다고 해 놓고 다시 세웁니다. 이것이 바로 불이법을 표현하는 방식이며 중도의 방법입니다.

유식(唯識)에서도 마찬가지입니다. 설하고는 스스로 설한 것을 다시금 부정합니다. 유식불교에서도 삼성설에서 원성실성(圓成實性)이라는 깨달음의 원만한 성품을 설하지만, 다시금 삼무자성이라고 하여 승의무자성(勝義無自性)을 설하고 있습니다. 원성실성, 승의, 승의제라는 말이 바로 깨달음을 설하는 방편의 말입니다. 그런데 스스로 원성실성을 설하고 나서 다시금 원성실성에도 집착하지 못하도록 원성실성이라는 승의까지도 무자성이라고 설하는 것입니다.

이것이 바로 중도를 설하는 오랜 불가의 방식입니다. 이렇게 좋은 것을 방편으로써 설하지만, 반드시 바른 스승이라면 그것을 다시 부수도록 해 주어야 합니다.

깨달음을 얻도록 이끌고, 지혜를 얻도록 이끌어 주기 위해, 처음에는 반야지혜를 얻으라고 설법하고, 깨달음을 얻으라고 설법해야 하겠지만, 『반야심경』과 같이 밝은 깨달음의 안목으로 쓰여진 경전에서는 바로 그 방편을 부수도록 이끌어 주는 것입니다. 그것은 지혜와 깨달음 그 자체를 부정하고자 하는 것이 아니라, '지혜'라거나, '깨달음'이라는 말로 표현할 수 없는, 언어 너머의 깨달음의 낙처,

귀결점을 곧장 확인하여 '매우 좋은 것'을 드러내 주고자 하기 위함입니다. 이처럼 무지역무득이야말로 우리의 마음공부가 바르게 나아가고 있는지, 그 사람이 바른 스승인지를 판단할 수 있게 해 주는 아주 좋은 가르침입니다.

2. 이무소득고(以無所得故)

무소득

지금까지 『반야심경』에서는 오온, 십이처, 십팔계를 부정하였고, 이어서 사성제와 십이연기, 지혜와 깨달음까지 전부를 다 부정하고 있습니다. 말씀드린 바와 같이 이 부정은 부정을 위한 부정이 아니라, 참된 것을 드러내기 위한 타파입니다.

왜 이렇게 『반야심경』에서는 '없다'고만 하는 것일까요? 그 이유가 바로 이무소득고(以無所得故)를 설하는 이유입니다. 이무소득고는 바로 모든 부정의 논지로 이어진 파사분 전체를 뒤덮고 있는 『반야심경』에서 가장 중요한 핵심이라고 할 수 있습니다.

지금까지 모두 '없다'고 한 이유는 '모두가 얻을 것이 없는 까닭입니다.' 무소득인 까닭입니다. 이 '무소득'이야말로 『반야심경』의 의미상 핵심을 이루는 가르침입니다. 왜 이렇게 얻을 것이 없다고 했을까요? 일체가 공(空)하기 때문입니다. 제법공상이기 때문입니다. 제법이 전부다 공하니 텅 비어 공한 가운데에서 무엇을 붙잡아 얻을 수 있겠습니까?

불교교리는 없다

연기법, 중도, 공, 무아, 십이연기, 오온, 십팔계, 삼법인 등 모든 가르침이 전부 다 제법실상, 제법공상을 드러내고 있습니다. 이러한 불교 교리가 있다는 것을 말하려는 것이 아니라, 전부가 다 공하여 아무것도 없음을 설하고자 하는 것입니다. 불교의 모든 교리는 이처럼 '이것이 불교다'라고 할 만한 내세울 교리가 없습니다. 내세울 교리가 없음을 설하기 위한 교리가 바로 연기요, 무자성, 중도이고, 공, 무아, 십이연기, 오온, 십팔계, 삼법인인 것입니다.

인연 따라 생겨난 모든 것, 즉 연기된 모든 것은 인연 따라 생겨난 것이기에 실체가 없습니다. 연기법에 따라 생겨난 만법은 그 자성이 공합니다. 만법무자성입니다. 있다고 하자니 인연 따라 생겨난 헛된 것이라 없고, 없다고 하자니 인연 따라 생겨난 인연가합의 존재는 있으니, 있다거나 없다고 설하지 않고 중도로써 설합니다. 있지만 없는 것, 즉 공한 것입니다. 그러니 자성이 없어 무아라고 부릅니다. 십이연기를 통해 그 모든 것은 실체적으로 있는 것이 아니라, 중생의 어리석음으로 인해 12가지 지분의 헛된 착각이 일어났고, 그로 인해 괴로움이 있는 것처럼 보이는 것이었음을 깨달을 수 있었습니다. 오온은 전부 무아이고, 십이처 십팔계 또한 실체가 아님을 설하기 위한 가르침입니다. 삼법인 또한 일체 모든 것은 무상하고, 괴로운 것이며, 무아임을 설하고 있습니다.

이처럼 불교의 모든 교리는 그것 자체가 내세울 수 있는 어떤 실체적은 '교리'인 것이 아니라, 아무것도 없음을, 시제법공상임을, 무소득임을 설하기 위한 방편의 가르침이었을 뿐입니다. 그러니 시제법공상임을 깨닫는 순간 그 모든 방편은 부수어야 할 것들입니다.

경전과 선(禪)의 무소득

그러니 불교의 교리 조차 붙잡으려 하거나, 얻으려고 해서는 안 됩니다. 일체법에서 붙잡거나 얻을 수 있는 것은 어디에도 없습니다.

『금강경』에서는 '범소유상 개시허망'이라 하여 '무릇 모습 있는 모든 것은 전부 더 허망하다'고 설하고 있습니다. 또한 '만일 모양으로써 나를 보려 하거나, 음성으로써 나를 구하거나 하면 이 사람은 사도를 행함이라. 능히 여래를 보지 못하리라.'고도 했고, '일체 유위법(有爲法)은 꿈과 같고, 환영과 같으며, 물거품과 같고 그림자와 같다. 또한 이슬과 같고 번개 같으니 마땅히 이같이 관할지어다.'라고 설합니다.

꿈, 환영, 물거품, 그림자, 이슬, 번개는 전부 진짜로 있는 것이 아니라 있는 것처럼 보이는 허망한 것임을 뜻합니다. 일체의 모든 만들어진 것들, 생겨난 것들, 즉 생사법이요, 유위법인 모든 것들은 전부 이처럼 실체가 없음을 나타냅니다. 모양 있는 모든 것들이 이처럼 전부 허망하기에 그 어떤 것도 얻을 수가 없고 잡을 수도 없습니다. 부처를 모양으로 보려하거나, 음성으로 구한다면 그는 능히 깨달을 수 없습니다. 육식으로는, 생각과 분별로는 결코 부처를 볼 수 없습니다. 보거나 듣거나 얻을 수 있는 어떤 대상이 아니기 때문입니다.

또한 『화엄경』에서는 '만약 바른 생각으로 닦아 익혀 밝게 올바른 깨달음을 요달(了達)해 보면, 모양도 없고 분별도 없으니, 이것을 이름하여 법왕자(法王子)라 하리로다.'라고 설합니다. 모양도 없고 분별도 없음을 바르게 요달해 보는 자가 바로 법왕자입니다. 어떤 모양이나 분별에 사로잡혀 얻고자 한다면 결코 얻을 수 없습니다.

또한 달마스님은 '만약 모습을 취한다면 곧 마구니에게 사로잡히게 되어 사도에 떨어진다'고 하셨고, '만약 부처라는 견해, 법이라는 견해, 부처라는 모습, 보살이라는 모습을 내어 공경하고 귀중히 여긴다면 스스로 중생의 지위로 떨어지는 것이다. 다만 진실로 알고자 한다면, 다만 어떤 모습도 취하지 않으면 될 뿐, 달리 할 말은 없다.'고 설하고 있습니다.

그래서 지공화상은 『대승찬』에서 '다만 아무것도 바라거나 구하지 않으면 번뇌는 자연히 없어진다'고 하였습니다. 무소득임을 알아 아무것도 얻고자 하지 않고 추구하려는 마음을 완전히 비워버린다면 자연히 번뇌는 사라지고 불가사의한 참된 진리만이 저절로 드러날 것입니다.

선의 3조 승찬스님 또한 『신심명』에서 '참됨을 구하려 하지 말고, 오직 망령된 견해만 쉬라', '꿈 속의 허깨비와 헛 꽃을 어찌 애써 잡으려 하는가. 얻고 잃음과 옳고 그름을 동시에 놓아버려라'라고 하셨습니다. 불법은 참된 진리를 구할 것이 없습니다. 파사현정이란 말처럼, 그저 망령된 견해만 쉬면 됩니다. 이 세상에서 구하고자 하는 모든 것은 전부 꿈 속의 허깨비요 헛꽃이니 잡을 것이 못 됩니다. 얻고 잃음, 옳고 그름 등의 양 극단의 분별을 모두 놓아버린다면 저절로 진리는 드러나게 됩니다.

우두법융 선사도 『심명』에서 '삼세에 한 물건도 없어, 마음도 없고 부처도 없다. 생각으로 따지면 이치와 어긋나고, 진리를 구하면 바른 길을 등지리라'고 하셨습니다. 삼세에 한 물건도 없다고 하시면서 거기에는 마음도, 부처도 없다고 설하고 계십니다. 그러니 진리를 구하고자 하면 바른 길을 오히려 등지게 됩니다.

이처럼 수많은 선사 스님들께서도 한 물건도 없으니, 얻을 것이 없다고 설하고 계십니다. 나아가 얻고자 하는 마음만 내려놓는다면 곧바로 참된 진리가 드러난다고 설합니다. 얻고 잃는다는 것 자체가 하나의 헛된 망상분별이기 때문입니다. 진리를 얻어야겠다는 한 생각이 바로 분별심입니다. 진리를 얻겠다는 생각으로는 진리를 얻을 수 없습니다. 그 모든 것이 분별과 생각으로 따지는 것이기에 이치와는 어긋나기 때문입니다.

세간의 무소득

이처럼 무소득인 공의 세계에서 지혜롭게 살아가기 위해서는 그 어떤 것도 추구하고, 얻는 것이 없어야 합니다. 이는 출세간의 깨달음에만 한정되는 가르침이 아니라, 세간에서도 해당되는 가르침입니다. 세간과 출세간이 둘이 아니기 때문입니다.

　일체법이 무아이며, 제법공상이기에 무소득인 공의 세계에서 중생들의 삶의 목적은 끊임없이 무언가를 얻고자 하고, 집착하며 쌓아가는 것이라는 것은 참으로 아이러니합니다. 중생들이 괴로운 이유는 바로 여기에 있습니다. 본래 얻을 것이 아무것도 없는 텅 빈 세상 속에서, 끊임없이 얻고자 하고 가지려고 하니 당연히 괴로울 수밖에 없는 것이지요. 그 모든 것을 잠시 얻었다고 할지라도 그것은 잠깐, 즉 인연 따라 잠시 왔다가 가는 것일 뿐이기 때문입니다. 제행무상으로 무상하게 변해가는 것들 중에 특정한 것을 잡고서 소유하려고 하고 소득이 있다고 여기니, 그것이 사라질 때 필연적으로 괴로워질 수 밖에 없습니다.

무소득의 실천

　세상 만물은 생주이멸하고, 우주는 성주괴공하며, 인간은 생노병사할 수밖에 없습니다. 잠시 생겨나고 잠시 머물고 있을지라도 그것을 얻은 것은 아닙니다. 자기의 인연 따라 잠깐 왔다가 잠시 머물고 있는 것을 우리 중생들은 그것을 내가 얻은 것이라는 망상을 일으킵니다. 그것은 반드시 변하고 사라질 것들입니다. 사라지지 않는 것은 어디에도 없습니다. 내가 얻었다고 여기는 그 모든 것들은 반드시 사라집니다.

　그러니 무소득인 세상에서 참으로 지혜로운 사람이라면 돈과 명예, 권력, 지위, 소유물, 사람, 사랑 등 그 어떤 것도 집착하여 얻고자 애쓰지 않을 것입니다. 그저 인연 따라 잠깐 왔다가 인연이 다하면 사라지리라는 사실을 받아들이는 것이지요.

일체 모든 것들은 모두 왔다가 잠시 머물고 머물다가는 이내 사라진다는 사실을 허용해 주세요. 잠시 온 것을 붙잡아 집착하기 보다는 왔을 때 그것과 함께 머물고, 그것을 마음껏 사랑해주며, 그것을 충분히 활용해도 좋습니다. 인연 따라 온 것 조차 갖지 말라는 것은 아닙니다. 온 것을 마음껏 가지고 놀아도 좋습니다. 그러나 반드시 언젠가는 사라진다는 사실을 늘 기억해 두시기 바랍니다. 언젠가 사라질 때 크게 괴로워하지 않을 수 있을 정도로만 애정을 주세요. 너무 과도하게 사랑하고 집착하게 되면 반드시 괴로움에 눈물 흘릴 때가 있을 겁니다.

파사분과 공능분

여기까지가 파사분(破邪分)입니다. '파사(破邪)'란, 말 그대로 '삿된 것을 깨부순다'는 뜻입니다. 지금까지 『반야심경』에서는 모든 불교교리와 지혜, 깨달음까지 전부 다 깨뜨려 왔습니다. 그것을 실체화하여 집착하고 사로잡히지 못하도록 이끌기 위함입니다. 부정의 논리를 통해 참된 공의 세계를 드러내주고 있는 것이 바로 파사분의 핵심입니다.

다음 장에 나오는 공능분(功能分)은, 이상에서 설한 『반야심경』

의 공능(功能)을 설명하고 있습니다. 즉 이상에서 설명한 가르침에 의하여 보살이 반야바라밀다에 의지했을 때 나타나는 공능, 즉 이익에 대하여 설하고 있습니다.

제3품. 공능분(功能分)

菩提薩埵 依般若波羅蜜多故

心無罣礙 無罣礙故 無有恐怖

遠離顚倒夢想 究竟涅槃

三世諸佛 依般若波羅蜜多故

得阿耨多羅三藐三菩提

보리살타 의반야바라밀다고 심무가애 무가애고 무유공포 원리전도몽상 구경열반

1. 보리살타 의반야바라밀다고(菩提薩埵 依般若波羅蜜多故)

입의분에서는 '관세음보살이 깊은 반야바라밀다를 행할 때 오온이 모두 공함을 비추어 보고 일체의 고통과 액난에서 벗어났다'고 하였습니다. 연이어 파사분에서는 고통과 액난에서 벗어나기 위해 조금 더 구체적으로 오온이 모두 공함을 살펴보았고, 나아가 십이처와 십팔계, 그리고 사성제와 십이연기, 지혜와 열반 등이 모두 공함을 살펴봄으로써 일체법이 전부 공함을 보다 깊이 있게 살펴보았습니다. 이렇듯 일체법이 모두 공함을 관하는 것이 바로 '반야바라밀'입니다.

『반야경』에서는 반야바라밀에 대해 다음과 같이 설합니다.

"세존이시여, 보살마하살이 어떻게 반야바라밀(般若波羅蜜)을 닦아야 합니까?"

"일체의 정신적, 육체적인 것을 전부 공이라고 관하면 그것이 반야바라밀을 닦는 것이다."

이처럼 반야바라밀은 일체법이 전부 공이라고 관하는 것입니다. 『반야심경』의 입의분과 파사분에서는 일체법이 전부 공하다는 사실을 설함으로써 반야바라밀을 드러내고 있었던 것입니다.

이제 세 번째 부분, 공능분에서는 이와 같은 반야바라밀을 행할 때 나타나게 되는 공덕과 이익을 설하고 있습니다.

'보리살타 의반야바라밀다고'는 '보살이 반야바라밀다에 의지하는 까닭에'로 읽힙니다. 보살이 보살일 수 있는 이유는 바로 반야바라밀다에 의지하기 때문입니다. 일체법이 공하다는 사실을 관하는 자가 바로 보살입니다. 보살이 일체법의 공함을 깨닫게 된다면 어떤 이익이 있을까요? 바로 그것을 설하는 부분이 공능분입니다.

2. 심무가애(心無罣礙)

마음에 걸림이 없다

보살이 반야바라밀다를 의지할 때 얻게 되는 첫 번째 이익, 공능이 바로 마음에 걸림이 없게 되는 점입니다. 심무가애(心無罣礙)는 곧 마음에 거리낌, 걸림, 장애가 없다는 뜻입니다. 마음에 거리낌, 걸림이 없다는 것은 곧 바람이 허공을 자유롭게 떠다니듯 자유자재하게 아무런 장애나 거리끼는 것이 없는 것을 말합니다. 가로막는 것이 아무것도 없다는 것입니다.

일체법이 전부 공이라고 관하는 것이 반야바라밀다라고 했습니다. 장애와 걸림이 있으려면 장애를 가져오고, 걸림을 가져올 무언가가 있어야 합니다. 내 인생을 가로막을 그 어떤 장애가 실재로 있어야 합니다. 무언가 집착하고 머물러 걸려 있는 것이 있어야 하는데, 공의 바탕에는 그 어떤 것도 없습니다. 걸릴 것이 전혀 없는 것이 바로 공의 실상입니다. 아무것도 없이 텅 비어 있으니, 당연히 마음에 걸림이 사라집니다.

중생들은 마음으로 대상을 좋고 싫다고 분별하고, 좋은 것을 취하고, 싫은 것을 버리려는 취사간택심을 일으킵니다. 취사심으로 인해 마음에 걸림이 생겨납니다. 취하고 싶지만 취하지 못할 때 마음이 걸리고, 싫은 것을 버리고 싶지만 버리지 못할 때 마음에 장애가 되는 것입니다. 취하거나 버리려는 취사 분별심을 내기 이전에는 그 어떤 것도 문제가 되지 않습니다. 본래 아무런 문제도 없었고, 걸릴 것도 없었기 때문입니다.

그러나 중생이 스스로 분별을 일으켜 어떤 대상을 취하거나 버리려고 마음을 내게 되면, 곧장 그것이 그것이 나를 가로막고, 나를 얽어매는 자승자박의 포승줄이 되고 맙니다. 아무런 힘도 없던 공한 대상이 갑자기 나를 가로막는 장애물이 되기 시작하는 것이지요. 그 장애물은 누가 만들었을까요? 완전히 100% 나 자신이 스스로 만든 의식의 감옥입니다. 나 자신이 나 자신을 스스로 묶었을 뿐, 그 누구도 나를 묶은 사람이나 대상은 없습니다. 나를 묶을 내 외부에 그 어떤 실체적인 무언가가 없기 때문이지요. 텅 비어 완전히 공할 뿐인 일체법이 어떻게 나를 묶고, 가로막을 수가 있겠습니까?

이처럼 중생들이 마음에 걸림이 생기는 것, 중생들의 마음에 문제가 생기는 것, 괴로움이 생기는 것은 전적으로 중생 스스로 만들어 낸 포승줄인 것입니다. 중생 스스로 의식으로 만들어낸 장애물인 것이지요. 스스로가 스스로를 가로막고 있었던 것입니다. 이 모든 것이 바로 육식이라는 의식이 만들어내는 일입니다.

유식무경과 허공꽃

그래서 유식불교에서도 유식무경이라고 하여, 이 세상은 오직 식일 뿐, 외부의 경계가 따로 있는 것이 아니라고 설했던 것입니다. 이를 『능가경』에서는 '진실한 이치는 오직 마음 뿐, 경계는 없느니라'라고 표현하고 있습니다. 외부 경계는 없습니다. 오로지 마음의 분별이 외부의 경계를 만들어내고 있었을 뿐입니다. 내 마음이 청정하면 세계가 청정해집니다. 내 마음이 나를 묶기 때문에 외부가 나를 묶는 것처럼 보일 뿐입니다.

『원각경』에서는 이것을 허공꽃에 비유하기도 합니다.

비유하면 눈병 난 사람이 허공에 꽃이 보이는 것과 같고 달을 봄에 두 개로 보이는 것과 같다. 허공에는 실제로 꽃이 없는데 눈병 난 사람은 있다고 집착한다…

무명은 본체가 없다. 마치 꿈속에서 사람을 봤는데 꿈 깨고 나면 없는 것처럼, 허공 꽃이 사라지지만 어디로 사라졌다고 말할 수 없다. 원래 생겨난 곳이 없기 때문이다.

어리석은 중생은 생이 없는 가운데서 허망하게 생멸이 있다고 여긴다. 이것을 '생사의 바다에게 헤맨다.'고 한다.

본래는 텅 비어 그 어떤 것도 없는 이 공한 세계에서 무언가 나를 가로막고, 내 인생에 태클을 거는 걸림, 장애가 있다고 여기는 이유는 바로 자기 의식의 눈병 때문이라는 것입니다. 자기 눈에 눈병이 난 사람은 실재로는 없지만 허공에 꽃이 있다고 주장하는 것처럼, 자기 내면에 분별심과 취사간택심이라는 눈병이 난 사람에게만 허공꽃처럼 걸림, 장애, 거리낌이 생겨난다는 것입니다. 그러나 허공꽃이 진짜가 아니듯, 이 세상에 있는 것처럼 보이는 모든 장애와 걸리낄 것들은 전부 텅 비어 공합니다. 그것은 실체가 아닙니다. 내 스스로 포승줄로 묶었을 뿐이지요.

걸림 없는 삶

우리가 인생에서 만나게 되는 수많은 괴로움, 장애, 거리낌, 문제, 마장들이 사실 이와 같습니다. 그것은 진짜가 아닙니다. 인연 따라 생겨난 허망한 경계를 진짜로 있다고 여기기 때문에 그것을 좋아하거나 싫어하는 분별과 취사심을 일으키고 그로 인해 분별된 대상이 실체라고 여기며 스스로 거기에 휘둘리는 것일 뿐입니다.

이러한 사실을 안다면, 인생에서 만나는 수많은 거리낌과 장애들에 대해 지혜롭게 대처할 수 있을 것입니다. 그 모든 것들이 잠시 왔다가 가는 물거품이며, 그림자와 같고, 허깨비이며, 꿈과 같은 것이라고 여기십시오. 잠시 왔다가 가는 것일 뿐이라고 여기세요. 그것은 내 바깥에 실체적으로 있어서 나를 괴롭히는 것이 아니라, 내 스스로 그 대상을 문제 삼기 시작했고, 내 스스로 그 대상에 실체감을 부여해 줌으로써 무게감과 중요도를 부여한 것일 뿐입니다.

문제를 만들어 낸 것이 나 자신이니 그것을 해결할 수 있는 힘도 오로지 나 자신에게 있습니다. 모든 힘은 나로부터 나옵니다. 외부에서 나를 괴롭히는 실체적인 힘 같은 것은 없습니다. 이 우주에서 그 어떤 사람도, 신도, 상황도, 경계도, 그 누구라도 나를 괴롭힐 수는 없습니다. 자기 삶의 창조주가 바로 나 자신입니다. 내가 만들어낸 문제라면 그 문제를 해결할 사람도 오직 나 자신 밖에 없는 것이지요.

스스로 자신의 삶에 온전한 100% 책임을 지세요. 모든 것은 온전히 자기 책임임을 깨닫는 것이 가장 중요합니다. 자기 책임 여하에 모든 것을 두게 될 때 비로소 여러분은 강력한 힘을 자기 내부로 가져오는 것이 됩니다.

그렇게 된다면 더 이상 내 인생에 거리낌이나 장애는 사라집니다. 걸림이 물론 있겠지만, 그것이 더 이상 문제가 되지는 않는 것이지요. 그 모든 것이 공함을 알기에, 그것을 문제 삼으며 괴로워하는 대신, 꿈

같은 헛개비임을 알아 있는 그대로 받아들이게 됩니다. 받아들이지 못할 이유가 없게 됩니다. 어차피 꿈이고 신기루인 것이니, 그 꿈을 살아주게 됩니다. 악몽을 꾸더라도 어차피 꿈인 줄 안다면 악몽 속에서 자각몽을 꾸는 사람처럼 자유롭게 됩니다. 걸림이 없게 됩니다.

삶이란 바로 그런 것입니다. 걸릴 것이 전혀 없습니다. 이 모든 것은 아무것도 아닙니다. 그 모든 것은 진짜가 아닙니다. 더욱이 그것들은 잠깐 머물다가 사라질 것들일 뿐입니다. 거기에 내 스스로 중요도를 부여하고, 심각성을 부여하며, 좋아한다거나 싫어한다거나 하는 착각의 분별을 일으켜 그 대상에 힘을 실어줄 필요는 없는 것입니다. 대상에 힘을 부여하게 되면, 나는 그 힘에 휘둘리는 나약한 노예가 될 수밖에 없기 때문입니다.

오로지 하나 뿐

자기 중심, 자기 줏대를 세우려면, 내가 바로 온 우주이며, 내가 바로 부처임을 깨달아야 합니다. 내가 바로 부처이고, 내가 바로 일체법 그 자체입니다. 이 세상에는 오로지 나 자신 하나밖에 없습니다. 내 바깥에 실체하는 무언가는 없습니다. 사실 나와 세상이라는 것 또한 하나의 생각이고 분별망상일 뿐, 그런 주관과 객관은 실체가 아닙니다. 아공법공입니다.

이 세상은 나와 세상인 것처럼 보이는 '나' 하나의 꿈입니다. 내가 나를 공격하지 않듯, 내가 나를 미워하지 않듯, 나에게 걸릴 장애란 애초부터 존재하지 않습니다.

온 우주는 둘이 아닙니다. 오로지 나 하나밖에 없습니다. 그것을 일심(一心)이라고도 하고, 일불승(一佛乘)이라고도 하며, 불이법, 불이 중도라고도 합니다. 오로지 이 세상에는 하나밖에 없습니다. 그러니 누가 누구에게 장애를 가져오겠습니까? 나 하나밖에 없다면 거리낄 것은 전혀 없습니다. 거리낀다는 생각이 있을 뿐, 거리낄 대상은 하나도 없습니다.

이를 지공화상은『불이송』에서 다음과 같이 설하고 있습니다.

지옥과 천당이 하나의 모습이고, 열반과 생사가 헛된 이름일 뿐이다. 끊어야 할 탐진치도 없고, 이루어야 할 불도도 없다. 중생과 부처가 평등하니, 저절로 성스런 지혜가 뚜렷하구나. 나는 지금 두루두루 자재하여, 왕후와 장상도 부러워하지 않는다. 어떤 장애에도 걸리지 않으니, 정진도 없고 게으름도 없다. 본성에 맡겨 흘러가니 마치 뒤집힌 것 같지만, 제멋대로 이리저리 막힘 없이 자재하다.

지옥과 천당이 하나이고, 열반과 생사가 하나입니다. 불도와 탐진치는 하나의 헛된 이름일 뿐입니다. 이 텅 빈 공의 자리에는 부처도 중생도 없습니다. 오로지 하나일 뿐, 나뉘는 것은 없습니다. 이를 깨닫는다면 그 어떤 것도 장애가 되지 않아 두루두루 자재하게 통합니다. 그 누가 부러울 것이 있겠습니까? 왕후와 장상도 모두 한마음일 뿐입니다.

온 우주가 나로써 하나인데, 그 누가 부럽겠습니까? 부럽다는 것 자체가 둘로 나뉘는 망상분별일 뿐입니다. 참된 공부인은 이처럼 어떤 장애에도 걸림이 없습니다. 그저 본성에 맡겨 자유롭게 흐를 뿐, 이렇게 해야 한다거나 저렇게 해야 한다거나 하는 규율 같은 것도 없습니다. 정진할 것도 없고 그렇다고 게으르지도 않습니다. 이것이 바로 참된 무가애의 삶입니다.

3. 무가애고 무유공포(無罣碍故 無有恐怖)

그 무엇도 두렵지 않다

무가애고 무유공포란, 마음에 걸림이 없으므로 공포가 있지 않다는 말입니다. 마음에 그 어떤 걸림도 없는데, 공포심과 두려움이 일어날 일은 없겠지요. 공포란 말 그대로 두렵고 무서워하는 마음입니다.

두려움이 있으려면 두려워 할 만한 실체적인 어떤 대상이 있어야 합니다. 기본적으로 둘로 나뉘어져 있어야 두려움과 공포는 일어날 수 있습니다. 누군가가 나를 두렵게 하거나, 어떤 대상이 두렵거나, 무언가가 나를 공포에 떨게 할 수 있는 것이지요.

그러나 반야바라밀이라는 공관(空觀)에서는 그 어떤 것도 없습니다. 텅 비어 실체란 아무것도 없습니다. 나를 두려움에 떨게 하고, 공포스럽게 할 만한 그 어떤 것도 없습니다. 그 어떤 것도 없다는 것에 대한 명백한 자각이 바로 반야바라밀이며, 공관이기 때문입니다.

물론 여기에서 공포는 작게 보면 두려움과 무서움, 공포감을 의미하지만, 확대해서 본다면 우리가 마음으로 느낄 수 있는 온갖 괴로움, 두려움, 불안감 등의 모든 고통을 의미한다고도 볼 수 있습니다.

대품반야경의 공포

『반야심경』의 원본 텍스트라 할 수 있는 『대품반야경』에서는 공포를 다음과 같이 설하고 있습니다.

> 모든 선남자 선녀인이 이 반야바라밀을 듣고 받아 지니며, 가까이하고 독송하며 바르게 사유하여, 일체지(一切智)의 마음을 여의지 않으면, 이 모든 선남자 선녀인은 혼자서 빈집에 있거나, 혹은 무서운 황야를 가거나, 혹은 많은 사람이 있는 곳에 있게 되어도 마침내 두려워하거나 겁내지 않는다.

반야바라밀에 의지하면 마음에 걸림이 없고, 걸림이 없으므로 공포가 없다고 설한 것처럼, 『대품반야경』에서는 반야바라밀을 듣고 받아 지녀 독송하고 사유함으로써 일체의 지혜를 여의지 않는다면 다음의 세 가지 두려움이 있지 않다고 설합니다.

생각이 만들어낸 두려움

첫째의 두려움은 '혼자서 빈 집에 있는' 두려움입니다. 사실 정말로 혼자 있을 때는 두려울 이유가 없습니다. 나를 두렵게 할 만한 무언가가 없기 때문입니다. 그러나 중생들은 혼자 아무도 살지 않는 흉가 같은 곳에 있을 때 두려움을 느낍니다. 생각해보면 어릴 적에 산길을 갈 때에도 무덤 옆을 지나갈 때는 늘 공포감에 질렸던 것 같습니다.

혼자 있는데도 두려운 이유는 바로 '생각' 때문입니다. 나를 공포에 떨게 할 만한 누군가가, 무언가가 있을 것 같은 두려운 생각이 두려운 마음을 불러오는 것이지요.

보통 자기 집에 혼자 있을 때 사람들은 두려워하지 않습니다. 그러나 갑자기 한 생각이 올라와 예전에 보았던 공포영화의 한 장면이 떠오른다면 순간 두려움이 엄습해오기 시작합니다. 이처럼 두려움이란 '생각'에서 시작됩니다. 두려움의 창조주는 바로 생각이요, 분별망상인 것입니다.

예를 들어 환한 대낮에 고즈넉한 산길을 홀로 산책할 때는 두렵지 않지만, 밤이 되어 그 길을 걷는다고 하면 두려운 공포감이 생겨납니다. 사실은 태양이 지구의 이쪽을 비추느냐 저쪽을 비추느냐의 차이일 뿐이지만, 우리 마음은 어두운 곳에 홀로 있을 때 무섭다는 공포감을 만들어냅니다. 사실 그 산길에는 아무런 문제도 없습니다. 낮과 밤의 차이는 다만 어둡고 밝은 차이일 뿐, 그 산길 자체에 어떤 고정된 공포스러운 대상이 밤에만 더 많은 것이 아닙니다.

귀신에 대한 두려움 또한 하나의 생각일 뿐이지요. 귀신을 믿는 사람에게만 귀신은 두려운 대상이 됩니다. 그 생각, 그 믿음은 누가 만들어 냈을까요? 바로 나 자신이 만들어 낸 것일 뿐입니다. 이처럼 모든 두려움과 공포는 스스로 만들어내는 자기 생각일 뿐입니다.

제 스스로 생각으로 두려움과 공포감을 만들어 내 놓고는 제 스스로 그 두려움 속에 빠져들 뿐인 것이지요.

'혼자서' 빈 집에 있다고 했는데요, '혼자서' 있다고 한 것도 마찬가지입니다. 사람들과 함께 있을 때는 두렵지 않다가, 혼자 있으면 두렵다고 느끼는 것도 하나의 생각일 뿐입니다. 누군가와 함께 있으면 왠지 모를 든든함 같은 것이 느껴지고, 그에게 의지하는 마음이 일어나는 것이지요. 그러나 혼자 있으면 의지할 곳이 없어 더욱 두렵게 느껴집니다. 든든한 마음, 의지하는 마음, 그 또한 제 스스로 만들어 낸 생각이요 마음일 뿐입니다. 사실은 혼자 있든, 함께 있든 똑같습니다. 그저 나는 이렇게 있을 뿐입니다.

혼자 있더라도 사실은 이 우주 전체와 함께 있는 것이고, 함께 있더라도 사실은 혼자 있는 것과 다르지 않습니다. 내 분별망상심이 혼자와 둘을 나누어 놓고 분별하기 때문에 온갖 두려움과 망상이 생기는 것일 뿐입니다.

두려움과 공포가 생기면 거기에서 벗어나려고 애쓰지 말고 잠시 두려워해 주기를 선택해 보십시오. 거기에서 벗어나려고 하면서 공포와 싸우게 되면, 오히려 내 스스로 그 두려움에 힘을 부여하는 꼴이 되고 맙니다. 내가 스스로 만들어낸 공포심과 싸워야 하는 것이지요. 헛된 에너지만 낭비할 뿐입니다. 그 대신 그 두려움을 있는 그대로 인정하고 받아들인 채, 두려워해 주기를 선택해 본다면 그 두려움은 곧 사라질 것입니다. 두려운 마음, 공포감이 어디에 있는지 가만히 분별 없이 관찰해 보면, 그 두려움을 온전히 하나되어 느껴줘 보면 도대체 이 공포감이 어디에 있는지, 어디로 갔는지를 찾을 길이 없음을 깨닫게 될 것입니다. 받아들이고 관찰하는 순간, 이미 그 공포심은 사라졌기 때문입니다.

이처럼 '분별 없이 관찰하기'와 '받아들이기'는 모든 명상의 핵심이며, 괴로움을 소멸시키는 아주 좋은 방편의 수행입니다. 그 어떤 괴로움이라 할지라도 그 괴로움을 받아들여 괴로움과 함께 있어 주고, 분별 없이 있는 그대로 바라보게 될 때 그 괴로움은 저절로 사라져 갑니다.

무서운 세상을 살아가는 두려움

두 번째의 괴로움은 '무서운 황야를 가거나' 하는 부분입니다. 무서운 황야에는 언제 무엇이 나와서 나를 공격할지 모릅니다. 맹수가 득실거리는 곳입니다. 현대 사회에서도 도둑이나 강도가 나를 노릴 수도 있고, 나를 괴롭히는 사람, 무시하는 사람, 공격하는 사람, 미워하는 사람들이 언제 나를 노리고 있을지 알 수 없습니다. 혼자 있을 때는 자기 생각이 자신을 두렵게 만들지만, 무서운 황야에서는 언제 어떤 사람이나 맹수가 나를 공격할지 모른다는 두려움이 있습니다.

요즘 우리가 살고 있는 세상이 바로 하나의 '무서운 황야'입니다. TV나 신문, 뉴스를 보면 매일 매일 무섭고 끔찍한 범죄가 끊임없이 이어집니다. 내가 언제 그 공격의 대상이 될지 알 수 없다는 두려움에 휩싸입니다. 심지어 길을 가다가 기분 나쁘게 바라봤다는 이유만으로,

혹은 아무런 이유도 없이 자기 기분이 나쁘다는 이유만으로 '묻지마 폭행', '묻지마 살인'이 일어나기도 합니다. 이런 기사를 접할 때마다 세상 참 무서운 곳임을 절감하게 되고, 아들딸에게 빨리 집으로 돌아오기를 당부하기도 합니다.

그 뿐 아니라, 언제 차량 사고가 나게 될지, 언제 쓰나미가 몰려 올지, 언제 천재지변이 일어나서 나를 덮칠지, 언제 다리나 빌딩이 무너져 내릴지 알 수 없는 두려움에 휩싸이기도 합니다.

그런가 하면 말 그대로 '돌연사'라는 말도 듣습니다. 어느날 갑자기 죽을 수도 있다는 것이지요. 또한 온갖 오염된 물질과 음식, 가공되고 유전자 조작된 식품들까지 나를 공격합니다. 그러다보니 요즘에는 병명도 알 수 없는 온갖 질병들이 우리를 병들게 합니다. 언제 어떤 질병이 나를 덮칠지 알 수 없습니다. 그야말로 '무서운 황야'와 같은 이 세상은 언제 어떤 일이 일어날지 알 수 없는 두려움의 세계입니다.

그러나 『반야심경』에서는 이러한 공포심 또한 반야바라밀다라는 공관을 통해 벗어날 수 있다고 설하고 있습니다. 이러한 '무서운 황야'의 공포는 내 마음이 만들어낸 것이 아니라, 세상에서 나를 덮치고 들어오는 것이니 내가 어쩔 수 없는 일이 아니냐고 할지도 모르겠습니다. 그러나 불교에서는 그렇지 않다고 말합니다. 이 또한 내가 반야바라밀다라는 공관에 철저해 지면 벗어날 수 있다고 설합니다. 왜 그럴까요?

우리는 이 세상과 나는 다르다고 여깁니다. 여기에 내가 있고 내 바같에 외부의 세계가 있다고 믿습니다. 이것이 바로 분별심이고 이법(二法)입니다. 그러나 반야바라밀다의 진실에서는 둘로 나뉘어진 것은 어디에도 없습니다. 나와 세계는 둘이 아닌 하나입니다.

세계는 내 마음의 투영입니다. 내 마음에 문제가 있지 않으면 외부에도 문제가 없습니다. 우리 생각에는 나와는 전혀 상관 없이 내 바깥에서 나를 공격해 들어오는 온갖 맹수가 있을 것 같지만, 그 또한 나와 분명한 인연이 있기 때문에만 나타나게 됩니다. 모든 것은 인연 따라 생겨나고 인연 따라 사라지는 것이지, 아무런 이유도 없이 불쑥 튀어나오는 일은 없습니다.

내 마음에 있는 것만이 외부에서 드러납니다. 내 안에 어떤 업장이 있다면 그 업장이 외부의 어떤 경계를 끌어당기게 될 것입니다. 나와 세계가 다르지 않기 때문입니다. 일체유심조라는 말처럼 우리 마음이 세상을 만들 뿐입니다.

그러니 사실 두려워해야 할 것은 아무것도 없습니다. 아무런 맥락 없이, 아무런 인연관계도 없이 갑자기 불쑥 튀어나와 나를 죽이는 일은 일어나지 않습니다. 근원에서 본다면 그렇다는 것이지요. 그러니 세상의 모든 공포스러운 뉴스를 볼 때마다, '혹시 나에게도 저런 일이 생기면 어쩌지!' 하고 두려워할 필요가 없습니다.

우리는 다만 내 마음을 정화시키고, 마음을 청정히 할 수 있을 뿐입니다. 세상에 온갖 공포스러운 뉴스거리가 넘쳐난다고 해서, 바깥 활동을 철저히 제한하거나, 너무 과도하게 조심스러워함으로써 해야 할 일을 하지 못할 필요는 없다는 것이지요.

인도에서 한국 여행자가 사고를 당했다는 기사를 읽고는 세계여행을 포기할 필요도 없고, 지하철에서 한 남자가 어떤 여자에게 성추행을 했다는 기사를 보고 지하철 타는 것을 포기할 필요도 없습니다.

심지어 '무서운 황야'라는 이 세상에서 살다가 죽게 되었다고 할지라도 사실은 그 또한 두려워할 이유는 없습니다. 우리는 반야바라밀다에 철저하지 못하기에 죽는 것은 두려운 것이라고 여기지만, 『반야심경』에서 설하듯, 사실은 나고 죽는 것이 아니라 불생불멸하는 것이기 때문입니다. 생멸이 진실이 아니라 불생불멸이 진실입니다. 태어나고 죽는 것은 육신의 관점에서 생멸법일 뿐, 마음에서는 태어남도 없고 죽는 것도 없습니다. 나고 죽음이 모두 한마음이라는 불성의 바다 위에 잠시 일어난 파도와 같을 뿐입니다. 나고 죽음이 파도처럼 공하다는 반야바라밀에 철저하다면, 설사 죽는 일이 일어난다고 할지라도 두려워할 것은 없음을 깨닫게 될 것입니다.

사람으로 인한 두려움

세 번째 두려움은 '많은 사람이 있는 곳에 있게 되는' 두려움입니다. 사람이 사람을 서로 믿지 못하고, 서로를 위협하고, 경쟁하며, 이기기 위해 싸우는 사회 또한 두렵습니다. 사람은 근원적으로 자기 마음속에 아상(我相)과 아집(我執)이 있어서, 상대방을 배려하기 보다는 나자신을 먼저 생각할 수밖에 없습니다. 이를 유식에서는 제7식 말나식이라고도 하여 자아집착식이라고 부르기도 합니다.

의식의 바탕에 이처럼 자기만을 생각하는 자아집착심이 있기 때문에, 평소에는 두루 두루 잘 지내던 사람도 자신의 이익과 관련해서는 냉정해지거나, 심지어 적이 되어 버리는 경우도 있습니다. 이런 일로 인해 사람에게 상처를 받은 사람들은 대중을 두려워하여 혼자만의 공간으로 숨어버리는 경우도 있지요.

연예인들처럼 대중의 즉각적인 평가와 관심 등에 민감한 이들 또한 대중들이 모여 있는 공간에 대한 막연한 두려움도 느끼고, 대인기피나 대인공포증 혹은 사회공포증을 겪기도 하며, 공황장애를 겪기도 하는 것 또한 이러한 대중으로 인해 오는 두려움입니다.

그 뿐 아니라 요즘 사회문제로 대두되고 있는 젊은층의 소위 '왕따' 같은 문제나, 노년층의 '고독사' 같은 문제 또한 한편으로는 '사람'으로 인한 괴로움입니다. 이처럼 사람은 있어도 두렵고, 없어도 두렵습니다.

내 마음 가운데 두려움과 공포가 자리 잡게 되면 모든 것이 두렵게 느껴지지만, 내 마음속에서 두려움과 공포가 사라지면 모든 것이 사랑과 자비로 느끼지기도 합니다. 이처럼 사실 사람으로 인한 두려움 또한 결국에는 내 마음의 문제입니다.

그렇기에 불교에서는 언제나 마음공부를 중요하게 여깁니다. 모든 문제는 곧 내 문제이며, 내 안의 문제일 뿐이기 때문입니다. 어떤 사람, 어떤 인연을 만나느냐 하는 점이 더 중요한 것이 아니라, 그 인연을 내가 어떤 마음으로 대하고, 가꾸어 가느냐가 더 중요한 것이지요.

실제 사람들에게 인기가 많은 사람을 보면 그 사람은 어떤 사람을 만나더라도 그 속에서 좋은 평가를 받습니다. 좋은 사람은 어디를 가도 그곳에서 좋은 사람으로 남지요. 심지어 나쁜 사람들 속에 그 사람이 들어가게 되면 그 사람들을 감화시켜 주변 사람들까지 좋은 사람으로 바꾸어 놓기도 합니다.

특히 조직사회를 보면 그 사회에 구성원이 어떤 사람이 새로 들어오고 나가느냐에 따라, 특히 조직의 윗사람이 어떤 사람이 오느냐에 따라 그 조직에서 할 수 있는 일들이 매우 큰 차이가 나기도 합니다. 그 한 사람으로 인해 조직이 완전히 바뀌고, 밝고 건강하며 웃음꽃이 피는 곳으로 바뀌기도 하고, 한 사람으로 인해 조직이 와해되는 일도 많이 있습니다.

이처럼 사람 사는 사회에는 두려움과 공포가 없을 수는 없겠지만, 그 또한 자기 마음의 문제일 뿐입니다. 내 마음이 청정해지고, 내 마음이 활짝 열리며, 내 마음이 모든 사람을 포용해 줄 수 있을 만큼 넓고 자비와 사랑이 가득하다면 그 사람에게 있어 사람은 더 이상 두려운 존재가 아닐 것입니다.

보통 사람으로 인해 상처받고, 사람으로 인해 두려움을 느끼는 사람들은 어떻게든 사람을 피해 안전한 곳을 찾거나, 자기만의 홀로된 곳으로 숨어 버리거나, 좋은 사람들이 모여 있는 곳만을 찾기 쉽습니다. 그러나 그렇게 완전하고 안전한 외부 세계를 찾으려고 하면, 그것 자체가 불가능하기 때문에, 끊임없이 이 세계와 다투고 싸울 수밖에 없습니다. 어디를 가더라도 나쁜 사람은 만나게 됩니다. 어디를 가더라도 괴로움과 공포는 끊임없이 이어집니다.

그렇게 두렵지 않은 사람들, 공포스럽지 않을 만한 환경, 그런 외부 환경을 찾아 헤매는 것은 근원적인 해결책이 될 수 없습니다. 오히려 내 마음을 바꾸어 정화하게 된다면, 어떤 환경 속에서도 그 안에서 두려움을 느끼는 대신 사랑과 자비와 행복을 느낄 수 있게 될 것입니다.

사람이 두렵다고 뒤에서 숨기 보다는, 오히려 조금씩 조금씩 사람을 두려워하는 내 마음을 인정해주고, 두렵지만 그럼에도 불구하고 그 두려운 마음을 살아주어 보세요. 두렵고 무서운 마음을 숨기려고 애쓰거나, 없애려고 애쓰는 것 대신, '그래 나는 두려워' 하고 인정한 뒤, 두려울 때는 두려움 속으로 뛰어들어 보는 것입니다. 나에게 두려워할 수 있는 자유를 허용해 주는 것이지요.

사람은 두려워하지 않을 수가 없습니다. 두려움은 근원적인 마음이기 때문에, 그것 자체가 나쁜 것은 아닙니다. 사람은 원시시대 때부터 두려움이 있기 때문에 그 두려움이 자기를 방어할 수 있게 해 주었고, 공포감이야말로 원시시대에서 살아남는 생존에 필수적인 본능이었습니다. 이처럼 공포와 두려움은 '나쁜' 것이 아니라, 매우 합리적이고 적절하며 인간의 생존에 필수적으로 필요한 감정이기도 합니다. 그러니 그것을 적절히 잘 활용하면 될 뿐, 거기에 사로잡히거나 과도하게 휩쓸리지만 않으면 됩니다.

이러한 공포와 두려움은 인간의 근원적인 괴로움의 핵심적인 감정입니다. 사람들이 무언가를 행할 때는 주로 두려워서 행동하거나, 아니면 사랑해서 행동하거나 하는 둘 중 하나로써 행동하기 쉽습니다. 문명의 발전이라는 것 또한 가만히 두고 보면 자연환경과 맹수 등에 맞서 두려움을 극복하고자 하는 목적으로 온갖 문명이 발전한 것이기도 하지요.

　공포와 두려움이 이토록 중요한 감정이기 때문에 불교에서도 사람들에게 행하는 보시 가운데 가장 중요한 보시 3가지를 재시(財施)와 법시(法施)도 중요하지만, 무엇보다도 사람들의 두려운 마음을 없애 주는 무외시(無畏施)를 매우 큰 보시라고 여기는 것입니다. 재시는 재물, 돈에 시달려 굶주리는 이를 위한 보시이고, 법시는 진리에 목마른 이에게 법을 베풀어 주는 보시이지만, 무외시는 마음이 불안한 이를 불안으로부터 해방시켜 주는 최고의 보시이기 때문입니다.

　진정한 무외시는 바로 중생들에게 두려워할 만한, 공포감을 느낄 만한 대상은 어디에도 없다는 공사상을 일깨워주는 것이라 할 수 있습니다. 너와 내가 둘이 아닌 불이법의 세계에서는 실제 내가 두려워해야 할 대상은 없기 때문입니다. 두려워하는 대상은 실체가 아니라 비실체적인 것이며, 공한 것일 뿐입니다. 그러니 두려워할 것은 어디에도 없는 것이지요. 이러한 반야바라밀의 공관을 깨닫게 해 주는 것, 그 것이야말로 참된 무외시입니다.

4. 원리전도몽상(遠離顚倒夢想)

뒤바뀐 헛된 생각

원리전도몽상은 '뒤바뀐 헛된 생각을 멀리 떠나'로 해석됩니다. 혹은 '뒤집혀진 꿈과 같은 망상을 멀리 떠나는 것'으로 해석하기도 합니다. 뒤바뀐 헛된 생각이 바로 분별심입니다. 분별심, 분별망상, 식(識)에서 멀리 떠난다는 것이지요.

그렇다면 분별심을 여기에서는 왜 '뒤바뀐 헛된 생각' 혹은 '뒤집혀진 꿈과 같은 망상'이라고 했을까요? 뒤바뀌었다는 것, 뒤집혀졌다는 것은 무언가 바르게 서 있지 못하다는 것입니다. 거꾸로 잘못 인식하고 있다는 것이지요. 바른 지혜로써, 정견(正見)으로 바라본 것이 아니라, 뒤바뀌어 잘못 바라본 것이니 당연히 헛된 생각이고, 꿈과 같아 진실하지 못한 생각인 것입니다.

사실은 우리의 모든 분별심이 전부 다 뒤집혀진, 뒤바뀐 허망한 생각이며, 꿈과 같은 헛된 망상입니다. 생각 자체가 벌써 꿈과 같아서 실체가 없습니다. 생각은 진실이 아닙니다. '이것만은 절대적으로 바른 진리'는 결코 생각될 수 없습니다. 반야바라밀이라는 공관에서는 그 어떤 것도 내세울 것이 없기 때문입니다.

새끼줄과 뱀의 비유

전도몽상을 이야기 할 때 흔히 가장 많이 비유를 드는 것이 바로 새끼줄과 뱀의 비유입니다. 지난밤 길에서 뱀을 보고 깜짝 놀라 두려움에 휩싸였고, 도망치듯 집으로 왔는데, 아침에 다시 그 길을 가다보니 어제 보았던 그 뱀이 사실은 새끼줄인 것을 알았다면, 이것이 바로 전도몽상인 것입니다.

즉 진짜가 아닌 것을 진짜인 것으로 오해한 헛된 망상으로, 자기 생각이 지어낸 허망한 꿈과 같은 생각을 진짜라고 여긴 것이지요. 지난 밤 뱀인지 알고 두려움에 빠져 있었지만, 사실 그 두려움은 실체가 아니었던 것입니다. 전도몽상 즉, 나의 헛된 망상이 만들어낸 허망한 착각이었고, 진짜가 아닌 거짓의 두려움이었을 뿐입니다. 그럼에도 전도몽상에 휩싸인 순간에는 그것을 진짜라고 여기기 때문에 그 순간 그 두려움과 괴로움은 진짜인 것처럼 우리를 괴롭힙니다.

진짜 아닌 것을 진짜라고 여기는 전도몽상

그런데 바로 이러한 전도몽상이 사실은 우리 삶 전반을 지배하고 있습니다. 우리가 일으키는 모든 생각들이 대부분 전도몽상이며, 우리의 한평생 삶 자체가 하나의 거대한 전도몽상의 꿈과 같은 일입니다.

'진짜'가 아닌 것을 '진짜'로 여기는 헛된 망상이 바로 전도몽상입니다. 그런데 이 세상에 '진짜'가 있을까요? 진짜라는 것은 고정된 실체를 말합니다. 영원히 지속되는 고정된 실체적인 존재는 어디에도 없습니다. 내 앞에 드러나 있는 일체만유는 전부 다 인연의 소산입니다. 인연 따라 잠깐 만들어진 것일 뿐, 영원한 것은 어디에도 없습니다. 인연 따라 만들어진 것은 '진짜'가 아닙니다. 실체가 아닙니다. 그러니 인연 따라 만들어진 것은 전부 다 '전도몽상'의 존재들입니다.

유식불교에서는 이처럼 인연 따라 만들어진 것을 의타기성(依他起性)이라고 하여, 다른 것들에 의지하여 생겨난 것일 뿐이며, 그렇기에 제 스스로 생겨난 것이 아니어서 생무자성(生無自性)이라고 합니다. 생겨난 것이지만, 사실은 인연 따라 생겨난 것이기에 진짜로 생겨난 것은 아니라는 의미입니다.

그런데 이처럼 의타기성으로 생겨난 모든 것들은 변계소집성(遍計所執性)의 특성을 지닌다고 합니다. 인연 따라 생겨난 모든 것들을 사람들은 '두루 분별하고 헤아려서 집착한다'는 것이지요. 생무자성이며 인연 따라 생겨난 것을 착각하여 진짜로 생겨난 것이라고 착각하는 것입니다. 진짜로 생겨난 것이라고 착각하니까 그 대상에 대해 좋으니 싫으니 하면서 헤아리고 분별하여 좋은 것은 집착하고, 싫은 것은 거부하는 마음을 일으킨다는 것입니다. 실체가 아닌 것을 실체인 줄 알고 분별하여 집착한다는 것입니다.

이 변계소집성이 바로 전도몽상입니다. 의타기성이며 생무자성이기 때문에 집착할 것이 없는데 실체한다고 여기고, '진짜'로 있다고 여기기 때문에 헛된 망상을 일으키는 것입니다. 가짜를 진짜라고 여기니까 뒤집한 것이고, 그 생각이 사실이 아니기에 헛된 망상이라고 하는 것입니다.

우리는 이 세상의 일체 모든 것들을 대상으로 이처럼 허망하게 뒤집힌 시선으로 망상을 일으킵니다. 진실이 아닌 것을 진실이라고 믿고, 진짜가 아닌 것을 진짜라고 믿고, 영원하지 않은 것을 영원하다고 믿으며, 괴로운 것을 즐거운 것이라고 착각하기도 합니다.

네 가지 전도몽상

그래서 『대지도론(大智度論)』에서는 이러한 뒤바뀐 허망한 생각을 크게 네 가지[四顚倒]로 나누어 설명하고 있습니다.

> 깨끗하지 않은 것[不淨] 가운데서 깨끗하다[淨] 하는 뒤바뀜이 있고, 괴로운 것[苦] 가운데서 즐겁다[樂] 하는 뒤바뀜이 있으며, 항상함이 없는 것[無常] 가운데서 항상함이 있다[常]고 하는 뒤바뀜이 있고, '나'라는 것이 없는 것[無我] 가운데서 '나'라는 것이 있다[我]는 뒤바뀜이 있다.

우리의 분별심은 대상을 깨끗하다거나 깨끗하지 않다고 분별합니다. 깨끗한 것은 취하고, 더러운 것은 버리려고 하지요. 깨끗한 것을 깨끗하지 않다고 하고, 깨끗하지 않은 것을 깨끗하다고 여기기도 합니다. 불구부정에서 살펴본 바와 같이 본래 더럽다거나 깨끗한 것은 실체로써 정해져 있는 것이 아니지만, 사람들은 생각으로 분별하여 더럽고 깨끗한 것을 나눕니다. 그러나 그 깨끗하다, 더럽다는 것은 하나의 생각이고 망상이며 전도몽상일 뿐, 실체인 것은 아닙니다.

괴로운 것을 즐거운 것이라고 여기는 전도몽상

괴로운 것과 즐거운 것 또한 하나의 관념일 뿐입니다. 사람들은 괴로운 것을 즐거운 것이라고, 즐거운 것을 괴로운 것이라고 전도몽상에 사로잡혀 있기도 합니다.

제가 아는 한 의사분은 말씀을 하시더군요. 초중고등학교 내내 공부만 하다가 의사가 되었는데, 공부를 할 때는 의사만 되면 이 공부만 하는 괴로움은 끝날 줄 알았다고 합니다. 그런데 의사가 되고 났더니 계속해서 환자를 돌보아야 하고, 새로운 의술을 지속적으로 공부해야 하고, 병원을 운영하려니 계속 힘든 일들이 계속되더라고 하시더군요. 그러면서 의사가 되면 즐거울 것이라고 굳게 믿었는데 사실은 의사가 되도 괴롭더라는 것입니다.

'의사'라는 직업 자체에 즐겁다거나 괴롭다는 고정된 실체적인 무언가는 없습니다. 다만 사람에 따라 의사라는 직업을 괴롭게 느끼는 사람도 있고, 즐겁게 느끼는 사람도 있는 것이지요. 즐겁다는 것도 자기가 만든 전도몽상일 뿐이고, 괴롭다는 것도 자기가 만든 전도몽상일 뿐, 즐겁다거나 괴로운 어떤 실체는 없습니다.

어릴 때부터 끼니를 때우기도 어렵고 가난하게 살다가 성인이 되어서도 직장을 못 구하며 전전긍긍하던 이가 어렵게 어렵게 온갖 난관을 극복하고 직장을 얻었다면 그는 아무리 힘들어도 직장이 있는 것만으로도 행복감을 느낄 수 있을 것입니다. 그러나 늘 행복하게만 살았고, 힘든 일은 한 번도 해 보지 않은 사람이 아주 쉽게 같은 직장에 들어왔다면 이 사람은 그 직장을 너무 힘든 곳이라고 여길 수도 있겠지요. 같은 직장에서 같은 일을 하더라도, 전자와 후자의 사람은 같은 곳을 전혀 다르게 느낄 것입니다. 이처럼 즐겁다거나 괴롭다, 힘들다거나 힘들지 않다는 것은 하나의 관념이고, 자신이 처한 환경에 따라 어떻게 느낄지가 달라지는 것이지 고정된 실체인 것은 아닙니다. 그럼에도 전자의 사람은 '직장이 있는 행복'을 느낄 것이고, 후자는 '너무 괴로운 직장'이라고 한탄만 할 수도 있습니다. 이 두 가지가 모두 분별심이며, 전도몽상입니다.

그 직장은 그저 중립적인 하나의 '직장'일 뿐입니다. 좋은 직장이거나 나쁜 직장이 아니라, 그저 하나의 직장이지만 사람들에 따라 좋다고도 여기고 나쁘다고도 여기는 것일 뿐이지요. 좋다고 여기는 사람은 일을 하며 행복감을 누리고, 나쁘다고 여기는 사람은 직장 생활이 너무 괴로울 것입니다. 이 두 가지가 모두 전도몽상입니다. 자기 스스로 만들어놓은 생각의 틀일 뿐이지, 그 직장 자체가 좋거나 싫은, 괴롭거나 행복한 실체는 아닌 것입니다.

무상한 것을 항상하다고 여기는 전도몽상

항상하지 않은 것 가운데에서 항상 하다고 여기는 뒤바뀜도 있습니다. 이 세상 모든 것은 무상한 것입니다. 끊임없이 변하는 것일 뿐이지요. 그러나 사람들은 항상 할 것이라고 여깁니다. 지금의 이 행복이 영원할 것이라고 여기고, 지금의 이 젊음이 계속될 거라고 믿습니다. 지금 이 사랑이 지속되기를 바라고, 지금의 이 경제력이 영원하기를 바랍니다. 그러나 그런 것은 꿈일 뿐, 모든 것은 무상하게 변화합니다.

항상 하기를 바라는 마음이 있으면, 그것이 변해갈 때, 혹은 떠나갈 때, 무너져 갈 때 괴롭습니다. 항상함이 있다고 여기는 생각 자체가 하나의 뒤바뀜입니다. 전도몽상입니다. 항상한 것은 어디에도 없지만, 우리는 지금 내가 누리고 있는 것이 지속될 것이라는 환상에 빠져 있습니다. 그런 전도몽상은 그것이 무너져 갈 때, 우리를 괴롭히게 됩니다.

자신의 부귀영화가 영원할 것이라고 여기게 되면, 겸손하지 못하고, 남들을 무시하거나, 낭비를 하게도 되겠지요. 자신이 가지고 있는 경제력이 영원하다고 여기기 때문에 그런 행동이 나오기도 하는데요, 그것이 바로 전도몽상의 어리석음입니다.

이처럼 사람들은 현재 자신이 처한 위치나, 지위, 명예, 경제력 등을 자기와 동일시하며 그러한 내가 영원할 것이라고 믿습니다. 지금의 나는 잠시 인연 따라 생겨난 꿈과 같은 존재일 뿐이며, 잠시 왔다가 가는 것일 뿐입니다. 이 몸도 잠시 왔다가 갈 것이고, 성격이나 마음, 느낌과 감정, 의지와 의식이 모두 다 잠깐 왔다가 가는 것이며, 인연생 인연멸의 가합의 존재일 뿐입니다. 그럼에도 우리는 인연 따라 잠깐 생겨난 이 존재를 '나'라고 여기고, 그 나라는 존재가 지속될 거라고 믿습니다. 이것이야말로 가장 근원적인 전도몽상입니다.

무아를 아(我)라고 여기는 전도몽상

그래서 다음으로 '나'라는 것이 없는 것 가운데서 '나'라는 것이 있다고 여기는 뒤바뀜이 있다고 했습니다. 인연 따라 생겨난 이 몸과 마음은 '나'가 아닙니다. 몸도 내가 아니며, 마음도 내가 아니고, 성격도, 의식도 내가 아닙니다. 모든 것은 인연 따라 잠깐 모였다가 흩어질 것들이기 때문입니다. 그럼에도 우리는 이 몸과 마음을 '나'라고 동일시합니다. 내가 있다고 여깁니다. 이것이야말로 가장 큰 전도몽상입니다.

이처럼 전도몽상은 곧 연기법에 무지하고, 삼법인에 무지하며, 무아에 무지한 것입니다. 진리에 무지한 것이 바로 전도몽상입니다. 진리에 무지하면 이 몸을 자기라고 여기고, 이 생각을 자기라고 여겨 그 생각과 분별을 진짜라고 믿습니다. 진짜는 내팽겨치고 가짜를 진짜라고 여기기 때문에 전도몽상이라고 하는 것입니다.

전도몽상과 제법실상

그렇다면 전도몽상이 아닌 것은 무엇일까요? 전도몽상이 아닌 것은 참된 실상입니다. 진리의 참된 모습, 있는 그대로의 본바탕이 바로 참된 실상입니다. 그것은 바로 지금 이 세계의 실상입니다. 제법실상입니다. 실상은 곧 불이법이며, 무분별심입니다. 불이중도라고도 하지요.

참된 실상은 둘로 쪼개지지 않습니다. 이 우주의 참된 실상은 온통 한바탕이며, 한마음일 뿐, 둘이나 셋, 그 이상으로 쪼개지지 않습니다. 우주가 전부 하나입니다. 그 하나를 불성이라고 해도 좋고, 불이법이라고 해도 좋고, 본래면목이라고 해도 좋고, 제법실상이라고 해도 좋으며, 반야, 열반, 해탈, 부처 뭐라고 불러도 좋습니다. 그러나 그 이름은 참된 '이것' 하나를 표현할 수 없습니다. 뭐라고 이름을 붙여 놓으면 벌써 그것과 이름이 둘로 나뉘기 때문입니다. 그래서 이 진리의 실상을 그저 '이것'이라고 선에서는 부르곤 합니다.

'이것'이야말로 참된 진리의 실상입니다. 지금 여기 이렇게 100% 드러나 있는 것, 이것이 전부 '이것'입니다. 눈에 보이는 이것이 그대로 '이것'이며, 귀에 들리는 것 또한 '이것'입니다. 삼라만상 그대로가 바로 '이것'입니다. 그것은 전혀 나뉘어진 별개의 존재들이 아니라, '이것' 하나의 현현일 뿐입니다.

'이것'을 『화엄경』에서는 바다와 파도의 비유를 들어 설명하고 있습니다.

> "불법은 오직 한 법인데 어찌 온갖 법을 말씀하시고, 갖가지 경
> 계를 나타내 보이십니까?"
> "큰 바다는 하나이듯, 파도는 천만 가지로 다르지만 하나의 물
> 임은 다르지 않네. 모든 불법도 이와 같다"

'이것'을 바다라고 할 때, 삼라만상 우주의 모든 것들을 파도라고 합니다. '이것'이라는 제법실상의 자리에서 삼라만상과 나와 우주와 세상 모든 것이 파도 치듯 잠깐 일어났다가 사라지는 것일 뿐입니다. 그저 인연 따라 잠깐 생겨났다가 사라지는 것일 뿐입니다. '이것'이라는 하나의 바탕, 배경, 바다 위에서 온갖 우주와 세계와 생명이 왔다가 갑니다. '이것' 위에서 온갖 생각들도 일어났다 사라지고, 내 몸도, 느낌도, 의지도, 의식도 생겨났다가 사라집니다.

생겨났다가 사라지는 것을 진짜라고 여기는 것이 바로 전도몽상입니다. 물론 생겨났다가 사라지는 모든 것들도 파도이기에 파도가 그대로 바다입니다. 색즉시공이며 공즉시색입니다. 그러나 중생들은 바다는 보지 못한 채 오로지 파도만을 보고 있기 때문에 전도몽상이라고 합니다.

불법의 깨달음은 바로 그동안 파도만을 바라보며, 단 한 번도 바다를 보지 못했던 중생들에게 전도몽상을 끊고 모든 파도의 근본 당처인 '바다'를 보라고 가리킵니다. 직지인심(直指人心)합니다.

직지인심 견성성불

직지인심이란 '곧바로 그 마음을 가리킨다'는 것인데, 여기에서 마음이 바로 한마음이며 바다이고 '이것'입니다. 전도몽상을 깨기 위해 참된 스승은 언제나 바다를 가리킵니다. 바다를 직지인심합니다. 어떻게 직지인심할까요? 파도를 가리킴으로써, 사실은 파도를 보여주려는 것이 아니라, 파도가 아닌 바다를 보게 하기 위해 파도를 가리키는 것입니다.

"부처가 무엇입니까?"라고 묻는 제자에게 "마른 똥막대기다"라고 말함으로써 파도를 가리킵니다. 아마도 부처를 묻는 제자 주변에 마른 똥막대기가 있었겠지요. 그렇게 가까이 있는 사물을 가리키지만 사실은 사물을 가리키는 것이 아니라 진리의 실상을 가리키고 있는 것입니다. 마음을 가리키는 것이고, 본래면목을 가리키는 것이며, 바다를 가리키고 있는 것입니다.

선에서는 이런 방식으로 직지인심을 통해 견성성불을 이끌어 줍니다. "진리가 무엇입니까?"라고 묻는 제자에게 "묻는 그것이다"라고도 하고, "할!" 하고 소리를 지르기도 하고, 눈앞에 있는 "뜰 앞의 잣나무다"라고 말하기도 하며, 손가락을 하나 들어보이기도 합니다. 이 모든 것이 바로 직지인심을 통해 전도몽상을 깨고 참된 진리의 실상을 드러내 보여주기 위함입니다.

5. 구경열반(究竟涅槃)

니르바나, 열반

'보살은 반야바라밀다를 의지하므로 마음에 걸림이 없고 걸림이 없으므로 두려움이 없어서 뒤바뀐 헛된 생각을 멀리 떠나'게 되므로, 이와 같이 전도몽상을 여의게 되기 때문에 결국에는 열반에 들어간다는 것입니다. 구경열반, 즉 구경에는 열반을 증득한다는 것이지요.

보살이 반야바라밀다에 의지하는 공덕 가운데 가장 큰 공덕은 열반을 얻게 된다는 점입니다. 이것이 불교의 가장 중요한 목적이겠지요.

열반이란 니르바나(nirvana)의 음역으로, 원래의 의미는 '불어 끈다'는 것입니다. 우리를 얽어매고 있는 탐진치 삼독이라는 번뇌의 불길을 훅 불어 꺼버린다는 것입니다.

『잡아함경』에서는 "탐욕, 진에(瞋迷), 우치(愚癡)가 길이 다하고, 일체 번뇌가 길이 다한 것을 열반이라 한다."고 설하고 있습니다. 탐진치 삼독이란 탐내고, 성내고, 어리석은 것을 의미합니다. 중생은 어리석기 때문에 대상을 진짜로 있다고 여겨서 탐내고, 내 뜻대로 되지 않는다고 여겨 성내게 됩니다. 탐진치 삼독심이 일어나는 것이 바로 전도몽상 때문입니다. 실체로 여기지 않는다면 탐낼 것도 없고, 화낼 것도 없습니다. 인연 따라 잠깐 생겨난 세상 만물을 실체라고 여기는 것 자체가 바로 어리석음입니다. 탐진치 삼독이 바로 모든 번뇌 중에서도 가장 큰 세 가지 번뇌입니다.

그런데 이러한 탐진치 삼독의 번뇌는 결국 분별심이라는 하나로 귀결됩니다. 분별하는 마음이 바로 어리석은 마음이고, 있다 없다고 분별하고, 취하고 싶다 버리고 싶다고 분별하기 때문에 탐심을 일으키고, 진심을 일으키기 때문입니다. 둘로 나누는 분별심이 없다면, 지혜와 무명도 따로 없을 것이고, 취하거나 버릴 것도 없을 것이고, 화를 내거나 하는 마음도 없을 것입니다. 둘로 나누는 분별심에서 탐진치 삼독도 일어납니다.

결국 모든 번뇌의 씨앗은 분별심이며, 분별심이라는 번뇌의 불길이 바로 전도몽상입니다. '구경열반'이란 전도몽상을 멀리 여의고 결국에는 열반에 들게 됨을 설하는 것입니다.

무위열반, 아무것도 하지 않을 뿐

여기에서도 보듯이 열반은 없던 무언가를 새롭게 만들어낸 어떤 것이 아니라, 중생이 전도몽상이라는 뒤바뀐 헛된 생각과 번뇌의 불길을 불어 끄는 것일 뿐입니다. 그저 번뇌의 불길, 분별심의 불길만 불어 끄면 된다는 것입니다. 번뇌와 분별만 없으면 그대로 이미 있던 진리는 드러납니다.

없던 진리를 새롭게 만드는 것이거나, 노력해서 얻는 것이 열반이 아니라, 그동안 중생이 뒤바뀐 헛된 생각으로 스스로 분별심을 만들어 내었기 때문에 괴로웠으니, 아주 단순하게 그동안 해오던 전도몽상을 여의고, 분별심을 일으키던 것을 멈추기만 하면 된다는 것입니다.

이처럼 열반은 무엇을 '하는 것'이 아니라, 하던 것을 '하지 않는 것' 입니다. 즉, 무위열반(無爲涅槃)입니다. 그래서 불법을 무위법(無爲法)이라고 합니다. 무위란 무언가 애써서 행위하는 것이 아니라 하지 않는 법이라는 의미입니다. 이 열반을 뜻을 따라 번역하면 적멸(寂滅), 멸도(滅度)라고도 합니다. 말 그대로 완전히 고요하고 멸해서 모든 것이 사라졌다는 것입니다. 행위하던 모든 것, 분별하던 모든 것들이 완전히 다 사라져서 고요하게 적멸해 버린 길이 바로 열반입니다. 그저 아무 일 없는 것이 바로 적멸이며 멸도의 길입니다.

그러나 사람들은 '불어 끈다'고 하니, 열심히 불어서 꺼야 하는가 보구나 하고 열심히 갈고 닦으려고 애씁니다. 그러나 그 번뇌와 분별의 불길은 열심히 꺼야만 꺼지는 것이 아니라, 그저 가만히 내버려 두면 저절로 꺼지는 불길입니다.

그 불길을 만들어낸 출처가 바로 나 자신이기 때문에 내 스스로 만들어낸 번뇌의 불길을 그저 내 스스로 만들어내지 않기만 하면 되는 것입니다. 이처럼 불법 수행의 핵심은 무위법이며, 하던 것을 그저 하지 않기만 하면 될 뿐입니다.

새롭게 해야 할 것은 아무것도 없습니다. 하던 것을 그저 멈추기만 하면 될 뿐! 그러니 얼마나 쉬운 공부입니까? 불법공부는 이처럼 어려운 공부가 아니라 가장 단순하게 쉬는 공부일 뿐입니다.

결가부좌를 하고, 장좌불와를 하고, 몇 시간 동안, 혹은 며칠 동안 엄청난 고행을 감내해가며 갈고 닦는 것만이 수행이라고 여기던 것은 하나의 방편일 뿐 그것 자체로 진실은 아닙니다. 사실 그것은 부처님께서 6년간 고행주의를 갈고 닦다가 결국 포기하시고 나서 깨달음을 얻으신 것처럼, 부처님께서 포기했던 길일 뿐입니다. 즉 깨달음을 얻는데 열심히 수행하고 갈고 닦는 것은 필수 조건인 것은 아닙니다. 열반은 곧 무위법이기 때문입니다.

우리 모두의 발심

이처럼 열반이야말로 모든 괴로움이 소멸된 상태로써, 불교의 가장 이상적인 상태요, 깨달음 그 자체입니다. 그렇다면 당연히 불자들의 발원은 열반에 있어야 할 것입니다. 그러나 현실은 그렇지 않지요. 절에 다니면서 열반을 얻겠다거나, 깨달음을 얻겠다는 발심을 한 사람들은 그리 많지 않습니다.

그 이유가 바로 열반에 대한, 깨달음에 대한 잘못된 편견에 기인하는 것이 아닌가 합니다. 지금까지 깨달음, 열반이라고 하면, 상당히 고

차원적인 높은 지위에 도달하는 것, 혹은 지금 이대로가 아닌 신통자재한 놀라운 존재로써 탈바꿈 하는 것으로 여겨왔고, 평범한 사람들과는 전혀 다른 깨달은 사람들만의 멤버십 같은 것이 있을 것이라고 여기곤 했습니다.

그러나 그런 것은 전혀 열반도 아니고, 깨달음도 아닙니다. 깨달음을 얻은 사람이라고 해서 지금 이대로가 아닌 전혀 다른 사람이 되는 것이 아닙니다. 지금 이대로가 바로 깨달음의 현현이기 때문입니다. 우리는 단 한 번도 깨달음에서 벗어나 본 적이 없었기 때문입니다.

눈으로 볼 수 있고, 귀로 들을 수 있고, 생각할 수 있다는 것 자체가 바로 깨달음입니다. 열반, 해탈, 깨달음, 본래면목, 마음이 있기 때문에 보고 듣고 깨달아 알 수 있는 것이지, 이 육신이나 귀나 눈이 하는 것이 아닙니다.

그렇다면 참된 열반은 과연 무엇일까요? 지금까지 말씀드렸지만, 참된 열반은 사성제에서 살펴본 바와 같이 단순하게 '괴로움이 소멸되는 것'입니다. 괴로움이 없는 삶은 곧 '행복한 삶'이기도 합니다. 지금 이렇게 평범하던 내가 위대하고 놀랍고 신비롭고 신통방통한 영적인 영웅이 되는 것이 아니라, 지금 이대로의 평범한 내가 되는 것입니다. 아니 그것은 '되는' 것이 아니라, 지금 이미 되어 있는 상태로 있습니다. 그렇기에 한 발자국도 움직일 필요가 없다고 하는 것입니다.

괴로움이 없어지는 것이 열반이니, 이것처럼 내 인생과 직접적으로 관련된 일이 어디에 있겠습니까? 그럼에도 사람들은 열반은 저 먼 나라 사람의 얘기로 여기거나, 피나는 수행을 기필코 해내고야 마는 영적인 엘리트들만이 누릴 수 있는 무언가로 여깁니다. 전혀 그렇지 않습니다. 이것은 매우 당연한 일이고, 평범한 일일 뿐입니다.

우리 모두가 공통적으로 꿈꿔오던 삶입니다. 아주 당연한 발원이지요. 누구나 괴롭지 않은 삶을 꿈꿉니다. 누구나 행복해지고 싶어 합니다. 이 말은 곧 누구나 열반과 해탈을 발원하는 수행자일 수밖에 없음을 뜻합니다. 사람으로 태어난 이상 누구나 고통을 싫어하고 행복한 삶을 꿈꾸기에 사람이라면 누구나 해탈, 열반, 깨달음을 발심하는 것이 보편적인 목적이 아닐 수 없습니다.

열반은 바로 당신이 꿈꾸던 바로 그러한 세계입니다. 내가 누구인지, 여기는 어디인지, 나는 어디로 가는지 등 지금까지 생의 의미를 몰라 헤매지는 않으셨나요? 바로 그 답이 여기에 있습니다. 당신이 가야할 길은 바로 열반의 길입니다. 괴로움에서 벗어나고 싶은 사람이라면 당신이 바로 수행자이며 구도자입니다.

이처럼 열반은 우리 모두의 발원이자, 사실은 우리 모두의 지금 이대로의 상태입니다. 지금 이대로의 존재, 그것이 바로 열반입니다. 언제나 열반 속에 존재하던 이가 어느날 갑자기 번뇌 속에 존재하고 있다고 착각하면서 스스로 만들어낸 그 번뇌로 인해 괴로워하고 있다가 문득 돌이켜 본래부터 아무 문제 없었음을, 본래 부처였음을 그저 확인하는 것일 뿐입니다.

바로 그것, 열반으로 이끄는 가르침, 본래 부처였음을 깨닫게 하는 가르침이 바로 『반야심경』이고, 반야바라밀입니다. 그러니 반야바라밀다에 의지하는 이라면 누구나 걸림이 없고, 두려움이 없고, 전도몽상을 멀리 여의어 결국 열반에 이르게 되는 것입니다.

8장

삼세제불 의반야바라밀다고
득아뇩다라삼먁삼보리

1. 삼세제불(三世諸佛)

삼세제불

'삼세제불 의반야바라밀다고 득아뇩다라삼먁삼보리'를 해석해 보면, 삼세의 모든 부처님도 반야바라밀다에 의지하므로 최상의 깨달음을 얻는다는 것입니다.

삼세제불은 과거, 현재, 미래의 모든 부처님을 말합니다. 과거, 현재, 미래의 있었거나, 있거나, 있을 시간적으로 일체의 모든 부처님을 말하는 것으로, 쉽게 말하면 '모든 부처님'을 말합니다. 모든 부처님들이 하나도 빠짐없이 전부 다 반야바라밀다에 의지하기 때문에 최상의 깨달음을 얻는다는 것입니다. 예외는 없습니다. 깨달음이란 두 가지,

세 가지가 아니기 때문입니다. 이 부처님과 저 부처님이 서로 다른 깨달음을 얻은 것이 아니기 때문입니다.

시공의 무수한 부처님

초기불교에서는 부처님을 석가모니 부처님 한 분이라고 여겼지만, 대승불교에 오면 헤아릴 수 없이 많은 부처님들이 등장합니다. 그것도 시간과 공간을 초월하여 한량없이 많은 부처님들이 계신하고 말합니다.

시간적으로는 과거, 현재, 미래의 삼세에 걸쳐서 등장하시며 공간적으로는, 시방(十方)이라 하여 동·서·남·북 사방과 4간방(間方)인 동남·남서·서북·북동, 그리고 상·하의 두 방향을 합하여 열 방향을 설정하여, 이 모든 시간과 공간에 상주하고 계신다고 말합니다.

불교의 우주관을 보면, 우주는 끊임없이 성주괴공(成住壞空)을 반복한다고 하는데, 이 각각의 성겁·주겁·괴겁·공겁의 기간을 중겁(中劫)이라 이름하고, 이 네 가지 중겁이 모여 하나의 대겁[一大劫]이 이루어진다고 합니다. 이와 같은 대겁이 경과한 과거의 우주를 과거장엄겁(過去莊嚴劫)이라 하고, 현재의 우주를 현재현겁(現在賢劫)이라 하며, 다가올 미래의 우주를 미래성숙겁(未來星宿劫)이라고 합니다. 경전을 보면 과거, 현재, 미래의 모든 세에 일천 불이 출현하셨고, 또 출현하리라는 기록을 볼 수 있습니다.

『삼겁삼천불명경(三劫三千佛名經)』에 의거해 보면, 과거장엄겁 천

불은 제1 화광(華光) 여래불로부터 시작하여, 제 1,000번째로 비사부(毘舍浮) 여래불이 계셨다고 하며, 우리가 살고 있는 현재 현겁의 부처님이신 현재현겁 천불은, 제1 구류손(拘留孫) 여래불, 제2 구나함모니(拘那含牟尼) 여래불, 제3 가섭(迦葉) 여래불, 제4 석가모니(釋迦牟尼) 여래불, 제5 미륵(彌勒) 여래불, 제6 사자(師子) 여래불 등에서 시작하여 제1,000번째는 누지(樓至) 여래불이 계십니다. 미래성숙겁의 부처님은, 제1 일광(日光) 여래불로 부터 제1,000번째로 수미상(須彌相) 여래불이 출현하실 것이라고 합니다. 이 모든 삼세의 부처님 가운데 현재 현겁의 네 번째 부처님이 바로 2,500년 전 이 땅에 태어나신 석가모니 부처님이신 것입니다.

무수한 부처님이 곧 한 부처님

대승불교의 경전들에서 이토록 많은 부처님들을 설하는 이유는 무엇일까요? 모든 경전의 가르침은 전부 다 방편이며, 달을 가리키는 손가락일 뿐입니다. 그것 자체가 있는 그대로 진실이라서 그렇게 설하는 것이 아니라, 그렇게 설하는 이유, 즉 낙처, 귀결점이 있는 것입니다.

대승경전에서 셀 수 없이 많은 무수한 부처님을 설하는 이유는 온 우주법계 삼라만상 전부가 부처님 아님이 없기 때문입니다. 이 우주에서 가장 사소하고 작은 미진이요 티끌이라고 불릴만한 것 하나 조차 부처님 아닌 것이 없습니다. 어떻게 그것이 가능할까요? 온 우주 삼라만상 전부가 사실은 '하나'이기 때문입니다. 불이법이기 때문입니다. 근원에서는 둘로 나뉘는 것은 없습니다.

'하나'의 바다가 무수한 파도를 만들어냈을 뿐이지만, 그 모든 삼라만상의 파도 전부가 다 따로따로 다른 것이 아니라, 전부 다 바다일 뿐입니다. 파도는 곧 바다일 뿐이듯, 삼라만상은 전부 다 부처 아닌 것이 없습니다. 그러니 방편에서는 온 우주를 하나의 부처라고 해도 좋고, 수많은 시공간에 부처가 꽉 두루 차 있다고 해도 좋습니다. 어차피 방편일 뿐, 그 말속에 참된 진리를 고스란히 담을 수는 없기 때문입니다. 방편을 들을 때는, '아! 그렇게도 표현할 수 있겠구나' 정도의 의미로만 여기면 되지, 그 말을 곧이곧대로 믿어서는 안 됩니다.

이것이 바로 '삼세제불'의 의미입니다.

2. 의반야바라밀다고(依般若波羅蜜多故)

반야바라밀

이처럼 삼세제불, 일체 모든 부처님들은 전부 다 '반야바라밀다'에 의지합니다. 반야바라밀다에 의지해야만 최상의 깨달음을 얻을 수 있기 때문이지요. 반야바라밀다란 다시한번 설명하지만 일체 모든 것을 공하다고 관하는 것입니다. 일체의 모든 파도가 곧 바다이며, 그 바다라는 것은 어떤 실체적인 무언가가 아니라는 것입니다. 텅 빈 허공과도 같이 허공 속에서 모든 삼라만상이 나타나고 사라지지만 정작 허공은 오지도 가지도 않는 것과 같습니다. 허공은 있지도 없지도 않은 것과 같습니다.

이처럼 반야바라밀은 모든 부처님을 출생시키기 때문에『대품반야경』에서는 다음과 같이 설하고 있습니다.

> 반야바라밀은 모든 부처님의 어머니이시다. 반야바라밀은 능히 세간의 모습을 보여준다. 이러한 까닭에 부처님은 이 법에 의지하여 행하고, 이 법을 공양·공경·존중·찬탄하신다. 무엇을 이 법이라고 하는가? 소위, 반야바라밀이다. 모든 부처님은 반야바라밀에 의지하여 머물고, 이 반야바라밀을 공양·공경·존중·찬탄하신다. 왜냐하면 이 반야바라밀은 모든 부처님을 출생시키기 때문이다.

반야바라밀에 의지해야만 최상의 깨달음을 얻을 수 있기 때문에, 반야바라밀을 모든 부처님의 어머니라고 설합니다. 그런 까닭에 모든 부처님은 반야바라밀에 의지하여 행하고, 반야바라밀을 공양하고 공경하며 존중하고 찬탄하십니다. 법, 진리란 무엇일까요? 진리를 말로 설명할 수 없이 어쩔 수 없이 '반야바라밀'이라고 설한 것입니다.

이 세상에 한 법도 없다고 관하는 것, 삼라만상 모든 것이 전부 다 공이라고 관하는 것, 일체가 전부 다 공이어서 공마저도 공이고, 해탈마저도 공이며, 반야바라밀 마저도 공입니다. 이렇게 관하는 것이 바로 반야바라밀입니다. 반야바라밀에서는 한 티끌도 용납하지 않습니다. 그 어떤 한 법도 내세울 것이 없습니다. 반야바라밀에서는 그저 비우고 비워 낼 뿐, 채울 것이 하나도 없습니다. 오로지 빼기일 뿐, 더할 것은 하나도 없습니다.

반야바라밀은 길 없는 길

그래서 참된 스승은 그 어떤 한 법도 내세우지 않습니다. '이것이다'라고 할 만한 정해진 법이 없습니다. 특정한 것을 '이것이 법이다'라고 한다면, 그것이 목적이 되어 그쪽으로 가야할 것이지만, 불법에는 내세우는 것이 없으니 나아가야 하거나, 그쪽으로 갈 수 있는 어디도 없는 것입니다.

그러니 공부인은 꽉 막힐 뿐입니다. 반야바라밀이라는 공부는 오로지 꽉 막히는 공부입니다. 오로지 모를 뿐인 공부입니다. '이것이다'라고 할 만한 특정한 교리나 신조나 논리를 가지고 있다면 그것을 배우거나 알 수 있겠지만, '이것이다'라고 할 만한 어떤 것도 없으니, 배울 무엇도 없고, 알아야 할 무엇도 없이 '오직 모를 뿐'인 것이지요.

이처럼 참된 공부인은 모르는 것을 공부로 삼아야 합니다. 알려고 하면 어긋납니다. 불법을 안다는 것은 망상일 뿐, 참된 공부가 아닙니다. 도무지 모르겠고, 어떻게 해야 할 지도 모르겠고, 어디로 가야 할지도 모르겠어서, 도무지 이러지도 저러지도 못하고 꽉 막혀 있는 것이 바로 반야바라밀의 공부입니다.

그러니 따로 반야바라밀의 수행법은 없습니다. 특별한 수행법을 정해 놓고 이것만 행하면 깨달을 수 있다고 하는 모든 명상단체의 방법론은 반야바라밀이 아닙니다. 그것은 참된 진리가 아닙니다. 그렇게 딱 정해서 말할 수 있는 것은 법이 아닙니다.

『반야심경』과 『금강경』이라는 조계종을 비롯한 모든 종단의 소의 경전을 보더라도, 반야바라밀을 행하라는 말은 나오지만, 어떻게 수행하라는 말은 전혀 나오지 않습니다. 반야바라밀은 어떻게 수행하는 것이 아니기 때문입니다.

일체법이 곧 불법

온통 모르겠는 마음으로 이러지도 저러지도 못한 채, 꽉 막혀 있는 마음을 그저 지속하는 것만이 방법 아닌 방법입니다. 모르겠으니, 그저 모르는 채로 버티는 것입니다. 그것이 화두이고, 그것이 마음공부이며, 그것이 '이뭣고?'입니다.

바로 지금 '이것'이 부처이며, 깨달음이고, 반야바라밀이라고 했는데, 도저히 '이것'을 알 길이 없습니다. 『금강경』에서는 이를 두고 '일체법이 불법'이라고 말합니다. 일체시 일체처에 불법 아닌 것이 없습니다. 이것을 마조스님은 이렇게 설했습니다.

> 진리를 떠나서는 설 곳이 없다. 서 있는 곳이 바로 진리(立處卽眞)이며, 모든 것이 자신의 본바탕이다.

> 일체법이 모두 불법이고(一切法皆是佛法), 모든 것이 전부 해탈(諸法 是解脫)이다. 해탈은 곧 진여이니, 모든 것은 진여를 벗어나지 않는다.

서 있는 곳이 바로 진리이며, 우리는 단 한 순간도 진리 아닌 곳에 발 딛고 설 수 없습니다. 모든 것이 전부 자기 본바탕이고, 일체법이 불법이며, 모든 것이 전부 해탈입니다. 눈으로 보면 보는 것이 '이것' 이고, 귀로 들으면 듣는 것이 '이것'입니다. 그러나 우리는 분별된 세계만 보이고, 분별된 소리만 들릴 뿐, '이것'을 확인하지 못합니다.

보는 것, 듣는 것, 생각하는 것, 맛 보는 것 전부 다 '이것' 아님이 없다고 했는데, 나는 '이것'을 알지 못하니 그저 모를 뿐이고, 그저 궁금할 뿐이고, 그저 확인하고 싶을 뿐입니다. 바로 이 모르겠는 마음, 궁금한 마음, 확인하고 싶은 마음을 유지하고, 지키고, 간직한 채 시간을 보내며, 버티는 것이 반야바라밀의 수행이라면 수행입니다.

금강권과 율극봉

이것을 간화선에서는 '화두'라고 했던 것입니다. 선에서는 이처럼 확인하고자 하는 간절한 발심은 있지만, 도저히 모르겠고, 이러지도 저러지도 모르겠는 것을 금강권(金剛圈) 혹은 율극봉(栗棘蓬)이라고 합니다.

금강권은 가슴이 의문으로 꽉 차서 마치 빠져나올 수 없는 좁은 감옥에 갇힌 것처럼 답답한 것을 말하고, 율극봉은 가시가 난 밤송이가 목구멍에 걸려서 삼키지도 못하고 뱉지도 못한 채 숨통이 막혀 갑갑하기 그지 없는 진퇴양난의 상태를 말합니다.

마음공부, 선 공부는 바로 이렇게 하는 것이라는 의미입니다. 이를 고봉원묘화상은 『선요』에서 이렇게 말합니다.

의심하고 의심하여 안팎이 하나가 되게 하여 온종일 털끝만큼
도 빈틈 없이 가슴이 답답한 것이 마치 독약에 중독된 것과 같
고, 금강권과 율극봉을 삼킨 것과 같으니, 오로지 생을 걸고 이
답을 확인하기를 분연히 힘쓰면 자연스럽게 깨닫게 될 날이 있
을 것이다.

또한 이를 은산철벽(銀山鐵壁)이라고도 하니, 이는 넘고 뚫을 수 없
는 산인 은산에 갇혀 꼼짝달싹 못하고 꽉 막힌 상태를 말합니다. 한 발
자국도 나아갈 수 없는 상태입니다. 이를 황벽스님은 다음과 같이 설
하셨습니다.

결코 털끝 만큼이라도 향하여 나아가려고 하지 말라. 만약 부
처님이 마중하는 등의 여러 가지 좋은 모습을 보더라도 그것을
따라가려는 마음이 없어야 하고, 여러 가지 나쁜 모습이 나타나
더라도 역시 두려워하는 마음이 없어야 한다. 다만 스스로 마음
을 잊으면 법계와 같아져서 자재함을 얻게 된다. 이것이 요점이다.

수행자는 털끝 만큼이라도 향하여 나아가려고 하지 말아야 합니다.
공부에 진도가 잘 나가고 있다거나 진도가 나가지 않는다는 것은 전
부 망상일 뿐입니다. 아무리 좋은 경계를 만나더라도 그것을 따라가

지 말고, 어떤 나쁜 경계가 있더라도 회피하려고 하지도 않는 것이지요. 그 모든 분별된 마음을 따라가지 않고, 그 모든 일어난 마음을 그저 잊는 것입니다. 마음이 없으면 곧바로 자재해 집니다. 임제스님의 말씀을 들어보지요.

순간순간 치달려 밖으로 구하는 마음만 쉴 수 있다면, 바로 조사나 부처와 다르지 않을 것이다.

일 없음이 귀하니 조작하지 말고 다만 평상하라. 바깥으로 구하러 다니며 할 일을 찾는다면 오해한 것이다. 그대는 찾아다니고 있는 바로 그것을 아는가?

바깥으로 치달려 구하려는 마음이 곧 분별심입니다. 구하는 마음이 따로 있고, 구할 마음이 따로 있다고 여기는 것이 바로 분별이기 때문입니다. 이 법은 구하려는 마음을 쉬는 공부입니다. 바깥으로 구하려고 애쓰고, 불법을 찾아다녀서는 깨달음을 얻을 수 없습니다. 바깥으로 구하고, 불법을 찾아다니는 바로 그것이 '이것'이기 때문입니다. '이것'을 가지고 '이것'을 찾으려고 하니 찾아지지 않는 것입니다.

물론 그렇다고 아예 찾지 않는다면 그 사람은 그저 중생일 뿐입니다. 찾아서도 안 되고, 찾지 않아서도 안 되니, 저절로 이러지도 저러지도 모를 금강권, 율극봉에 갇힐 수밖에 없습니다.

간화선과 반야바라밀

　이러한 마음공부를 대혜종고는 『서장』에서 화두라고 설명함으로써 이러한 이러지도 저러지도 못하는 길 없는 길이요, 수행 아닌 수행을 하나의 '간화선'이라는 형식 안으로 가져오는 방편을 쓰고 있습니다. 대혜종고의 화두 수행에 대한 법문을 하나 살펴보지요.

　다만 전도된 망상과 사량 분별, 좋고 싫은 마음과 지견으로 이해하려는 마음을 따라가지 말고, 그 분별심 대신 화두를 살펴보십시오.

　어떤 스님이 조주스님에게 묻기를 '개에게도 불성이 있습니까?' 하니, 조주스님은 '없다(無)'고 하였습니다. 이 한 글자는 수많은 삿된 지식과 잘못된 깨달음을 막아주는 무기와 같습니다. 이 무(無)자 화두를 들되, 유니 무니 헤아려도 안 되고, 이치를 따져 이해해도 안 되고, 생각으로 사량 분별해도 안 되고, 눈썹을 치켜 올리고 눈을 깜빡이며 힘을 주어서도 안 되고, 언어에 의지해도 안 되고, 그렇다고 일 없는 곳으로 도망쳐도 안 되며, 수긍해도 안 되고, 문자로 증거를 찾으려 해도 안 됩니다.

　다만 하루 종일 행주좌와에 늘 '개에게도 불성이 있습니까?' '없다'라는 이 화두를 삶에서 떼어놓지 마십시오.

　세간의 잡다한 일들이 있을 때는 그것을 배척하지 말고 다만 생각이 올라오는 곳에서 가볍게 화두를 들어 굴려보십시오. 그러면 크게 힘을 덜 것이고 또한 무한한 힘을 얻을 것입니다. 이처럼 공(公)께서는 화두를 들고 버티시되, 마음을 가지고 깨달음을 기다리지는 마십시오. 문득 저절로 깨닫는 때가 올 것입니다.

개에게도 불성이 있는가 하는 질문에 '없다'라고 답했지만, 이것을 생각으로 헤아리려고 해서는 안 된다는 것입니다. 왜 없다고 했을까 하고 답을 헤아려서 찾으려고 하면 안 되고, 다만 '오직 모를 뿐'인 마음으로 화두를 들 뿐입니다. 망상과 사량분별, 좋고 싫은 마음으로 이해하려고 하지 말라는 것이 화두에서 매우 중요합니다. 이해하려 하지 말고, 따지지도 말고, 힘을 주지도 말고, 수긍해도 안 되고, 배척해도 안 되고, 그저 모를 뿐, '어떻게' 하려고 하지 말아야 합니다. 다만 궁금할 뿐, 모를 뿐, 하는 마음을 가지고 버티되, 깨달음을 기다리지는 말라는 것이지요. 깨달음을 기다리는 마음이 곧 분별심이기 때문입니다.
　이러한 선의 수행, 마음공부, 화두의 수행이 바로 반야바라밀의 수행 아닌 수행입니다. 길 없는 길이며, 불이중도의 길이고, 함이 없이 행하는 공부입니다.

3. 득아뇩다라삼먁삼보리(得阿耨多羅三藐三菩提)

이렇게 삼세의 모든 부처님은 반야바라밀다에 의지하는 까닭에 '최상의 깨달음'을 얻게 됩니다. 아뇩다라삼먁삼보리(anuttarā-samyak-saṃbodhi)는 한문으로 무상정등정각(無上正等正覺), 무상정변지(無

上正遍智)로 번역되는 말로써, 아뇩다라가 번역된 무상은 위 없는 깨
달음이며, 삼먁인 정등은 정변과 같은 말로써 일체를 바르게 아는 깨
달음이며, 삼보리가 번역된 정각은 바른 깨달음을 뜻합니다.

　무상(無上)'이란, 더 이상 이보다 더 높은 깨달음이 있을 수 없는 최
고의 가르침이란 의미이며, '정(正)'이란 객관적이고 타당성이 있는
편견 없는 가르침, 다시 말해 있는 그대로를 있는 그대로 조견(照見)
한 가르침이라는 의미입니다. 이것은 팔정도의 '정(正)'과 같은 의
미이며, 중도의 '중(中)', 공 사상의 '공(空)'과 같은 의미입니다. '등
(等)'은 보편적인 가르침을 의미합니다. 어느 한쪽에만 타당한 가르침
이 아니라, 모든 존재에게 동시에 적용 되는 가르침인 것입니다.

　곧 더 이상 위가 있을 수 없으며, 바르고 평등하며 완전한 깨달음이
라는 의미입니다. 쉽게 말하면 '최상의 깨달음'이며, 부처님의 깨달음
을 아뇩다라삼먁삼보리라고 부릅니다. 앞서 언급한 구경열반과 같은
의미라고 할 수 있겠습니다.

제4품. 총결분(總結分)

故知般若波羅蜜多

是大神呪 是大明呪 是無上呪 是無等等呪

能除一切苦 眞實不虛

故說般若波羅蜜多呪 卽說呪曰

揭諦揭諦波羅揭諦波羅僧揭諦菩提薩婆訶

9장

고지 반야바라밀다 시대신주 시대명주
시무상주 시무등등주 능제일체고 진실불허

1. 고지 반야바라밀다(故知 般若波羅蜜多)

공능분과 총결분

이상에서 경의 공능분(功能分)을 모두 살펴보았습니다. 공능분이란, 다시 말해 반야바라밀 수행이 우리들에게 주는 한량없는 이익, 공능을 언급한 부분입니다.

이상에서 우리는 반야바라밀이 마음에 걸림이 없으며 공포가 없고, 전도된 몽상에서 벗어날 수 있으므로 구경에는 열반에 이르도록 하는 이익을 가져다준다는 사실을 살펴보았으며, 또한 삼세의 모든 부처님도 바로 반야바라밀에 의해서 무상정등정각을 얻었다는 것을 알았습니다.

여기까지가 공능분이라면, 앞으로 살펴볼 마지막 장은 총결분으로, 지금까지 공부해 온 『반야심경』의 핵심 가르침을 총괄적으로 결론 내리고 있는 부분이라 하겠습니다.

반야심경의 독특한 결론

그런데 이『반야심경』에서는 총결분에서 결론을 '주(呪)'라는 다소 특별한 방법으로 내리고 있습니다. 사실『반야심경』의 내용상 결론 내지는 핵심이라고 한다면 이미 서두에서 나왔습니다. '관자재보살 행심반야바라밀다시 조견오온개공 도일체고액'이『반야심경』의 핵심 가르침입니다. 그렇기에 여기에서 이보다 더 좋은 결론을 다시 내리기는 어려울 것입니다.

또 한 가지 총결분에서 '아제아제 바라아제 바라승아제 모지사바하'라는 주로써 결론을 내리는 이유가 또 있습니다.

지금까지『반야심경』의 본문에서는 다양한 방법으로 반야바라밀에 대해 설했습니다. 반야바라밀로써 살펴 보았더니 일체라 할 수 있는 오온이 모두 공하였고, 십이처와 십팔계, 사성제와 십이연기, 지혜와 열반까지 전부 다 공한 것이었습니다. 그러나 이렇게『반야심경』의 본문에서 설했던 모든 가르침은 말로 표현된 것이기에, 허물이 없을 수가 없습니다.

말이라는 것, 언어라는 것 자체가 이미 말로 표현되어진 것이기에 분별된 것입니다. 분별된 것은 있는 그대로를 있는 그대로 드러낸 것일 수 없습니다. 말 자체가 하나의 방편법이며, 세속제입니다. 말로는 아무리 바르고 평등한 깨달음이나 최상의 깨달음이라고 말할 수 있지만, 그 무상정등정각이라는 말이 곧 무상정등정각을 곧바로 드러내 주지는 못합니다. 그저 달을 가리키는 손가락이며, 강을 건너는 뗏목 일 뿐, 그 말 자체가 깨달음인 것은 아닙니다.

예를 들어 소금의 맛을 보여주고 싶은데, 아무리 많은 양의 말로써 소금을 설명하고, 도서관에 있는 소금과 관련된 일체 모든 논문과 책들을 다 읽도록 한다고 할지라도 그 사람이 직접 소금을 맛보지 않는다면 소금맛은 결코 알 수 없습니다. 물론 언어로 쓰여진 말로 공부함으로써 소금에 대한 이론은 잘 알고 있겠지만 직접 소금의 맛은 본 적이 없는 것이지요. 아무리 많은 말과 언어로 소금맛을 설명한들, 소금의 맛을 직접 보는 것일 수는 없습니다.

마찬가지로 깨달음도 그렇습니다. 깨달음에 대해 아무리 그럴 듯 하게 설명을 한다고 할지라도 깨달음 그 자체를 그대로 드러내 보여줄 수는 없습니다. 깨달음을 말로써 가리킬 수는 있어도 깨달음 그 자체인 것은 아닙니다. 깨달음에 대한 직접적인 확인은 아닌 것이지요.

지금까지 『반야심경』에서는 최대한 간략하고 정제된 방식으로 최상의 깨달음과 반야바라밀다의 지혜를 설했습니다. 그러나 그 또한 하나의 언어일 뿐, 진리를 그대로 드러낸 것일 수는 없습니다.

그래서 『반야심경』에서는 총결분에서 조차 또 다른 말로 결론을 내리려 하지 않습니다. 곧장 진리를 보여주고자 하는 것이지요. 말 아닌 말, 언어 아닌 언어로써 곧장 진리를 드러내고자 했던 것입니다.

진언으로 진리를 드러냄

주나 진언으로써의 '아제아제 바라아제 바라승아제 모지사바하'에는 아무런 뜻도 없습니다. 물론 뜻을 해석하려고 하면 할 수도 있겠지만, 주와 진언은 그것 자체가 뜻을 드러내고자 함이 아닌 말 아닌 말, 밀어(密語)로써 진리를 곧장 드러내고자 함이기 때문입니다.

총결분을 이렇게 끝맺음하는 이유는 바로 그동안 본문에서 '달을 가리키는 손가락'을 보여주었지만 아직 깨닫지를 못했다면, 총결에서는 곧장 '달' 그 자체를 드러내 줌으로써 몰록 깨닫도록 해 주기 위함입니다.

어떻게 '달' 자체를 드러낼까요? 어떻게 말로 표현할 수 없는 진리를 곧장 드러내 가리킬 수 있을까요? 어떻게 하면 직지인심할 수 있을까요?

'아제아제 바라아제 바라승아제 모지사바하'

바로 이것입니다. 이것이 바로 달이요, 진리 그 자체입니다. 이것이 바로 제법실상이며 열반이고 아뇩다라삼먁삼보리입니다.

이렇게 말하니 뭐 대단한 선도리를 설하고 있는 것 같겠지만, 그렇지 않습니다. 왜 '아제아제 바라아제 바라승아제 모지사바하'가 깨달음일까요?

이 세상에는 일체 모든 것들이 전부 다 깨달음 아님이 없기 때문입니다. 모든 파도가 전부 다 바다이기 때문입니다. 정신적인, 물질적인 일체 모든 것들이 다 진리이고 마음이며 법입니다. 말로 표현하고자 한다면 어떤 말이든 전부 다 법 아님이 없습니다.

아제아제 바라아제 바라승아제 모지사바하만 법이 아니라, 뜰 앞의 잣나무도 법이고, 마삼근도 법이고, 호떡도 법이고, 자장면도 법이며, 개나리, 진달래가 전부 다 법입니다. 콜라도 법이고, 토끼도 법이며, 언어로 표현할 수 있는 일체 모든 말들이 전부 다 법입니다. 일체법이 불법이기에, 불법 아닌 것이 있을 수 없기 때문입니다.

초등학교 국어책 첫 페이지에서부터 끝 페이지에까지 나와 있는 일체 모든 단어가 다 법입니다. 우리가 그 말의 뜻을 따라가지 않고, 그 말의 의미에 사로잡히지 않고, 그 말이 나온 당처를 확인한다면 그것이 그대로 법입니다.

'아제아제' 할 때 그 말속에 법이 있는 것이 아니라, '아제아제' 하는 바로 그것이 법입니다. '아제아제'가 어디에서 나올까요? 아제아제까지 갈 것도 없습니다. '아제' 이 말이 어디에서 출현했습니까? 아니 그저 '아'라고 해도 좋습니다. '아' 하는 이 말이 어디에서 나왔고 또 어디로 사라졌나요? '아' 하는 그 말의 뜻이 아니라, '아'하는 '이것'은 무엇일까요?

회광반조(廻光返照) 해보시기 바랍니다. '아'가 나온 그 자리를 돌이켜 보세요. 관세음보살님도 반문문성(反聞聞性)이라고 하여 들리는 소리를 돌이켜 듣는 것을 통하여 이근원통(耳根圓通)에 이른다고

461

설하고 있습니다. 물론 그렇다고 해서, 억지로 회광반조하고 반문문성하려고 노력할 필요는 없습니다. 이 또한 하나의 방편의 말일 뿐, 이것을 유위법적인 어떤 수행법이라고 오해를 하면 안 됩니다. 깨닫고 나면 그렇게도 표현할 수 있겠구나 하고 다만 방편으로 느끼고 표현해 보는 것이지 이 또한 실체적인 수행법은 아닙니다. 이렇게 방편으로 회광반조를 말하는 이유는 다만 화두를 들듯, 그러한 의심을 돈발하기 위한 하나의 방편일 뿐임을 잊지 말아야 하겠지요.

생각이 오고 가는 자리

그렇다면 어떤 단어라도 좋으니 그 단어가 의미하는 바를 눈앞에 상상으로 그려보시기 바랍니다. '자장면'을 눈앞에 그려보세요. 다시 '개나리'와 '콜라'도 그려보세요. 눈을 뜨고 상상으로 이미지를 그려보는 것입니다. 우리는 분명히 눈앞의 목전에 자장면과 개나리와 콜라를 그렸습니다. 물론 지금은 다시 사라졌을 겁니다. 그런데 그 자장면과 개나리와 콜라라는 상(相), 모양, 이미지는 분명히 그렸는데, 그 이미지를 어디에다 그렸습니까? 어디에서 그 이미지가 그려졌나요? 또 그 이미지는 어디로부터 나왔을까요? 어디에서 왔다가 어디에서 머물다가 어디로 사라졌습니까? 또 그 이미지를 그린 '놈'은 누구일까요? 왔다가 간 것은 분명한데 어디에서 왔고, 어디에 있다가, 어디로 돌아갔는지를 알 수는 없습니다. 그러나 분명한 것은 분명히 그 이미지를 그렸기 때문에 그려진 것은 명백한 사실입니다.

그 이미지를 그린 놈이 바로 '이것'입니다. 그 바탕, 배경이 바로 본래면목이며, 아뇩다라삼먁삼보리입니다. 물론 그것이 뭔지는 알 수 없습니다. 그러나 중요한 것은 분명하다는 사실입니다. 그 이미지가 그려진 배경도 '이것'이며, 그 이미지가 온 곳과 돌아간 곳 또한 바로 '이 자리'입니다.

바로 '이 자리', '이것'을 찾는 것이 마음공부입니다. 그것은 간절한 발심을 한 자가 이러한 법문을 자주 듣게 되면 저절로 깨달을 수 있는 것입니다.

이처럼 이미지가 생겨났다 사라지듯, 언어와 말도 생겨났다가 사라집니다. 언어에 담긴 의미가 중요한 것이 아니라, 그 말이 어디에서 왔고, 어디에서 머물다가, 어디로 사라져 갔는지, 또 그 말을 한 자는 누구이며, 그 말을 듣는 자는 누구인지를 찾는 것이 바로 선 공부입니다. 그러니 당연히 그 말이 어떤 말인가가 중요한 것은 아니겠지요. 어떤 말이 나오든, 중요한 것은 그 말의 의미를 새기는 것이 아니라, 그 말이 나오는 첫 글자에서부터 '그 말이 나온 자리', '그 말을 듣는 놈'을 참구해야 하는 것입니다.

그러니 말이야 '뜰 앞의 잣나무'라고 하든, '자장면'이라고 하든, '마삼근'이라고 하든, '호떡'이라고 하든, 국어사전에 있는 아무런 글자를 말하든, 아니 그저 아무 의미 없는 말을 마구 떠들어 대더라도 아무런 상관이 없습니다. 그 말이 나오기 이전 자리를 확인하는 것이 바로 이 공부이기 때문입니다. 그래서 '말 나오기 이전 자리', '말머리'

를 화두라고 부릅니다.

제자가 스승에게 '진리가 무엇입니까?'라고 묻는다면, 스승은 눈앞에 있는 사물을 아무거나 가리킵니다. '뜰 앞의 잣나무', '마른 똥막대기' 이런 식으로요. 그런데 이렇게 말하면 제자가 뜰 앞에 서 있는 잣나무를 관찰하고 골똘히 생각하면서 저 잣나무가 왜 진리일까? 하고 망상을 피우기 쉽습니다.

그래서 한편으로는 그런 의미를 지닌 말보다, 의미가 없는 말을 내뱉는 것이 더 좋을 수도 있는 것이지요. 그러면 적어도 그 말의 뜻을 따라가는 일은 없을테니까 말이지요. 그래서 '진리가 무엇입니까?', '아뇩다라삼먁삼보리가 무엇입니까?' 하고 물으면 '아제아제 바라아제 바라승아제 모지사바하'라고 답해주는 것이 바로 『반야심경』의 총결분인 것입니다.

'고지(故知)'라는 것은 '그러므로, 알라'라는 말로써, 지금까지 언설(言說)로써 이해를 도울 수 있도록 언급했던 『반야심경』의 본문 내용에 대해 주의 환기시키는 동시에, 새로운 비밀의 주를 설하고자 하고 있는 것입니다.

2. 시대신주 시대명주 시무상주 시무등등주
(是大神呪 是大明呪 是無上呪 是無等等呪)

주(呪)에 대하여

우선 여기에 등장하는 '주(呪)'에 대해서 먼저 살펴보겠습니다.

464

'주'는 자신과 타인의 재액(災厄)을 없애거나, 혹은 적에게 재액을 주기 위해 외우는 주문이란 의미로 보통 사용되는데, 전자를 선주(善呪), 후자를 악주(惡呪)라 한다고 합니다. 이는 다른 말로, 주문(呪文), 신주(神呪), 금주(禁呪), 밀주(密呪)라고도 합니다.

'주'는 보통 범어 "만트라(mantra)'의 번역으로 보는데, 혹은 '다라니(dharani)', '비디야(vidya)'의 번역으로 보기도 합니다. 한편, 만트라(曼陀羅)를 밀주(密呪), 다라니(陀羅尼)를 총지주(總持呪), 비디야를 명주(明呪)로 번역하여 구분하기도 합니다.

'주'를 외우는 것은 인도에서 옛날부터 내려오던 전승으로 추측되며, 불교 경전에도 종종 '주'가 등장하는 것을 볼 수 있습니다. 그러나 부처님께서는 '내 제자들은 베다의 주문이나 해몽, 관상, 점치는 행위 등을 해서는 안 된다'고 하심으로써 제자들에게 주술을 행하지 못하게 하는 것을 기본으로 하셨습니다. 다만 특별히 수행상 일신(一身)의 보호를 위해서 약간의 주에 의지하는 행위를 묵인하셨다고 경전에서는 설하고 있습니다.

이처럼, 부처님께서는 어느 정도 세속의 신앙에 대해 유화적이고 포용력 있는 자세를 견지하셨음을 볼 수 있습니다. 이러한 부처님의 유화적인 태도로 인해 이후에 밀교가 생겨날 즈음에는 주(呪)가 다라니, 만트라, 진언이란 이름으로 불교 수행의 중요한 위치를 점하게 되는 계기가 되기도 합니다.

만트라

그러면 우선 '만트라'에 대해 살펴보면, 인도의 오랜 종교적 전통을 불교에서 수용한 것으로, ' 찬가(讚歌), 제사(祭詞), 주문(呪文)' 등을 나타내는 말이며, 보통 문자, 언어의 의미를 가집니다.

대승불교에서 '만트라'는, 모든 부처님을 상징하는 산스크리트 문자나 불타에 대한 찬가(讚歌), 기도를 상징적으로 표현한 특정한 말을 가리킵니다. 한자로는 진언(眞言)이라고 음역하며, 밀교에서는 '다라니'라고 부르기도 하여 '진언', '다라니', '만트라'를 혼동하여 사용하기도 합니다. 다만, 일반적으로 사용되는 용례는 장구(長句)로 된 긴 것을 '다라니', 몇 구절로 된 짧은 것을 '진언', 한 자 두 자 등으로 된 것을 '주(呪)'라고 하는 것이 통례로 되어 있습니다.

예를 들면, 천수경에서 앞에 나오는 짧은 어구인 정구업진언(淨口業眞言) '수리 수리 마하수리 수수리 사바하'나, 정법계진언(淨法界眞言) '옴남' 등은 '진언'이라 부르고, '나모라 다나다라 야야 나막알야 바로기제…'로 이어지는 긴 것을 신묘장구대다라니라 하여, '다라니'로 부르는 것이지요. 또한 '옴'과 같이 한 글자로 되어 있는 것을 '주'라고 합니다. '진언(眞言)'이라고 하면 '진실한 말'이라는 의미로, 부처님의 참된 경지를 밝히는 말소리라는 뜻입니다. 또한, 입으로 불러서 무명을 타파하고 마음을 통일하는 거룩한 귀절이기 때문에 '명(明)', '명주(明呪)'라고도 합니다.

다라니

'다라니(陀羅尼)'는 본래, 정신을 집중하여 부처님의 가르침을 기억하고 간직하는 것, 혹은 그 결과로써 얻게 되는 정신집중의 상태를 가리키는 말이었으나, 나중에 이것이 재앙을 막는 등의 공덕을 짓는 주문의 의미로 간주되었다고 합니다. 그러나 실제에 있어서 '만트라'와 '다라니'의 구분은 그다지 엄밀하지 않으며, 대체로 동일한 의미로 사용되고 있습니다. '다라니'는 보통, '총지(總持)', '능지(能持)', '능차(能遮)'라고 번역하는데, 모든 선법(善法)을 능히 지녀서 산실(散失)하지 않게 하므로 총지, 능지라 하고, 악법을 막아서 일어나지 않게 하므로 능차라고 하는 것입니다.

다라니의 네 가지 힘

이러한 다라니의 힘의 작용을 네 가지로 나눠서 말하기도 합니다.

첫째 법다라니(法陀羅尼)이니, 부처님의 교법을 듣고 잘 기억해 지니고 잊지 않는 작용을 하며, 둘째 의다라니(義陀羅尼)로, 모든 법의 한량없는 뜻을 모두 지녀서 잊지 않는 작용이 있다고 하며, 셋째 주다라니(呪陀羅尼)이니, 선정에 의하여 발한 비밀어로서 부사의(不思議) 신묘(神妙)한 영험이 있는 작용을 한다는 것입니다. 마지막으로, 넷째 인다라니(忍陀羅尼)이니, 모든 법의 실상을 깨달은 경지에 안주(安住)하여 있으면서 인지(忍持)하여 잃지 않는 작용이 있음을 말하는 것입니다.

이처럼 다라니는 무량무변한 작용을 가지고 있어, 모든 악한 법을 버리고 한량없는 좋은 법을 가지게 하는 것입니다. 보통 '다라니'라 하는 것에는 두 가지 의미가 있으니, 첫째는 지혜(智慧), 혹은 삼매(三昧)를 말하며, 둘째는 진언(眞言)을 말합니다. 삼매라는 의미는, 말을 잊지 않고 뜻을 분별하며 우주의 실상에 계합하여 수많은 법문을 보존하여 가지기 때문이며, 진언이라는 것은 번역하지 않고 음(音)을 그대로 적어서 외우는 것입니다. 이를 번역하지 않는 이유는 원문의 전체 뜻이 한정되는 것을 피하기 위한 것과, 밀어(密語)라 하여 다른 이에게 비밀히 한다는 의미에서입니다. 이것을 외우는 사람은 한량없는 말을 들어도 잊지 아니하며, 끝없는 이치를 알아 학해(學解)를 돕고, 모든 장애를 벗어나 한량없는 복덕을 얻는 등 많은 공덕이 있으므로 '다라니'라 하는 것입니다.

주에 대한 바른 이해

이상에서 언급한 다라니와 진언 등을 통칭 '주문(呪文)'이라고 합니다. 이상에서처럼 주에 대하여 일반적인 설명을 해드렸습니다만 주, 진언에 대한 우리들의 바른 견해를 위해 부언하여 설명토록 하겠습니다.

진언이란 '참말'입니다. 진언이란 그 말 자체에 어떤 힘이 있어서 효력이 있는 것이 아니고, 뭔가 대단하고 은밀한 뜻이 담겨 있어서 힘이 있는 것도 아닙니다. 우리의 마음을 밝히는 말이기에 참말인 것이지요. 부처님 말씀은 그대로 진언이라 할 수 있겠지요. 우리의 마음을 밝히는 말이기 때문입니다. 만약 말 그 자체에 효력이 있다면 부처님께서 하시는 '옴마니반메홈'과 큰스님들께서 하시는 '옴마니반메홈', 그리고 우리들이 하는 '옴마니반메홈', 도적, 강도가 하는 '옴마니반메홈'이 모두 똑같은 효력과 힘을 발휘하여야 할 것입니다. 그러나 전혀 그렇지 않습니다.

이처럼 진언, 다라니, 만트라, 주 등은 그 말 자체에 특정한 힘이 담겨 있는 것은 아닙니다. 그것은 그저 하나의 말일 뿐이지요. 그러나 앞서 설명 드린 것처럼, 모든 말을 그 뜻을 따라가 이해하고 분별하면 그것은 그저 하나의 말에 불과하지만, 그 말이 나온 출처, 그 말의 당처, 말을 하는 자, 말을 듣는 자의 근원을 회광반조 해 본다면 어떤 말이든 그것 자체가 지혜를 밝히는 진언이 될 수 있습니다.

진언, 다라니, 주문을 듣고 그 말의 뜻을 따라가 이해하려고 하지 말고, 그 진언이 어디에서 흘러나오고 있는지를 돌이켜 관해 보십시오. 관찰하려고 애쓰라는 말이 아닙니다. 진언을 스스로 외우면서 이 진언을 외우고 있는 자가 누구인가를 가볍게 의문해 보는 것입니다.

'옴마니반메홈' 자체가 마음을 밝히고 있습니다. 옴마니반메홈까지 갈 것도 없이, 그저 '옴' 이 하나에서 마음은 전부 다 드러나 있습니다.

이처럼 진언, 주문, 만트라, 다라니 등은 그 말 자체에 어떤 특정한 힘이 있다고 여겨 거기에 의지하기 시작한다면 그것은 부처님께서 외면하셨던 외도의 가르침이 됩니다. 불교의 신묘장구대다라니나 광명

진언, 육자진언을 외우면서도 그 주력수행을 통해 무언가 신통한 힘을 얻고자 한다면 그는 참된 수력수행을 하는 것이 아니라 삿된 도를 행하는 것입니다.

참된 진언, 주문, 만트라, 다라니는 거기에 어떤 해석이나 이해도 가하지 않는 것입니다. 그것을 통해 어떤 것도 얻어내려고 하지 않는 것이지요. 그것을 신비한 힘을 지닌 말이라고 여길 것도 없습니다.

그저 '옴마니반메훔' 이것일 뿐입니다. 그저 '옴마니반메훔' 이것이 진리입니다. '옴' 하는 이 한 마디 말 속에 진리가 고스란히 다 드러나 있습니다. 일체법이 곧 불법이기 때문입니다.

'옴마니반메훔' 하고 염하는 그것이 바로 부처요 자신의 본성입니다. '마하반야바라밀'하고 부르고 있는 그것이 바로 자기 본성이요 성품입니다. 그래서 육조 혜능스님은 돈황본『육조단경』에서 "사람들은 밤낮으로 소리 높여 '마하반야바라밀'을 부르면서도 부르고 있는 자신의 본성은 모른다. 그것은 음식 이야기를 아무리 하더라도 배가 부를 수 없는 것과 같다."고 설하였습니다. 마하반야바라밀 하고 부르고 있는 그것이 바로 자기의 참된 본성인 것입니다.

'옴' 하는 한 마디와 '마하반야바라밀'과 '뜰 앞의 잣나무' 하는 것은 전혀 다를 것이 없습니다. 중요한 것은 그 말이나 말에 담긴 신비한 힘이나 말의 뜻이 아니라, 말의 출처입니다. 그 말이 나온 자리를 회광반조해 볼 수 있다면 모든 말은 진리를 밝히는 참된 말, 진언이 됩니다.

반야바라밀주

반야바라밀주 또한 마찬가지입니다. '아제 아제 바라아제 바라승아제 모지사바하' 그것 자체에 어떤 특별한 힘이 깃들어 있는 것이 아닙니다. '아제아제~' 하고 그 주를 외울 때 이미 온전히 참된 법은 드러나 있습니다. '아제아제'가 바로 참된 법입니다.

이 반야바라밀주에 어떤 깊은 의미가 담겨 있을까 하고 의미를 탐구할 필요는 없습니다. 그저 '아제아제' 할 때 '아제아제' 하는 이것이 바로 그것입니다. '아제아제' 하는 여기에 『반야심경』의 『반야경』의, 반야바라밀의 모든 공관이 여실히 드러나 있습니다. 그렇기에 '아제아제 바라아제 바라승아제 모지사바하'가 그대로 참된 진실을 드러내는 주, 즉 반야바라밀주일 수 있는 것입니다.

말 그대로 반야바라밀주는 반야바라밀을 드러내고 있는 주라는 뜻입니다. 반야바라밀이라는 공관, 반야바라밀이라는 지혜를 그대로 나타내고 있는 것이 바로 반야바라밀주입니다.

이러한 반야바라밀주에 대해 『반야심경』에서는 네 가지로 그 수승함을 표현하고 있습니다.

첫째 대신주(大神呪)라는 것으로, 크고 신비로운 주문이라는 것입니다. 둘째 대명주(大明呪)로써 크게 밝은 주문이며, 셋째 무상주(無上呪)로써 이 보다 더 높은 것이 없는 최고의 경지의 주문이고, 넷째 무등등주(無等等呪)라 하여 비교될 만한 것이 없는 최상의 주문이라는 의미가 언급되어 있습니다. 다시 말해서, '지혜의 완성'을 의미하는 '반야바라밀'은, 일반적인 언어로써는 도저히 표현될 수 없는 최고, 최상의 것이기 때문에 주문으로 나타내고 있는 것입니다.

앞서 살펴본 것처럼 '반야바라밀'은 어떻게 말로 설명할 수가 없습니다. '이것이다'라고 딱 정해서 설할 수가 없습니다. '반야바라밀은 이것'이라고 딱 정해서 설명하게 되면, 마음속에 이미지가 딱 그려져서 하나의 상(相), 즉 허상이 되기 때문입니다. 반야바라밀은 상이 아닙니다. 그렇기에 말로 표현되거나, 이미지로 그려지는 어떤 것이 아닙니다.

어떤 특정한 '하나'로 표현되면 그것은 그것 '하나'일 뿐, 전체를 드러내는 것이 아니기 때문입니다. 애써 말로 표현해 본다면 반야바라밀은 온 우주를 하나도 남김 없이 다 포함하고 있는 것이며, 온 우주 삼라만상이 하나의 반야바라밀인 것입니다. 그러니 어찌 일부분이나 특정한 어떤 것을 딱 짚어 '이것이 반야바라밀'이라고 할 수 있겠습니까?

그래서 어쩔 수 없이 '말 아닌 말', '지혜를 드러낸 참말'로써 주로 반야바라밀을 표현했던 것입니다. 그것이 바로 반야바라밀주입니다. 반야바라밀주는 단순한 주문이 아니라, 그 속에 온 우주를 통째로 담고 있는 것입니다. 온 우주 삼라만상의 모든 존재들을 둘로 쪼개지 않고 하나의 바다요 배경 그 자체로써 곧바로 드러내고 있는 것입니다. 반야바라밀주 그것 자체가 바로 진리인 것이지요.

그러니 크게 신비로운 진언이라고 방편으로 말할 수도 있겠고, 크게 밝은 주문이라고도 할 수 있으며, 이보다 더 높은 것이 없는 최고의 주문이고, 비교될 만한 것이 없는 최상의 주문이라고 설할 수가 있는 것입니다. 이 말들은 전부 다 반야바라밀주가 다른 그 어떤 주문들보다 더 높고, 더 최상이며, 더 좋은 주문이라는 말을 하고 있는 것이 아닙니다.

그저 이 반야바라밀주가 전부입니다. 이것밖에 없습니다. 온 우주에 오로지 이 반야바라밀주 이것 하나만 있을 뿐입니다. 온 우주가 바로 반야바라밀의 반야바라밀주의 현현입니다. 그러니 이렇게 말할 수 있는 것일 뿐, 이러한 최고니 최상이니 하는 말도 하나의 방편일 뿐임을 알아야 합니다. 진리를 드러내고 있는 말은 전부 다 반야바라밀주입니다.

3. 능제일체고 진실불허(能除一切苦 眞實不虛)

능제일체고 진실불허란, 이 반야바라밀주는 '일체의 괴로움을 없애주며, 진실하여 허망하지 않다'는 것입니다. 반야바라밀주는 진리 그 자체를 드러내고 있는 것입니다. 불교의 진리는 바로 사성제입니다. 사성제는 곧 일체의 괴로움을 소멸시켜 열반으로 이끄는 가르침입니다. 그러니 반야바라밀주 또한 일체의 모든 괴로움을 없애주는 것입니다.

또한 반야바라밀주는 진실하여 허망하지 않습니다. 반야바라밀주는 어떤 하나의 특정한 진언이나 다라니를 말하는 것이 아니기 때문입니다. 반야바라밀주라는 하나의 방편을 통해 참된 진실을 그대로 드러내주고 있기 때문입니다.

만약에 우리가 반야바라밀주를 특정한 주문으로 이해하거나, 특정한 수행법으로 이해하거나, 이 주문을 많이 외우면 어디에 좋다는 식으로 이해하고 있다면 그것은 백 년 천 년을 염송해도 허망할 뿐 진실하지 않습니다. 진실불허가 될 수 없습니다.

그러나 반야바라밀주는 반야바라밀주가 아니기에 참된 반야바라밀주일 수 있는 것입니다. 반야바라밀주에 집착하거나, 반야바라밀주는 바로 이것이다 라고 헤아려 이해하거나, 반야바라밀주를 내세워 의지하고 있다면 그것은 전혀 반야바라밀주일 수 없습니다.

말이 반야바라밀주일 뿐, 그 말에 속지 마십시오. 반야바라밀주라는 이 말은 아무런 의미가 없습니다. 만약 어떤 의미가 있다면 그것은 진실불허일 수도 없고, 일체의 고통을 없애주지도 못합니다.

그저 '반야바라밀주' 이것입니다. '반야바라밀주' 이것 자체가 그대로 100% 진리입니다. 진리, 법, 마음, 본래면목, 해탈, 열반을 말로 드러내 표현을 해야 중생들이 이해를 할 수 있다보니 어쩔 수 없이 말이라는 방편을 통해 설명하기 위해 '반야바라밀주'라고 이름 붙인 것일 뿐입니다. 그러니 반야바라밀주는 특정한 어떤 주가 아닙니다. 그저 진리를 100% 드러내고 있는 말 아닌 말인 것이지요.

그러니 이 반야바라밀주라는 말 자체는 괴로움을 없애주지도 못하고 진실할 것도 없지만, 반야바라밀주라는 말이 지닌 낙처는 진실불허하며 능제일체고할 수 있는 것입니다.

10장
고설 반야바라밀다주 즉설주왈
아제아제 바라아제 바라승아제 모지사바하

반야바라밀다주(般若波羅蜜多呪)

'고설 반야바라밀다주 즉설주왈(故說 般若波羅蜜多呪 卽說呪曰)'
은 그런 까닭에 반야바라밀다주를 설하리라의 의미입니다. 반야바라
밀다주는 바로 '아제아제 바라아제 바라승아제 모지사바하'입니다.
이것이 지금까지 설한 『반야심경』의 총결이며, 반야지혜를 곧장 드러
내는 소식입니다.

이것을 말이 아니라 주(呪)라고 한 이유는, 특정한 의미가 담겨 있
는 특정 언어가 아니라, 진리 그 자체를 그저 100% 담고 있는 말 아닌
말이기 때문입니다. 그렇다면 '아제아제 바라아제 바라승아제 모지사
바하'만 반야바라밀다주일까요? 그렇지 않습니다. 만약 그렇다고 한
다면 '아제아제 바라아제 바라승아제 모지사바하'라는 이 반야바라

밀다주를 정하는 것이기에 이것만 반야바라밀다주라고 할 수는 없습니다. 불법은 무유정법(無有定法)이라고 하여, 그 어떤 것도 정해진 것이 없는 법입니다.

'뜰 앞의 잣나무'도 반야바라밀다주이며, '아버지'도 반야바라밀다주이고, '컴퓨터'도 반야바라밀다주이며, '철수야 놀자'도 반야바라밀다주가 될 수 있습니다. 국어사전에 등제되어 있는 일체의 모든 단어들, 60억 인구의 입에서 나올 수 있는 모든 소리가 전부 다 반야바라밀다주일 수도 있습니다. 그 소리를 말을 따라가고 뜻을 따라가서 해석함으로써 분별하는 말로 듣는다면 그것은 전부 다 분별의 말일 뿐이지만, 그 소리 자체의 당처, 출처, 낙처를 곧장 확인할 수 있다면 모든 소리가 전부 다 반야바라밀다입니다.

반야바라밀다주의 해석

모든 주가 그렇듯 반야바라밀다주 또한 전통적으로 해석하지 않습니다. 그러나 요즘 워낙 많은 이들이 『반야심경』의 반야바라밀다주를 다 해석해 놓고 있다보니 간략하게나마 그 의미를 살펴보도록 하겠습니다.

'반야바라밀다주'의 산스크리트어는, '가테 가테 파라가테 파라상가테 보디스바하'인데, 그 의미를 살펴보면, '가테(gate)'는 '간이여', '가자', '파라(para)'는 '저 언덕, 피안'을 의미하고, '상(sam)'은 '완전히'라는 의미입니다. '보디(bodhi)'는 '깨달음'의 뜻이고, '스바하

(svaha)'는 '영원하라, 행복하라'는 의미로 해석됩니다.

진언의 힘을 빌어 『반야심경』이 가지고 있는 깨침의 소리를 함축하고 있는 이 주문은 어떠한 관점에서 해석하느냐에 따라 그 내용이 조금씩 다를 수 있지만, 대략 아래와 같은 의미로 연결하여 해석할 수 있을 듯합니다.

즉, 이 언덕에 있는 무명 중생의 입장에서 해석해 본다면,

"가세, 가세, 저 언덕으로 가세, 우리 함께 저 언덕으로 가세, 깨달음이여! 영원하여라."

정도의 의미로 해석할 수 있을 것이고, 어리석은 중생에서 마음을 닦아 나가는 수행자의 입장에서 해석해 본다면,

"가는 이여! 가는 이여! 저 언덕으로 가는 이여! 저 언덕으로 온전히 가는 이여! 깨달음이여! 영원하여라."

라는 의미로 해석할 수 있겠습니다. 또한, 우리들 중생의 입장에서 반야바라밀다를 증득하신 깨달은 부처님의 세계를 바라보는 입장에 서라면 조금 달리 해석할 수도 있을 것 같습니다.

"가신이여! 가신이여! 피안으로 가신이여! 피안으로 완전히 가신이여! 깨달음을 이루신 이여! 영원하소서."

또한 이미 반야바라밀다를 증득하여 깨달음에 이르신 부처님의 입장에서 해석한다면, 다음과 같은 해석도 가능할 것입니다.

"건너갔네, 건너갔네. 저 언덕에 건너갔네. 저 언덕에 모두 다 건너갔네. 깨달음을 성취했네."

이상과 같은 의미의 해석을 기본으로 하여 조금의 의역(意譯)을 붙여 본다면, 다음과 같은 해석이 나올 수도 있을 것입니다.

"성취했네, 성취했네. 모든 소망 성취했네. 만 중생들의 모든 소망 성취했네."

"행복하여라, 행복하여라. 우리 모두 행복하여라. 이 세상 우리 모두 다 함께 행복하여라."

이미 건너 가 있다

이 주의 참된 의미는 무엇일까요? 우리 모두는 이미 저 언덕으로 건너 가 있다는 것입니다. 완료형입니다. 부처님의 입장에서 해석해 볼 때 그렇다는 것이 아니라, 우리 모두가 사실은 전부 다 저 언덕에 도착해 있습니다. 바라밀다는 곧 저 언덕에 이른다는 것인데, 사실은 이 표현 또한 하나의 방편일 뿐입니다. 이 언덕과 저 언덕이 따로 없습니다. 따로 있다고 하면 그것은 불이법이 아니기에 참된 불법이 아닙니다.

참된 불이중도에서 본다면 당연히 우리가 서 있는 지금 이 자리, 이 언덕이 바로 '저 언덕'입니다. 이곳이 바로 그곳입니다. 이것이 바로 그것입니다. 이미 피안으로 건너갔으며, 이미 깨달음은 성취되어 있습니다. 아니 오고 갈 것은 애당초 존재하지 않았습니다. 아무리 가도 가도 언제나 지금 이 자리일 뿐입니다.

내가 바로 부처이기 때문입니다. 이것이 바로 이 반야바라밀다주의 참뜻입니다. 반야바라밀다주가 우리에게 하고 싶었던 말은 바로 이

것입니다. 내가 바로 진리다, 내가 바로 반야바라밀이다, 내가 바로 온 우주다, 이것이 바로 그것이다, 이것이 참된 불이중도입니다. 반야바라밀다주는 불이중도를 드러내는 가르침인 것이지요.

우리가 가야 할 길

사람들은 끊임없이 무언가를 향해 내달리고 있습니다. 학생들은 더 좋은 학교를 향해, 더 높은 점수를 향해, 직장인은 더 높은 진급을 향해, 더 많은 돈을 벌고자, 더 높은 지위에 오르고자 사람들은 끊임없이 달려가고 있습니다. 심지어 수행자들 또한 깨달음이라는 목적을 향해 달려가고 있습니다.

이 모든 달려가던 것을 잠시 멈추고 지금 여기에 무엇이 있는지를 살펴보라는 것입니다. 전혀 달려갈 필요가 없었고, 지금 여기에 모든 것은 이미 주어져 있다는 것입니다.

이것이야말로 인류의 모든 이들이 가야 할 길 아닌 길입니다. 앞만 보고 달려가는 우리 모두에게 전하는 『반야심경』의 메시지입니다. 어디로도 갈 필요가 없다는 것입니다. 반야바라밀다심경에서는 '저 언덕에 이르기 위한 지혜를 설한 경'이지만, 사실 그 참뜻은 여기가 바로 저 언덕임을 설하고 있는 것입니다.

중생들은 여기에서 저기로 가야 하며, 어떤 방법으로 어떻게 가면 된다고 해야지만 알아듣거든요. 분별심이 중생의 기본 방식이기 때문에 둘로 나누어 놓고 방법을 알려주어야 이해를 합니다. 그래서 어쩔 수 없이 『반야심경』에서는 바라밀다라는 방편을 써서 중생들에게 알기 쉽게 설명을 해 주는 것입니다. 그러나 방편은 달을 가리키는 손가락이고, 참된 달 그 자체는 바로 이것입니다. 갈 곳이 없다, 지금 여기가 바로 저 언덕이라는 것입니다.

이처럼 『반야심경』에서는 모든 괴로움에 허덕이는 이들에게 '지금 여기'에 도착하도록 이끌고 있습니다. 지금 이대로 본래 부처임을 설하고 있습니다. 어디로도 달려갈 필요 없이, 그저 자신이 이미 도착해 있다는 사실에 눈뜨도록 이끌고 있습니다.

그래서 불법에서는 깨달음을 얻는다, 지혜를 배웠다라고 하지 않고, 본래면목을 확인한다거나, 본성에 계합한다는 말을 사용합니다. 확인이나 계합이라는 용어가 더 불이법에 가깝기 때문입니다. 확인이나 계합은 내가 나를 확인하는 것이고, 내가 나와 하나되는 것이 계합이기에 둘로 나누는 분별이 아니기 때문입니다.

『반야심경』은 이처럼 우리에게 본래부처임을 설하고 있습니다. 어디로 달려가기를 멈추고, 바로 지금 여기에 있는 나라는 부처를 확인하라는 것입니다. 아이러니하게도 바라밀다, 즉 저 언덕으로 건너가기 위한 유일한 방법은 지금 여기에 멈춰 서서 존재하는 것입니다.

앞만 보고 달려가는 대신, 지금 여기에 있는 나 자신의 본래면목을 확인하십시오. 그것이 우리의 공통된 서원이며, 발심입니다. 그것이야말로 우리의 근원적인 생노병사의 모든 괴로움을 끝낼 수 있게 해 주기 때문입니다.

언제까지 늙고 병들고 죽는 길을 향해 앞만 보고 달려갈 것입니까? 불나방이 불길을 보고 달려들듯이, 중생들은 노병사의 길, 욕망 충족의 길을 향해 달려갑니다. 수행자는 '저 언덕'이 어딘줄도 모르고 저쪽 어딘가에 있으리라고 여기는 곳을 향해 '수행법'이라는 반야용선을 타고 열심히 노를 저어가고 있습니다. 그 모든 달려가던 발길을 멈출 때에만 '저 언덕'은 드러납니다. 바로 여기가 저기였음을 깨닫게 되는 것입니다.

　『반야심경』을 마치며, 반야바라밀다에 발심합니다. 반야바라밀다주가 설하고 있는 '여기가 바로 거기'라는 진실을 깨닫기를 서원합니다. 반야지혜를 증득하여 구경열반하기를 발원합니다. 이 『반야심경』과 인연 맺은 모든 이들이 간절하게 열반에 이르길 발원합니다.

반야심경과 선 공부

초판 1쇄 | 2017년 9월 15일
초판 2쇄 | 2019년 6월 20일

지은이 | 법상
펴낸이 | 이금석
기획 편집 | 박지원, 박수진
디자인 | 김국희
마케팅 | 박지원
경영지원 | 조석근
펴낸곳 | 도서출판 무한
등록일 | 1993년 4월 2일
등록번호 | 제3-468호
주소 | 서울 마포구 서교동 469-19
전화 | 02)322-6144
팩스 | 02)325-6143
홈페이지 | www.muhan-book.co.kr
e-mail | muhanbook7@naver.com

가격 16,000원
ISBN 978-89-5601-358-9 (03220)